浙江省哲学社会科学重点研究基地（浙江省海洋文化与经济研究中心）
2012 年度一般课题“产业融合背景下的海洋旅游综合管理体制研究
——以浙江为视点”（编号:12JDHY02YB）最终成果

产业融合背景下的海洋旅游综合管理体制研究

——以浙江为视点

马丽卿　朱永猛　著

海洋出版社

2015 年·北京

图书在版编目（CIP）数据

产业融合背景下的海洋旅游综合管理体制研究：以浙江为视点/马丽卿著. —北京：海洋出版社，2015.5
ISBN 978-7-5027-9160-5

Ⅰ.①产… Ⅱ.①马… Ⅲ.①海洋-旅游-管理体制-研究-浙江省
Ⅳ.①F592.755

中国版本图书馆 CIP 数据核字（2015）第 108163 号

责任编辑：黄新峰　赵　武
责任印制：赵麟苏
海洋出版社　出版发行
http://www.oceanpress.com.cn
北京市海淀区大慧寺路 8 号　邮编：100081
北京华正印刷有限公司印刷　新华书店发行所经销
2015 年 5 月第 1 版　2015 年 5 月北京第 1 次印刷
开本：787mm×1092mm　1/16　印张：22
字数：369 千字　定价：60.00 元
发行部：62132549　邮购部：68038093　总编室：62114335
海洋版图书印、装错误可随时退换

前　言

从20世纪70年代起，随着高新技术的迅速发展，各产业之间严格的边界划线不断趋于模糊，产业融合现象不断涌现。进入21世纪后，产业融合的进程更加迅捷，推动新经济体的产生，带动了各产业的蓬勃发展。正是基于这一大背景，国务院在2009年颁发了《关于加快发展旅游业的意见》，明确提出"大力推进旅游与文化、体育、农业、工业、林业、商业、水利、地质、海洋、环保、气象等相关产业和行业的融合发展"，这既是对作为新时期国家战略性支柱产业的旅游业提出的新要求，更是旅游发展理念和实践上的创新。融合发展逐渐成为优化旅游产业结构、提升区域市场竞争力的重要途径。随着《旅游法》、《国民旅游休闲纲要（2013—2020）》等指导性文件的正式颁布和实施，旅游业作为现代服务业已从可有可无的经济"配菜"一举成为国民经济中举足轻重的"主菜"，一个前所未有的"大旅游"时代全面开启。

旅游管理体制改革研究属于管理学理论和实践范畴。从管理学角度看，无论是政府层面的宏观管理，还是企业层面的微观管理和旅游行业管理，都要面对"谁来管、管什么、为何管、怎么管"这四个基本问题。因此，管理主体、管理客体、管理目的、管理方式就成为管理过程中密切相连、不可缺少的四要素，其中任何一个要素的变化都必将引起其他要素的变动与调整，以求达到新的平衡。我国旅游业发展的实践表明，经历了改革开放30多年迅猛发展的旅游业已经十分成熟，旅游产业融合全面深入推进，旅游管理四要素所依赖的背景和环境已然发生深刻的变化，旅游价值取向由改革开放前的服务外交、赚取外汇转到拉动内需、带动经济、扩大就业，最后为了实现增加福利的目标；旅游业的社会、文化、福利、政治等非经济功能日益受到人们重视，人们越来越习惯于用一种全新的、综合性的理念来审视旅游发展，传统的、单一的、建立在经济学和管理学上的政府旅游管理模式不但无法适应现今旅游综合管理的需要，且在一定程度上制约了旅游管理水平的提高和旅游业的发展。因此，在旅游业发展的全新时期，需要重新树立现代旅游管理新理念，促使旅游管理从行政管理向公共管理迈进，从行业管理向经济管理提升，从条带管理向板块管理拓展，从旅游管理向旅游综合治理发展，最终实现旅游业的经济管理向福利管理的跨越。

旅游管理体制是指对旅游经济运行中所产生的各种经济关系的有效协调和管理以及其所形成的组织形式和管理制度，它是国家领导、组织和管理旅游业的根本制度。旅游管理体制的变革就是组织制度的变迁、社会各相关集团利益重新调整的结果，也是旅游消费者、旅游企业和旅游管理部门利益冲突的妥协和均衡。我国的旅游管理体制经历了以外事接待为主、管制型政府管理、主导型政府管理三个历程，一直以来按照“统一领导，分散经营”的原则，实行政企分开的两级管理体制，主要表现为旅游行政管理体制和旅游企业管理体制。从旅游机构的纵向发展来看，旅游组织体系较健全，具有从国家到地方的完善的旅游行政管理机构体系；但从旅游管理的范围来看，各级城市旅游政府行政机关管理范围狭小，旅游管理涵盖的行业和旅游经济活动范围欠全面，政企不分、条块分割的现象仍然存在，管理方式不灵活，各级管理机构沟通联系少，政府主导力过于强大，市场机制得不到有效发挥，旅游立法层次低。针对旅游管理体制存在的种种问题，我国学者分别从转变政府职能、转变旅游企业职能、建立健全旅游法律制度、拓宽旅游行业资金渠道、创新旅游管理工作机制等方面提出了相应改革对策。纵观以往的这些研究，大多数学者都只是从政府行政职能转变角度提出减少过度行政干涉、建立服务性高效机构等改革思路，却极少从产业融合视角对旅游管理体制问题作出剖析；有关旅游管理体制的研究文章虽然不少，但建议措施与改革对策落实的不多；某地某区域的改革探索尝试不断，全面深入的体制机制改革仍然缺乏，特别是海洋旅游管理体制改革方面的尝试和研究更是甚少，改革成效不显著，海洋旅游管理体制机制实质性改变不大。

海洋旅游业是当今世界三大主流旅游形式之一，已经成为我国沿海地区的经济社会发展支柱产业和国家海洋战略的重要组成部分，并有着巨大的潜力和广阔的提升空间。发展海洋旅游是我国海洋战略和振兴经济的新举措。国家旅游局把2013年的旅游主题确定为“中国海洋旅游年”，这一年的旅游形象口号为：“美丽中国，海洋之旅”；“体验海洋，游览中国”；“海洋旅游，精彩无限”。海洋旅游研究一直是国际旅游学界关注的重点，相比发达国家，我国的海洋旅游研究相对滞后，有关海洋旅游的研究自20世纪90年代才涉足。然而，伴随着我国海洋经济的蓬勃兴起和海洋旅游业的深入发展，海洋旅游研究正引起政府及旅游业界前所未有的重视。

21世纪是一个更加复杂和更具挑战性的海洋时代，全球化、信息革命、产业融合、海洋经济、资源共享等一系列重大变革和问题都向各国和各地区的经济、社会管理提出了挑战。海洋旅游业是一个极端敏感的产业，气象学中的混沌理论完全适用于海洋旅游发展的各个阶段，即使在世界的某一角落里发生一件微小的政治、经济、安全事件，也有可能影响到全球的海洋旅游活动，这种蝴蝶效应早已被海洋旅游实践所证明。作为综合性很强的产业，海洋旅游涉及的产业及部门比一般旅游业更广，旅游管理过程更加复杂，面临的困难更多，尤其是在产业大融合背景下，海洋旅游与其他产业交叉不断、融合不断，休闲渔业、海钓产业、游艇产业、邮轮产业等海洋旅游新业态不断涌现，海洋旅游管理主体、客体、手段、方法也发生了重大变化，加上我国旅游产业由“部门产业”向真正意义上的产业融合的“大旅游”转变，旅游管理体制变革也迫在眉睫，由此可见，一个“大海洋旅游”时代亟待需要构建与之相适应的“大管理”与“新体制”。

2010年，国家旅游局设立了一批旅游综合改革试点城市和试验区，其中舟山群岛作为唯一的海洋旅游综合改革试验区，期待获得海洋旅游管理体制改革的经验，为全国旅游管理体制改革做出表率。海洋旅游综合管理体系涉及海洋资源利用与海洋生态保护，同时又关联到众多海洋相关产业、不同层面和部门的海洋管理领域，是我国海洋开发中极具代表性的综合性管理体系，对该体系的研究可为我国海洋事业提供管理与发展的范式。本研究正是基于这样的机遇，深刻领悟产业融合发展给旅游业所带来的影响和改变，全面剖析现阶段我国海洋旅游管理体制的现状、问题，放眼全球，梳理归纳了世界海洋旅游业发达国家的成功经验和有效举措，以旅游公共管理、利益者相关理论、产业整合理论、可持续性发展理论等为指导，厘清相关概念，提出海洋旅游管理目标、管理主体、管理客体、旅游方法的改革方向，尝试创设一套新型的管理体制框架和运行机制，以保障海洋旅游业的健康和持续发展。

本书是浙江省哲学社会科学重点研究基地——“浙江省海洋文化与经济研究中心”项目的最终成果，立项旨在解决我国海洋旅游管理体制共性问题的同时，针对浙江海洋旅游业发展中遭遇的管理体制瓶颈进行创新研究。因此，本书既立足于海洋旅游经济实际，以发展的眼光审视我国海洋旅游产业，全面梳理现行旅游管理体制的弊端和问题，提出切合未来趋势的创新型海洋旅游综合管理体制和运行机制，是发展理念的创新，也是我国海洋发展战略中内涵建设的重要举措；同时，本书还将研究视野投向浙江，以浙江海洋旅游管理实践为研究蓝本，通过梳理浙江海洋旅游管理体制的现状、存在问题、产生原因等，提出了构建浙江“大海洋旅游”管理体制的框架、实施路径以及运行模式。

浙江是海洋大省，拥有广阔的海岸线、丰富的海洋旅游资源和优越的地理区位，是国内经济最为活跃、旅游业最为发达的省份之一。近年来，省委省政府提出建设海洋经济强省、旅游经济强省、“海上浙江”等重大海洋发展战略，为浙江海洋旅游的蓬勃发展提供了良好的政策环境和发展新机遇。在旅游产业融合方面，浙江一直走在全国的前列，特别是“浙江舟山海洋旅游综合改革试验区”等实践探索，初步形成了独具特色的发展模式，推动了地区旅游产业结构的转型升级。然而，机遇与挑战总是并存的。伴随着旅游产业融合步伐的加快、旅游新业态不断涌现，“大旅游、小管理”的矛盾日益凸显，如何进一步改善旅游管理部门职能，创新管理体制，协调各旅游企业高效有序的运转，构建创新型海洋旅游管理体制是亟待解决的重要问题。只有根据海洋旅游管理中存在的现实问题，进行多产业、多部门的综合协调，创建一套与海洋旅游发展实际相适应的海洋旅游管理体制，才能适应现代海洋旅游业的发展，真正实现旅游产业大融合和大发展。

作者十几年来一直关注海洋旅游发展，本着高度的使命感和责任感，以及长期积淀的关于海洋旅游研究的学识造诣，把揽全局，创新理念，融汇各学科知识，全面系统地总结海洋旅游管理成果和我国海洋旅游管理体制的现状及存在问题，深刻地剖析了管理目标、管理主体、管理客体以及管理方法的变革趋势，提出“大海洋旅游”综合管理体制构架及运行机制，为我国的海洋旅游改革提供思路和借鉴。

本书共有三篇九章：第一部分背景篇共有三章，实则为绪论。第一章剖析了产业融合新形势下的我国海洋旅游发展状况以及特征，通过对国内外旅游产业融合研究情况的梳理，对旅游产业融合动因和效应的研究，指出融合发展是旅游产业的重要创新方式，在此大背景下，“大旅游”时代的开启已经是不争事实，面对不断涌现的海洋旅游新业态和新问题，海洋旅游管理体制创新成为旅游业提升发展的关键；第二章主要对国内外旅游管理体制展开综述研究，通过比较，梳理出管理体制研究目前所达到的水平及存在的不足，明确了从产业融合视角来研究旅游管理体制改革的创新性和重要性；第三章重点研究国外海洋旅游的成功经验以及给予我们的启示和借鉴。第二部分理论篇共有三章，是为基础理论研究，这是全书的重点和研究精华，主要阐述海洋旅游管理体制的变革历程，深刻剖析海洋旅游综合管理四大要素的变革状况，努力构建出创新型海洋旅游综合管理体制。其中，第四章为海洋旅游管理基本理论，重点阐释了利益相关者理论、旅游协同论管理理论、旅游公共管理理论等指导原理，提出了我国海洋旅游管理的变革思路和未来趋势；第五章论述了我国海洋旅游综合管理体制的要素构成以及变革，剖析了作为宏观旅游经济“掌舵人”的政府管理者，旅游市场“引航员”的行业管理者，旅游经济“划桨人”的企业管理者以及由政府、企业、社会和公共“多元主体”构成的“大旅游”管理者等不同主体的管理职能和管理目标，是体现该篇核心理念的重要部分；第六章侧重研究创新型海洋旅游综合管理体制的构建，提出重组管理组织、重构管理职能、完善政策体系、创新管理制度、变革管理方法的具体设想，指出我国今后的海洋旅游管理应该走向旅游综合治理。第三部分实证篇共有三章，是对浙江海洋旅游管理体制问题的具体研究成果。其中，第七章是对浙江海洋旅游发展概况与管理体制现状的剖析；第八章主要研究产业融合背景下的浙江海洋旅游管理体制改革创新思路，提出“大海洋旅游”管理体制构建的原则、理念和基本要素，并揭示了“大海洋旅游”管理体制运行机制和方法，对浙江海洋旅游发展有一定指导意义；第九章为结论，是在总结的基础上，提出了文章的创新、不足以及展望方向。

尽管作者力图全面、准确、清晰地将所有的改革构想和意图传达出来，但囿于水平和境界之限，本书在许多方面仍不尽如人意，恳请读者和专家批评和指正。

马丽卿

2014 年 12 月于舟山群岛新区

目　　次

背景篇

理论篇

实证篇

背景篇

21 世纪是海洋的世纪，海洋旅游作为当今世界上三大主流旅游形式之一得到越来越多的关注，海洋旅游业的发展已经上升到关乎区域与国家经济社会的高度，成为我国海洋战略的重要部分。

海洋旅游的发展并不是独自的经济现象，它必然与陆域的发展相协同、与海洋战略和海洋经济发展相协同、与海洋资源合理利用和海洋生态保护相协同。进入 21 世纪后，伴随着科学技术的进步，特别是信息技术革命而产生的产业融合步伐不断加快，产业融合已经成为一种新的经济现象和现代经济系统演进的主流范式，也同样成为实现旅游产业提升发展的重要手段。在产业融合背景下，旅游产业边界不断扩展，海洋旅游产业新业态不断涌现，旅游市场得到延伸，促使“大旅游”产业链的形成。因此，现代的海洋旅游是融合性的新兴产业，是全要素覆盖的“大旅游”。

他山之石，或可攻玉。滨海以及海洋与海岛旅游的开发，世界上有着许多先进的经验可以借鉴，无论是地中海沿岸的西班牙、法国，印度洋上的马尔代夫、塞班岛，太平洋上的夏威夷，还是东南亚的巴厘岛或者是加勒比海地区的许多旅游胜地，都有着较为成熟的做法和经验，为我们提供参考或着学习的样本。

第 1 章 新形势下的海洋旅游发展

21 世纪是海洋经济时代，海洋开发已经成为世界经济新的增长点。海洋旅游作为海洋经济发展的重要组成部分，对于海洋开发、海洋经济的发展有着举足轻重的作用。据世界旅游组织统计，2008 年滨海旅游业收入占到全球旅游业总收入的 1/2，比 10 年前增长了三倍；全世界每 40 个较大旅游目的地中就有 37 个是沿海国家或地区，这些国家的旅游收入占全球旅游总收入的 80%，海洋旅游经济已经成为世界范围内海洋开发最富生机与活力的经济领域。

海洋旅游作为当今世界三大主流旅游形式之一，一直受到关注。在我国，海洋旅游起步较晚，有关海洋旅游的研究自 20 世纪 90 年代才开始，整体水平落后。近年来，伴随着我国海洋经济的蓬勃兴起和旅游发展的进一步深入，海洋旅游的研究也逐步引起重视，特别是在产业融合的大背景下，海洋旅游与其他海洋产业之间不断交叉、不断融合，使得海洋旅游的开发与管理面临的状况更加复杂化、困难更多更大，也由此催生了对海洋旅游管理体制改革研究的需要。

1.1 产业融合下的我国海洋旅游

1.1.1 发展海洋经济是国家的战略选择

我国海域面积辽阔，拥有 300 万平方千米的海洋国土、18 000 多千米长的大陆海岸线和 14 200 千米长的岛屿岸线，500 平方米以上的岛屿有 6 500 多个（总面积约 8 万多平方千米）。海洋中蕴藏着丰富的海洋油气、海洋渔业、矿产等资源，我国的海洋水产品产量相当于全国肉禽蛋类总产量的 1/4；海上石油资源量和天然气资源量分别占全国总量的 23% 和 30%。合理开发利用海洋资源是世界经济可持续发展的战略选择，也是我国海洋发展的现在和未来。目前，我国的海洋经济增长迅猛，海洋生产总值已从“十五”末期的1.77万亿元，增长到2010年的3.8万亿元，年均增速为13.5%，海洋生产总值占沿海地区生产总值的比重也从“十五”末期的15%增长到2010年的近16%，“十一五”期间，涉海就业人员超过3 300万，新增涉海就业人员570万。

然而，同发达国家相比，我国的海洋经济总体规模仍偏小，对国民经济的拉动作用仍不够显著，为了进一步提升我国海洋经济发展空间，近年来，中国政府提出了向海洋进军，发展海洋旅游经济的战略口号。国家“十二五”规划明确提出坚持陆海统筹，制定和实施海洋发展战略，提高海洋开发、控制、综合管理能力。2009年5月，国务院正式对外发布《关于支持福建省加快建设海峡西岸经济区的若干意见》；同年6月，国务院会议原则通过《江苏沿海地区发展规划》；9月，辽宁沿海经济带开发开放上升为国家战略。2010年初，《国务院关于推进海南国际旅游岛建设发展的若干意见》正式出台；2011年初，国务院正式批复《山东半岛蓝色经济区发展规划》；而珠三角改革发展规划纲要与长三角区域规划，也分别于2008年与2010年获国务院批准颁布或实施。由钱正英院士任组长、徐匡迪院士等任顾问完成的《浙江沿海及海岛综合开发战略研究》报告系统分析了浙江沿海及海岛的基本情况，提出了综合开发的战略思路、发展目标和一系列政策建议。2011年7月，国务院正式批准设立浙江舟山群岛新区。这是继上海浦东新区、天津滨海新区和重庆两江新区后，党中央、国务院决定设立的又一个国家级新区，也是国务院批准的中国首个以海洋经济为主题的国家战略层面新区。在国家一系列的海洋旅游政策下，成功打造海南国际旅游岛、青岛、大连、舟山等滨海旅游目的地，为我国海洋旅游产业发展打下了坚实的基础。

1.1.2 “大旅游”时代开启已成不争事实

旅游业是当今社会发展最快的新兴产业之一，也是综合性和产业融合性非常强的产业，其发展速度之快，其产业带动力之强，使得我国许多地区都把旅游业作为当地经济发展的支柱产业，被誉为“朝阳产业”。2009年12月1日，国务院正式颁布《关于加快发展旅游业的意见》，旅游业60年来首次郑重被纳入国家战略体系，其在国民经济中的地位由传统服务业升级为现代服务业，其产业重要性从过去可有可无的“配菜”一举成为举足轻重的“主菜”，真正意义上形成了“大旅游”的概念。这是党中央和国务院着眼于新时期我国经济社会发展全局做出的重要战略决策。同年，12 月 18 日，中国旅游业发展的根本大法《中华人民共和国旅游法》起草工作由全国人大正式启动，于 2013 年 4 月 25 日正式颁布，同年 10 月 1 日起实施。这部大法确定了中国旅游业的发展方向、发展宗旨和政策原则，将成为推动未来 30 年旅游发展新格局的重要里程碑，加快“大旅游”时代的到来。2013 年 2 月 18 日，国务院批准发布《国民旅游休闲纲要(2013—2020)》，将休闲旅游的发展上升至国家层面，一定意义上标志着大旅游时代的全面开启。

1.1.3 旅游管理体制创新成为旅游业提升的关键

从管理学的角度看，无论是政府层面的宏观管理，还是企业层面的微观管理，首先面对的是“谁来管、管什么、为何管、怎么管”这四个基本问题。因此，管理主体、管理客体、管理目的、管理方式就成为管理过程中密切相连、不可缺少的四要素，其任何一个要素的变化都必将引起其他要素的变动与调整，以求达到新的平衡。我国旅游业发展的实践表明，随着我国改革开放 30 多年来旅游业的迅猛发展，旅游产业融合的加快推进，当前旅游管理四要素所依赖的背景和环境已然发生了深刻变化，旅游价值取向已由改革开放前的服务外交、赚取外汇向拉动内需、带动经济、扩大就业和增加福利转变，旅游业的社会功能、文化功能、福利功能、政治功能等非经济功能日益受到人们重视，人们越来越习惯于用一种新的、综合性的理念来审视旅游业的发展。然而，传统的建立在经济学和管理学上的单一的政府旅游管理模式已经无法适应旅游综合管理的需要，并在一定程度上制约着旅游管理水平的提高和旅游业的发展。因此，在旅游业发展的新时期，必须树立现代旅游公共管理的新理念，促使旅游管理从行政管理向公共管理迈进，从行业管理向经济管理提升，从条带管理向板块管理拓展，最终实现从经济管理向福利管理的跨越。

1.2 融合发展是旅游产业的重要创新方式

1.2.1 产业融合不断深入

产业融合最初是从产业合并（industry convergence）引申出来的一个概念，是伴随着科学技术进步，特别是信息技术革命和政府管制放松而出现的一种产业创新方式，它使不同产业以及同一产业内部的不同行业之间相互交叉、渗透，使原有产业边界逐渐模糊，新的产业形态不断出现；产业融合打破了三次产业划分的界限，出现了产业融合发展的趋势。

产业融合的出现既有经济全球化、产业转型升级等自身发展的需要，也有高新技术冲击、政府管制松懈、企业跨地区、跨行业兼并等外在原因。20世纪70年代以来，由于高新技术的快速发展和扩散，原本具有较明显分工的一些产业边界逐渐模糊，产业之间相互渗透融合形成了新的产业业态；同时，政府管制的松懈，企业之间跨地区跨行业兼并的不断出现；为了提升产业竞争力、追求产业边界扩大化等经济效应，作为一种新的产业发展模式，产业融合在全球推广速度迅速。特别是20世纪90年代以来，产业融合作为一种新经济现象，不仅引起了世界范围内的广泛关注，而且已经发展成为现代经济系统演进的主流范式之一。

1.2.2 旅游产业融合步伐快速推进

进入21世纪，产业融合的进程更是不断加快，推动了新兴经济体的产生，带动了各产业的蓬勃发展。正是基于产业融合这一大背景，2009年11月25日国务院出台了《关于加快发展旅游业的意见》，明确提出要“大力推进旅游与文化、体育、农业、工业、林业、商业、水利、地质、海洋、环保、气象等相关产业和行业的融合发展”，要求“强化大旅游和综合性产业观念”。产业融合被确定为实现旅游产业提升发展的重要方向，这是把旅游产业作为国家战略性支柱产业、要求在新时期加快发展提出的新要求，是发展理念和实践的一个创新。2010年的全国旅游工作会议上，国家旅游局又进一步明确了要通过与第一、二、三产业的融合发展，将旅游业培育成为战略性支柱产业的思路。当前，我国旅游产业融合现象渐趋明显，旅游新业态不断涌现，旅游产业融合逐渐开始成为各地区实现旅游产业结构优化和提升区域市场竞争力的重要途径。

旅游产业融合是一个动态过程，最初的旅游产业与其他产业是分立的，他们各自存在着一定的边界，旅游业提供着独特功能的产品或服务，满足着消费者的不同需要。① 随着信息技术和体验经济的兴起，加上社会经济状况的相似性、消费者旅游不同偏好形成的跨产业需求，以及多种产品联合使用的互补性、政府经济性规制放松等因素，又推动了旅游产业与其他产业由分立走向融合，而旅游产业的单元化和模块化又方便了旅游单元嵌入其他产业体系，赋予该产业旅游功能，使原先传统的边界模糊起来，彼此共生共赢。② 近几年来，工业旅游、会展旅游、农业旅游、医疗旅游遍地开花，旅游地产、旅游演艺、旅游装备制造、旅游电子商务、影视旅游等迅猛发展，旅游新业态不断涌现，旅游产业融合领域不断得到拓展，融合深度有所加强。③

1.2.3 产业融合下旅游新业态不断涌现

近年来，海洋旅游业呈现出巨大的增长势头和良好的业态，并且越来越得到政府及各方面的重视，海洋旅游因其资源的丰富、开发潜力的巨大而发展成为海洋经济中的支柱产业。在我国海洋经济体系中，以海洋旅游业为主的第三产业是发展速度最快、增长幅度最大的产业，2011 年，我国海洋经济三产的比例已达到了 5.1∶49.9∶47.0，海洋旅游业中的旅行社、旅游饭店业、旅游交通业更是发展迅猛，为海洋旅游业创造了条件。旅游业态是对旅游行业的组织形式、经营方式、经营特色和经济效益的一种综合描述，它是一个动态性的概念。旅游业态从低级向高级、从简单向复杂不断发展，并由此推动旅游业的成熟和壮大。与以资源导向型的传统旅游产业不同，现代旅游业是一个以需求为导向的无边界产业，它以旅游者不断变化着的需求为中心进行资源配置、产品开发、行业管理、企业组织和旅游相关配套，带有更多的娱乐性和体验性；它与其他行业广泛融合，相互渗透，形成了多样化的产业新形态，以适应现代旅游消费多样化、个性

---

① 杨颖．产业融合：旅游业发展趋势的新视角［J］．旅游科学．2008，22（4）：6－10.

② 王慧敏．旅游产业的新发展观：5C 模式［J］．中国工业经济，2007，（6）：13－20.

③ 宋子千．旅游业应增强产业融合的主动性［J］．旅游学刊，2011，26（4）：7－8.

化新需求。纵观旅游业发展轨迹，旅游产业由低级到高级、从大规模低层次的分离形态到一体化形态，构成了产业形态纵向发展的脉络。初级形态的旅游业以观光、游乐为核心，产业间各自独立、相互分离；随着旅游市场的成熟和扩大，为了满足多样化的旅游需求，催生出各种类型的旅游产品，形成观光、游乐、美食、修学、康体、娱乐、休闲等多元化复合型产业形态，这是旅游业发展的第二级形态；第三级形态以旅游目的地为核心，打造出多要素、多层面的产业一体化区域开发新形态。[①] 只有创新业态，才能促进旅游产业的升级换代，才能将旅游业打造成为国民经济的支柱产业。[②] 转型期的我国海洋旅游产业新形态主要表现在观光产品仍占有一定市场，休闲度假产品发展势头良好，各种新型产品群正在形成，以旅游产业一体化形态和以目的地区域发展形态出现的海洋旅游业态也开始涌现，更高层次的休闲体验形态仍在探索之中，"体验经济"理念更多地融合在产品设计和项目策划之中。

1.3 旅游产业融合发展的动因及效应

1.3.1 旅游产业融合的概念界定

产业是介于宏观与微观分析对象之间的一个"集合"概念，它既不属于微观经济学的研究对象，也不属于宏观经济学的考察内容。微观经济学以经济中个量的行为准则作为考察对象，宏观经济学则以总供给及总需求为考察对象。旅游产业是指旅游生产性企业、行业和部门的某种集合。

旅游业是以旅游者为对象，为其旅游活动创造便利条件并提供其所需要的商品和服务的综合性经济产业。旅游产业涉及许多行业或部门，若把旅游产业的边界定的过窄，则不能完全反映旅游产业结构的现实情况；若把旅游产业的边界定的过宽，把许多关联产业都包括进来，又会使产业结构分析不具操作性。因此，广义的旅游产业是指旅游业和为旅游业直接提供物质、文化、信息、人力、智力、管理等服务和支持的行业的总称，它

① 马丽卿．长三角地区旅游业态分析与海洋旅游特色产品链构建［J］．中国城市化，2009，321（2）：13－17.

② 王慧敏．旅游产业的新发展观：5C 模式［J］．中国工业经济，2007，（6）：13－20.

由提供食、住、行、游、购、娱的服务业构成旅游产业的核心体系，由城建、工业、农业、商贸、文化、科技、环保、教育、通讯和信息等相关行业和部门组成旅游产业的社会支撑体系，由管理、法规、政策、国际合作和环境与资源保护等构成旅游产业可持续发展的保障体系。

旅游产业，即广义的旅游业，它所包含的范围要比旅游行业广泛得多。旅游产业所包含的行业涉及第一产业、第二产业和第三产业中的众多行业，主要有：旅游业本身所包括的行业；为旅游业提供物质支撑的属于第一产业的农业、林业、畜牧业和渔业的相关部分；为旅游业提供物质支撑的属于第二产业的轻工业、重工业和建筑业等部门和行业中的相关部分；属第三产业中的邮电通讯业、金融业、保险业、公共服务业、卫生体育业、文化艺术业、教育事业、信息咨询服务业等行业中的相关部分，以及国家机关中与旅游相关的部门，如旅游行政管理部门、海关、边检等。

由此可以得出，旅游产业是由旅游服务业与其直接、间接相关的行业和部门共同构成的综合性产业，即人们经常说的“大产业”，是一个由众多行业链组成的产业群体。从产业供给出发，旅游产业应该是以旅游业生产力六要素的“吃（旅游餐饮业）、住（旅游宾馆业）、行（旅游交通业）、游（旅游景观业）、购（旅游商品业）、娱（旅游娱乐业）”为核心，以旅行社为产业龙头，由一系列行业部门组成的社会、经济、文化、环境的整合产业，是一个开放的复杂系统。[①] 综合考虑旅游产业的自身特殊性，那么，旅游产业融合便指的是旅游产业与国民经济体系中的其他产业之间或者旅游产业内部不同行业之间的通过相互渗透、相互交叉而形成的新型产业或者改造原有产业的动态发展过程。其改造的结果往往诞生出新型的旅游产品、旅游业态或者旅游经营运作模式，从而提高区域旅游企业的竞争力，促进旅游产业的转型升级。

1.3.2 旅游产业融合的动因

任何事物的发生、发展总有两方面的原因，一是内部原因，二为外部条件。内因是事物存在、发展和变化的根据，是一事物区别于他事物的内在本质，它决定着事物发展的方向；外因是事物发展和变化的条件。旅游产业出现融合发展态势，其内在原因来自于旅游业本身的特性以及旅游业

① 马丽卿. 海洋旅游学［M］. 北京：海洋出版社，2013：242－243.

发展的内部需求，外部原因则来自于世界经济的全球化、高新科技的进步和扩散、政府管制的松懈等方面。

1.3.2.1 旅游产业融合的内部动因

旅游产业是高度复合、高度关联的产业，其本身就具有融合的内生力量。作为整个社会产业分工的一个分支，旅游产业的发展必须依靠其他产业的发展和协作，在与其他产业融合过程中，不仅拓宽了旅游产业发展的内涵和外延，同时还能为其他产业结构升级换代创造条件。

（1）旅游产业天然具有融合其他产业的特性

旅游产业是一个高关联度的朝阳产业，它具有综合性、产业关联强、涉及面广、包容性大等特点。从供给和需求角度看，经济发展推动了消费结构的优化和消费层次的升级，旅游形式也从观光向休闲度假和旅游体验发展，旅游资源不再局限于名山大川和历史文化遗迹，经济活动、节庆节事、民俗风情等一切可以满足人们旅游需求的都纳入了旅游产业范畴，成为旅游发展的宝贵源泉。

从系统自组织的角度来看，旅游产业天然具有融合其他产业的特性。旅游业是以旅游需求为驱动力的产业，其产业链是围绕着旅游需求构建的，由于需求的动态性和多元性，因而满足该需求的旅游产业也必须是一个开放性的体系，其边界也是随机的、动态的，经常性地处于与其他产业在功能、形态上的融合之中，因此，旅游产业是无边界的综合性产业。旅游供给和需求的这种动态变化特征造成了旅游产业边界的不稳定性和变异性，使得旅游业更容易与其他产业融合，形成一种新的经济增长机制，促进旅游业及相关产业共同发展。

（2）旅游产业内在发展要求成为融合的驱动力

作为朝阳产业的旅游产业给目的地社会经济带来了巨大的拉动作用，但长期的发展也遭遇了资源、资本和环境等约束，因此，通过与工、农业的融合，不仅降低了旅游业对传统资源的依赖，还能拓宽旅游产业发展空间，节约投入资本，发展低碳、环保、生态旅游，从而带来环境效益。随着旅游市场的不断发展，旅游企业之间的竞争也日趋激烈，为了提高企业的核心竞争力，在竞争中立于不败之地，实现利润最大化，必须不断创新旅游产品和服务。在面对旅游者多样化、个性化和差异化的旅游需求时，面对越来越细分的需求市场，旅游企业必须克服单打独斗的原始竞争方式，要从整体出发，从全局观念出发，开展不同企业、不同行业间的交流和合作，延伸旅游产业链，创新旅游产品体系，以满足旅游消费需求，这种跨企业、跨行业间的重组和融合，实际上也是旅游产业的创新。

（3）满足多样化旅游需求是拉动旅游产业融合的原动力

无论从经济学、市场学还是从旅游消费者角度来看，旅游业都是以需求为导向的产业，其产业链总是围绕着旅游需求而构成的，这也是旅游业区别于传统产业的地方。其实，满足需求的旅游产品都是整体性的组合产品，是一种包罗万象的组合和服务。从行业构成上看，旅游业是一个包含着旅行社、饭店、餐馆、景区、交通、娱乐、购物等核心组织和旅游信息公司、纪念品生产者和零售商等辅助组织在内的综合性行业，而旅游经营者提供给市场的则是一个完整的旅游产品，其中包含着旅游资源、旅游服务、旅游设施、旅游购物、旅游交通等各个要素；并且，旅游者花费了一定时间、费用和精力进行不同于日常生活的完整经历，是对食、住、行、游、购、娱等多种要素组成的整体性组合产品的全面体验。任何系列的旅游产品都处于动态变化之中，它是以顾客需求为中心，指向市场提供的能满足消费者某种需要和利益的物质产品和非物质形态的服务的总和。随着旅游者对旅游产品的需求也越来越呈现出多样化和个性化趋势，旅游产品的品类体系和结构体系也总是顺应这一改变而呈现出更多更丰富的面貌。因此，横向的跨行业、跨产业间的组合而诞生出的新的产品总被时代所追捧。

20 世纪 70 年代后，以信息技术为核心的高新技术快速发展，一些基于工业经济时代大规模生产分工的产业边界不断模糊和消融，并在原有边界上融合发展出了新的产业形态。产业融合最先出现在信息产业，此后向金融业、物流业、传媒业、服务业领域蔓延。旅游业属于现代服务业，在全球化的产业融合浪潮下，不断出现跨界发展的痕迹，工业旅游、会展旅游、农业旅游、医疗美容旅游、房地产旅游、影视演艺旅游等新型业态不断出现；新型产业功能不断显现，旅游景区兼影视文化基地，旅游地产兼养老、保健功能，餐饮兼疗休养；新型旅游企业组织结构不断演进，旅游系统集成商逐步出现，旅行社集旅游零售、会议组织、咨询、人力资源管理、展览策划、票务等于一体；[①] 旅游目的地城镇化和城镇建设目的地化，

① 杨颖．产业融合：旅游业发展趋势的新视角［J］．旅游科学．2008，22（4）：6－10.

集多种要素、聚多样功能的旅游综合体大量涌现，总之，旅游业正在各个层面上不断地对其他产业进行着渗透、融合，随着各种产业边缘融合产生的新产品的大量涌现，满足了游客多样化的休闲体验需求。

1.3.2.2　旅游产业融合的外部动因

旅游产业的融合固然有着产业本身无边界、强关联，以及产业自身迫于竞争合作压力等内在因素，但是旅游产业是以“知识资本”为主导的信息经济和以“消费”为中心的服务经济，受着时代、社会、区域经济发展等因素的驱动和影响，消费需求的升级、信息技术的进步这些外在因素都将促使旅游产业与其他产业或者产业内部发生融合。

（1）知识经济时代对旅游业发展提出更高要求

随着人类社会从工业经济转型为知识经济，旅游业发生着深刻的变化，旅游产业的体系结构、存在方式、旅游活动形式和内容都与从前不同，旅游产品成为旅游产业的重要推动力量。

首先，以高科技为主的知识产业成为知识经济的主体将带动经济的增长，增强了人们旅游的支付能力；而高科技又提高了工作效率，加大了工作组织的柔性化，使得人们的闲暇时光增多、旅游动机得以催化、旅游交通得以改善、旅游时间更加充分。

其次，知识经济推动下的旅游需求发展将呈现出更加个性化、多样化的特征，既包括食、住、行、游、购、娱六要素的综合需求，也可以是某一项或几项的组合，而每一种需求都是特定的，产品需要通过不同的形态和内容来满足这种个性化的需求。

其三，知识经济不但提高了旅游需求的广度和深度，同时也提高了旅游供给的质量。这个时代，计算机信息技术的飞速发展引发了货币形式的变化，既改变了商品交易的方式，又加快了货币传输速度。游客在旅游过程中只需凭手中的由密码控制的智能卡即可进行网络支付结算，十分便捷；而旅游网络销售成为普遍行为，开发商可以通过信息高速公路在网上发布详尽信息，旅游者则可以通过网络更全面更直观地了解信息并参与购买，从而降低交易成本。网络化和信息化的普及，又使旅游企业更重视知识与技术的创新，注重新产品的开发和细分市场，实现价格竞争向产品竞争、服务竞争的转型。随着知识经济的发展和人们对知识需求的迫切愿望，不仅仅旅游行业的传统职能发生了改变，旅行社由供应商角色转向消费者利益代表角色；旅游资源利用方式也与传统不同，各种新的资源被开发出来或者传统资源被赋予新的价值和意义，一些诸如民俗旅游、考古旅游、科技旅游、工农业旅游等知识含量高的专题旅游项目将进入高一层次的发展阶段。

其四，由于科学技术的高度发达，科技成果转化为产品的速度大大加快，人类可以更科学、合理、有效地利用资源，改变传统的以消耗资源和资本来创造财富的低经济增长模式，取而代之高增长、高消费的模式；随着可持续理念深入旅游业，传统的掠夺式的开发模式转变为开发、利用保护兼顾的模式，人们越来越自觉地将经济目标、社会目标和环境目标三者统一起来，而旅游开发也越来越成为全社会关注的事业，上升到整个城市规划和社会发展的长远目标体系之中。① 由此可见，知识作为主要生产要素推动着旅游业的发展，不断深化着旅游业与其他产业的融合，随着国际互联网络的普及和经济全球化的发展，旅游业将逾越空间和领域的限制，走向全球一体化和立体化。我国经济经过几十年的高速发展，基本完成了工业化过程，正面临着产业转型升级，服务业成为未来大力发展的产业。政府不断出台的各项推动服务业发展的政策也为旅游服务创新提供了宽松环境，加速了旅游业融合的步伐。

（2）技术创新成为促进融合的推动力

产业融合理论认为，由于技术创新在不同产业之间的扩散导致了技术融合，而技术融合使得不同产业间的技术边界趋于模糊，最终促使产业融合现象产生。同时，技术创新也改变了需求的特征，给原有产品带来新的需求，为产业融合提供了市场空间。② 科学技术为旅游业发展注入高科技含量，加速了旅游产业结构优化步伐，推动旅游产业融合。旅游业由于自身的特性，这种融合的规则并不完全一致，旅游业的技术创新主要是通过对旅游资源的整合、项目的开发、市场的开拓、管理和营销模式上的运用而引发旅游发展战略、经营理念和产业格局的改变，从而促进产业体制创新、经营管理创新和产品市场创新，最终改变旅游产业的发展方式。③ 旅游产业融合是社会经济发展到一定阶段的产物，是中国旅游产业转型升级

① 龚鹏．知识经济时代旅游业发展的新趋势［J］．特区经济，2005，（3）：147－148.

② 厉无畏．产业融合与产业创新［J］．上海管理科学，2002，（4）：4－6.

③ 高凌江，夏杰长．中国旅游产业融合的动力机制、路径及政策选择［J］．首都经济贸易大学学报，2012，（2）：52－57.

的重大切入点之一。中国旅游发展进入新时期后，旅游产业在面临竞争环境巨变和自身生存发展的压力下，一方面，旅游产品和人们的旅游选择得到极大丰富，旅游呈现日常化、近程化、休闲化趋势，旅游空间出现极化现象；另一方面，旅游业又呈现出个性化、专业化和细分化的发展趋势，以满足日益高涨的需求能力和水平,① 正是基于这一背景，旅游产业出现了融合现象。旅游产业融合后不但带来了新业态、新行业和动态复杂性产业网络，同时还引起旅游产业边界的扩大、无边界企业的形成、垄断范式的确立和企业生存法则的改变。②

（3）区域经济发展推动了旅游产业的融合

旅游产业的内部融合是指食、住、行、游、购、娱六大内部要素相互联系、相互渗透而形成的融合。旅游产业结构的优化升级和旅游业的快速发展是旅游产业内部融合的重要推动力，旅游产业结构优化不仅指旅游产业六要素各自的优化发展，更主要的是这六大要素之间的重组融合。而旅游产业与其他产业的融合主要是指旅游产业与一、二产业中任何一个产业进行融合，并且与它们相互联系、相互渗透、功能互补。旅游产业是一个强关联性的产业，对融合化发展具有较强的推动力，文化产业、房地产业、农业、工业一旦融入旅游产业发展之中，便形成了文化旅游、旅游景观房产、农业旅游、工业旅游等与旅游产业相互渗透、相互融合的新型产业形态，成为区域经济发展的新的增长点。旅游产业具有很强的经济带动效应，是优化区域经济结构，提高区域经济增长质量的重要途径，世界上许多旅游发达国家和地区的发展经验证明，旅游产业的作用巨大，它能渗透到区域经济发展的各个环节，成为区域经济发展的重要支撑。旅游产业与其他产业的融合不仅在一定程度上实现了区域之间的资源互补，还可以增强区域中心的扩散作用，因为旅游产业一旦融合，就可以在一定程度上减少空间距离，形成一个以旅游中心地区为核心，带动周边地区发展的旅游产业圈，从而改变落后地区的基础设施状况，实现区域的协调发展。因此，许多地区的政府部门都围绕着旅游产业做文章，以“旅游来搭台”唱“经济之大戏”，这是在政府层面把旅游产业推上融合发展之路。在高新技

① 徐文雄．旅游发展与产业融合“四化”[J]，旅游学刊，2011，26（4）：10－11.

② 肖建勇，郑向敏．旅游产业融合：动因、机理与效应[J]．商业研究，2012，417（1）：172－175.

术创新引导下的旅游产业融合发展，完全改变了我国旅游业的传统产业特质，促使以劳动密集型为特征的传统旅游业向现代服务业转型升级。①

（4）休闲时代需要旅游产业的融合发展

休闲时代是社会发展到一定阶段的必然产物，也是人们生活方式变革的必然结果。在国民经济快速增长过程中，人们的综合收益随着国民经济增长的速度相对提升，逐步由温饱生活走向有钱有闲的消费阶段。物质生活的丰富，促使人们渴望更加充实的精神生活；城市文明的进步，意味着人们生活质量和生活品位不断提高，休闲活动成为人们日常生活的重要组成部分；国民经济和社会文明的发展，国民休假制度的修订，又直接拉动了休闲需求的增加，提升了人们的休闲欲望，使“休闲”的经济价值和社会意义更加突出。美国《时代》杂志指出，2015 年前后，发达国家将进入“休闲时代”。世界旅游组织的研究成果表明，人均国内生产总值达到 3 000 美元左右是一个国家或地区休闲产业爆发式增长的临界点。目前，北京、上海、杭州、南京等一些区域性中心城市的人均地区生产总值均已经超过 5 000 美元，部分发达地区将率先引领休闲度假产业的兴起，未来休闲产业的市场消费潜力巨大。2011 年 6 月 10 日，国家旅游局与中国社会科学院联合发布了《2011 年中国休闲发展报告》（简称《休闲绿皮书》）中指出，到 2020 年，休闲旅游将取得社会共识，职工带薪休假将得到全面落实，国民旅游休闲质量显著提高；旅游休闲将普遍成为人民的生活方式和消费领域，届时，国民的年均出游率达到 2 人次，旅游人均消费达到 1 000 元，旅游消费相当于居民消费总量的 10%；增加旅游休闲业对经济发展的贡献率，届时，全国旅游休闲总收入将占服务业增加值的 20%，相当于国内生产总值的 10%。

《休闲绿皮书》认为，中国休闲产业有四大支撑：②

一是民富导向总体发展目标的确立。“十二五”规划把改善民生作为政府工作重点，政府将努力实现居民收入增长和经济发展同步、劳动报酬增长和劳动生产率提高同步的目标，逐步提高居民收入在国民收入分配中的比重，提高劳动报酬在初次分配中的比重，加快形成合理的收入分配格局。“十二五”期间，我国城镇居民的人均可支配收入和农村居民的人均

① 朱海艳．旅游产业融合发展的路径选择［N］，光明日报，2013－07－21.

② 刘德谦，高舜礼，宋瑞．2011 年中国休闲发展报告［M］．北京：社会科学文献出版社，2011：1－12.

纯收入年均实际增长超过7%，城乡基本养老、基本医疗保障制度实现全覆盖，提高并稳定城乡三项基本医疗保险参保率，政策范围内的医保基金支付水平提高到70%以上，将新型农村社会养老保险试点范围扩大到全国40%的县，全国城镇保障性住房覆盖面达到20%左右。这些目标的实现，为人们休闲生活提供必要的经济基础保障。此外，“十二五”规划还把推进基本公共服务的均等化也作为未来五年内的重点，就业、收入分配、社会保障、医疗卫生、住房等领域的一系列举措，都将使发展成果惠及国民。居民收入的增长，社会保障的增强，将极大地提高居民的消费能力，释放居民的消费潜能，这在相当程度上舒缓了有关休闲的基础性制约。

二是休闲公共服务体系的建设与完善。休闲公共服务体系建设的任务和目标在旅游、文化、体育等部门的规划中都有了相当的体现，随着这些部门工作的不断落实，休闲的公共支撑体系将会成为居民休闲优化的坚实基础，从而为休闲的供给创造了基础性的保障。

三是休闲主管部门工作的继续推进。行政主管机构已经明确了“休闲”在国务院工作部门的归口。

四是国民休闲意识的不断提高。在现代思潮的影响下，国人的休闲意识已经逐渐地浓厚。

因此可以断言，未来的五年将是我国旅游、体育、文娱消费等休闲产业快速发展的黄金时期。事实上，我国的休闲意识、休闲生活、休闲业态正快速发育，以旅游、文化、体育等为基础的休闲业加速崛起，休闲农业、休闲工业、休闲房地产业迅速发展，休闲信息业、休闲中介业开始起步，初步形成了具有地域和延伸产业特色、规模庞大、业态完整的休闲经济。

《休闲绿皮书》指出，随着我国国民旅游休闲经验的增加与消费能力的提高，需求多元化的趋势更加明显，从而带动了相关产业供给的多元化。主要体现在三个方面。①

一是在旅游休闲业态上，针对不同市场需求的业态供给更加多元化。乡村旅游、自驾车旅游、温泉冰雪旅游等面向大众的旅游休闲业态不断升级，邮轮、海钓、游艇、高尔夫等服务高端市场的旅游休闲业态也迅速发

---

① 国家旅游局综合协调司，中国社会科学院财政与贸易经济研究所. 2011年中国休闲发展报告［M］，北京：社会科学文献出版社，2011：1－20.

展；同时康体养生游、冒险探索游、医疗美容游等“高级订制”旅游服务成为新的趋势。

二是在市场细分上，同一行业内针对不同细分市场的供给更加分层化。以饭店业为例，近年来两头热的趋势日益明显：一方面是以如家、锦江之星、7天连锁酒店等为代表的经济型饭店快速发展，成为饭店业中除星级饭店之外的又一支重要力量；另一方面是服务小众市场的小型豪华精品饭店长驱直入，国际顶级奢华饭店品牌如悦榕庄、四季、安曼等均已进入中国市场。

三是在旅游休闲方式上，除了传统随团旅游之外，自助游比例逐步提高，在线旅游快速发展。受旅游市场需求拉动与先进科技推动，旅游产业呈现出许多新的业态，旅游业与工业、农业、交通业、文化、体育、金融、房地产业、节庆会展、婚庆业的融合十分明显，值得注意的是，除了产业实体层面的融合外，行政主管部门也突破行政局限，加大了产业间的合作。

“十二五”时期，我国将实施《国民旅游休闲纲要》，政府将对休闲产业采取增“资”减税扶持，逐步增加旅游休闲公共服务设施建设的资金投入。

未来十年间，政府将加快城镇旅游休闲基础设施建设，推进旅游休闲场所建设，建立一批市政公园、休闲街区、环城游憩和度假区，以及与新农村建设相结合、旅游休闲功能齐备的新型村镇。对于新建的大众旅游休闲设施予以税收优惠，相关的土地利用给予政策扶持，并鼓励和支持民间休闲设施建设和业态发展，如私人博物馆、书画院、展览馆、音乐室、手工技艺等。

“保障国民休闲旅游时间”及“刺激国民休闲旅游消费”，是《国民旅游休闲纲要》所强调的，落实好《职工带薪年休假条例》，将使旅游消费市场释放出巨大潜力。有研究人士预测，在国家调整休假模式及普及带薪休假制度实施后，旅游市场可以扩大15%～20%的市场份额，职工带薪年假的落实将极大促进旅游消费热情。

《国民旅游休闲纲要》中还强调要支持有条件的地方发展福利旅游，发放旅游消费券或给予旅游休闲补贴，鼓励企业安排职工旅游休闲作为奖励和福利措施。据了解，目前我国部分省市地区已经陆续尝试发放旅游消费券，并获得了较好的市场收益。据杭州市的一份抽样调查报告显示，每张旅游消费券可拉动289.45元的消费，每1元财政资金的拉动效益为

57.89元。旅游消费对经济的有利刺激作用也得到多方认可。有专家指出，“旅游消费券是在金融危机影响大背景下衍生出来的一种刺激消费的形式，作为非常之时的非常举措，具有极强的积极作用。”此外，《国民旅游休闲纲要》还特别提出，将推进公共博物馆、纪念馆、全国爱国主义教育示范基地的免费开放；以公共资源为依托的收费参观游览场所，要控制门票上涨价格，并对特殊人群实行减免门票等优惠政策，并设立免费开放日。

众所周知，我国的旅游业是伴随着国民经济的快速增长而发展起来的，随着经济的快速发展和人民生活水平的不断提高，人们越来越强烈地渴望得到休闲地的品质化综合体验和日常化生活方式，它要求旅游产业进入到休闲度假产品的开发时代。这种旅游业与休闲产业融合发展的历程，把休闲度假的思路和理念真正落实到旅游业的深度业态或形态之中，使旅游产业从自发发展的观光旅游时代转型进入到自觉主动的深度旅游或目的地旅游时代。一般来说，旅游业总收入与休闲经济总规模的比例在1∶3或者1∶4之间，照此推算，我国目前休闲经济的总规模可能接近6万亿元，休闲经济增加值占国民经济的比重超过15%，休闲消费对社会消费的贡献率超过30%。以上这些举措的出台将营造出浓厚的旅游休闲氛围，增强国民的休闲意识，提高国民休闲的参与度，使我国城乡开始逐步进入现代休闲社会。

1.3.3 旅游产业融合的效应

旅游产业融合产生的效应包括微观的、中观的以及宏观层面，其正面影响大于负面影响。具体分析起来，主要表现在以下几个方面：

(1) 扩大旅游产业边界，延伸旅游市场链，促使“大旅游”形成

首先，融合扩大旅游产业外延，延伸旅游市场。产业链是指一种最终产品的生产加工过程中所包含的各个环节所构成的整个的生产链条，旅游产业链是以旅游企业中优势企业为核心，以产品、技术、资本等为纽带，在旅游景区、交通、饭店、旅行社、餐饮、旅游商店等行业间构成的链条关系。张辉、黄雪莹等就认为，产业融合的结果导致产业边界模糊甚至消失的论断并不完全适合于旅游业，以需求变化为动力的旅游产业融合的结果是在大产业中增加了新元素，旅游产业外延扩大了，旅游市场链延伸

了，融合过程中出现的新产业都包含在“大旅游”的框架之中。①

其次，扩大旅游产业边界，形成无边界企业。旅游业是一个特殊的行业，信息产业技术的日新月异为旅游行业提供了可满足旅游者对旅游信息、旅游产品多样化的需求，催生了在线旅游运营新模式，游艇旅游、邮轮旅游、旅游地产、演艺旅游、自驾车旅游、分时度假等新需求的出现，在复杂的旅游产业网络形成过程中，随着距离“旅游体验”越来越远，各功能模块的动态性与开放性则越来越强，这说明旅游产业的边界也在不断扩大并趋向模糊；另外，随着边界的扩大和产业外资源、资本的不断注入，企业的边界和产业背景越来越不重要，只要能够有效地融入旅游产业网络之中，满足旅游者“完美体验”之需求，该企业就获得成功，因此可以说，融合进一步扩大了旅游产业边界，促进了无边界旅游企业的形成。

（2）提升旅游业价值，确立垄断范式，改变企业生存法则

旅游的创新，需要依托一定的技术和手段。在旅游发展过程中，旅游业关注众多产业的技术革新，并应用到旅游开发之中，由此产生了新的旅游业态和新型旅游产品，从而提升了旅游产业价值。例如，以现代信息技术为纽带，产生了在线旅游业；以动漫技术、影像技术为纽带，在众多著名景区开发了张艺谋印象系列山水实景剧，成为大受追捧的旅游休闲产品。旅游产业链是一条价值链，旅游产品的价值会随着产业价值的延伸而逐渐增加。

在融合所形成的复杂的产业网络中，一些具有高级资源优势、创新优势、品牌优势和模块整合优势的企业，通常会在旅游市场上形成垄断结构，这种垄断结构不妨碍企业间的有效竞争，也不造成消费者利益的损失，反而大大降低消费成本，提升产品品质，增加消费者剩余。② 随着垄断范式的确立，企业的生存法则也会相继改变，在更注重核心竞争力提高的前提下，各企业共同致力于网络功能拓展，从原来的“纯粹竞争”走向“竞争合作”或“相融共生”。③

（3）创新了旅游资源

资源的范围并非一成不变，旅游资源的功能性内涵决定了它的动态变化

---

① 张辉，黄雪莹．旅游产业融合的几个基本判断［J］．旅游学刊，2011，26（4）：5-6.

② 戴魁早．产业组织模块化研究前沿探析［J］．外国经济与管理，2008，30（1）：31-38.

③ 肖建勇，郑向敏．旅游产业融合：动因、机理与效应［J］．商业研究，2012，417（1）：172-175.

性，其范围和深度是随着人们的消费需求、认识水平以及开发程度的变化而变化的，某些相关产业资源，随着旅游需求的扩展，被纳入旅游资源范畴，产生相互交叉。通过联合开发，一方面相关产业得到升级，同时拓展了旅游的开发利用范围。例如，以土地、植物等资源为纽带，农业和旅游业相互融合，产生休闲农业；以森林为纽带，林业与旅游业融合，产生森林旅游；以节庆活动为纽带，节庆会展业与旅游业融合，产生节庆旅游等等。旅游产业链是一条价值链，旅游产品的价值会随着产业价值的延伸而逐渐增加。

（4）促进了产品多元化

国务院颁布的《加快旅游业发展的意见》中明确提出旅游产业融合的发展方向，并将融合范畴扩充到三次产业之中，成为近年来旅游创新发展的重要途径。目前，工业、农业、文化产业、医疗业、体育业等众多产业已经开始了与旅游的融合化发展，并取得了一定成效：以美国迪斯尼主题公园为代表的文化产业与旅游业融合、以我国台湾宜兰为代表的农业与旅游业的融合、以韩国美容旅游为代表的医疗美容业与旅游业的融合等都是十分成功的范例。

当然，旅游产业与其他产业的融合发展，并不是一个简单的过程。

区域旅游产业的融合发展，需要自发融合和政策引导的双重作用。其中，自发融合是内在动力，是旅游与其他产业融合的重要前提。在一个旅游区域中，进行融合的相关产业的选取，主要是以可融合程度来确定。可融合程度关注产业间融合的必要性和可行性。必要性表现在旅游市场对该产业的需求趋势，看其是否有发展市场；可行性则关注该产业的发展现状，看其是否具有融合基础。譬如将旅游度假与船舶业融合，以邮轮制造为上游产业，以此服务于以邮轮度假港为代表的邮轮度假，再到下游的船文化延伸产业，包括船主题艺术品业、船主题节庆业、传媒影视业等。

遴选好关键融点，形成产业融合纽带也是十分重要的事情。融点即旅游业与其他相关产业的融合点。通过对产业解构后可以发现，资源、技术、产品以及市场等是产业的四大关键要素，旅游业与其他相关产业之间，以这四大元素为联系纽带实现相互渗透和交叉。以产品为纽带的融合主要在于关注旅游业与相关产业功能上是否相互补充，以此延伸构建的拥有上、中、下游产业的完整产业链，强化旅游发展的根基。譬如，以制造业所生产的产品为纽带，商业与旅游业融合，便产生出商贸旅游。以市场纽带的融合主要通过寻找与相关产业共同的消费者，并以此为基础进行专业细分市场，拓展市场空间，实现旅游业与其他产业的融合，譬如房地产业、会展业、商务会议产业的融合，共享市场、共拓发展。海南博鳌的崛起就是以会议市场为纽带，开发商务旅游产品，一方面实现了会议与度假市场共享；另一方面两者以市场共拓发展，拉动本地经济发展。需要强调的是，产业融合并非单一融点融合，一般多为两个及其以上元素共同作用。

合理的融合途径和方式是产业融合成功与否的关键，目前主要有三种融合方式：

①功能模块嵌入式

由于旅游产业的边界较为模糊，众多产业将旅游业作为一个功能模块，嵌入其产业价值链中，以此拓展和提升相关产业的增值空间，新的旅游业态的发展和旅游外包服务的出现，都是旅游作为功能模块嵌入其他产业的结果。以商务旅游为例，针对众多企业商务会议、商务考察的需求，旅行社部分业务融入到公司的整体运作中，成为一个服务模块，被分包出来，形成现有的旅游服务外包。

②上下链条延伸式

通过功能补充，实现相关产业链延伸。从旅游业角度来看，以工业、农业等生产性产业为代表的上游产业和以文化为代表的下游产业是旅游业延伸的主要内容。譬如游艇旅游的发展，就可以通过规划，以游艇休闲为中心，积极引导游艇制造维修、游艇驾驶培训的延伸发展，逐步构建从旅游装备制造，到相关技术培训，再到旅游休闲于一休的完整产业链。

③混合联动发展式

即以上两种方式兼有的融合方式。以农业与旅游业融合为例，一方面，可以通过农家乐、农业休闲园等产品，将旅游功能融入到农业之中，提升农业产值；另一方面，将蔬菜、水果等农副产品的生产作为上游产业，向农业旅游提供原材料。也就是说，通过资源、技术、产品和市场的四重融合，促进旅游业与农业的融合发展，实现旅游功能的嵌入，同时也延伸了农业下游产业链条。

总之，旅游业与其他产业的融合是旅游业自身性质决定的，在政策引导和推动之下，成为未来旅游发展的必然趋势之一。通常来说，产业发展基础越好，与旅游的融合空间越大。农业、工业这些生产性产业，多适合混合联动发展式的融合；而会展业、体育、医疗、教育等休闲功能较强的产业，多适合功能模块嵌入式的融合；环保、商业、船舶等专业技术功能较强的产业，多适合上下链条延伸式的融合。因此，要实现旅游业与其他产业的有效融合，必须把握产业之间的可融合程度，关键融点以及合理融合方式。

1.4 国内外产业融合研究现状

1.4.1 国外产业融合研究

产业融合是在信息技术革命扩散与推动下出现的一种新的经济现象，是经济学研究中的前沿和难点。国外产业融合研究较我国成熟，主要从产业融合的内涵与定义、产业融合的分类、产业融合的动因、产业融合与产业演化关系、产业融合对企业战略管理影响等方面展开具体案例研究，实证描述居多，理论分析较少，成果大多集中在电信、技术、传媒、娱乐、金融和商业等方面。

国外产业融合思想最早起源于美国学者罗森伯格（Rosenberg，1963），他在对美国机器工具产业演化过程研究中，将产品功能和性质完全无关的产业因为采用通用的技术而导致独立化过程称为“技术融合”。[①] 20 世纪 70 年代末，关于“电脑和通信”融合的图景受到广泛关注，并由实业界扩展到学术界和政界。1987 年，美国麻省理工学院（MIT）媒体实验室 N. 尼古路庞特对计算机、印刷、广播业三者技术融合进行模块化描述，他用三个重叠圆表示计算机、印刷和广播业，并认为交叉处是增长最快、创新最多的地方，[②] 从此开启了学术界对产业融合研究的大门。但此后学术界对产业融合的研究成果并不集中，直至 20 世纪 90 年代中后期，美国新电信法案通过后，信息通信领域里跨媒体、跨产业、跨地域的企业并购风起云涌，产业融合研究才达到一个高潮，大量研究文献开始出现。

关于产业融合的内涵，国外学者从技术、产品、企业和市场角度进行

① Roseenberg N. Technolgical chang in the machine tool industry，1840－1910 [J]. The Journal of Economic History，1963，(23)：414－416.

② Brand，Stewart. The media 1ab：inventing the future at MIT [M]. New York：Viking Press，1987.

了探讨。产业融合现象的研究首先起源于技术融合。技术融合是不同产业分享共同知识和技术的过程,[①] 是某些技术在相关产业中广泛应用和扩散,并产生创新活动的过程，当不同的产业技术整合后显著地改变着另一产业中产品、竞争、价值创造过程本质时,[②] 这便意味着技术融合产生，融合也就是新技术不断替代以前技术的过程。一些学者从产品角度分析产业融合内涵，认为产业融合是指以产品为基础的融合，也是采用数字技术后原本各自独立的产品的整合。[③] 企业是产业融合的主体，在产业融合过程中，两个或多个各自独立的企业在成为直接竞争者时，即发生了融合，而融合又消除了市场准入障碍和产业界限，使各自分离的市场汇合与合并（Lind，2005）,[④] 因为一旦融合型产业萌芽后，只有市场检验才能确定该融合是否成功或者持续下去，对于需求和供给市场来说，需要达到相应的收入弹性条件和生产率上升条件后，该产业才具有潜在的市场。

国外学者在关注产业融合内涵的同时，也注意到了产业融合的类型。学者们根据各自研究的目的分别从技术、产品、市场等角度进行了分类。从技术角度看，格林斯坦等人指出产业融合是一种经济现象，是指为了适应产业增长而发生的产业边界的收缩或消失现象，并将产业融合分为技术替代融合和技术融合（Greenstein&Khanna，1997；Stieglitz，2002）;[⑤] 从产品角度看，产业融合又可以分为替代型融合和互补型融合（Greenstein，Tarun，1997；2001；Stieglitz N，2003）；从市场角度看，则分为来自需求方的功能融合和来自供给方的机构融合（M. Penning S&Puranaln，2001；Stieglitz N，2002）。斯蒂格里特兹（Sticglitz N，2002）则将产业融合分为

① Lind j. Convergence：Hisyory of Term Usage and Lessons for Firm Stregies ［M］. Stockholm School of Economics：Center for Information and Communications Research，2004.

② Lei D T. Industry Evolution and Competence Development：The Imperatives of Technological Convergence ［J］. International Journal of Technology Management，2000，19（7－8）：726.

③ Yoffie D B，ed. Introduction：CHESS and Competing in the Age of Digital Convergence ［A］. In Yoffie D B ed. Introduction：CHESS and Competing in the Age of Digital Convergence ［C］. Boston，1997：1－35.

④ Jonas Lind. Ubiquition Convergence：Market Redfinitions Generated By Technological Change and The Industry Life Cycle ［R］，Paper for the DRUID Academy Winter 2005 Conference，2005，（1）：27－29.

⑤ Greenstein S，Khanna T. What Does Industry Convergence Mean? ［A］. In：Yoffie D. Compeling in the Age of Digital Convergence ［C］. Boston：perseus Distribution Services，1997：201－226.

技术替代性融合、技术互补性融合、产品替代性融合和产品互补性融合四类，他运用演化经济学和产业生命周期理论，构建了一个产业融合类型与产业动态演化的理论框架，不同的融合类型对于产业发展演化和商业战略的影响完全不同。①

关于产业融合的动力，则有许多学者从不同的视角展开研究，有的认为产业融合动力源于产业内部包括技术创新、观念创新等，如 Rosenberg（1963）、Porter（1985）、Blackan（1998）等，也有的认为产业融合主要来自外部环境，如管制放松、经济全球化、需求变化等方面，如哈梅尔（1994）、Penning（2001）、Anna－Greta Nystrom（2005）、Wirtz（2001），等等。

除欧美之外，日本学者和日本产业界也对产业融合进行了研究。1985年，日本通产省的一份报告中就提出了技术融合的概念，而日本学者植草益则在其著作《产业组织理论》中探讨了产业融合现象对市场范围的影响，② 之后还对信息通讯业的产业融合现象进行较深入的研究，他从融合的动因角度出发，认为产业融合即通过技术革新和放宽限制来降低行业间壁垒，加强各行业企业间的竞争合作关系，融合不仅出现在信息通讯业，还能在金融业、能源业、运输业和制造业等产业同时出现。③

1.4.2 国内产业融合研究

随着产业融合实践的不断丰富，国内学者也越来越多地关注并研究产业融合的现象、机理。笔者通过在中国知网总库平台（CNKI）以“题名”作为检索项，“产业融合”作为关键词进行检索，发现最早与产业融合相关的文献发表于1989年，截至2013年7月底止，共有相关文献1 700篇，其中主要集中在产业融合的内涵、动力、类型和意义几个方面。

对产业融合内涵的研究，国内学者主要从产业边界变化（植草益，2001；周振华，2003；于刃刚、李玉红，2003）、产业属性（历无畏等，

---

① Stieglitz N. Industry Dynamics and types of market convergence. Paper to be persented at the DRUID Summet Conference on “Industry Dynamics of the New and Old Economy – Who is embracing whom? Copenhagen/Elsinore，2002：6 – 8.

② 植草益．产业组织论［M］．中国人民大学出版社，1988. 35 – 55.

③ 植草益．信息通讯业的产业融合［J］．中国工业经济，2001，(2)：24 – 27.

2002；陈柳钦，2006 等）、模块理论（朱瑞博，2003）及系统（胡金星，2007）等视角界定产业融合内涵。

于刃刚是国内较早研究产业融合问题的学者，1997 年他就提出第一产业、第二产业、第三产业之间出现融合现象。① 张磊（2001）着重研究了融合条件下互联网管理问题，并对我国产业融合现象作了分析。② 马健（2002）认为，由于技术进步和管制放松，使得产业边界和交叉处发生了技术融合，模糊并改变了原有产业的界限，技术创新是产业融合的内在动力，管制放松是产业融合的外在动力。③ 周振华（2003）他运用产业边界理论，从电信、广播电视和出版业融合的案例中归纳出产业融合的主要因素在于数字化信息、综合信息技术和互联网信息平台，并且认为产业融合意味着传统产业边界模糊化和经济服务化趋势，产业间新型的竞争协同关系的建立和更大的复合经济效应。④ 岭言（2001）提出，产业融合不是几个产业的简单相加，而是通过相互作用融合为一体并显示出新的生机和活力。⑤ 朱瑞博（2003）在青木昌彦模块化理论基础上，⑥ 将价值模块整合和产业融合问题结合起来，提出技术创新、管理放松和合作竞争理念并不是产业融合形成的充分条件，产业融合离不开具有通用界面标准的模块作为其实现的载体，产业融合即一种模块化的过程，或者说是一种产业系统化的过程。⑦

关于产业融合的动因，则更多地借鉴国外研究成果，如厉无畏（2002）⑧、陈柳钦（2007）⑨ 就提出，产业融合主要分为渗透、延伸和重组三种形式。马健（2005）根据融合后新产业对原产业替代程度将产业分

---

① 于刃刚．三次产业分类与产业融合趋势［J］．世界经济与政治，1997，（1）：42 – 43.

② 张磊．产业融合与互联网管制［M］．上海财经大学出版社，2001：8 – 17.

③ 马健．产业融合理论研究综述［J］．经济学动态，2002，（5）：78 – 81.

④ 周振华．产业融合：新产业革命的历史性标志——兼析电信、广播电视和出版三大产业融合案例［J］．产业经济研究，2003，（1）：1 – 10.

⑤ 岭言．产业融合发展——美国新经济的活动之源［J］．工厂管理，2001，（3）：25.

⑥ 青木昌彦，安藤睛彦．模块时代_ 新产业结构的本质［M］．上海：远东出版社，2003：4 – 5.

⑦ 朱瑞博．价值模块整合与产业融合［J］．中国工业经济，2003，（6）：24 – 31.

⑧ 厉无畏，王慧敏．国际产业发展的三大趋势分析［J］．上海社会科学学院学术季刊，2002，（2）：53 – 60.

⑨ 陈柳钦．产业融合问题研究［J］．南都学坛（人文社会科学学报），2005，（3）：98 – 104.

为完全融合、部分融合和虚假融合三种类型。[①] 而张磊（2001）[②]、周振华（2003）、胡金星（2007）[③] 等人则将产业融合分为替代型融合、互补型融合和结合型融合。李晓丹（2003）、余东华（2005）、周振华（2003）、柳旭波（2005）等人就产业融合的意义作了探讨，他们认为，大多产业融合有助于推动产业结构优化、产业组织革新和产业整体效益的提高，[④] 产业融合是提升产业竞争力的有效途径，能优化组织结构、改善企业绩效、促进经济增长方式的转变。[⑤] 另外，产业融合发展有助于新型工业化道路的实现，同时也对现行的产业政策提出挑战。[⑥]

1.5 国内外旅游产业融合研究现状

1.5.1 旅游产业融合研究概况

国外关于旅游产业融合发展的研究较之产业融合要少得多，只有少数是从旅游产业融合产品的营销方式、企业战略和业务管理、影响旅游产业融合产品发展的因素及推动力等方面进行研究。

当前，我国旅游产业的融合发展正处于初始阶段，相关研究也刚起步。2009 年《国务院关于加快发展旅游业的意见》明确提出要“大力推进旅游业与文化、体育、农业、工业、林业、商业、水利、地质、海洋、环保、气象等相关产业和行业的融合发展”的目标，融合发展是旅游产业的大趋势。笔者通过在中国知网总库平台（CNKI）进行检索，以“篇名”作为检索项，“旅游产业融合”作为关键词，匹配“精确”，得知最早与产业融合相关的文献发表于 1989 年，截至 2013 年 7 月底止，共有相关文献 374 篇。从文献的数量上看，国内旅游产业融合研究与产业发展同步。1999 年以前，旅游产业融合处于探索阶段，文献量保持在较低水平；2000

① 马健．产业融合识别的理论探讨［J］．社会科学编辑，2005，(3)：86－89.

② 胡金星．产业融合的内在机制研究_ 基于自组织理论的视角［D］．上海：复旦大学博士论文，2007.

③ 李晓丹．产业融合与产业发展［J］．中国财经政法大学学报，2003，(1)：54－57.

④ 余东华．产业融合与产业组织结构优化［J］．天津社会科学，2005，(3)：72－76.

⑤ 周振华．产业融合：产业发展及经济增长的新动力［J］．中国工业经济，2003，(4)：46－52.

⑥ 柳旭波．产业融合对产业结构政策的影响［J］．生产力研究，2006（7)：204－206.

年以后，逐渐进入萌芽发展阶段，文献数量逐渐增多；2005 年以后，随着中国加入世贸组织以及中国《关于进一步加快旅游产业发展的若干意见》的发布，各地旅游产业建设与发展步伐加快，旅游业态不断涌现，旅游产业融合研究也出现飞跃，特别是在 2011 年全国旅游工作会议上，国家旅游局进一步明确了通过加强旅游业与第一、第二、第三产业融合发展来培育战略性支柱产业，旅游产业融合推进新的商业模式不断出现，一些在夹缝中成长起来的旅游企业不断创新经营方式与盈利模式，创造了新的旅游经济增长点，形成了以旅游产业为主的新兴业态。此后几年，相关论文篇数每年都在 100 篇左右（表 1 –1）。梳理这 374 篇文献，以相近主题进行归类，可见国内关于旅游产业融合的研究主要集中在融合的基础理论上，包括了融合内涵、融合动因、融合类型、融合路径、融合机制和融合效应等六方面，在产业融合实践方面，则更多地关注旅游产业与文化产业、农业、产业融合背景下的区域旅游发展和竞争力提升等方面，涉及海洋（海岛）旅游产业融合的文章只有 2 篇，而对产业融合背景下的海洋旅游综合管理体制研究尚属空白（表 1 –2）。

表 1 –1　1989—2013 关于旅游产业融合论文数量　　单位：篇

年份	1989	1990	1991	1992	1993	1994	1995
数量	1	0	0	1	1	1	0
年份	1996	1997	1998	1999	2000	2001	2002
数量	0	2	0	0	1	1	3
年份	2003	2004	2005	2006	2007	2008	2009
数量	2	5	1	4	9	27	24
年份	2010	2011	2012	2013			
数量	30	77	125	58			

注：资料来源于中国知网数据库，2013 年统计到 7 月底为止。

表 1 –2　相关主题及对应文献数量　　单位：篇

旅游产业融合基础理论研究	针对单一产业类型的融合										其他			
内涵、类型、意义、障碍、形成机制、融合路径等	文化产业	创意产业	旅游地产	农业旅游	体育旅游	节庆会展	动漫产业	影视演艺	工业旅游	其他产业	区域旅游	海岛旅游	两岸交流	新产品等
58	132	11	3	41	11	5	1	7	3	26	53	3	5	15

1.5.2 旅游产业融合基础理论研究

1.5.2.1 旅游产业融合内涵研究

赵黎明（2011）提出旅游产业融合是旅游业与其他行业相互影响、相互交叉、相互渗透，产生新的产业要素和产业形态的过程。① 张凌云（2011）则认为，旅游产业融合通常是指与其他产业之间或旅游产业不同行业之间相互渗透、相互交叉，最终融合为一体，逐步形成新产业的动态发展过程，一般分为产业渗透、产业交叉和产业重组三种类型。② 何建民（2011）提出，旅游产业融合是指旅游产业与其他产业或旅游产业内不同行业相互渗透、相互交叉，最终融合为一体，逐步形成新产业或产业链式的动态发展过程。同时，他把旅游产业融合划分成4种类型：旅游产业与其他产业间的融合、旅游产业内不同行业的融合、旅游产业在一个空间里的本地融合、位于不同国家或行政管辖区域的旅游产业与其他产业及旅游产业内部行业间的融合，而我国目前的旅游产业较偏重于产业间的融合。③ 杨颖（2008）提出旅游业的跨界融合实则包括旅游业与其他服务业融合、旅游业与非服务业融合两种类型，融合后表现在相互渗透和交叉，从而使融合后的产业兼具旅游业的特征，使原有的旅游业形成了既替代又互补的关系。④ 杨颖还指出，旅游业与其他服务业的融合产生了教育旅游、体育旅游、医疗旅游、奖励旅游、会展旅游、修学旅游、房地产旅游、公务旅游、节事旅游、文化创意旅游等，而与第一、二产业融合后则产生了工业旅游、农业旅游等。徐虹从系统论角度分析了旅游产业的融合，认为旅游产业融合是在开放的旅游产业系统中，构成产业系统的各要素的变革在扩散中引起不同产业要素之间相互竞争、协作与共同演进而形成一个新兴产业的过程，它包括了技术融合、企业融合、产品融合、市场融合和制度融合等。⑤ 张辉（2011）认为，旅游产业融合不同于一般以传统工业技术为基础的产业

---

① 赵黎明．经济学视角下的旅游产业融合［J］．旅游学刊，2011，26（5）：7－8.

② 张凌云．旅游产业融合的基础和前提［J］．旅游学刊，2011，26（5）：6－7.

③ 何建民．我国旅游产业融合发展的形式、动因、路径、障碍及机制［J］．旅游学刊2011，26（4）：8－9.

④ 徐虹．范清．我国旅游产业融合的障碍因素及其竞争力提升策略研究［J］．旅游科学，2008，22（4）：1－5.

⑤ 张辉，黄雪莹．旅游产业融合的几个基本论断［J］．旅游学刊，2011，26（5）：5－6.

融合，旅游业是一个特殊的行业，它与其他产业的融合发展是以旅游者的需求变化为导向的，其根本动力在于旅游需求的变化旅游方式与旅游类型多样化是促成旅游产业融合的决定性因素，信息技术只是这一过程中实现融合的一个手段而已。① 程锦、陆林等在前人的基础上总结了旅游产业融合的内涵，认为旅游产业融合是旅游产业与其他产业或者旅游产业内部不同行业之间发生相互渗透、相互关联，最后形成新的产业，因此，旅游产业融合的方式有两种：一种为旅游业与其他服务业的融合，包括了旅游业六要素之间的融合；另一种是旅游业与非旅游业的融合，非旅游业主要是指第一、第二产业。②

1.5.2.2 旅游产业融合机制、路径、模式研究

旅游产业融合机制、路径和模式也是许多学者关注的重点。在融合机制方面，主要从融合动力和融合障碍角度进行研究。陆晓清（2009）以网络游戏业与旅游业的产业融合为例，认为二者融合的动力主要来自于技术创新、市场创新和经济计划管制三方面。技术创新是驱动力，市场需求和经济管制是外在推动力。③ 董桂玲（2009）系统分析了动漫和旅游产业融合的动力机制，指出引力子系统为产业融合的源动力、推力子系统为产业融合的直接动力机制、支持力子系统为产业融合的系统环境，三者相互影响、相互作用，共同构建了动漫和旅游产业融合的动机机制。④ 杨颖认为，旅游产业融合的动因包括旅游体验性、闲暇的二重性以及企业对经济性的追求。⑤ 江贤卿（2008）通过旅游房地产与一般地产特征的对比分析，认为房地产业与旅游产业融合的驱动因素是技术创新、市场推力和企业跨行业融合。⑥ 张海燕、王忠云（2010）通过旅游产业与文化产业的边界的界

---

① 程锦，陆林，朱付彪．旅游产业融合研究进展及启示［J］．旅游学刊，2011，26（4）：13－19.

② 陆晓清．论网络游戏业与旅游业的产业融合［J］．重庆邮电大学学报，2009，21（1）：42－45.

③ 董桂玲．动漫业和旅游业产业融合的动力机制研究［J］．经济研究导刊，2009，（32）：40－68.

④ 杨颖．产业融合：旅游业发展趋势的新视角［J］．旅游科学．2008，22（4）：6－10.

⑤ 江贤卿．我国旅游房地产的产业融合模式研究［D］．厦门大学硕士经文，2008.

⑥ 张海燕，王忠云．基于产业整合的文化产业旅游业竞争力研究评价［J］．资源开发与市场，2010，26（8）：743－746.

定，构建了两大产业的融合机制。[①] 高凌江、夏杰长（2012）提出，促进旅游产业融合的动力或因素是多方面的，根据产业融合的一般原理并结合旅游产业特点，构建出推动旅游产业融合的动力机制模型：旅游需求的拉动力、旅游企业的内在驱动力、技术创新的推动力和旅游产业融合的外部环境。[②] 肖建勇、郑向敏（2012）还对旅游产业融合的机理作出分析，他们引入“模块化”作为分析工具，把旅游产业融合的形成机理概括为“两阶段三形态”，即“垂直一体化的产业链条的模块化分解、跨产业（行业）的模块化整合，封闭性垂直一体化产业系统、开放性横向产业系统和动态网络产业系统”三种形态。[③] 徐虹、范清（2008）则研究了旅游产业融合的障碍，认为旅游产业融合的障碍分为制度障碍、能力障碍和需求障碍。[④]

在融合路径方面，高凌江、夏杰长（2012）认为，旅游产业融合的路径是指在产业融合动力机制作用下旅游产业与其他产业融合发展过程中呈现出来的各种不同形式的状态，由于产业自身的功能、技术、特征不同，它们与旅游产业关联方式的差异，与旅游产业融合的途径也各不相同，主要有模块嵌入式、横向拓展式、纵向延伸式和交叉渗透式四种类型。所谓模块嵌入式融合路径是指旅游业以价值模块的方式嵌入到其他产业之中，成为产业链上的增值点，使其他产业具有旅游功能；所谓横向拓展式主要指旅游产业向其他产业不断融合的方式，它可以把其他产业资源不断融合进来；所谓纵向延伸式是指旅游产业内价值链的向上下游纵向延伸，譬如通过网络平台向旅游产业链的前后端延伸，产业链在目的地、中转地的空间上延伸而形成无缝对接的优质旅游线路，从而增加旅游经济价值；交叉渗透式指混合了旅游产业与其他产业的横向拓展和纵向延伸，形成兼具多个行业特征的新型服务业业态。[⑤]

---

① 王慧敏．旅游产业的新发展观：5C 模式［J］．中国工业经济，2007（6）：13－20.

② 高凌江，夏杰长．中国旅游产业融合的动力机制、路径及政策选择［J］．首都经济贸易大学学报，2012（2）：52－57.

③ 肖建勇，郑向敏．旅游产业融合：动因、机理与效应［J］．商业研究，2012，417（1）：172－175.

④ 徐虹，范清．我国旅游产业融合的障碍因素及其竞争力提升策略研究［J］．旅游科学，2008，22（4）：1－4.

⑤ 高凌江，夏杰长．中国旅游产业融合的动力机制、路径及政策选择［J］．首都经济贸易大学学报，2012（2）：52－57.

在融合模式方面，研究者更多的是结合不同产业、不同地区的案例做出实证研究。高柳珍、崔文娟（2011）以印象刘三姐为例，分析了文化产业与旅游产业融合的模式，即通过将文化加入旅游资源中提升其旅游价值，获得高层次的感受和经历。[①] 王振如、钱静（2009）以北京为例，提出都市农业、生态旅游和文化创意产业融合发展模式。[②] 江贤卿（2008）探讨了旅游产业与房地产业的融合发展模式。[③] 雷波（2012）从市场需求、资源共享、关联互补、科技进步和发展趋势五个方面分析了体育产业与旅游产业融合的基本条件，提出了两大产业的渗透型融合、重组型融合和延伸型融合三种模式。并指出，渗透型融合层次较浅，没有改变两大产业的原有形态；重组型融合和延伸型融合丰富了两大产业的产业内涵，而且实现了业态创新，催生出一批兼具体育和旅游双重性质的体育旅游新业态。[④] 康嘉、杨彩云（2012）等提出，工业遗产与文化创意产业创造性的融合呈现出多元化趋势，其融合模式主要有：创意 LOFT 模式、博物馆模式、创意产业园模式、工业旅游模式、动漫城模式、公共文化空间模式，[⑤] 等等。

1.5.2.3 关于旅游产业融合的动因和效应研究

学术界主要从旅游业无边界、强关联性和需求导向型等产业特征出发，普遍认为旅游产业本身的特点决定了它与其他产业融合的天然属性。如王慧敏就从资源供给、时空维度、驱动要素、消费需求等四个方面论述了旅游业的无边界特征，而正是这种无边界特征使旅游业成为一种区别于传统产业的“泛产业”，从而促进了产业融合；[⑥] 张佰瑞指出，旅游产业的无边界特性决定了其融合的必然趋势，旅游产业的强关联性则使它更容易突破已有的产业边界渗透到其他产业中去。[⑦] 张辉和黄雪莹认为，一般意

---

① 高柳珍，崔文娟．印象·刘三姐旅游产业融合模式的发展研究．中国商贸，2011，31（11）：231－232.

② 王振如，钱静．北京都市农业、生态旅游和文化创意产业融合模式探析［J］．农业经济问题，2009，（8）：14－18.

③ 江贤卿．我国旅游房地产的产业融合模式研究［D］．厦门大学，2008：4.

④ 雷波．我国体育产业与旅游产业互动融合模式分析［J］．北京体育大学学报，2012，35（9）：40－44.

⑤ 康嘉，杨彩云．工业遗产与文化创意产业融合模式探讨［J］．经济论坛，2012，502（5）：105－107.

⑥ 王慧敏．旅游产业的新发展观：5C 模式［J］．中国工业经济，2007（6）：13－20.

⑦ 张佰瑞．产业融合与北京旅游业的发展［J］．城市问题，2009（9）：69－77.

义上的产业融合，主要指不同产业相互交叉、渗透与组合，形成不同于常规产业的一种新型业态，融合的结果是产业边界的收缩甚至完成消失。譬如，在以传统工业技术为基础的产业中，行业与行业之间的边界固定，分工明显，这是构成产业经济运行的基础，也是制定经济政策、产业政策的基础；自20世纪90年代以来，数字化技术、通信和计算机技术的迅速发展，使以其为技术支撑的诸多行业之间的边界正在由清晰走向模糊，出现了典型的信息产业与制造业和服务业之间的融合渗透。但是这一结论并不适用于旅游业，旅游产业的融合有其特殊性，旅游产业融合不同于信息化导向的传统产业融合，它是以旅游者需求为导向，其根本动力是旅游需求的变化。① 徐虹、范清也认为，旅游产业融合是开放性的旅游产业系统本身的动态演进，促使旅游产业发生融合变化的内在动力在于旅游产业系统的强关联性及追求效益最大化的冲动性，其外在动力则是由市场需求的推力、竞争合作的压力、技术创新的拉力和规制放松的助力等方面构成。② 肖建勇、郑向敏认为，旅游产业融合的根本原因深植于以“知识资本”为主导的信息经济和以“消费”为中心的服务经济，是消费需求升级的产物，信息技术只是这一过程中实现旅游产业融合的一种手段；由于消费的越来越趋向个性化和多样化，由于社会分工的复杂化，导致人们对简单生活的渴望，需要一整套满足特定需求的解决方案，要求企业突破已有边界，进行跨产业、跨行业的无缝合作，从而导致产业间的融合。③

1.5.3 针对单一产业类型融合的研究

在以往的关于旅游产业融合研究文献中，有一些针对单一产业融合的研究，如文化旅游、会展旅游、农业旅游、工业旅游、体育旅游、动漫旅游、旅游地产、影视演艺旅游等等（见表1-2），这些文献主要探讨某一具体产业与旅游业融合的意义、机制、模式、路径以及发展策略等，较系统的文献并不多见。重点研究简略介绍如下：

---

① 张辉，黄雪莹．旅游产业融合的几个基本判断［J］．旅游学刊，2011，26（4）：5-6.

② 徐虹，范清．我国旅游产业融合的障碍因素及其竞争力提升策略研究［J］．旅游科学，2008，22（4）：1-4.

③ 肖建勇，郑向敏．旅游产业融合：动因、机理与效应［J］．商业研究，2012，417（1）：172-175.

（1）文化与旅游产业融合

文化的发展固然有着自己独特的方式和途径，但实践证明，以旅游为载体发展文化，不仅能够引起大众对相关文化的认识兴趣，促进文化的挖掘和弘扬，而且还可以通过旅游活动实现文化资源的保值、增值甚至是创新。文化与旅游密切相关，文化遗产、环境与自然、社会文化活动等更是旅游的主要资源。由此可见，旅游和文化的融合是产业发展的必然趋势。在以往众多探讨旅游产业融合的文献中，数量最多的是谈及文化产业与旅游产业融合的文献，占据2013年7月底为止所有旅游产业融合文献量的三分之一；从内涵上看，主要涉及12种产业融合而产生的新产品、新业态，以及如何融合发展、融合路径、模式、策略等。李萌（2010）探讨了旅游与文化产业融合发展的原理。① 朱佳认为，在目前政府主导的发展战略模式下，研究政府在产业融合中的角色及职能的定位对于两大产业的发展有着根本性的影响，他从宏观和微观的环境营造层面分析了政府的作用，并提出了融合政策导向中的政府角色定位。② 石艳（2008）认为，通过产业融合这一中介传导机制，旅游产业与文化产业相互渗透、互动发展，拓展了旅游产业的外延，拓宽了文化产业的发展空间。③ 张广海（2012）利用投入产出表分析了文化产业与旅游产业的关联性，并从产业价值链角度分析了两个产业的融合过程，通过接通与延伸文化和旅游两大产业链，构建出文化旅游产业链。④ 张海燕、王忠云（2013）认为，文化产业与旅游产业融合运作的动力来自于企业行为驱动、旅游者需求驱动、政府引导驱动、中介机构发展驱动以及市场机制驱动五个方面，文化产业与旅游产业的融合是在内外驱动因素的共同引导推动下而形成的具有发展旅游和文化功能的新型产业。⑤ 桑彬彬（2012）在分析了旅游产业和文化产业二者边

---

① 李萌．旅游与文化产业融合发展的学理探讨［N］．中国旅游报，2010－12－31.

② 朱佳．旅游产业与文化产业融合环境中的政府角色定位分析［D］．上海师范大学，2012：37－50.

③ 石艳．产业融合视角下的旅游产业与文化产业互动发展研究［J］．山东财政学院学报，2008，118（2）：109－114.

④ 张广海，孙春兰．文化旅游产业融合及产业链构建［J］．经济研究导刊，2012，158（12）：152－154.

⑤ 张海燕，王忠云．旅游产业与文化产业融合动作模式研究［J］．山东社会科学，2013，209（1）：169－172.

界的基础上，指出这两种产业不同于传统边界清晰的产业，二者的融合已经发生，融合发生在技术层面、产品层面、市场层面和企业层面。① 李文秀、李美云、黄斌（2012）对文化艺术产业和旅游产业融合的涵义和表现形式进行揭示，运用价值链理论分析了两者融合的过程和模式，指出两大产业的融合无论是在创造更多的融合性高层次产品满足游客需求、还是在开辟新市场增强产业竞争力、促进产业结构优化与转型升级以及商业模式创新等方面都有明显效应。他们认为，这两大产业融合发展的模式主要有旅游产业艺术化、文化艺术产业旅游化以及文化艺术节会三种融合模式，这样的融合既提升了旅游产品的文化内涵，满足高层次旅游需求，又增强旅游产品的吸引力，拓展两大产业的发展空间，同时还增强企业竞争力，促进两大产业结构的优化升级。②

吴金艳提出南宁市的文化产业与旅游产业融合发展对策。③ 胡俊提出了江西文化与旅游产业融合的途径及对策。④ 朱美光提出河南省文化产业与旅游产业融合的对策。⑤ 吴倩研究了贵州省的旅游产业与文化产业融合。⑥ 杨卫武、徐乃卿则对上海旅游产业与文化产业融合作了研究。⑦ 程晓丽、祝亚雯分析了安徽省旅游产业与文化产业融合现状，提出两大产业融合目前存在着融合领域不宽广、融合机制不顺畅、政策扶持不到位、产业链衔接和延伸不够等问题，与安徽“文化强省、旅游大省”战略不符，提出要立足于安徽实际，通过渗透型、延伸型、重组型三种融合模式，采取完善政府机制、建设示范基地、培育产业集群、加强市场营销、重视人才

① 桑彬彬．从产业边界看旅游产业与文化产业的融合发展［J］．思想战线，2012，38（6）：147－148.

② 李文秀，李美云，黄斌．文化艺术产业和旅游产业融合：过程、模式和效应［J］．广东行政学院学报，2012，24（4）：73－78.

③ 吴金艳．南宁市的文化产业与旅游产业融合发展对策思考［J］．经济与社会发展，2012，（7）：15－19.

④ 胡俊．江西文化与旅游产业融合的途径及对策研究［J］．江西行政学院学报，2013，15（2）：43－46.

⑤ 朱美光．促进河南省文化产业与旅游产业融合发展的建议［N］，中国旅游报，2010－06－20.

⑥ 吴倩．民族地区文化产业与旅游产业的融合发展研究——以贵州省为例［J］．贵州民族研究，2012，148（12）：124－127.

⑦ 杨卫武，徐乃卿．基于游客购物行为的上海旅游与文化产业融合研究［J］．经济论坛，2012，500（3）：19－24.

培养等路径来促进两者的融合，实现安徽旅游产业结构优化升级。[①]

此外，张欣、牟维修（2013）论及了冰雪旅游产业与文化产业融合发展问题。[②] 吴银珍（2010）分析了文化与旅游的融合是山西产业转型的双翼。[③] 覃振锋（2010）论述了北部湾经济区开放开发的新形势，认为北海文化产业要在区域联动中实现大旅游文化产业的融合发展。[④] 刘艳兰（2009）通过分析国内外著名演出项目和文化产业项目——《印象·刘三姐》，论证了旅游产业与文化产业融合的必然性。[⑤] 吕艳伟、郑耀星论述了德化陶瓷文化的旅游开发。[⑥] 陈辉研究了名人文化的旅游开发，[⑦] 等等。

（2）农业与旅游产业融合

旅游产业与农业融合的研究一直是人们关注的重点，相对也产生了比较丰富的文献数量。张文建（2008）指出农业旅游的本质属性为产业融合和城乡互动，农业旅游是第一产业与第三产业交叉重合而成的新型业态，是农业与旅游业之间相互延伸。[⑧] 陈琳（2007）是较早关注农业旅游这一领域的人，几年来一直对农业旅游发展问题展开探讨。[⑨] 周昌芹（2012）运用产业融合理论和系统论原理，对农业和旅游业的融合动力、融合过程、融合效果以及可能产生形成的农业旅游开发模式进行分析，剖析了浙江省农业和旅游业的融合现状，归纳出浙江省农业旅游发展目前存在的几种开发模式，指出最适宜未来浙江省农业旅游发展的模式，还从产品创

---

① 程晓丽，祝亚雯．安徽省旅游产业与文化产业融合发展研究［J］．经济地理，2012，32（9）：161－165.

② 张欣，牟维修．冰雪旅游产业与文化产业融合发展探究［J］．边疆经济与文化，2013，113（5）：10－12.

③ 吴银珍．关于山西文化与旅游普融合发展的思考［J］，前进，2010，（3）：45－46.

④ 覃振锋．北海文化产业与旅游产业融合发展的实施路径［J］．沿海企业与科技，2010，126（11）：81－85.

⑤ 刘艳兰．实景演艺：文艺与旅游产业融合的业态创新——以桂林阳朔《印象·刘三姐》为例［J］．黑龙江对外经贸，2009，（8）：105－106.

⑥ 吕艳伟，郑耀星．创意视阈下德化陶瓷文化旅游发展研究［J］，山西师范大学学报，2012，26（2）：121－128.

⑦ 陈辉．基于名人文化的旅游产业横向融合研究——以鲁迅故里为例［J］．江苏商论，2012，（3）：128－131.

⑧ 张文建．基于产业融合的农业旅游：农业服务业的新形态［N］．中国旅游报，2008－11－12.

⑨ 陈琳．基于产业融合的农业旅游新模式研究［D］．华东师范大学，2007.

新、区域布局、市场开发等方面提出了浙江省农业旅游的发展战略。① 杨阿莉（2011）认为，自20世纪90年代以来，在系统性思考观引入、后工业经济来临、农业改造要求、城乡和谐发展需要等背景要素的推进之下，我国政府对农业与旅游业的交叉融合发展日渐重视，并不断进行着战略性的规划和思考。② 曾磊（2011）认为农业旅游能够将农业、生态和旅游业结合起来，是现代农业功能拓展的最佳载体，并提出旅游功能拓展规划的重点内容，强调要转变设计理念，重新定位规划功能，使服务设施规划符合旅游规律，合理策划旅游项目，重视景观与绿化规划，加强生态环境保护与品牌建设。③ 张昀晨（2012）以城乡统筹的视角探讨农业产业化与乡村旅游的互动关系，分析了农业与旅游业实现融合的条件、农业旅游的形成过程及存在意义，认为推动农业服务业的发展是实现传统农业向现代农业过渡的必由之路，农业旅游是产业融合而形成的新型农业服务业，特别是近年来，我国已经进入了以城带乡、以工促农的发展时期，能够与城乡统筹、城乡经济社会一体化形成良好互动，将有助于实现农村经济的可持续发展。④ 刘孝蓉、胡明杨（2013）通过对传统农业与乡村旅游融合互动的基础、动力、效益的分析，认为传统农业与乡村旅游两者融合既可以推动传统农业的产业化发展，又利于推动乡村旅游的转型升级，是传统农业区域可持续发展的重要途径，并提出了5种传统农业与乡村旅游融合的互动发展模式。⑤ 张玉均探讨了现代林业与旅游产业融合的空间问题。⑥ 田勇、张宗亮、王猛在分析我国森林旅游产业融合特点的基础上，提出促进我国森林旅游产业融合的建议。⑦

---

① 周昌芹．产业融合背景下农业旅游的开发模式研究——以浙江为例［D］，重庆师范大学，2012.

② 杨阿莉．从产业融合视角认识乡村旅游的优化升级［J］．旅游学刊，2011，26（4）：9－11.

③ 曾磊，邢慧斌．产业融合视角下的现代农业示范园区规划——兼论其旅游功能的拓展［J］．安徽农业科学，2011，（33）：20617－20619.

④ 张昀晨．统筹城乡背景下产业融合与农业旅游发展研究［J］．中国商贸，2012，20（7）：154－155.

⑤ 刘孝蓉，胡明杨．基于产业融合传统农业与乡村旅游互动发展模式［J］．贵州农业科学，2013，41（3）：219－222.

⑥ 张玉均．旅游产业与现代林业的融合空间［J］．旅游学刊，2011，26（6）：10－11.

⑦ 田勇，张宗亮，王猛．产业融合下的森林旅游发展研究，旅游纵览，2013，25（1）：15－16.

还有许多学者针对某个具体区域提出旅游产业与农业融合的路径、对策。

如王振如、钱静（2009）针对北京的农业旅游问题展开研究。① 白晋湘、蒋才芳、石东（2012）对武陵地区民族山寨旅游与生态农业的产业融合作了研究。② 周波等（2013）③、何丹（2012）④ 和谢慧清（2011）⑤ 分别对黑龙江、辽宁和泰安的农业生态旅游发展进行了探索。

（3）体育与旅游产业融合

康保苓（2011）⑥、周雪莲（2012）⑦ 研究了产业融合背景下的旅游与体育的互动融合。雷波提出了我国体育产业与旅游产业的融合模式。⑧ 张媛媛、吴畏、葛春颖（2013）分析了秦皇岛旅游与体育产业融合的动力机制，提出了相应对策。⑨ 易军（2008）分析了奥运会举办所带来的机遇，提出了大连旅游产业的升级策略。⑩

（4）创意产业与旅游产业融合

刘志勇、王伟年（2009）⑪ 和丁宁（2011）⑫ 等将眼光投向创意产业与旅游产业的融合发展领域，提出了融合的途径、模式和对策。冯学钢、于秋阳（2010）分析了旅游产业与创意城市融合发展的新特征，提出嵌入共生式与耦合共振式两种融合模式，并探讨了二者融合发展的路径。⑬ 夏

---

① 王振如，钱静．北京都市农业、生态旅游和文化创意产业融合模式探析，农业经济题，2009，（8）：14－18.

② 白晋湘，蒋才芳，石东．武陵山区民族山寨旅游与生态农业的产业融合与发展［J］．吉首大学学报，2012，33（5）：102－105.

③ 周波，于洪雁，韩东．基于产业融合理论的黑龙江农业生态旅游发展研究［J］．现代商业，2013，（9）：34－35.

④ 何丹．辽宁省森林旅游产业发展与县域经济增长关系研究［D］．沈阳农业大学，2012.

⑤ 谢慧清．泰安农村旅游产业可持续发展问题研究［D］，山东农业大学，2011.

⑥ 康保苓．产业融合背景下的旅游与体育的互动研究［J］．旅游论坛，2011，4（3）：45－48.

⑦ 周雪莲．体育产业与旅游产业的融合分析［J］．科技创新导报，2012，227（11）：224－226.

⑧ 雷波．我国体育产业与旅游产业的融合模式分析［J］．北京体育大学学报，2012，35（9）：40－44.

⑨ 张媛媛．秦皇岛旅游与体育产业融合对策研究［J］．现代经济信息，2013，（18）：396.

⑩ 易军．以奥运为契机，推进大连旅游产业升级［J］．瞭望，2008，（16）：58－59.

⑪ 刘志勇，王伟年．论创意产业与旅游产业的融合发展［J］．企业经济，2009，（8）127－130.

⑫ 丁宁．旅游创意融合发展研究［D］．辽宁师范大学，2011.

⑬ 冯学钢，于秋阳．论旅游产业与创意城市的融合发展［J］．社会科学，2010，363（11）：13－18.

小莉则从产业价值链角度分析了创意产业与旅游业的互动与融合。① 张建（2009）研究了都市创意产业与文化旅游产业相互融合发展的态势，探讨了都市创意产业园区挖掘旅游潜力的可行性，并提出了都市创意产业与文化旅游产品整合发展的路径及模式。② 钱静（2013）认为，都市农业、生态旅游和文化创意产业的融合是大城市都市农业发展的必然趋势，是都市型现代农业优化升级的必由之路，是一种产业发展新模式。③ 肖岚（2012）探讨了创意产业融合成长的动力机制及组织创新模式，④ 等等。

（5）房地产与旅游产业融合

涉及旅游业与房地产融合的文献并不多。施金亮、周德力（2007）用产业融合理论对上海旅游房地产业进行分析。⑤ 王业良（2008）利用产业融合的理论，提出从健全法规、人才培养、金融支撑、正确的理论指导和市场信誉等方面实现我国旅游房地产发展的对策。⑥ 江贤卿（2009）认为，旅游房地产业从本质上说是旅游业与房地产业相互融合的产物，两者在融合中相互促进、相互提升，出现了促使产业结构更趋合理的新业态；并从产业融合理论出发，分析对比了我国旅游房地产与一般房地产特征，构建出我国旅游房地产的产业融合模式⑦。

（6）会展与旅游产业融合

朱华、游佳、张炬、张黎（2010）运用产业融合理论分析了会展业与旅游业二者之间的联系，以会展与旅游产业融合为目标，分析了成都市会展旅游存在的问题，提出成都会展旅游发展的对策和建议。⑧ 庄清娥（2008）从经济学视角对会展旅游进行分析，认为会展旅游作为一种新的

---

① 夏小莉．创意旅游业：创意产业与旅游业的互动与融合——基于产业价值链的视角［J］．湖南商学院学报，2011，(6)：92－95.

② 张建．都市创意产业与旅游产业融合发展的态势及其整合参观者对策研究［J］．旅游论坛，2009，2（1）：76－81.

③ 钱静．北京都市农业生态旅游文化创意产业融合的路径选择［J］．农业技术与设备，2013，(1)：45－48.

④ 肖岚．创意产业融合成长的动力机制及其自组织创新模式研究［D］，东华大学，2012.

⑤ 施金亮，周德力．产业融合与旅游房地产发展对策［J］．上海房地产，2007，(9)：39－41.

⑥ 王业良．产业融合理论在旅游房地产发展对策中的应用［J］．湖南人文科技学院学报，2008，(5)：51－54.

⑦ 江贤卿．我国旅游房地产的产业融合模式研究［J］．厦门大学，2008：4.

⑧ 朱华，游佳，张炬，张黎．成都会展旅游产业融合：评价与探讨［J］．国际经济，2010，289（1）：89－92.

产业形态出现，不仅是会展业与会展旅游自身发展的需要，更是社会发展的必然产物。[①] 郭峦（2011）以南宁市为例，对产业融合趋势下城市会展旅游产业集群的培育提出自己看法，认为城市应从战略高度、管理机制、产业部门整合、企业（机构）空间四个方面来培育会展旅游产业集群。[②] 李星群（2007）分析了会展旅游发展的产业链，认为可以通过建立会展旅游战略联盟的方式整合我国会展旅游产业链，提升品牌竞争力。[③]

1.5.4 其他研究

除以上研究热点外，近几年来，国内的学者们还关注了区域旅游产业的融合、两岸旅游交流、其他领域与旅游产业融合以及新产品研发等方面。

对区域旅游产业融合的研究涉及文化产业、创意产业、农业、体育领域，文章在前面已有详细介绍，在此不一一赘述。除上述内容之外，吴国琴（2012）对河南省旅游产业融合发展作出研究，提出河南省作为旅游资源大省、农业大省、承接产业转移的重要区域，旅游产业融合主要以平行融合和交叉融合为主，但是在市场需求和政策推动下，河南省旅游业应以旅游产业大融合的发展理念为指导，加大旅游业与农业的融合深度，扩大旅游业与工业融合的广度，加强旅游业与文化产业融合的创新度，积极推动旅游与其他产业融合发展，打造旅游强省，推动中原经济区建设。[④] 梁兴英对烟台市近几年的旅游产业融合发展作出分析，归纳出其发展路径。[⑤] 印倩从产业融合出发，从产业交叉融合的整合功能、产业渗透的创新功能和产业重组的结构优化功能三方面解析了上海都市旅游的竞争力，并在此基础上提出进一步提升上海都市旅游竞争力的思考与建议。[⑥] 李明秀对福建

---

① 庄清娥. 基于产业融合视角的会展旅游分析 [J]. 铜陵学院学报，2008，40 (2)：55 -56.

② 郭峦. 产业融合趋势下城市会展旅游产业集群的培育——以南宁为例 [J]. 广西大学学报，2011，33 (4)：32 -35.

③ 李星群. 基于产业链融合的会展旅游竞争力研究 [J]. 商业时代，2007，(4)：90 -91.

④ 吴国琴. 河南省旅游产业融合发展现状与对策 [J]，信阳师范学院学报，2012，32 (3)：62 -66.

⑤ 梁兴英. 烟台市旅游产业融合发展的路径选择 [J]. 烟台职业学院学报，2012，57 (4)：26 -31.

⑥ 印倩. 产业融合框架下的上海都市旅游竞争力研究 [J]. 知识经济，2012，262 (10)：102 -103.

旅游产业融合作了研究。①

对产业融合背景下旅游新产品研究也有一些文献。旅游产业不是一个界限分明的传统产业，旅游业与其他产业融合必然产生出新产品，旅游产业的渗透性决定了与其他产业融合的必然性，而这种产业间的融合渗透又表现在旅游产业融合产品的多样化方面。在以往众多探讨旅游新产品的文献中，数量最多的是谈及文化产业与旅游产业融合而产生的新产品、新业态，其次是与农业的融合、体育产业的融合等。还有一些研究者将视野投向与房地产、节庆、会展、影视演艺的融合等。张文建，陈琳（2009）认为，农业旅游是产业融合与现代服务业发展的产物，是第一产业与第三产业交叉重合而成的新业态，它拓展了旅游资源类型，丰富了旅游活动内容，满足了旅游者多样化的旅游需求，是供给优势和需求优势的最佳结合；当然，要开发好农业旅游产品，更好地促进农业旅游发展，必须优化农业产业的新形态，实现农业产业的休闲化、专业化和定制化。② 杨文泰(2012)③、黄河（2012)④ 对山地、水库型旅游产品进行了探索。颜文华研究了理财旅游市场的开发。⑤

总之；国外在产业融合方面的研究较国内早，较多地从产业融合的实际案例入手，丰富的成果更多地集中在电信、传媒、娱乐、金融和商业等已经出现产业融合现象的产业上，主要从产业融合的定义、产业融合的演化关系、产业融合对企业战略管理的影响等方面展开研究，在旅游产业融合方面研究的较少；现有的旅游产业融合研究也主要集中在旅游产业融合产品的营销、企业战略和业务管理、影响旅游产业融合的因素等方面，以具体案例为主，较多实证描述，对于旅游产业融合的基本理论分析研究较少。国内在产业融合上的研究起步晚于国外，旅游产业融合理论研究也处于起步阶段，成果不成体系，系统理论研究缺乏，较多微观尺度或者某一

---

① 李明秀．闽发展旅游新业态产业融合［N］，中国旅游报，2013－3－29.

② 张文建，陈琳．产业融合框架下的农业旅游新内涵与新形态［J］．旅游论坛，2009，2(5)：704－708.

③ 黄河．产业融合视角下的水库旅游开发研究——以向家坝为例［J］．人民论坛，2012，(27)：158－159.

④ 杨文泰．打造浙中山地水库型旅游目的地［N］．江南游报，2012－6－7.

⑤ 颜文华．产业融合背景下理财旅游的市场开发策略研究［J］．江苏商论，2012，327(1)：129－131.

具体产业与旅游业的融合分析和对策研究，且以定性研究为主。但作为产业创新的一种形式，产业融合现象本身是对传统经济学理论的挑战，然而传统经济学理论仍在一定层面上指导着旅游产业的融合发展，产业融合的研究对丰富传统产业经济学理论亦有较大作用；当然，受融合发展实际的影响和制约，旅游产业融合研究空间还很大，旅游产业融合实际中的许多问题仍需要作出深入的探索和科学的研究。

1.6 研究的意义、思路与方法

1.6.1 研究的意义

在“大旅游”时代和海洋经济蓬勃发展的大背景下，海洋旅游作为一种新型旅游形式，是推动旅游产业结构优化升级和海洋经济可持续发展的重要途径。而从产业融合这一研究视角出发研究其旅游管理体制，并在此基础上创设一套旅游公共管理体制，更是符合当今不断出现的旅游新业态这一趋势，具有一定的现实与理论意义。

(1) 管理体制改革是产业大融合背景下，海洋旅游发展提出的新要求

管理体制的研究势必涉及政府及非政府组织这一对旅游管理主体。在传统思维中，旅游公共管理被认为是由政府旅游管理部门向社会提供的，不以营利为目的的旅游类服务，实践证明，政府不应该是旅游公共管理唯一直接提供者，社会其他部门（企业、市场等部门）也有可能进入旅游公共服务领域，参与旅游公共管理的供给。目前，国际上的旅游公共管理涉及“食、住、行、游、购、娱”各环节，涵盖了出游前、出游中、出游后的各个阶段，形成了较为完善的旅游公共管理体系。旅游发达国家的旅游公共管理内容广泛且现代化程度高。在我国海洋旅游开发全面向纵深方向推进过程中，如何加强海洋旅游综合管理机制研究，明确管理主体角色地位，也是颇具研究价值的新领域和新课题。

海洋旅游发展必须依靠各级政府及其各部门整体协作。几乎现代经济社会的每一个行业都与旅游业有关，据不完全统计，与旅游业有直接关联的行业或产业部门达60多个，而且相关联的部门和行业数量还在扩展，因此，在海洋旅游发展的一定时期内，政府都应该起到主导作用。符合发展

要求的政府管理可以通过战略决策的制定、发展规划的拟定来发挥宏观调控能力，调整产业政策，引导、规范各旅游市场主体行为；通过统一全社会对旅游的思想认识，改善海洋旅游目的地的软环境，为海洋旅游建设提供有效支持。

（2）解决好旅游管理体制是促进产业融合，提升海洋经济发展水平的重要手段

在当今经济全球化、高新技术迅速发展背景下，随着海洋旅游业的快速发展和旅游业本身的高度融合性，海洋旅游业正在技术与制度创新的基础上，与其他不同产业或内部不同行业之间进行相互渗透、相互交叉与相互融合，形成了诸如休闲渔业、海钓产业、游艇产业等多种海洋旅游新业态。海洋旅游产业融合作为提高海洋旅游生产力和竞争力的一种重要发展模式，其为海洋经济的发展注入了新活力，促进了海洋经济结构的转型升级。但是，随着旅游产业融合的加快推进和旅游生产力的不断提高，使得海洋旅游发展中不断出现管理体制的问题，传统的旅游管理体制已不能适应现阶段海洋旅游业的发展需要，甚至在一定程度上阻碍海洋旅游的发展。而旅游管理体制作为旅游生产力发展的上层建筑，是旅游业发展的重要保障。因此，解决好海洋旅游管理体制、创设一套海洋旅游管理新体制与新机制，是加快海洋旅游生产力发展，促进旅游产业融合、推进海洋经济结构转型升级的根本保证，是带动海洋旅游经济发展的重要手段。

（3）海洋旅游综合管理体制建设事关浙江海洋旅游业发展成败

21 世纪，海洋开发已成为世界经济新的增长点，发展海洋经济是我国战略规划的重要组成部分，“浙江海洋经济示范区”、“浙江舟山群岛新区”都已写入国家海洋发展战略规划之中。随着近年海洋旅游的快速发展，海洋旅游业与其他产业之间融合进程不断加快，使得海洋旅游管理体制的不健全、“大旅游、小管理”等矛盾日益凸显，如何进一步改善旅游部门职能、创新管理体制、协调各旅游企业高效有序的运转是亟需解决的一个重要问题。作为综合性极强的政府主导型产业，海洋旅游业急需要创设一套强有力的新型旅游管理体制与运行机制，从总揽全局的高度，根据我国海洋旅游业发展过程中存在的具体问题实施科学管理。同时，在国际化、开放性的海洋旅游发展过程中，政府机构的管理职能和职权范围将发生一定的转变，海洋旅游行业组织的管理权限将进一步放大，从而形成一体化、

高效率的公共管理体制，这对改变区域内旅游多头管理、部门垄断割据局面，形成与国际惯例接轨的创新型管理机制，促进旅游大融合、大协同，发展大旅游、大产业起到至关重要的作用。

（4）海洋旅游公共管理体制的建设更进一步凸显政府的重要性

由于旅游业具有很强的社会事业性质，加上旅游业本身的综合性、区域整体性和旅游资源公共性等因素，使得政府在旅游业发展中一直能够发挥比在一般领域中更重要的作用，对于我国这样的以公有制为基础的社会主义国家和发展中国家来说更是如此。政府主导旅游业的发展，是旅游发展规划、产业发展战略、旅游公共政策的制定者，是旅游宏观管理的实施者，是最重要的旅游管理主体。同样，海洋旅游作为旅游业的重要组成部分，其发展离不开各级政府及其部门间整体协作。且随着社会的进步、经济的迅速发展，虽然从根本上说是市场在推动旅游业的向前发展，但是政府仍然在其中起到不容忽视的作用，是旅游业开发与管理的最重要主体。在海洋旅游公共管理体制的构建中，更加强调的是转变政府职能方式，提供旅游公共服务，增强旅游管理部门的综合协调能力，这些都凸显了政府及其旅游职能部门在旅游发展与管理中不可磨灭的重要作用。

（5）丰富了政府及非政府组织在旅游公共管理方面的学术研究

长期以来，我国旅游业实行的是以政府的旅游主管部门为管理主体，以旅游全行业为管理客体，以行政命令为管理手段的传统旅游行政管理模式，其他旅游公共部门（如旅游协会、行业自律组织）被排斥在旅游管理主体之外，现代旅游公共管理的理念还没有完全形成。随着国内外旅游活动进入一个新的发展阶段，综合性的现象需要综合性方法来研究与管理，传统旅游行政管理模式已经难以满足现阶段旅游发展需要，旅游行业的管理模式应向旅游公共管理转变，逐步建立旅游公共管理体制。在旅游公共管理体制及机制运行的过程中应充分发挥政府及非政府组织在旅游管理中的互补性和协同性作用，重新审视旅游管理的主体、客体、目的和方式，对传统的旅游管理模式进行改进和优化，促进旅游管理适应旅游活动发展的需要。这一研究对丰富我国研究政府及非政府旅游组织在旅游公共管理中的作用具有一定的学术价值。

1.6.2 研究的思路

通过对我国海洋管理制度和旅游管理体制综合的评析，并借鉴国际海洋管理、海洋旅游管理经验，站在海洋旅游与我国海洋战略及海洋经济发展的大战略协同、海洋发展与陆域发展的大协同、海洋旅游资源利用与海洋生态保护的大协同高度，从全要素覆盖的大旅游角度出发，审视海洋旅游业发展的体制、机制；选择典型的海洋旅游目的地进行实证研究；采用比较分析法、资料法、实证研究等多种方法，确定海洋旅游综合管理内涵要素指标体系，构设出适合发展的创新性海洋旅游综合管理体制以及运行机制，并利用其指导浙江省以及全国海洋旅游综合试验区建设，使海洋旅游成为海洋经济发展的主力军，成为我国战略性支柱产业。具体思路如图1－1所示。

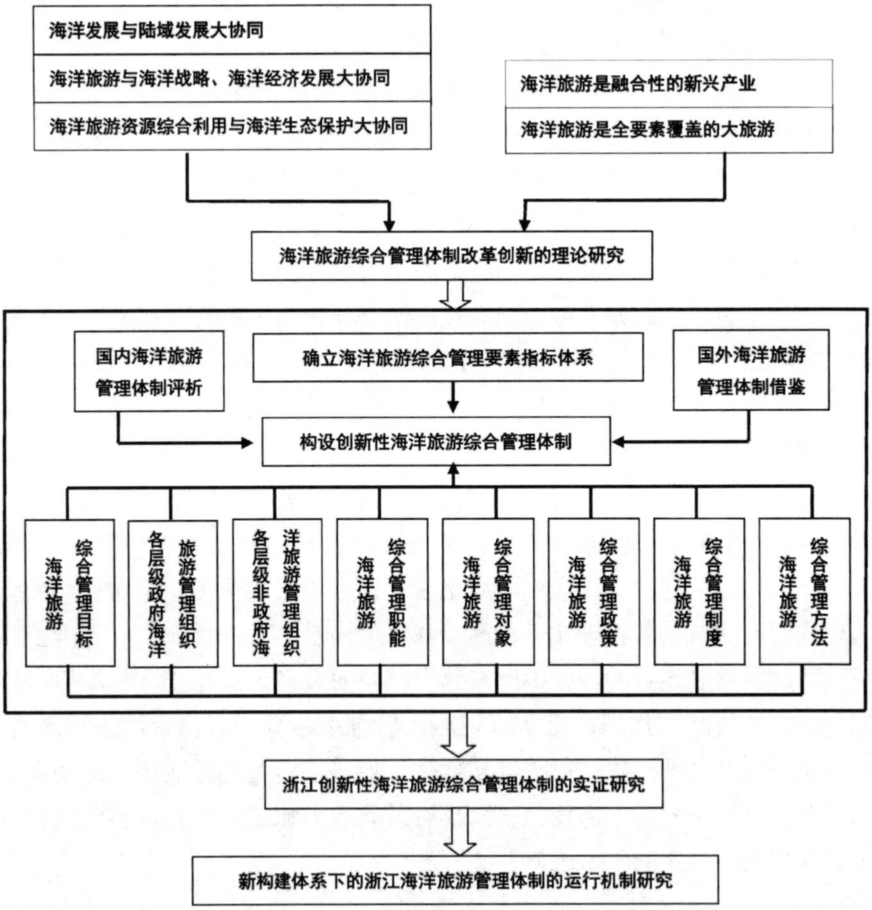

图1－1　课题研究基本思路图

1.6.3 研究的方法

（1）文献调研法

本研究主要是通过对现有旅游管理体制研究文献进行梳理和提炼，一方面明晰已有研究成果，为本研究提供理论支持；另一方面，确定已有研究存在的问题，寻找新的切入点和研究方向。

（2）比较分析法

主要是通过相关文献分析和实践调研，对不同类型的旅游管理体制进行比较分析，并结合海洋旅游管理的实证，分析其管理体制存在的问题、有无创新与可借鉴之处，以此来使研究的成果更具有理论与现实意义。

（3）综合分析法

综合运用管理学、社会学、经济学、地理学等多种理论与方法对海洋旅游管理体制状况进行分析说明，并以此为理论指导，创新思路、提出可行性建议。

（4）实证研究法

选择浙江省海洋旅游管理体制为案例，通过大量的广泛和深入的调查研究获得第一手材料，从大量的经验事实中通过科学归纳，总结出具有普遍意义的结论或规律，然后通过科学的逻辑演绎方法推导出符合我国海洋旅游发展的管理体制和机制。

第 2 章　国内外海洋旅游管理研究述评

旅游管理体制是指对旅游经济运行中所产生的各种经济关系的有效协调和管理及其所形成的组织形式和管理制度。[①] 由于旅游活动对社会、经济、文化、环境等方面的深刻影响，尤其是旅游业诱人的发展前景，世界上几乎所有的国家或地区都根据自身的特色形成了独特的旅游管理体制，其具体表现在国家、地方、景区等层面不同形式的政府与非政府旅游管理机构的设置上，通过旅游管理机构的运行来实现对旅游业全方位的、多手段的管理。旅游管理体制对旅游业的发展起着至关重要的作用，同样，其发展和变化也是国内外旅游研究者长期以来一直不断探讨和摸索的研究课题。

2.1　国外研究现状述评

2.1.1　旅游地管理体制研究

国家公园和遗产地旅游管理体制是国外旅游地管理体制研究的两个主要方面。

2.1.1.1　国家公园旅游管理体制研究

因国情和管理方式的不同，世界各国的国家公园管理体制存在一定的区别，但就总的管理模式而言，主要有中央集权式管理模式、地方自治式管理模式以及综合管理模式等三种。美国作为最早设立国家公园的国家，其管理模式以中央集权为主，自上而下实行垂直领导并辅以其他部门的合

① 张红，席岳婷．旅游业管理［M］．北京：科学出版社，2006：67.

作和民间机构的佐助。① Rettie（1995）在其研究中发现，美国国家公园初建期，政府对国家公园土地没有一个机构进行统一管理。② Larry（2003）在对美国国家公园的系统研究后得出，内政部得到国家公园的管理权是在1906年的一项古迹法中得以体现的。③ 德国和澳大利亚作为地方自治型的代表，中央政府只负责政策发布、立法等工作，而具体管理事务则交由地方政府负责。澳大利亚学者 Buultjiens（2005）对 Ruhuna 国家公园进行的研究发现，造成国家公园环境的破坏不仅仅是因为旅游活动，更重要的原因是管理手段、管理体制。④ 加拿大、芬兰、英国、日本兼有上述两种体制，属综合管理型，即既有政府部门的参与，地方政府又有一定的自主权，私营和民间机构也十分活跃。

2.1.1.2 遗产旅游地管理体制研究

遗产旅游地是国外旅游管理体制研究的一个重要内容，很多国外学者从不同角度对遗产旅游地的管理体制进行了研究。比如 Michael Hall 和 Mariska Wouter（1994）研究了近南极圈自然旅游的管理，指出旅游管理政策的发展对实现该地可持续旅游至关重要。⑤ Brian Garrod 和 Alan Fyall（2000）对特尔斐历史遗产的拥有者和管理者，遗产机构的官员、顾问及英国学者进行了调查，研究了遗产地长期管理的主要限制和相关政策问题，对遗产旅游可持续发展的潜在策略进行了评估并讨论了它的重要性。⑥ Graham 和 Idechong（2000）认为在一些地区，基于社区文化传统的保护区旅游管理模式有重要意义，但在一些原西方殖民地，这种传统管理模式承

① 张洪，朱磊. 风景名胜区管理体制研究综述［J］. 资源开发与市场，2012，28（2）. 163－166.

② Rettie，Dwight. Four National Park systems［M］. Illinois：University of Illinois Press，1995：13－34.

③ Larry M. Dissever American Nat ional Park system［J］. The Critical Documents，2003，（12）：201－209.

④ Buultjiens J，Ratnayake. A tourism and Its Implications for Management in Ruhuna National Park（Yala），Sri Lanka［J］. Tourism Management，2005，（26）：221－230.

⑤ Michael，Hall，Wouter，Mariska. Managing nature tourism in the Sub－Antarctic［J］. Annals of Tourism Research，1994，21（2）：355－375.

⑥ Brian Garrod，Alan Fyall. Managing heritage tourism［J］. Annals of Tourism Research，2000，27（3）：682－708.

受着殖民宗主国法律体系的制约和冲突，导致监测和管理的成本加大。①Araujo和Bramwell（2002）研究了巴西Costa Dourada项目中国家、区域和地方各级政府和政府部门间的关系，指出由于经济、政治和行政上存在困难，规划中采用的是政府决策模式。②

2.1.2 旅游发展制度政策研究

这类研究主要是分析影响旅游发展的制度政策，以期构建适合于旅游发展的宏观制度环境。③ 在国外旅游政策研究缺乏足够重视的背景下，1995年霍尔（Hall）和詹金斯（Jenkins）的《旅游与公共政策》④ 和1997年埃尼奥特（Elliott）的《旅游：政治和公共部门管理》⑤ 是论述旅游政策方面为数不多的专著，专著强调结合案例，从理论与实践两方面阐述了旅游与公共政策及政府的关系。米塞尔（Meethan，1998）以英国的两个地区（Cornwall和Devon）为例，指出长期形成的旅游政策在面临有竞争的市场时需要重构，指出旅游政策和制度不能单纯地追寻经济利益，而应考虑区域社会、文化等领域的全面发展。⑥ 爱德华多（Eduardo，1996）⑦、皮尔斯（Pearce，1998）⑧、维农（Vernon，2005）⑨ 从不同角度分别探讨了政府在构建合理的制度模式、制定相关政策以及与企业合作等方面的重要作用，政府旅游行政管理政策应根据旅游需求和市场的变化而相应

---

① Graham T, Idechong N. Reconciling customary and constitutional law managing marine resources in Palau, Micronesia [J]. Ocean& Coastal Management, 2000, (43): 29-50.

② Lindemberg Medeiros de Araujo, Bill Bramwell. Partnership and regional tourism in tourism land use planning [J]. Annals of Tourism Research, 2002, 29 (4): 1138-1164.

③ 余风龙，陆林. 制度对旅游发展影响研究综述与启示 [J]. 旅游学刊，2008，(9)：91-96.

④ Hall CM, Jenkins J M. Tourism and Public Policy [M]. London: Routlede, 1995: 10-55.

⑤ James Elliott. Tourism: Politics and Public Sector Management [M]. London: Routledge, 1997: 56-62.

⑥ Kevin Meethan. New Tourism for Old Policy Developments in Cornwall and Devon [J]. Tourism Management, 1998, (6): 583-593.

⑦ Eduardo Fayos-Sola. Tourism policy: a midsummer nights dream [J]. Tourism Management, 1996, (6): 405-410.

⑧ Douglas G Pearce. Tourism development in Paris: public intervention [J]. Annals of Tourism Research, 1998, (2): 457-476.

⑨ Jon Vernon, Stephen Essex, David Pinder, etal. Collaborative policymaking-local sustainable projects [J]. Annals of Tourism Research, 2005, (2): 325-345.

变迁。

2.1.3 旅游管理体制变迁研究

杰克森（Jaakson，1996）研究了苏联解体后形成的各个新的独立国家，从计划经济体制向市场经济体制转轨时，制度变迁对旅游发展产生的影响，并以苏联的爱沙尼亚市为例，指出类似爱沙尼亚的地区应尽快完成从计划经济向市场经济的过渡，削除制度变迁对旅游发展的负面效应。① 阿里鲍（ Alipour，2005）等分析了基本制度和国家组织在旅游发展中所起的作用，探讨了塞浦路斯被分成北塞浦路斯和南塞浦路斯两个独立的政治和经济实体后，制度等内在因素是北塞浦路斯旅游发展滞后于南塞浦路斯的主要原因，试图从制度角度解释那些不发达国家存在的问题，也希望通过制度的分析，有助于对类似塞浦路斯这样岛国的经济复兴和发展。②

2.1.4 旅游综合管理体制研究

旅游活动对社会、经济、文化、环境等方面都有深刻影响，尤其是旅游业诱人的发展前景，世界上几乎所有的国家或地区都根据自身旅游发展的需要形成了独特的旅游管理体制，其具体表现在国家、地方、景区等层面不同形式的政府与非政府旅游管理机构的设置上，通过旅游管理机构的运行来实现对旅游业进行全方位的、多手段的管理。旅游管理体制对旅游业的发展起着至关重要的作用，同时其发展、变化也是国内外旅游研究者长期以来一直在不断探讨和摸索的研究课题。世界各国的旅游管理体制可归纳为三种模式：一是集权管理体制，最典型的就是泰国，旅游管理机构的最高层次是旅游管理委员会，由该机构对各种旅游活动进行高度集权管理；二是行业分工管理体制，最典型的就是英国，英国旅游管理机构主要分为政府管理机构和专业行会管理机构，两者各尽其责，互不干涉；三是间接管理体制，最典型的是日本，日本实行“官民协办”的管理体制，政府对旅游经济实行间接管理，大量的行业协会代替行使部分政府职能，旅

---

① Reiner Jaakson. Tourism in transition in Post – Soviet Estona [J] . Annals of Tourism Research, 1996, (3): 617 – 634.

② Habib Alipour, Hasan Kilic. An institutional appraisal of tourism development and planning: the case of the Turkish Republic of North Cyprus (TRNC) [J] . Tourism Management, 2005, (1): 79 – 94.

游企业必须是相关行业协会的会员，行业协会履行着行业管理职能。国外比较侧重对不同国家旅游管理模式的归纳和经验借鉴。

2.2 国内旅游管理体制研究综述

我国的旅游管理体制是在适应我国的国情和旅游业发展现状的基础上逐步形成、发展起来的。其经历了改革开放前的政治或外事接待型旅游管理体制，改革开放初期的外事接待为主、政府管制型旅游管理体制，以及到市场经济体制下的以政府为主导的旅游管理体制，其实现了旅游产业由“部门产业”向真正意义上的“大产业”的转变。旅游管理体制的变革其实质就是组织制度的变迁，是社会各相关集团利益重新分配的结果，是旅游消费者、旅游企业和旅游管理部门利益冲突的妥协和均衡。

旅游管理体制是国家领导、组织和管理旅游业的基本制度，是对旅游经济体制运行中所产生的各种经济关系进行有效调节和管理的基本手段。随着我国社会大环境的变化和旅游业的蓬勃发展，原有的管理体制出现了一些制约旅游经济发展的问题，这就必然要求进行合理的动态调整，以适应和促进我国旅游业的发展。对此我国的旅游学者也从多方面进行了研究。

2.2.1 旅游管理体制的演变研究

李平（2003）通过研究我国新中国成立以来的旅游管理体制变革，分析了我国管理体制的演变历史，并根据对演变历程的分析总结了相关经验教训。① 李平将我国旅游管理体制的演变主要分为三个时期，改革开放以前的旅游管理体制（1949—1978 年）、新旧体制并存时期的旅游管理体制（1978—1991 年）、社会主义市场经济转轨期的旅游管理体制（1992—2000 年）。同时，在对各时期的研究过程中又进行了阶段细化研究，并通过各阶段的研究得到相关启示。张红、席岳婷（2006）在其《旅游业管理》中将我国旅游管理体制进行分时期研究。一是新中国成立初至改革开放前（1949—1978 年）我国旅游管理体制初步建立时期，在这一时期大致

① 李平．新中国旅游管理体制的演变与启示［J］．中国经济史研究，2003，(3)：35－41.

经历了起步和发展阶段（1949—1966 年）、十年动乱阶段（1966—1976 年）、恢复和迅速发展阶段（1976—1978 年）；二是我国旅游管理体制改革和创新发展时期（1978 年至今），在这一时期又分为改革的起步阶段（70 年代末期—80 年代中期）、改革的发展阶段（80 年代中期—80 年代末）、改革的深化阶段（80 年代末—90 年代末）、改革的创新阶段（90 年代末至今）。① 张秋芬、江五七（2008）在其《旅游管理学》中引用了张红等人的研究，② 旅游管理体制的演变研究大致相同。

2.2.2 旅游管理体制的改革创新研究

旅游管理体制的改革创新研究一直就是我国旅游管理体制研究的重要内容，其关系到我国旅游业发展的成败问题。王大悟（1988）从系统论和科研为改革服务的角度，在理论与实践两方面分析了我国旅游业经营管理中存在的矛盾，并提出了旅游管理体制改革的目标、主题构造、实施措施等，特别是其提出的领导体系、投资体系、法规体系、人才体系、价格体系、标准体系等的构造具有一定的参考意义。③ 邹慧萍（1995）从旅游经营管理的角度提出了建立快速灵活反应的旅游生产服务系统（ATSS）的管理创新。④ 冷晓（1998）通过浙江旅游管理体制的分析得出随着旅游业的发展，浙江传统的旅游管理体制已经成为浙江旅游发展的主要制约因素。对此其结合浙江地方旅游发展的经验，从加强政府管理职能、实行政企分开、推进旅游企业改革三方面提出了改革建议。⑤ 郝索（1999）通过对陕西省旅游管理体制的现状、模式比较等研究，提出了建立适合陕西省旅游发展实际的管理体制，其具体构想是建立旅游发展委员会。⑥

钟新民、况既明（2000）从旅游行业管理的内容和形式的演变进行研究，⑦ 结合实际分析了我国旅游行业管理主体——旅游局的作用与局限性，

---

① 张红，席岳婷．旅游业管理［M］．北京：科学出版社，2006：67.

② 张秋芬，江五七．旅游管理学［M］．北京：航空工业出版社，2008：19.

③ 王大悟．中国旅游管理体制改革思考［J］．上海社会科学院学术季刊，1988，(1)：27－34.

④ 邹慧萍．旅游管理新模式初探［J］．地域研究与开发，1995，14（3)：79－81.

⑤ 冷晓．旅游管理体制改革的战略抉择［J］．商业经济与管理，1998，(3)：59－60.

⑥ 郝索．关于陕西省旅游管理体制的思考［J］．旅游学刊，1999，14（5)：40－42.

⑦ 钟新民，况既明．旅游管理体制改革的探讨及其实践［J］．旅游学刊，2000，15（2)：23－26.

提出了建立旅游“大管理”的观点和思路。聂蒲生（2000）从旅游行政管理、旅游企业管理两方面分析了我国旅游管理体制的现状，并指出了旅游管理体制存在的问题，最后据此提出了旅游管理体制改革的构思，认为旅游管理体制改革的趋势是进行旅游行业大管理。① 李武武（2002）从“公退民进”、“计退市进”、“政退社进”、“弱退强进”、“分退合进”等退进结合的角度研究了旅游管理体制改革。② 张俐俐（2003）从1978年至今我国旅游管理体制改革的历程，认为共经历了改革的起步、发展、深化和创新四个阶段，并综述了这四个阶段旅游管理体制改革的背景、内容以及改革的成果。③ 钱益春（2004）分析了世界旅游管理体制的三种模式（政府主导型、市场主导型、政府干预型）和我国现行旅游管理体制现状、问题，并据此提出了我国旅游管理体制改革创新的思路。④ 李宝平、侯祥鹏（2009）对浙江旅游业的创新体系进行了研究，概要式的介绍浙江“景政合一”的旅游管理模式创新。⑤ 李磊、刘春晖（2012）通过对我国旅游管理体制的现状分析，提出了一些改革对策。⑥

2.2.3 政府主导型旅游管理体制的研究

章尚正（1998）对改革开放20年来的政府主导型旅游管理体制实施的正误进行了战略反思，指出政府主导型旅游管理体制只是世界旅游发展模式中的一种，随着我国政治经济体制改革的深入，旅游业的不断发展，我国旅游管理体制必将会不断发展完善。⑦ 同时，章尚正（2002）分析了政府主导型旅游发展战略的五大积极作用和五大负面影响，并从多个角度论证了停止倡导政府主导型旅游发展战略的必然性。⑧

① 聂蒲生．有中国特色的旅游管理体制的构建［J］．重庆商学院学报，2000，(2)：50－52.

② 李武武．退进结合促进旅游管理体制改革［J］．经济管理，2002，(3)：78－80.

③ 张俐俐．我国旅游管理体制改革的历程［J］．社会科学家，2003，(3)：82－90.

④ 钱益春．论我国旅游管理体制的改革与创新［J］．广东技术师范学院学报，2004，(5)：13－17.

⑤ 李宝平，侯祥鹏．浙江旅游业创新体系研究［J］．商业时代，2009 (6)：88－89.

⑥ 李磊，刘春晖．我国旅游管理体制改革实践探索［J］．现代商贸工业，2012，(6)：48.

⑦ 章尚正．“政府主导型”旅游发展战略的反思［J］．旅游学刊，1998，13 (6)：21－22.

⑧ 章尚正．止言政府主导型旅游发展战略［J］．安徽大学学报：哲学社会科学版，2002，26 (1)：118－121.

邓祝任（2000）分析了政府主导型发展战略是起源于“东亚模式”,[①] 并从旅游产业发展战略的选择、旅游市场的培育、旅游配套政策的制定、旅游企业的扶持等角度提出了政府主导型旅游发展战略的正确实施。马聪（2002）分析了政府主导型是我国发展旅游业的必然选择，且在旅游业的大发展中政府的主导作用远未发挥出来，对此应在政府主导下建立有效的旅游管理体制。[②] 赵新峰（2003，2004）通过分析政府主导型旅游发展战略的原因与意义，认为政府主导型是我国旅游业发展的必然选择，并就此提出了观念、政策、规划、规制、资金、双重等六个主导的实施内容。[③-④]郑向敏、朱四海（2003）分析论述了市、县级政府在旅游行政管理中的“位”与“为”。[⑤] 向大众（2006）结合恩施的实际分析研究了恩施政府主导下的旅游管理体制优化，提出了管理体制应侧重于行业、部门之间的综合协调。[⑥] 陈曦（2007）分析论证了我国现阶段政府主导型旅游发展战略可以在依法治旅、政策引导、旅游发展规划、旅游基本建设和旅游环境的营造的基础上继续发挥主导作用。[⑦] 彭程甸、胡舜（2008）分析政府主导型旅游发展战略实施中政府失灵的原因及其治理对策。[⑧]

乔晶（2009）设计了一种新型的政府旅游管理体制,[⑨] 该体制以政府、社会、企业、公民共同参与为主体，并要求政府以服务为主导，建立有限政府和透明政府，以及通过完善旅游法律体系、提高政府依法管理旅游业的能力、强化旅游管理主体的社会责任感、培育公共理性等途径来实现社

---

① 邓祝任．“东亚模式”和政府主导型旅游发展战略［J］．桂林旅游高等专科学校学报，2000，11（2）：54－57.

② 马聪．政府主导型战略与建立有效的旅游管理体制［J］．信阳农业高等专科学校学报，2002，12（4）：46－48.

③ 赵新峰．政府主导型——我国现阶段旅游业发展的必然选择［J］．经济研究参考，2003（33）：41－45.

④ 赵新峰．政府主导型旅游发展战略的实施内容［J］．经济论坛，2004（3）：35－36.

⑤ 郑向敏，朱四海．论市、县级政府在旅游行政管理中的“位”与“为”［J］．旅游学刊，2003，18（5）：35－40.

⑥ 向大众．略论政府主导下的恩施旅游管理体制运作的优化［J］．恩施职业技术学院学报：综合版，2006，（4）：62－66.

⑦ 陈曦．政府主导型旅游发展战略［J］．边疆经济与文化，2007，（7）：12－13.

⑧ 彭程甸，胡舜．论旅游业政府主导型发展战略实施中的政府失灵及其治理对策［J］．湖南社会科学，2008，（2）：41－43.

⑨ 乔晶．我国政府旅游管理体制创新研究［D］．太原：山西大学，2009：1－43.

会主义旅游业的可持续发展及服务型政府的建立。唐小纯、喻国良(2010)认为益阳旅游业在其发展过程中，主要是采用了“政府主导、行业主管、部门联动、社会参与”的运行方式。① 这一管理模式虽然体现了政府在管理中的主导作用，但是由于缺乏与这一体制协调作用的良性运作机制，结果造成权责不一，资源的大量浪费。提出要积极推进与建设中国旅游管理体制相配套的旅游行业组织体制改革；以转变政府旅游管理职能和方式为突破口，不断充实和完善旅游行业组织的功能，逐步做到政会分开；客观上需要建立一个能够实行统一领导和综合协调的行政管理机构。

2.2.4 非政府组织旅游管理体制研究

非政府组织旅游管理体制的研究是我国旅游管理体制改革的方向和具体内容。蔡家成（1998）从坚持和完善旅游市场准入制度、强化对旅游市场的检查监督功能、建立健全旅游市场诱导服务系统等方面提出了我国旅游行业管理体制建设的基本思路，具有一定借鉴作用。② 张俐俐、袁国宏（2002）研究了行业协会在我国旅游管理体制演进中的作用，并且通过分析认为发挥旅游行业的作用是我国旅游管理体制演进的必然趋势。③ 田世政（2003）通过分析我国旅游行业管理的主要制度、国外旅游行业管理的主要模式，提出了包括现有制度的保留与深化、取消与淡化、创新与拓展，以及执行主体从政府向协会转移的改革内容。④ 殷章馨（2006）以转型期的中国旅游协会及其管理职能和机制为研究对象，应用三角形理论框架，对承载会员企业委托给旅游协会的三大管理职能的显性运行机制及其隐性保障机制进行了较为全面的分析，做出了中国旅游协会应构筑显性运行机制和隐性保障机制相结合的双链条运作机制的判断，分析了中国旅游

① 唐小纯，喻国良．政府主导下旅游管理体制运作的优化——以湖南益阳市为例［J］．湘潮，2010（6）：58－59.

② 蔡家成．我国旅游行业管理体制建设的基本思路［J］．旅游学刊，1998，13（5）：14－17.

③ 张俐俐，袁国宏．论行业协会在我国旅游管理体制演进中的作用［J］．社会科学家，2002，17（6）：30－34.

④ 田世政．论中国旅游行业管理制度的改革［J］．西南师范大学学报（人文社会科学版），2003，29（4）：88－92.

协会的现状和存在的问题，并在此基础上给出了相关建议。① 温泉（2008）分析了我国旅游行业管理中的政府行为与旅游管理体制，并就我国旅游管理体制存在的问题提出了改革设想。②

2.2.5 旅游地管理体制研究

旅游地管理体制的研究主要集中在风景区旅游管理体制、古村落型旅游地管理体制以及遗产旅游地管理体制三方面。

2.2.5.1 风景区旅游管理体制研究

李松柏（2003）对我国风景名胜区的经营管理体制进行了研究，分析了我国风景名胜区经营管理体制的现状、存在的问题以及存在问题的理论探讨；同时对国外风景名胜区经营管理体制进行了比较分析，并在分析研究的基础上从完善相关法律体系、建立完整而有效的监督保障体系两个大的方面提出了对策建议。③ 陈瑾（2003）对风景资源管理体制进行了研究，其首先对风景资源的概念进行了界定；并通过对风景名胜区、自然保护区的管理进行研究，分析我国风景资源的管理状况；同时其以国家公园为例，通过国内外国家公园风景资源管理的对比研究，提出了我国风景资源管理体制的构思。④ 杨曦东（2004）对贵州省旅游景区管理体制改革进行了研究，梳理了贵州省旅游景区及资源管理体制改革的基本情况，分析了桂林旅游景区管理体制改革的必然性、艰难实践、取得成果、存在问题，以及在分析研究的基础上提出了进一步深化贵州省旅游景区管理体制改革的建议。⑤ 吴耀宇（2004）对我国旅游景区管理体制改革的方向与对策进行了研究。⑥ 他首先从研究的基础理论着手，阐述了公共选择和管理主义理论，并对产权理论的相关问题进行了说明；然后分析了我国旅游景区的管理现状、景区的改革模式以及产权制度改革；最后以江苏善卷洞景区为

---

① 殷章馨．旅游协会行业管理职能和机制研究［D］．长沙：湖南师范大学，2006：1－66.

② 温泉．论我国旅游行业管理中的政府行为与旅游管理体制［J］．黑龙江对外经贸，2008，(5)：83－85.

③ 李松柏．风景名胜区经营管理体制研究［D］．西北大学，2003：1－46.

④ 陈瑾．论我国风景资源管理体制——国家公园体系的建立［D］．四川大学，2003：1－123.

⑤ 杨曦东．贵州省旅游景区管理体制改革研究［D］．浙江大学，2004：1－44.

⑥ 吴耀宇．我国旅游景区管理体制改革的方向与对策［D］．南京师范大学，2004：1－62.

例进行了实证研究，并尝试构建一个新的景区管理模式。

2.2.5.2　古村落型旅游地管理体制研究

王咏、陆林等（2006）以西递、宏村为例，对古村落型旅游地管理体制进行了研究，分析了古村落型旅游地管理体制研究的内容、存在的问题，并从明确管理机构权责、建立现代企业制度、遵循以人为本的原则、成立协调机构等方面提出了对策建议。① 周彩屏（2008）以浙中古村落为例对古村落型旅游地管理体制进行了实证研究，分析了古村落旅游管理体制的内涵、浙中古村落旅游管理体制的历程与现状以及存在问题，最后基于问题的分析提出了管理体制改革的思路。②

2.2.5.3　遗产旅游地管理体制研究

王咏（2005）对遗产旅游地管理体制进行全面系统的总结与分析，对比了中外遗产地管理体制的异同，借鉴国外管理经营的经验，比较分析我国不同遗产旅游地的经营模式，探讨其中存在的问题并提出相应的对策。③ 张朝枝、徐红罡（2007）以武陵源为例对中国世界自然遗产资源管理体制变迁进行了研究，研究发现其变迁动力来源于3个方面：地方政府发展经济的利益诉求、对资源的争夺、遗产资源保护的第三方力量介入。这一研究发现对未来中国世界遗产地管理制度变革方向具有启示意义。④ 胡北明、王挺之（2010）从管理体制改革的视角对我国遗产旅游地的利益相关者进行了分析。⑤ 胡北明、雷蓉（2012）分析了我国遗产旅游地“反公地悲剧”表现形式，并运用博弈论的分析方法，对遗产旅游地管理体制提出了改革建议。⑥

---

① 王咏，陆林等．古村落型旅游地管理体制研究——以黟县西递、宏村为例［J］．安徽师范大学学报（自然科学版），2006，29（3）：294－297.

② 周彩屏．古村落型旅游地旅游管理体制实证研究——以浙中古村落为例［J］．湖北经济学院学报（人文社会科学版），2008，5（11）：70－71.

③ 王咏．遗产旅游地管理体制的初步研究［D］．安徽师范大学，2005：1－71.

④ 张朝枝，徐红罡．中国世界自然遗产资源管理体制变迁——武陵源案例研究［J］．管理世界，2007，（8）：52－65.

⑤ 胡北明，王挺之．我国遗产旅游地的利益相关者分析——基于管理体制改革的视角［J］．贵州社会科学，2010，（5）：74－79.

⑥ 胡北明，雷蓉．“反公地悲剧”与我国遗产旅游地管理体制改革［J］．商业研究，2012，（2）：183－188.

2.2.6 旅游公共管理研究

长期以来，我国旅游业实行的是以政府为主导的旅游行政管理模式。然而，随着国内外旅游活动进入了一个新的发展阶段，传统的旅游行政命令式管理模式已经受到了严重挑战。同时由于旅游资源本身就是一种公共资源，必然要求对其实行公共管理，以求达到对大众的公平。李武武（2004）对城市旅游公共管理体制的现状进行了剖析，① 认为我国城市旅游公共管理体制归纳起来主要有五种基本模式，即旅游委、旅发委、风景旅游管理局、政企分开的旅游集团以及传统旅游局模式。同时在研究的过程中也分析了这五种模式的利弊，并基于此提出了城市旅游公共管理体制创新的基本层次构架。张俐俐、蔡利平（2009）对旅游公共管理进行了系统的理论和实践分析研究，② 在其《旅游公共管理》一书中将旅游公共管理定义为：以政府为核心的旅游公共部门以及非营利组织，运用现代公共管理的基本理论，以提升管理效率为重点，以增加旅游的社会福利为目的，对旅游活动进行计划、组织、协调与控制，并提供旅游公共产品和服务的活动总称。侯兵、黄震方等（2009）从外部性视角研究了城市旅游公共管理体制变革与创新，③ 并针对当前城市旅游公共管理体制的六种典型模式，提出应理顺城市旅游管理的体制关系、从权力制衡和职能分工两个层面明晰城市旅游公共管理体制、完善多层次多维度的公共管理网络体系等改进对策。

2.2.7 旅游综合管理体制研究

旅游管理体制的变革就是组织制度的变迁，是社会各相关集团利益重新调整的结果，也即旅游消费者、旅游企业和旅游管理部门利益冲突的妥协和均衡。我国旅游业一直以来按照“统一领导，分散经营”的原则，实行政企分开的两级管理体制，主要表现为旅游行政管理体制和旅游企业管

---

① 李武武．城市旅游公共管理体制的现状剖析及创新探讨［J］．中州学刊，2004，（3）：178－180.

② 张俐俐，蔡利平．旅游公共管理［M］．北京：中国人民大学出版社，2009：69－87.

③ 侯兵，黄震方等．外部性视角的城市旅游公共管理体制变革与创新［J］．商业经济与管理，2009，（6）：74－81.

理体制。从旅游机构的纵向发展来看，旅游组织体系较健全，具有从国家到地方的完善的旅游行政管理机构体系；但从旅游管理的范围来看，各级城市旅游政府行政机关管理范围狭小，旅游管理涵盖的行业和旅游经济活动范围欠全面，政企不分、条块分割的现象仍然存在，管理方式不灵活，各级管理机构沟通联系少，政府主导力过于强大，市场机制得不到有效发挥，旅游立法层次低。针对旅游管理体制存在的问题，我国学者分别从转变政府职能、转变旅游企业职能、建立健全旅游法律制度、拓宽旅游行业资金渠道、创新旅游管理工作机制等五方面提出了相应改革对策。

我国的大多数学者大致是从以上六个角度对旅游管理体制进行研究分析的，并提出了当前管理体制存在的问题以及改革的一些思路与建议。此外还有一些学者也从不同角度对我国管理体制进行研究分析。比如郝索（2001）①、蒋莎（2007）② 对各国的旅游管理体制进行了比较研究。罗明忠（2001）对森林旅游管理体制进行了研究。③ 徐增让、杨欲晓（2003）对华清宫文物旅游管理体制进行了优化研究。④ 宋立杰（2005）对山东省东部海岸带旅游管理模式进行了研究。⑤ 张广海、陈婷婷（2006）对山东省海洋旅游业区域整合与管理体制创新进行了研究。⑥ 朱晶晶（2006）基于 GMS 并以普陀山为例，对海岛型旅游地管理模式进行了研究。⑦

综上所述，旅游管理体制是指对旅游经济运行中所产生的各种经济关系的有效协调和管理及其所形成的组织形式和管理制度，它是国家领导、组织和管理旅游业的根本制度。我国的旅游管理体制经历了以外事接待为主、管制型政府管理、主导型政府管理三个历程，随着旅游产业由“部门产业”向真正意义上的产业融合的“大产业”转变，旅游管理体制变革也

---

① 郝索．外国旅游管理体制比较研究及对我国旅游业改制的启示［J］．人文杂志，2001，(3)：79－83.

② 蒋莎．旅游管理体制的国际比较及启示［J］．鄂州大学学报，2007，14（2）：56－59.

③ 罗明忠．对贵州森林旅游管理体制的思考［J］．四川林勘设计，2001，(4)：55－57.

④ 徐增让，杨欲晓．华清宫文物旅游管理体制优化研究［J］．国土资源科技管理，2003，(4)：26－30.

⑤ 宋立杰．海岸带综合管理下的山东省东部海岸带旅游管理模式研究［D］．山东师范大学，2005：1－40

⑥ 张广海，陈婷婷．山东省海洋旅游业区域整合与管理体制创新研究［J］．海洋开发与管理，2006，(3)：132－137.

⑦ 朱晶晶．基于 GMS 的海岛型旅游地管理模式研究［D］．安徽师范大学，2006：1－65.

迫在眉睫。国外学者多是从旅游地管理体制研究（包括国家公园管理体制研究、遗产旅游地管理体制研究）、旅游发展制度政策研究、旅游管理体制变迁研究等三个方面对旅游管理体制进行研究；国内学者则多是从旅游管理体制的演变、旅游管理体制的改革与创新、旅游管理的政府主导型、非政府组织的旅游管理、旅游地管理体制（包括风景名胜区、古村落旅游地或遗产旅游地）、旅游公共管理等六个方面对旅游管理体制进行研究，并且大多数学者只是从政府行政职能转变角度提出减少过度行政干涉、建立服务性高效机构等改革思路，较少从产业融合视角对旅游管理体制问题作出剖析。有关旅游管理体制的研究文章虽然不少，但提出的建议与改革的对策还未落实，没有形成十分有效的旅游管理体制机制。当今的旅游管理体制大体上没有做出实质性的变化，只是在某个地市进行着一些探索与尝试，关于海洋旅游管理体制改革的研究更是甚少。因此，从产业融合和海洋旅游强国的大旅游背景，解读和创新旅游管理体制改革研究具有独特的理论与现实意义。

第3章　国外海洋旅游管理经验借鉴

发端于18世纪英国滨海地区布赖顿的以海水浴疗养为主要方式的现代海洋旅游，在经历了工业革命时期的发展成长后，现已经成为关联度大、综合性强、环境容量大、劳动密集型的新型产业，是许多国家和地区的主要经济来源和主要创汇途径。纵观世界海洋旅游区分布状况，热带、亚热带海洋旅游目的地仍是世界海洋旅游的主导者，目前最具影响力的世界级目的地主要包括地中海地区、加勒比海地区和东南亚地区，而南太平洋和南亚地区也正迅速崛起成为新的热点（图3－1）。

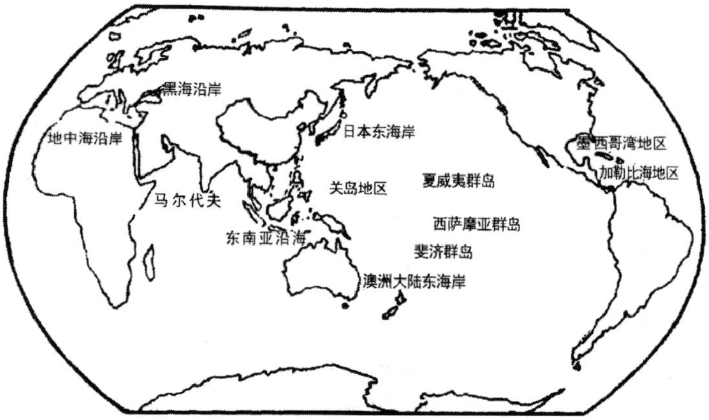

图3－1　世界著名滨海旅游地区

3.1　地中海旅游区

3.1.1　地中海旅游区简介

地中海是全球海岛海滨旅游发展的典范，海岛海滨旅游开发时间最早，而且也是世界海洋旅游资源最为丰富、海洋旅游开发程度最高的地区。地中海地处北纬30°－45°，西经6°－36°，位于欧、亚、非三洲之间，东西长约4 000千米，南北宽约1 800千米，总面积约251.6万平方千米，是世界上最繁忙的海上通道。地中海气候为典型的亚热带地中海海洋气候，海域广阔，岛屿众多，阳光充足。地中海沿岸共有22个国家和地区（图3－2），分别为：属于欧洲国家的（从西往东按顺序）西班牙、法国、摩纳哥、意大利、马耳他（岛）、斯洛文尼亚、克罗地亚、波斯尼亚黑塞哥维那、黑山、阿尔巴尼亚、希腊；属于亚洲国家（地区）的（从北到南按顺序）土耳其、叙利亚、塞浦路斯（岛）、黎巴嫩、以色列、巴勒斯坦自治政府；属于非洲国家的（从东到西按顺序）埃及、利比亚、突尼斯、阿尔及利亚和摩洛哥。

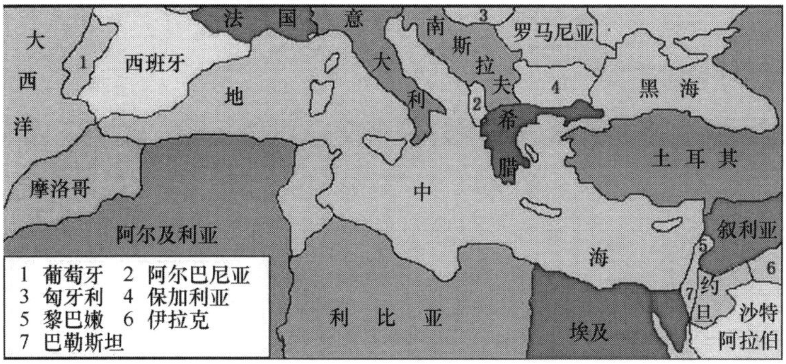

图3－2 地中海沿岸国家和地区

3.1.2 地中海区域海洋旅游发展概况

地中海是世界上旅游业最发达的地区。无论从大旅游角度，还是从海洋旅游的角度来看，地中海都处于世界领先地位。在世界旅游组织（UNWTO）每年的排名中，2010年最重要的国际旅游国家和地区排名前十位的国家中就有法国、西班牙、意大利和土耳其，该四个国家全都位于地中海地区。但是，地中海地区各国的旅游业发达程度则差别较大，其中欧洲11国旅游业发达，中东与北非的旅游业稍微逊色，可发展迅速且潜力巨大。

地中海之所以成为世界旅游的中心，离不开丰富多样、品种齐全的海洋旅游资源，此外，还依托以下四个独特的优势。

3.1.2.1 悠久灿烂的历史文化

地中海是世界文明的发祥地之一，具有丰富灿烂的历史文化遗产。地中海的北部曾孕育了璀璨多彩的古希腊和古罗马文明，南部孕育过显赫的古埃及文明，东岸孕育过作为西方文明重要源头的古老而独特的犹太文明。整个地中海区域遍布古代历史文化遗迹，最著名的有开罗的金字塔、耶路撒冷的三大宗教圣地、罗马的科洛赛奥竞技场，还有基督教中心梵蒂冈、雅典卫城等。地中海不仅是古代文明的发源地，而且还是近代世界文化的摇篮，意大利的佛罗伦萨、威尼斯、米兰，法国的马赛等城市都孕育过灿烂的近代文明。地中海地区流传着许多神话和传说，特别是优美而动人的古希腊神话，它借助古希腊众多神灵信仰故事来映射古希腊人在其生存和发展过程的英雄气概、勇敢意志和超乎寻常的想象力，成为西方文化的活水源头。概而言之，地中海地区丰富灿烂的人文旅游资源是其旅游业发达必不可少的重要条件。

3.1.2.2 异常丰富的海岛与滨海旅游资源

地中海有漫长而曲折的海岸线，北部和东部海岸线不仅弯曲而又多港湾，仅有北非海岸较为平直。沿海多数国家或地区都有可供旅游开发的海滨和沙滩，西班牙著名的“太阳海岸”、“布拉瓦”海岸，法国尼斯蓝色海岸，突尼斯“珊瑚海岸”，等等。地中海岛屿众多，面积较大的有马略卡岛（Mallorca）、科西嘉岛（Corsica）、萨丁尼亚岛（Sardegna）、西西里岛（Sicily）、克里特岛（Crete）、塞浦路斯岛（Cyprus）和罗得岛（Rhodes）等，其中意大利的西西里岛和撒丁岛是地中海上的第一、第二大岛，塞浦路斯位居第三，法国的科西嘉岛列第四，希腊的克里特岛排行第五。这些岛屿既有丰富的自然资源，又有灿烂的历史文化资源，很多岛屿早就闻名于世，是世界著名的海岛旅游胜地。

3.1.2.3 优越的地理位置和气候条件

地中海地理位置十分优越。它西经直布罗陀海峡可通大西洋，东北经土耳其海峡接黑海，东南经苏伊士运河出红海达印度洋，是欧亚非三洲之间的重要航道，也是沟通大西洋、印度洋间的重要通道。作为陆间海，地中海较其他海洋要风平浪静多了，加之沿岸海岸线曲折、岛屿众多，拥有许多天然良港，海上交通十分方便。在地中海沿岸，西亚与南欧陆域相连，北非与南欧接近，摩洛哥与西班牙之间只隔14千米的水路，突尼斯与意大利也仅隔一条突尼斯海峡。总之，地中海地区优越的地理位置，使得其无论海上交通还是陆上交通都很方便，为沿岸国家之间和其他地区的游客们提供了极大便利。

与同一纬度地区相比，地中海地区的气候十分特别，迥异于其他类型气候，故被命名为地中海气候。因全年受副热带高气压带和西风带交替控制，冬季受盛行西风带控制，锋面气旋活动频繁，温暖湿润；夏季则受副热带高压带控制，气流下沉，干旱少雨。地中海地区一年仅分夏（5月份至11月）、冬（11月份至来年4月）两季，7~8月份气温最高，平均在22~28℃；12月至来年2月份的气温最低，平均在4~10℃。年降水量约为300~1 000毫米左右，且集中于冬季，这里也无台风和海啸等灾害性天气情况。这些都表明，该区气候条件有利于发展海洋旅游。

3.1.2.4 发达的经济和优秀的市场区位

地中海旅游区位于亚、欧、非三大洲之间，沿岸的国家或地区经济发展水平相对发达，尤其是欧陆沿岸国家，经济区位优势十分明显。地中海旅游区主要客源来自西欧、北欧，这些国家经济繁荣，人民富有，休闲度假是其普通公民必不可少的一种生活方式，由于地理位置、文化渊源、交通便捷以及迷人的风景等因素，地中海对他们具有巨大吸引力。

3.1.3 主要代表国的经验及启示

3.1.3.1 西班牙的海洋旅游及其发展经验

西班牙（The Kingdom of Spain）位于欧洲西南部伊比利亚半岛，西邻同处于伊比利亚半岛的葡萄牙，北濒比斯开湾，南隔直布罗陀海峡与非洲的摩洛哥相望，东北与法国、安道尔接壤，东和东南濒临地中海。西班牙三面临海，海岸线平直，岛屿较少；国土总面积约为50.59万平方千米，海岸线总长7 921千米，2010年统计的人口约4 823万多。西班牙属中等发达的工业国，拥有较完善的市场经济，国民生产总值位居欧洲国家前列。

① 西班牙旅游资源及旅游业发展概况

西班牙的旅游资源十分丰富，不但类型齐全，而且数量众多。作为自然旅游资源的山川丛林和洞穴旅游地都很有特色。特别是濒临地中海的绵长海岸，由于气候冬湿夏干、少云雾多晴天，阳光充足，在许多海岸平坦舒展、沙质细软、海水平静的地方，都形成世界著名的海滨旅游区。西班牙的人文旅游资源也十分丰富，文化古迹众多，特别是拥有被誉为欧洲三绝之一的王宫、教堂和城堡，这些建筑风格多样，历史文物价值颇高，其中 10 多个古迹先后被联合国教科文组织宣布为世界人类文化遗产保护项目。此外，斗牛表演、弗拉明哥舞蹈等西班牙特有的民间游乐节庆活动、丰富多彩的宗教和民族节日、大量的绘画艺术和精美的艺术品，都构成西班牙重要的旅游资源。

西班牙旅游业十分发达，素有“旅游王国”之称，旅游业是其经济的重要支柱和外汇的主要来源之一；西班牙也是海岛、海滨旅游开发最成功的国家之一。据世界旅游指南统计，2010 年西班牙旅游业排名世界第四，其中接待外国游客约 5 268 万人，虽然较世界经济危机之前有所下降，但其发达的旅游业仍不可忽视，许多经验做法值得我们借鉴。据 2013 年世界经济论坛（WEF）上公布的全球旅游竞争力报告获知，西班牙仅位于瑞士、德国、奥地利之后排行第四，再其后为英国、美国、法国、加拿大、瑞典及新加坡，这些国家分列全球旅游竞争力排名的前 10 位。

西班牙旅游业的辉煌主要体现在海洋旅游的杰出贡献上。第二次世界大战后，西班牙加大海洋旅游开发，尤其是开始将重点放在了地中海的海岛及海滨旅游开发上。因为西班牙虽是一个海洋旅游资源和历史人文旅游资源都十分丰富的国家，但考虑到欧洲大多数国家都有着悠久的历史和灿烂的文化，比如法、德、英、意大利、希腊、奥地利、匈牙利等国都是世界著名的人文旅游胜地，而相对于整个欧洲市场而言，西班牙所拥有的亚热带风光的海岛和海滨旅游资源则更具魅力，更能吸引欧洲客源。

目前，西班牙旅游开发的王牌项目是“3S”，即 Sun（太阳）、Shore（海滩）和 Sea（海洋）。西班牙拥有 4 个主要旅游区，即：“太阳海岸”——地中海沙滩、加那利群岛——热带风光、巴利阿里群岛——“地中海浴场”、文化古城——马德里。其中太阳海岸位于南部安达卢西亚地区的大西洋之滨，全长 250 千米。这里气候温和，阳光充足，全年日照时间300多天，故称“太阳海岸”。夏季最高气温20~35℃，冬季最低气温只有14~16℃，在这里，既可躺在沙滩上尽情享受温暖的阳光，又能遥望远处白皑皑的雪山，两地仅相距100千米。旅游业被当地居民称为“向全世界出口阳光和海滩”的行业。

② 西班牙旅游业发展的经验

西班牙是世界著名的旅游王国，在7 921千米的海岸线上及众多的岛屿上分布着2 000多处沙滩及海滨旅游点，不少度假胜地在国际上享有盛名。海滨海岛旅游是西班牙旅游的重要组成部分，占整个旅游业的三成以上；同样，西班牙的海滨海岛旅游在整个世界海洋旅游中也占据重要地位，占世界旅游业的8%左右。据统计，西班牙80%的回头客是去海滨、海岛度假的。在不少岛屿及海滨地区，70%的人口从事旅游及相关行业；资金的投入也是旅游业成功开发的保障，在西班牙国家旅游预算中的6%是专门用于发展滨海旅游的。由此可见，西班牙在海滨、海岛旅游开发上具有独特的经验模式。

第一，重点打造海滨休闲度假产品，创品牌效应模式。

发展海滨旅游，主打阳光、海水、沙滩（3S）的旅游产品，是西班牙的传统旅游优势，又是其发展旅游的一大显著特点。西班牙大规模发展海滨旅游是在20世纪50—60年代，最负盛名的海滨旅游地是沿地中海岸长达300千米的阳光海岸。这里常年沐浴在阳光和地中海温和海风之中，陆海空立体化的交通方式构成了便捷舒适的旅游交通网，现代化的基础设施使“太阳海岸”成为西班牙乃至世界的最舒适的海滨旅游目的地。这里得天独厚的海岸包括一连串广阔的迷人的沙滩、半掩藏于山崖间的风景优美的海湾、11个水上运动码头及垂钓地点，再加上温和的气候、极少的雨量与地中海风的清新气息，营造出适宜于亚热带植物的生长环境，沿着海岸线排布着40多个高尔夫球场，每年吸引着来自世界各地的数百万游客。

西班牙除重点打造“太阳海岸”这一完备的旅游目的地外，还大力开发岛屿的旅游资源。巴利阿里群岛就是其中一个重要的目的地。在2002年，到西班牙度假的入境旅游者有18.5%选择了巴利阿里群岛中最大的一个岛——马略卡岛。马略卡岛从20世纪60年代开始发展度假旅游，经过40多年的开发，已成为欧洲的知名度假胜地。马略卡岛的首府帕尔玛市的机场作为西班牙第二大机场，每天迎接来自国外的旅游包机和航班要远远多于来自本国其他城市的航班；在帕尔玛市的港口，每年有150万外国人乘坐邮轮通过海上航线到达此地度假旅游。帕尔玛市不仅有漂亮的海湾，还有众多的饭店和商店，满足游客度假住宿和购物的需求。马略卡岛还大力开发温泉和海上疗养产品，四星级以上酒店辟有室外、室内游泳池，有的酒店还建有模拟海水健身中心，对海水进行人工加温。阿倍扎（Ibiza，巴利阿里群岛另外一个岛上的一个城市）更是以丰富的夜生活闻名欧洲，这里建有欧洲最大的夜总会，许多旅游者被其狂热的街头活动和世界上最大的酒吧所吸引。

第二，重视旅游立法，依法加强管理。

在西班牙，有关旅游法的内容一般包括环境的可持续性、旅游经济活动的推动、对土地的管理和经营、如何推销和经营、旅游设施的规范要求、旅游培训等六个方面，内容非常具体，有很强的针对性和可操作性。比如1994年制定的《海岸法》就明确规定，距离海水100米内不准新建任何建筑物，原有的建筑物不能转让，只能自生自灭；2004年修订完的《旅馆法》则规定，在海边建旅馆一定要距离海水最少500米，每间客房占地面积少于110平方米，以此来控制海滨饭店设施的建设密度，让游客有足够的空间。

除国家法规外，西班牙的一些地区也制定有自己的旅游法，比如安达卢西亚（西班牙一个重要的海滨地区）就于1989年制定了本地区的旅游法，内容包括规划、规范、市场促销、旅游设施及旅游办事处（旅游信息咨询中心）应具备的基本条件等。比如，体育旅游项目的负责人必须持有相关的资格证书、餐馆必须推出有当地特色的产品、旅游办事处有多大面积和多少个办公室、旅游信息咨询员至少懂两国的语言等。

旅游部门可以根据这些法规条例进行不定期的检查，如发现不符合条件，便不准从事旅游活动并进行处罚，以保障旅游者的权益和安全。在加纳利群岛，饭店没有星级接待旅游者、或者本来只有100间客房但却另加了2间房接待客人，这些在我国看来属于小事但在当地，一经发现都将受到非常严厉的处罚。加纳利群岛还针对岛内饭店相对饱和的状况，做出了5年内不建新饭店的具体规定。

第三，注重旅游规划，严格实施规划方案。

在旅游最初走过注重数量、忽视质量的无序发展之后，西班牙在20世纪90年代以后十分重视旅游规划及其实施，先后制定了旅游竞争力提升计划（1994—1999年）和旅游整体质量计划（2000—2006年）。在这些规划中，注重旅游业的可持续发展，充分考虑旅游基础设施的空间比例和完善程度、旅游者接触大自然和亲海行为的方便性与安全性、当地旅游的接待能力和承受力、如何保护资源等因素。尤其突出的是，在各类规划中，都会把当地居民及其生活纳入规划的内容，而不是简单的迁移，因为他们有一种以人为本的基本规划理念，那就是“当地居民的生活质量比旅游者的需求更重要。”

西班牙各地区也有各自的旅游规划，比如安达卢西亚，就在国家2000—2006年旅游综合质量计划的基础上，自己制定了14个旅游质量方面的规划，每个规划投入300多万美元；针对150个旅游景点，又制定了10个旅游规划；另外，为了促进新兴旅游目的地的发展，还制定了6个小规划。规划的实施相比规划的制定更为重要，在1993—2003年的10年间，安达卢西亚地区政府共投入9 300万美元来执行和实施上述规划。由于生态的脆弱性，一些岛屿的规划执行得更为严格，比如蓝萨罗特岛的规划就限定在岛上90%的地方都不能修建筑物，即使是能修的地方，也对建筑物的高度、密度、风格和材料等做出了明确规定。

第四，适应旅游者需求，不断推出新的旅游产品。

旅游产品是吸引旅游者的一个最基本的要素。传统的海滨旅游产品主要是3S（阳光、海水、沙滩），以及由海滩和与其相连的海域组成的滨海景观。但面对海滨旅游季节性明显的特征，以及旅游者休闲度假消费需求的变化和国际国内海滨旅游竞争的压力，西班牙的各个海滨地区岛屿都根据自身的特点，充分发挥想象力和创造力，让传统产品增添新的魅力，同时大力开发新的产品，使旅游产品更加丰富多样。

一是拓展动物旅游项目。如沙滩排球、沙滩足球、沙雕、航海、划船、冲浪、滑水、钓鱼、帆板、滑翔等水上运动，各种各样的赛事不断。还有一个非常重要的项目就是高尔夫，比如“太阳海岸”150千米的海岸线就建有250个大大小小的高尔夫球场。

二是开发会议旅游和奖励旅游。比如海滨城市巴塞罗那通过1992年举办奥运会积累了经验，也尝到了甜头，之后会展旅游发展迅速，2002年举办的大型国际会议和国内会议就多达1 345个。还有一些海滨城市通过豪华邮轮开发针对大公司的奖励旅游产品，也取得了良好的效果。

三是开发文化游、民俗游和主题公园等产品。有的海滨地区调动当地居民积极参与，组织旅游者与其联欢，让旅游者到居民家了解其民族风情和生活习俗等，极大地增强了对旅游者的吸引力。建设主题公园也是拓展海滨旅游产品的一种方式，比如马略卡岛就计划在阿温图拉港建造一个以世界各地文化为内容的大型主题公园，总投资4～5亿欧元，目标是每年吸引300万旅游者。

第五，重视宣传促销，拓展销售渠道。

有了好的产品，还需要通过合适的渠道把它卖出去，否则产品是不可能变成市场的。销售渠道对旅游产品来说尤其重要，因为旅游产品具有不可移动，不能异地消费的特征。西班牙各级政府每年都投入大量资金进行旅游宣传促销，把潜在的产品传达给潜在的顾客，其促销口号就是与海滨紧密相关的“阳光普照西班牙”。

以安达卢西亚和巴利阿里群岛为例，其销售渠道主要是以下几个方面：制作一些介绍海滨旅游产品的小册子、录像带或光盘；在客源地设立旅游办事处，安达卢西亚就在欧洲各个国家和地区设有40多个办事处；在有关媒体上做广告包括报纸（如纽约时报的周末版）、电视、专业杂志，旅游批发商的产品目录等；加强旅游信息化建设，建立专门的旅游网站，通过互联网与旅游商、旅游者形成直接的联系；到出境游客源国参加旅游博览会，包括英国的伦敦展、德国的柏林展、意大利的米兰展等，还有一些专业性的旅游博览会，如水上旅游会议、旅游博览会等。安达卢西亚2003年就到其他国家参加了8个旅游博览会；邀请旅游批发商、电视记者、专业杂志编辑及其他有影响力的旅游权威人士来本地区进行亲情旅游活动，或针对旅游批发商举办专门的旅游研讨会，让他们了解当地的旅游产品、设施等情况，类似的活动安达卢西亚2003年开展了21次，人数多达1 200人。还有重要的一点就是建立针对出境国家旅游市场信息的数据库，比如到德国开拓高尔夫球市场，就要了解德国有多少个高尔夫球场、有哪些宣传高尔夫的杂志，有哪些经营高尔夫旅游的批发商等信息，这样促销才会有针对性，效果更好。

第六，注重提高旅游设施、服务、环境、人才等方面的综合质量。

旅游质量是旅游者在旅游过程中非常关注的内容，旅游业的发展比其他行业更依赖于设施的质量，而一个高档次的旅游者往往会要求与他在本国具有同等质量的设施和服务。在西班牙，旅游质量是一个综合概念，它包括四个因素：企业质量及目的地质量、可持续性（环境、社会、文化、经济）、参与性（刺激性、包括残疾人在内的所有旅游者）、人的因素（培训、鼓励、诚信）。因为他们认为，旅游者从西班牙回去之后的印象只分是某个地方有多好，而不只是某家饭店有多好，或某个景点有多好。所以提高旅游质量不仅仅是旅游从业人员的事，而且是当地所有居民的事，目的地国际形象、整体环境、人员素质、公共服务、信息服务等非常重要。

重视海滩旅游的质量。为保证旅游者的健康，西班牙执行欧盟制定的“蓝旗计划”，在海水质量、海岸保护、服务水平、安全系数、环境意识等都有具体的标准。西班牙对旅游从业人员的素质也非常重视，比如巴利阿里群岛就有非常完善的三级旅游培训体系。第一级是基础培训，有 12 个培训中心提供服务，完全由政府出钱，培训对象为服务员、接待员、厨房助理、导游、旅游信息咨询员等。第二级是中级管理培训，培训对象为旅游接待处或酒吧的负责人、餐馆的厨师长等。第三级是高级管理培训，培训对象为饭店经理、旅行社经理等。培训不但注重质量，还根据旅游发展需要不断拓展新的领域，如高尔夫球场护理人员、水上运动项目的教练等。

第七，重视保护环境，坚持旅游业的可持续发展。

西班牙政府认为，旅游业的持续发展要在生态的多样性、社会文化的持续性和经济的可持续性三个方面做出努力。在旅游资源开发和利用过程中，他们采取多种形式进行环境保护和治理。全社会参与环境保护的意识非常强，在旅游资源开发中，规划部门要进行定量环保研究，分析未来旅游活动可能对环境造成的影响和需要采取的对策。1994 年制定的《海岸法》除规定距离海水 100 米内不准建任何建筑物，原有的建筑物不能转让外，还规定了在海滨建饭店首先要解决排污问题才能获准建设。海滩属政府的公共设施，为保护游人健康，有专门人员负责对海水取样监测，确保水质达标。在海滩治理过程中严格执行欧盟“蓝旗计划”，在海水质量、海岸保护、服务水平、安全系数、环境意识等方面制定了具体的标准。对符合标准的授予“蓝旗”称号。每年夏季进行检查，对经检查不符标准的滨海游乐场所予以取缔。

坚持开发就是保护的理念。西班牙国内古城堡分布广、数量多。为了保护城堡，按原貌修复，“修旧如旧”。西班牙政府还以国有方式收购古城堡，将古城堡改建为饭店。为此，还专门成立古建筑饭店管理公司进行管理，该公司隶属经济部，城堡饭店的产权归国有，通过古城堡饭店赚来的钱又去收购更多的古城堡。这就起到了既保护文化古迹，又获取了经济效益，用赚得的钱再去开发的良性循环作用。

发展航海旅游、置业旅游，以其作为旅游业新的增长点是西班牙旅游又一值得学习的经验。西班牙的海滨城市充分利用其优良的海域、港口及其资源，大力发展航海旅游、置业旅游，产生了很好的经济效应。

③ 典型案例：巴利阿里群岛的旅游开发

巴利阿里群岛是地中海中的群岛，面积5 040.29平方千米，是西班牙重要的也是最为成熟的海岛型世界级旅游目的地，被称为“离天堂最近的地方”、“欧洲浴场”。每年巴利阿里群岛的国际旅游到达人数约为360万，每日的旅游床位约占西班牙全国总量的近五分之一，旅馆和公寓床位分别占到全国总量的四分之一和五分之一。群岛处于海洋之中，具有典型的地中海气候，夏季的月平均气温达25℃，比希腊的雅典还要湿润，冬季又略温和，因而对冬季旅游者有更大的吸引力。

归纳巴利阿里群岛旅游开发模式，具有以下特点：

第一，规划科学理性，理念先进创新。

规划科学理性表现在：一是前瞻性，即规划时间跨度大，着眼于几十年，充分预见未来发展需要。二是民主性，不但注重规划的科学和缜密，而且十分尊重民意，听取公众的建议和满足绝大多数人的要求。在规划编制过程中深入调查研究，采取多方案比较，博采众长，对重要建筑和基础设施的修造，除规划部门把关外，必要时还要进行公民表决。三是严肃性，即国家或地方政府在规划执行上控制得非常严格，规划一经确定，不管执政党与政府组阁如何变动，都必须按既定的规划有步骤地进行建设。发展旅游理念先进，把发展旅游作为不可或缺的社会需求。在他们看来，旅游不单是赚钱的产业，更是能获得幸福与享受人生的重要需求。发展旅游“不差钱”。不仅要追求产业投资与回报，更要注重社会公共基础设施或公益事业建设的社会需求。全社会对旅游事业高度重视，政府、企业和民众自觉地长期地（几十年甚至上百年）多渠道投资建设，使旅游休闲度假设施和景观建设都很成熟，让旅游度假区成为人们休闲的主要活动地。

巴利阿里岛所到之处，处处以人为本，即使一个普通的海湾、一条道路、一片绿地，不一定很漂亮，但都很整洁、自然、舒服。

第二，主打休闲度假，内容丰富多彩。

巴岛旅游的六要素配置齐全，设施完善。海岛上高档豪华酒店如人间仙境，生态建设、人性化设施随处可见，环境郁郁葱葱，酒店布局合理，设计构思巧妙，每一个房间都可以看到大海，成为地中海地区最为成熟的海岛度假区缩影。在休闲度假旅游主题下，还有若干专题性旅游项目，如自然风光旅游、水上运动旅游、基于“3S”的旅游活动、青春蜜月旅游、文化旅游、会展旅游等。巴利阿里群岛号称“地中海乐园”，有海滩 375 个，有 65 个国际游艇俱乐部，游艇 2 万多艘，其中马略卡岛就有 45 个游艇俱乐部。岛上高尔夫球场随处可见，整个群岛共有 22 个高尔夫球场，2008 年高尔夫旅游总收入为 1.833 6 亿欧元。还举办多种跑马、骑自行车比赛。

第三，凸显文化内涵，营造文化氛围。

群岛中的阿倍扎（Ibiza）岛拥有“星球上最后的音乐伊甸园”之称，夜生活活跃，享受“阿倍扎天籁之音激情夜”已成为世界上热衷时尚、刺激和浪漫的青年人的执著追求。各个旅游岛都有文化中心，每晚都有大型文艺演出和传统舞蹈表演，配合节目活动还经常举办各种展览。这里的“蜜月岛”与“天堂岛”全是文化之产物，马略卡岛上的帕尔玛大教堂是典型的哥特式天主教堂，是马略卡市的标志性建筑，又因其曾接纳和见证了无数名人的婚礼而闻名于世，该教堂的尖塔在世界哥特式教堂尖塔中排名第三，这里已成为游客的必游之地。“诗人和艺术家所梦想的一切造物主都在这里创造了出来”，160 多年前法国小说家乔治·桑与肖邦在马略卡居住时就曾如此赞叹此地的美丽，如今，这些自然与人文景观都被建设者们变成了现实的旅游天堂。

第四，完善基础设施，大力发展海空。

马略卡岛为巴利阿里群岛中最大的岛屿，面积约 3 600 平方千米，有“欧洲的浴场”之称，在 2008 年接待的 987 万多人次游客中，80% 为国际游客。马略卡上有三个飞机场，通往欧洲各主要大城市都有航班，可以起降各种大飞机。在旅游旺季时，仅德国每日到这里的航班就达 12 次之多，游客总量约 300 多万人次。一些没有航空设施的小岛，大多以空港作依托，有固定的游船或邮轮航班，各岛之间的游轮可达航程与到空港距离都在半小时之内。在群岛的海域中，万吨邮轮随处可见，邮轮经济已发展到十分成熟的阶段。

④ 西班牙经验的启示

无论在产品开发、市场战略、资源与环境保护、政府主导等方面，西班牙海洋旅游的成功经验都给我们带来许多启示。

第一，坚持产品开发的多样化，注重传统优势产品与新产品开发相结合。

发展多样化的旅游产品就是要逐步实现旅游产品的非季节性。实现旅游产品的非季节性，是困惑旅游业发展的一大问题，也是大家追求的理想目标。为增强海滨度假旅游的吸引力，浙江在保持传统的观光度假产品的同时，应不断推出互补性产品，形成海滨浴场、高尔夫球、水上运动、文化观光、主题公园、民俗参与项目、城市旅游、乡村旅游、会展旅游、生态旅游、探险旅游等多样化的产品。在新老产品的结合上，一是有机地将海滨度假与最紧密、特色最鲜明的水上运动旅游项目相结合。二是与历史文化资源结合。各地区可以充分发挥历史文化资源的优势吸引各类客人在不同季节到沿海旅游。

第二，打造高品质的旅游产品，以质量、品牌赢得和占领市场。

西班牙发展旅游业一条重要的经验就是非常注重抓产品的质量。高质量的旅游产品不仅是西班牙旅游最突出的标志性要素，更是西班牙品牌的首要特点。我国的海洋旅游业应该重点抓好旅游产品的质量，提高产品附加值，以高质量的设施（如基础设施、通讯、卫生、文化和自然资源等）和服务（旅游服务和娱乐等）满足旅浙游客的需求，通过提高旅游业整体发展水平，达到公众对区域“海洋旅游品牌”的认可，从而吸引更多的游客，提高旅游品牌形象。

第三，紧密结合客源市场需求，进行宣传促销手段要多样化。

一方面需强调整体性的营销战略；另一方面，要根据不同客源市场需求，制定差异化的营销策略。同时，旅游促销要强调整体促销，促销口号要有稳定性。

第四，强化资源整合，促进旅游资源保护与利用的协调发展。

首先，各海洋旅游区应当站在全省国民经济和社会发展的高度看待旅游发展问题，树立大局意识和全局意识，整合从各自行业和部门出发形成的观念，形成全面综合的发展观。其次，要善于从资源的开发利用与有效保护之间寻找更多的结合点，形成两者间的良性互动。既要反对重开发轻保护，力戒破坏性开发行为，也要反对那种借口保护而忽视合理开发和利用的现象。当然，还要大力提高旅游资源的专业化开发水平，鼓励和引导组建一批多种所有制并存的专业化的景区开发建设和经营管理公司，引进国外的先进经验和技术，打破地区性的行政壁垒，鼓励这些专业的公司跨地区经营，提高旅游资源的开发利用和经营管理水平，避免低水平的重复建设和破坏性开发。

第五，推进制度建设，加大旅游市场整顿力度。

管理落后，服务质量不高，已成为旅游业健康发展的突出制约因素。为此，我国的一些海洋旅游区要加强对旅游经营者和从业人员的培训教育，特别重要的是从制度建设入手。要健全和完善地方旅游市场监督体系，形成旅游行政监督、社会监督和舆论监督共同发挥作用的机制；要对旅游市场规范和管理常抓不懈，彻底扭转市场秩序混乱的状况，树立起旅游产品丰富、旅游市场规范、旅行安全便捷、旅游质量可靠的新形象。

3.1.3.2 法国的海洋旅游及其发展经验

法国（The French Republic）是西欧面积最大的国家，位于欧洲大陆西部，与比利时、卢森堡、瑞士、德国、意大利、西班牙、安道尔、摩纳哥接壤，西北隔拉芒什海峡与英国相望，濒临北海、英吉利海峡、大西洋和地中海四大海域，位于地中海的科西嘉岛是法国最大岛屿。法国总面积约为55.16万平方千米，拥有海岸线总长2 700多千米，2010年时人口约6 062.8万。法国是世界主要发达国家之一，是世界第五大经济体，2010年的人均GDP已达到42 091美元，相当于那时候中国国内生产总值的11.8倍，列居世界前14位。法国也是仅次于美国的世界第二大农产品出口国，第三产业在法国经济中所占比重逐年上升，其中电信、信息、旅游服务和交通运输部门业务量增幅较大，服务业从业人员约占总劳动力的70%。

① 法国旅游资源及旅游业发展概况

法国的旅游资源非常丰富，种类齐全。法国是欧洲浪漫的中心，它悠久的历史、具有丰富文化内涵的名胜古迹及乡野风光吸引着世界各地的旅游者。风情万种的花都巴黎，美丽迷人的尼斯蓝色海岸，神奇的阿尔卑斯山滑雪场等都是令人神往的旅游胜地。以卢浮宫和圣母院为中心的巴黎塞纳河滨、凡尔赛宫、枫丹白露、斯特拉斯堡、圣米歇尔山、尚博尔城堡等，法国有20多处风景名胜被联合国列入世界文化和自然遗产。

法国是世界上接待外国游客最多的国家之一，平均每年接待外国游客7 000多万人次，外来游客超出本国人口500万左右。即使在2007年，强劲的欧元汇率也没能对其造成负面影响，全年仍吸引了国外游客人数近8 200万人次，创历史新高，稳坐全球接待外国游客国家的第一位；2010年，虽受世界经济危机影响，仍接待了游客7 680万人次，成为全球最大的旅游目的地国家之一。截至2010年，法国已连续五年被评为全球最适合居住的国家。法国旅游业还创造了大量的就业岗位。据法国国家经济与统计研究所公布的一份研究报告显示，在1997年至2006年期间，法国国内20万家中小型旅游企业总共提供了200万个就业岗位，而目前，旅游业平均每年可以为法国本土创造90万个工作岗位，相当于全国就业职工总数的4.3%。首都巴黎、地中海和大西洋沿岸的风景区及阿尔卑斯山区都是举世闻名的旅游胜地。巴黎是世界上接待游客最多的城市，并持续保持着全球第一大国际会议中心的地位；法国一些著名的博物馆收藏着世界文化的宝贵遗产，还有一些历史名城、卢瓦尔河畔的古堡群、布列塔尼和诺曼底的渔村、科西嘉岛等都是人们青睐的旅游胜地。目前，主要旅游参观地区有：巴黎－大巴黎地区、法国南部蔚蓝海岸、罗纳－阿尔卑斯山地区、普罗旺斯地区和香槟－阿丁地区。

② 法国滨海旅游开发模式

法国凭借着丰富而独特的旅游资源成为世界上最早发展旅游业的国家，并一直保持着世界旅游王国的地位。在法国发达的旅游业中，海滨及海岛旅游占据着重要地位。著名的蓝色海岸、科西嘉岛等都是典型的海滨、海岛旅游胜地，每年吸引了大量游客前往参观，其成功发展汇集成了独特的经验模式。

第一，保护古城遗迹，挖掘人文历史景观。

尼斯是法国蓝色海岸地区的重要旅游城市，它有着得天独厚的自然资源和历史文化条件，博物馆、罗马时代遗迹以及世界一流的歌剧院散布在城中，大街小巷弥漫着普罗旺斯的浪漫情调。尼斯包含三个主要部分，第一是老城（Vieux Nice）和港口区域，其建筑风格很像意大利，非常有特色；第二部分是19世纪所建造的城中区，包括英格兰散步道后面的区域；第三部分是可眺望城市北边的希米耶区（Cimiez），这里曾是罗马人和维多利亚女王的最爱。当地非常重视对人文历史遗迹的保护，从资金、政策、税收等方面给予大力支持；旅游资源的保护和开发是政府的重要职能，政府在依法保护的同时，对人文景观和自然景观价值还进行了充分挖掘和利用，尼斯所有的历史文化遗迹都按“修旧如旧”的原则加以修复，然后提供给观光者。

第二，整合旅游资源，推出新的旅游项目。

旅游地的发展是有生命周期的，只有对旅游资源重新整合，才能注入持续发展的动力。尼斯政府在整合好人文景观资源的基础上，不断推出新的旅游线路，从传统的尼斯海滨旅游发展到山区旅游，再推行深度开发海滨旅游。十几年前，尼斯早已将海滨度假作为旅游亮点，占地10 %的海滨地区集中了90 %的游客。随着旅游业开发步履的不断加快，尼斯政府重新审视拥有90 %面积的山区旅游资源的开发价值，重点推出山区乡村的冬季和春季休闲、滑雪项目。深度开发海滨旅游主要是指打造游艇旅游，这已成为尼斯海洋旅游业的一个新亮点，每年接待20万游客，是目前法国最大的游艇游客上下站点。

第三，举办国际会议，发展商务旅游。

法国沿海地区或城市通过举办各种大型国际会议等方式，吸引了来自世界各地的商务游客。会展业给城市带来的效益主要体现在社会综合效益上，法国政府非常重视展览场馆建设、市政配套和服务，在交通和安全方面提供保障。尼斯航空业、酒店业的高度发达就直接得益于会展中心的营运。目前，尼斯的宾馆客房数量和空港规模仅次于巴黎。作为欧洲最好的会展中心之一，尼斯卫城（Acropolis）会展中心建于1984年，每年主办近200场活动，迎接来自世界各地约70万名参会者，其中国际性的会议、展览和公司奖励旅游已占70 %。2000年在Acropolis主办的“欧盟高层首脑会议”，成功接待了来自30个地区的高级首脑和政府官员、2 000名代表和3 000名记者，为其赢得了极高的国际声誉。Acropolis会展中心由一个协会管理运作，协会成员的利益体现在与会展中心的合作上。譬如，酒店为会展中心优惠提供客房，而会展中心为它们招徕顾客等。Acropolis会展中心业务分两块，一块是承接商务性的会议展览，另一块是承接市政府各层面的会议。Acropolis 会展中心由政府投资建设，建成后的营运管理通过招标产生，而 Acropolis 协会通过竞标获得管理权。Acropolis 会展中心运营成功的关键在于其营运理念，承接政府各类会议通常是免费或优惠的，同时积极招徕各类商业性会展，以盈利性的会展收入补贴公益型的会议支出，使会展中心的经营维护得以良性循环。

第四，重视资源保护，谋求可持续发展。

法国高度重视对旅游资源的保护。具体做法主要有：一是严格规划管理。就大的环境来讲，法国通过制定规划，依法进行管理和保护。以城市环境为例，对市区的土地利用及城市的建筑物高度和外形进行法律规定，既保护了城市原有的文化风貌，又使各个旅游城市充分体现出自己的个性，构成独特而又具有吸引力的旅游目的地。二是多方筹措保护资金。法国对文物资源实行分级分类管理，并按照文物等级确定保护资金的来源。国家级的文物保护设施通常由中央财政提供所有的保护资金，包括工作人员工资；地方级的文物保护则由地方负责。在法国，大量的建筑类文物还交由私人管理。个人在购买了这类文物的所有权后，只有依法履行保护的义务，而没有随意改动的权力。三是重视培育有利于旅游发展的环境。法国在经济持续发展、综合国力强盛的基础上连续不断地进行国土整治和环境保护，使旅游业得以健康发展。

第五，加强职业培训，满足旅游人才需求。

发达的旅游业需要各方面的旅游人才，法国政府高度重视旅游人才的培养和储备，譬如尼斯地区就有尼斯大学、尼斯里尔高等商学院等专门学校培养旅游人才，除了正规院校外，还有各类职业技术学校，满足旅游业、会展业发展的人才需求。

③ 典型案例：科西嘉岛的旅游开发

科西嘉岛是地中海上的第四大岛，法兰西第一帝国皇帝拿破仑的故乡，它位于法兰西共和国大陆东南，南面隔着博尼法乔海峡，与意大利撒丁岛相望。科西嘉岛长 185 千米，最宽处有 85 千米，全岛面积 8 680 平方千米，岛上常住人口 23 万。岛屿地形以山地为主，1/2 以上面积在海拔 396 米以上，海拔 1 980 米以上山峰有 20 座，最高点钦托峰海拔 2 710 米。山体多为花岗岩结构，岩体呈绯红、玫瑰和绛红色。岛上气候属典型的地中海气候，年平均气温 15.5℃；冬季温和，夏不酷热，山区从 12 月至次年4 月积雪。森林覆盖面积占全岛20%，岛上淡水资源丰富，多海湾、海岬和小岛。

科西嘉岛将其旅游开发作了一些设计规划：

主题形象定位："领袖之城－度假天堂（The city of leader，paradise of holidays）"；

主题形象口号：魅力海岛，享受你我（Enjoy the Mediterranean island from the inside）；

目标定位：自然与历史景观双管齐下，营造一个集度假、健身、文化体验于一体的魅力海岛；

功能定位：巴隆巴热亚（Palombaggia）白沙滩用做海滨休养地、海滨浴场、帆船赛场，以休闲为主要功能；充分开发科西嘉自然公园及 GR20 步行路作为徒步旅行的黄金地段，以健身为首要功能；韦基奥森林是休闲打猎的好去处；在若劳拉塔等村庄中可体验科西嘉式的农家乐及当地民俗风情，聆听最正宗的科西嘉民歌；在拿破仑故居中重温传奇岁月，感受历史风云的激荡；其余景点均以自然观光为主要功能。

特色项目（主打产品）：主打领袖牌。法国著名作家司汤达作为拿破仑的忠诚崇拜者，在游览过科西嘉岛后曾发出过这样的由衷感叹："科西嘉，一个使法国变得相当伟大的小岛。"作为一代领袖走向世界的起点，科西嘉具有无与伦比、得天独厚的历史文化优势。拿破仑故居及博物馆中陈列有大量相关的文献、实物和图片资料，解说员会向您生动地讲述拿破仑在法国大革命期间两次谋求科西嘉独立的经过，昼夜不断地播放拿破仑系列纪录片、电影，让游客对拿破仑及那个时代有更直观的感受；每年拿破仑诞辰纪念日都会在阿雅克修举行盛大的游行仪式，广场上表演着一出出拿破仑系列话剧，出售着拿破仑时代的纪念品、传记及服装，游客和当地居民可以装扮成拿破仑与约瑟芬的样子招摇过市；大街小巷的咖啡馆、酒吧也多以"拿破仑"或"皇帝"命名，使游客处处感受到拿破仑时代的气息，尽情展现科西嘉这一英雄故里的风采。

④ 法国经验的启示

法国滨海及海岛旅游的成功开发有其独到经验，他们从古城保护、资源环境的可持续、会展旅游开发、基础设施建设及人力资源保障等方面给我们提供了许多可借鉴的地方。

第一，立足资源优势，面向市场需求，优化旅游产品结构。

发展多样化的海洋旅游产品就是要逐步实现旅游活动的全季节性，这是法国海洋旅游成功经验给我们的重要启示之一。因此，为了增强我国海滨度假旅游的吸引力，我们在保持传统海洋观光度假产品的同时，应不断推出互补性产品，形成由海滨浴场、海钓、水上运动、渔俗文化旅游、主题公园、民俗参与项目、城市旅游、乡村旅游、会展旅游、生态旅游、探险旅游等组成的多样化的系列产品。

第二，加强管理，提高服务质量，增强国际竞争力。

切实贯彻落实国家海洋强国战略和旅游经济强省的决策，进一步解放思想，推动科学发展。各级旅游行政管理部门要尽快与经营性企业脱钩，强化行政管理职能，要抓紧制定和完善有关法律和规章制度，加强行业管理，整顿旅游市场秩序，规范旅行社、导游人员等各类经营单位和个人的经营和服务行为。发挥旅游行业协会组织的作用，推动行业自律。尽快改进、完善导游培训制度和资格考试制度，建立一支文化素质高、职业道德过硬的导游队伍。鼓励发展网络化连锁经营、标准化经营的旅游服务企业，提高企业的市场信誉。积极借鉴国际上旅游业实行行业标准化管理的经验，尽快研究制定和实施有关旅游的地方标准，实行全省统一的标准化管理。

第三，在保护中开发，在开发中保护，实现旅游资源的可持续利用。

一方面，要切实加强对自然景观、文物资源的保护意识，加大政府投入；另一方面，对旅游资源进行开发利用，要完整体现资源的自然风貌和历史原貌。要切实加强保护，做到规划先行，在严格执行国家有关法律法规的前提下，制定科学、合理的旅游发展规划，减少旅游资源开发的随意性。文物资源的开发利用必须制定科学开发和保护的方案，充分落实保护措施，对资源可以实行分级分类保护和管理，落实保护资金来源。纳入国家管理的各级各类旅游资源的保护资金，主要由同级政府提供；资源型景区的门票收入要逐步做到部分或全部用于资源的保护，要建立资源开发的回报机制；鼓励个人以修建私人博物馆等形式参与文物资源保护。制定切实可行的政策措施，积极鼓励各类企业推行带薪休假制度，分散旅游旺季客流，避免游客过多造成对资源的破坏。

第四，增加政府投入，加强旅游基础设施建设。

加大政府对旅游业发展的财政性资金投入，在努力改善大交通条件的同时，必须重视加强旅游景区的基础设施建设和环境整治。通过对旅游专用公路、旅游区停车场和公共汽车站的建设，提高旅游目的地的通达能力。同时，还要加强景区的水、电、路和卫生、安全等基础设施建设，改善景区的综合环境，对于新景区景点的开发建设，首先要求完善水、电、路、安全以及资源环境保护设施，避免因基础设施滞后造成资源破坏。

3.1.3.3 意大利的海洋旅游及其发展经验

意大利地处欧洲南部，包括亚平宁半岛及西西里、萨丁岛等区域，北以阿尔卑斯山为屏障与法国、瑞士、奥地利和斯洛文尼亚接壤，东、南、西三面临海，国土面积约30.1万平方千米，海岸线总长（包括岛屿）约8 500多千米。其疆域形似一只深入地中海的皮靴，把地中海分隔成大致相等的两部分。意大利大部分地区属亚热带地中海式气候，1月份气温在2～10℃左右，7月份气温在23～26℃左右，年平均降水量500～1 000毫米。意大利是发达工业国家，以私有经济为主体，私有经济占整个国内生产总值的80%以上；人口约6 011多万（2009年），从事服务业人口众多，服务业约占国内生产总值的2/3。国内各大区经济差距较大，南北差距明显，中小企业占企业总数的98%以上，堪称“中小企业王国”。

① 意大利旅游资源及旅游业发展概况

意大利（The Republic of Italy）是世界旅游业最发达的国家之一，拥有著名的旅游城市罗马、米兰、佛罗伦萨和威尼斯等，旅游收入是弥补其国家收支逆差的重要来源。2010年世界旅游指南排名，意大利为世界旅游第五大国，接待外国游客约4 363万人，发达的旅游产业得益于其拥有的丰富资源基础。

首先是海洋旅游资源丰富。意大利是一个半岛国家，特殊的地形使它成为世界上所有半岛国家中海岸线比例最高的国家之一，其边境线长达9 054千米，海岸线占边境线的80%。在意大利半岛的东西南三面的四大边缘海中分布着众多岛屿，著名的有撒丁岛、西西里岛、卡普里岛等，其中，卡普里岛是著名的旅游岛，被称为欧洲旅游中心。第二是丰富的火山旅游资源。意大利的火山资源主要集中在第勒尼安海东部和东南部沿海，最著名的火山有维苏威火山、埃波梅奥火山、斯特龙博利火山等。第三是丰富的宗教旅游资源和深厚的历史文化底蕴。意大利是一个天主教国家，据不完全统计，意大利现有教堂达30 000多座，仅罗马城就有300多座天主教堂和300多座修道院，其中不少教堂已成为世界著名的文化遗产。除英国伦敦的圣保罗教堂外，欧洲著名的四大天主教堂就有三座集中在意大利，他们分别是罗马梵蒂冈的圣彼得大教堂、佛罗伦萨大教堂和米兰大教堂，丰富的宗教遗产使意大利成为宗教旅游的圣地。意大利是欧洲古代的政治中心，古代一度实行城邦国家制，历代帝王的宫殿、行宫很多，几乎遍布全国各地，成为现代旅游的一大宝贵资源；在意大利产生的古罗马文化和近代文艺复兴运动又为人类的进步做出了极大贡献，产生了大批具有世界影响的巨人，如恺撒、但丁、达·芬奇、米开朗基罗、伽利略、哥伦布等，许多历史人物的坟墓、出生地、活动场所以及遗物也是重要的旅游资源。如但丁故乡佛罗伦萨，至今仍保留着许多与他相关的古迹。在贯穿全市的阿尔诺河上，有一座著名的石桥叫“旧桥”，传说但丁和他终身热恋的贝亚特丽齐就在此相遇，市内至今还保存着但丁生活过的一所小砖房和贝亚特丽齐的住所。

② 意大利海洋旅游业发展模式

作为世界著名的海洋旅游目的地，意大利有6 000多个海滨浴场、150多个旅游港口、500多个海滨旅游中心，游乐设施齐全，海滨海岛旅游业十分发达，意大利海洋旅游业的成功为我们提供了许多宝贵经验。

第一，注重提升旅游文化内涵，打造文化经典品牌。

意大利十分注重不同文化之间的交流对话，并使古代文明和现代文明成功衔接延伸，赋予现代旅游产品极为深厚的文化底蕴，精心打造了一系列极具竞争力的经典品牌，使其成为世界一流的旅游强国。其实，文化与旅游互为条件，是一种“神”和“形”的关系；文化从旅游中找到市场出路，旅游从文化中得到“票子”，增强生机与活力。威尼斯是一个海上城邦，素有“水道之都”的美称，市中心的水道犹如都市里的大街小巷，林林总总，弯弯曲曲，把这座千年古城装扮得古色古香，魅力独特。威尼斯全市人口不足6万人，每年的游客却高达1 200万，这种旅游吸引力完全得益于该城市深厚的历史文化底蕴和与众不同的地域风情。在威尼斯，有两种交通工具，一种是“水上巴士”，另一种是“凤尾船”。全城400多条凤尾船，清一色的男性天下，船夫的技艺父子相传。穿梭在错综复杂、狭长陡深的水道中，游客完全沉浸在古代欧洲文明的氛围之中，在发思古之幽情的同时，又感受到现代生活的活力和愉悦。

第二，注重历史文化遗产的开发、保护。

意大利是当今世界上文物保护最先进的国家之一，其历史名城相当多，有被称为永恒之城的首都罗马，有因考古发掘而重获新生的古城庞贝，还有意大利文艺复兴的中心佛罗伦萨等，这些历史文化名城遗留下来的大量历史建筑均得到有针对性的保护和开发。其主要做法表现在三个方面：一是注重成片保护，营造出浓郁的历史文化氛围。以古都罗马为例，政府制定历史文化名城保护方案，古城风格以法律形式固定下来，不准破坏；对城内遗迹“修旧如旧”，限制新建，新建筑和古建筑要截然区分；建筑物外部形状、结构归属由政府控制。二是注重现状保护。在意大利，人们总能看到众多的残垣断壁，这充分体现了意大利人在对大遗址保护中十分注重现状的保护，因为在真实的历史遗迹之上摆放任何现代人的复制品，都将破坏遗迹的历史真实性。三是注重科技投入。为了古城保护维修，国家投资建立科技保护维修中心，为建筑保护提供技术支持。

第三，鼓励旅游投资，推进旅游促销。

旅游开发首要的问题是资金，为了促进旅游业的迅速发展，意大利政府出台并实施了鼓励旅游业投资的金融法和金融政策。同时，为加快旅游业的发展，意大利花大力气搞好交通及住宿等旅游基础设施。

旅游促销与商品促销一样，要想在激烈竞争的国际市场上立于不败之地，一定要突出自身特色。威尼斯正是紧紧抓住这一点，根据自身特色，准确地把自己的形象塑造成水上之都、商业之都、历史古都和浪漫之都。

第四，提供多样化的优质服务。

高度重视旅游产品多样化和服务质量的提高是意大利旅游业成功的又一经验。在积极开发传统旅游的同时，意大利积极开发海岛、海滨旅游。目前，卡普里岛已经开发成为欧洲旅游中心，其他一些诸如青年旅游、老年旅游、疗养旅游、宗教旅游、体育旅游等都得到不同程度开发，同时，注重质量的提高，以优质服务促进旅游消费。

③ 典型案例：厄尔巴岛旅游开发

厄尔巴岛是意大利的一个旅游岛，面积约200平方千米，人口约3万，旅游特色鲜明。首先，该岛作为拿破仑流放地，遗迹保存完好，成为重要的文化旅游资源和品牌建设的天然首选；其次，岛上生态环境良好，相对地中海上大部分缺乏森林绿地的岛屿，厄尔巴岛森林覆盖率达 85% 左右；岛上的海滩虽以小卵石为主，质量不高，但符合欧美人以日光浴为主要休闲方式的需求，加上岛上分布着一些风景如画的小渔村和众多的乡村别墅，完全可以满足欧美富庶阶层个性化且长达半月到一个月的度假需求，因此，该岛一改原先的铁矿开采、冶炼产业，转型发展旅游业，目前，其旅游收入约占全岛总收入的 70%，是一处典型的转型发展成功案例。

3.1.3.4　希腊的海洋旅游及其发展经验

希腊（The Hellenic Republic）位于欧洲东南部巴尔干半岛南端，东、南、西三面临海，属典型的亚热带地中海式气候。北面与保加利亚、马其顿以及阿尔巴尼亚接壤，东部濒临爱琴海，部分地区与土耳其接壤，西南濒临爱奥尼亚海及地中海，拥有海岸线 15 000 千米，国土总面积约为 131 957 平方千米，其中 15% 为岛屿。希腊在欧盟经济区中属欠发达国家，经济基础薄弱，工业、制造业落后，但希腊农业发达，还有发达的海运业，与旅游、侨汇并列为希腊外汇收入三大支柱。

① 希腊旅游资源及旅游业发展概况

希腊的自然和人文旅游资源都十分丰富，纵观其海洋旅游资源优势，主要吸引力包含以下几个方面。首先是旖旎迷人的海洋风光。希腊有 1.5 万多千米漫长而曲折的海岸线，港湾交错，风光迷人；3 000 多个岛屿星罗棋布，宛如璀璨的珍珠镶嵌在蔚蓝的爱琴海和地中海上。这些岛屿分属 5 个风格迥异、各具特色的群岛：伊奥尼亚群岛、基克拉泽斯群岛、北斯波拉泽斯群岛、南斯波拉泽斯群岛和克里特群岛。其中科孚岛的绿色和沙滩、锡拉岛的火山活动遗迹、罗得岛的海滩和适宜气候、克里特岛的种类众多的石灰岩溶洞都令游人神往。二是数不胜数的名胜古迹。雅典卫城、德尔菲太阳神殿、奥林匹亚古运动场遗址、克里特岛迷宫、埃皮达夫罗斯露天剧场、提洛岛上的阿波罗宗教城、维尔吉纳马其顿王墓、圣山等，这里有着数不胜数的名胜古迹，使人流连忘返；漫步其间，人们仿佛置身于神话世界，有回到荷马史诗时代之感。希腊是奥林匹克运动会的发源地，2004 年雅典奥运会的成功举办所留下的庞大的奥运工程，也为旅游业的发展提供了宝贵资源。三是璀璨无比的古代文化。希腊文明已经有 5 000 年历史，在漫长的历史长河中，先人们创造了光辉灿烂的古典文化，璀璨无比的古代文化是吸引来自五湖四海游人的重要旅游资源。“访古探幽”是到希腊旅游的重要内容，你可以选择到克里特岛考察爱琴文化，也可以到阿提卡半岛、雅典、斯巴达考察古代城邦文化，追忆逝去的繁华；在首都雅典，有你倾慕已久的巴台农神庙；在马其顿地区和塞萨洛尼基，你可以了解到拜占庭文化；在圣山阿索斯和彗星岩修道院，你还可以见识纯正的现代修道生活。丰富多样而又独一无二的垄断性海洋与文化旅游资源铸成了发达的旅游业，旅游业成为希腊经济的重要支柱和外汇的主要来源。

② 希腊滨海旅游开发模式

希腊是海岛、海滨旅游开发的典范国家之一，对西欧人来说，希腊最吸引人的是气候和岛屿上的海滩；对欧洲以外的旅游者而言，希腊最具吸引力的依然是古代城市的历史遗迹以及充满文化意味的神殿坛庙建筑，罗得岛、雅典地区和克里特岛是希腊最重要的旅游中心。

第一，高度重视发展旅游业，深层次开发旅游产品。

希腊没有经历工业化发展，是欧盟成员国中经济比较落后的国家，其信息化程度与发达国家无法相比；但希腊作为世界级的文明古国，历史文化积淀十分深厚，发展旅游业具有极大优势，旅游业在希腊国民经济中是名副其实的支柱产业，旅游收入占全国国内生产总值的18 %左右。为尽量提高旅游经济效益，希腊在已经形成的国际知名旅游产品基础上，一方面，不断拓展和完善产品体系，扩大现有市场规模；另一方面，加大旅游产品的深度开发，充分挖掘文化内涵，注重打好历史牌、文化牌，将单纯的文物旅游扩展为文化旅游，创造出新的发展亮点。作为世界四大文明古国之一的希腊，有着丰富并保存完好的历史遗址，并且几乎所有的遗址都得到了很好的保护和整理，并被开发建设成遗址公园，有的还配以博物馆，这些遗址公园吸引了世界各地的大量游客。为了充分体现产品的文化内涵，希腊非常重视通过文化观光产品的解说系统，并在导游员资格与素质控制、景点解说词编写以及游览线路安排等方面精心设计，以充分展现旅游产品的文化魅力。

第二，重视资源保护，谋求可持续发展。

资源是旅游业赖以生存发展的基础，希腊高度重视对旅游资源的保护。一是严格规划管理。通过制定规划，依法进行管理和保护。以城市环境为例，希腊通过对市区土地利用、城市建筑物高度和外形的法律规定，保护了城市原有的文化风貌，使各个旅游城市充分体现出个性，构成独特的、具有一定吸引力的旅游目的地。二是分级分类管理。希腊对文物资源实行分级分类管理，并按照文物等级确定保护资金来源。国家级的文物保护设施，由中央财政提供所有的保护资金，包括工作人员工资；地方级的文物保护由地方负责。目前，希腊所有文物都归国家所有，但有关部门也正在开始着手研究将部分文物私有化的举措。三是重视培育有利于旅游发展的生态环境。在经济持续发展、综合国力强盛的基础上，希腊连续不断地进行国土整治和环境保护，形成了山林茂盛、绿草如茵、水流清澈的自然生态环境。

第三，重视会奖旅游，着力开拓新兴市场。

希腊十分重视新兴市场的开拓。作为欧盟成员之一，又毗邻欧洲经济发达国家，希腊会议及奖励旅游资源较为丰富，设施完善且市场颇为成熟，享有会议和奖励旅游市场的先机。为促进商务会奖旅游，希腊向各地游客发出“向商业伸出双手”的邀请。早在 2007 年，希腊就已成功举办了 155 000 多场会议，市场收入超过 45 亿欧元。据 2009 年资料显示，希腊在全球会议目的地排名中位居前 25 名；业界专家预测，在未来几年内，希腊将有望进入前 15 名。希腊会奖旅游巨大的市场及潜力由此可见一斑。

第四，加强基础设施建设，完善旅游配套条件。

一是在整体规模上，随着经济的发展，希腊的现代化综合运输体系和通讯网络得到很大完善，硬件设施和软件服务达到了世界较先进的水平。二是重视基础设施细节方面的完善。即使是旅游景点的厕所也都非常干净整洁，各旅游城市都设有为游客服务的旅游咨询中心，成为当地旅游服务的窗口。三是在交通运输基础设施建设上尽可能为旅游发展提供方便，各种交通工具间的衔接都具有良好的协作运行机制。四是着力开发海岛旅游。希腊政府重点打造的三个旅游中心，其中两个就在海岛上。除了雅典为第二大旅游中心外，罗得岛为第一大旅游中心，也是整个地中海地区旅游最发达的岛屿之一，它拥有全国 1/5 的旅游床位，可提供夜生活、赌场、水上运动和夜间观光等多种旅游活动，岛上还建有国际机场。克里特岛为希腊第三大旅游中心，拥有全国 17% 的旅游床位数。

③ 典型案例：群岛旅游

希腊的岛群散布在东、南、西三个区域的海面上，可以分为五组，即伊奥尼亚群岛、基克拉泽斯群岛、北斯波拉泽斯群岛、南斯波拉泽斯群岛和克里特岛，这些岛屿所拥有的旅游接待量（床位数量）约占全国的60%。目前，希腊的岛屿旅游主要有两种类型：一类是团队包价旅游服务，如科孚、克里特和罗得岛；另一类是散客自助旅游服务，它主要服务来往于各岛之间的散客旅游者；而不同国家的游客往往对不同岛屿产生特殊偏爱，如英国人喜欢集中在科孚岛，德国人则聚集于克里特岛北部，斯堪的纳维亚人主要集中在罗得岛。

□ **伊奥尼亚群岛**

这组岛屿位于希腊西侧的伊奥尼亚海域，自北向南包括科孚、莱夫卡斯、凯法利尼亚、伊萨基、扎金索斯等岛。科孚岛是该群岛中旅游开发程度最高的一个，岛上植被繁茂，周围有许多美丽的沙滩。科孚城保留有中世纪的遗迹，威尼斯人于16—17世纪占据该岛，在1553—1558年间为城市设防。科孚岛上设有国际机场，该岛主要客源市场为英国，所有来希腊的英国旅游者中有1/4以上在此逗留，并以包价旅游为主。伊奥尼亚群岛其他岛屿的旅游开发程度都不高，但旅游资源都很丰富，森林茂密，有许多中世纪非古希腊的建筑物。各岛的住宿地中，野营地和出租房舍占大多数。

□ **基克拉泽斯群岛**

该群岛散布于雅典东南爱琴海海域中，这些岛屿荒凉、裸露、多石，有的具有火山活动遗迹，如锡拉岛即是个死火山口；有的分布着温泉，如基斯诺斯岛；许多岛上都有教堂、茅舍和风车，一些岛上有中世纪时期威尼斯人建筑的城堡，如帕罗斯和安迪帕罗斯岛。基克拉泽斯群岛的历史遗迹甚多，群岛及其海滩都十分幽静，均未遭受过现代文明的破坏。蒂诺斯岛是古希腊时代的圣岛，相传是太阳神阿波罗的诞生地，这里有若干神庙和代表性遗址。帕罗斯有公元15世纪最壮观的拜占庭教堂；纳克索斯的许多小教堂中仍保留有拜占庭时期的绘画。

基克拉泽斯群岛的旅游规模并不大，接待量和住宿床位数占全国的比例都较小。住宿地以野营地和出租房舍为主，旅馆床位较少。米科诺斯是该群岛的最大旅游中心；米洛斯、帕罗斯、桑托林可通航飞机，各岛与雅典之间都可以乘船往来。

□ **北斯波拉泽斯群岛**

该群岛包括希腊以东的岛屿及靠近土耳其海岸的东爱琴海中段的一些希腊岛屿。与基克拉泽斯群岛相比，北斯波拉泽斯群岛土地肥沃，植被覆盖较好。岛屿的海岸由石质岬角、海湾和沙滩交互组成，多数岛屿很容易乘船到达。岛屿上松林和橄榄林繁茂，还有许多优良的沙滩和一些石质海滩；在莱斯沃斯和希俄斯岛，有许多9—15世纪的城堡；各种俱乐部、夜总会、舞厅和酒店都是群岛上活跃夜生活的体现，住宿地中大旅馆很少，以小客店、出租房舍和野营地为主，虽然目前到该群岛旅游的人数不多，但该群岛却愈来愈受到旅游者喜爱。

□ **南斯波拉泽斯群岛**

该组群岛位于爱琴海东南部，靠近土耳其西南海岸，共有12个岛屿。各个岛屿的旅游吸引力显著不同，以罗得岛的旅游最繁忙，其次为科斯岛，其他岛屿都因为太小，旅游业不甚发达。

罗得岛是希腊最大的旅游中心，其住宿床位占全国的10%；即使在20世纪80年代经济不景气时期，旅游床位也在日300万以上。岛上有国际机场，很适合于包价旅游市场。该岛风景虽然平淡，但其海滩和气候（适宜冬、夏旅游）资源却是吸引游客的主要因素。岛上1月份的平均气温为16℃，7月份才到29℃。作为整个地中海地区旅游业最发达的岛屿之一，罗得岛可提供丰富的夜生活、赌场、水上运动、夜间观光等多种活动。罗得岛上的太阳神巨像是世界古代文明的七大奇迹之一。罗得岛最受德国人厚爱，到希腊的德国人有1/5去那里，奥地利和瑞士人的比例也与德国人相近；另外，该岛也受瑞典人、挪威人、丹麦人的青睐，但在英国市场上却较为冷落。

□ **克里特岛**

该岛是希腊的第三个旅游中心，旅游接待规模仅次于罗得岛和雅典。在希腊诸岛屿中，克里特岛位于最南边，在爱琴海的南端，因此不管冬季还是夏季，它都是最暖热的一个岛。岛上有海拔达2 000米以上的山地，还有深谷以及由断崖、石质岬角及沙滩构成的海岸，风景优美多样。除气候、风景和海岸之外，历史遗迹也是该岛的重要旅游资源。在距今2600—1100年间，克里特岛是米诺斯文化的中心，留下许多宫殿和陵墓遗迹；古罗马人和拜占庭人（公元395—823年）也在岛上留下许多建筑物；这里的古老聚落遗址上层还叠加有中世纪威尼斯人占领时期的城堡。旅游基础设施主要集中于岛的北岸，伊拉克利翁是最大的度假娱乐中心，这里的夜生活丰富多姿。伊拉克利翁附近还有国际机场，能吸引包价旅游市场。克里特岛拥有希腊旅游住宿地床位的11%左右，主要是旅馆而不是野营地和出租房舍。克里特岛占希腊旅游床位日的17%，该岛也特别受德国和荷兰旅游客源市场的追捧。

3.1.3.5 马耳他旅游业及其发展经验

马耳他共和国（Republic of Malta）是一个独立的国家，位于西西里岛南部的地中海中部，素有“地中海心脏”之美誉。国土总面积为316平方千米，海岸线长137千米，全境由3个岛屿组成：马耳他岛、戈佐岛和凯穆纳岛，其中马耳他岛最大，其旅游接待能力占全国的96%，戈佐和科米诺相对较小，旅游接待能力分别占全国的3.5%和0.5%。马耳他共和国拥有极其丰富的旅游资源，从绵延不绝的阳光沙滩到有着5 000年历史的神秘地下陵墓，都能让游客怀古探幽、放纵激情，如果真要用“麻雀虽小而五脏俱全”来形容一个国家，那么马耳他肯定当之无愧了。

马耳他旅游业起步较低。二次世界大战后，马耳他进行了经济重组，制造业、水产业以及服务业等内部结构发生了相应变化；20世纪60年代前期，马耳他获得了独立，现代旅游业也借助航空旅游、包价旅游的发展和生活水平的提高逐步发展起来，到访马耳他的外国游客人数由1965年的4.8万人增加到2007年的124.35万人，在1980年更是达到顶峰。当年旅游业的净收入11 190万马镑，但在随后的1984年又降到6 310万马镑，从1985年开始又呈回升趋势并持续到现在。如今的马耳他，旅游业已成为重要的支柱产业，在国民经济中占有举足轻重的地位，不仅为马耳他赚取了大量外汇、解决了许多居民的就业问题，同时还为与欧盟及其他国家的文化交流做出重要贡献。

马耳他发展旅游业有着天时、地利条件，其成功经验颇值得我们借鉴。

第一，海岛开发，规划先行。

马耳他在海岛开发过程中特别重视海岛规划，规划具体且全面。政府总体明确旅游业的发展目标，针对马耳他地理面积小、自然资源有限的特点，规划之前首先做出一份详细的环境分析报告，指出哪些是保护地区、哪些是环境敏感地区等等，然后对岛内的旅游景点进行详细调查和分类，划分出五个区域：包括历史城区和考古遗址的主要历史遗迹区、展现传统农耕生产和生活方式的传统乡村聚集区、旅游者十分感兴趣的历史景点（塔、城堡、宫殿）以及主要海岛观景区。马耳他海岛面积一般较小，且多山，岛屿旅游的一个特点是可以多角度观光。用于旅游的海滩也是专门划定和命名的，分为岩石型和沙滩型。另外，还对沿海港湾旅游资源进行了鉴定和评估，对交通设施进行测量和评价，将所有的旅游住宿设施列出详细清单等等；马耳他旅游规划的另一项重要内容就是进行营销规划和相关产品规划。全面合理的规划方案，在很大程度上改变了马耳他旅游市场的状况，促进马耳他旅游业持续健康发展。

第二，政府因势利导，充当重要角色。

一是政府在经济上大力支持，有针对性地开拓国外旅游市场。2002 年初，马耳他将旅游产业纳入国家经济发展战略重点，政府每年拨款约2 500万美元用于发展旅游业。加入欧盟以后，旅游部门又制定了专门针对旅游业的“Grant Scheme for Tourism Enterprises”捐助计划，资金总额为107 万马镑，主要用于旅游环境保护、旅游设施改善、市场推广等项目。为了克服旅游业早期显现出的过分依赖英国市场这一突出问题，马耳他政府于 20 世纪 70 年代制定了欧洲客源市场多元化政策，用来稳定和增加旅游业收入。现在，马耳他政府在英国、德国、意大利、法国、荷兰等地设有多处分支机构，在日本、澳大利亚也设立了旅游代表机构，同时与中国的旅游机构也建立了联系。二是注重特定旅游产品的开发，延长旅游季节。旅游淡旺季问题是马耳他旅游业发展早期所遇到的另一个突出问题，每年 11 月至次年5 月该地区就进入了旅游淡季。为了延长旅游季节，马耳他政府大力引导，并进行经济和政策扶持。2008 年，马耳他政府向马耳他旅游局拨款2 450 万欧元，其中1 165 万欧元用于旅游产品开发，针对淡季不断推出特色旅游项目。如2 月份的瓦莱塔狂欢节、3 月份的地中海饮食文化节、5 月份的马耳他烟花表演等民俗文化活动，都很好的彰显了马耳他的文化特色。在旅游产品种类上，除了传统的休闲度假游外，马耳他政府还根据其自然条件和社会优势，开发出潜水、语言学习和疗养旅游等特色产品；另外，承办国际会议、邮轮停泊等针对特定人群的旅游方式也不断促进着马耳他旅游业的发展。

第三，对外宣传推广，扩大知名度。

随着世界范围旅游市场竞争的越来越激烈，加大宣传力度成为马耳他发展旅游业一个必不可少的重要环节。马耳他利用广告、网络、国际旅游博览会、电视采访等宣传手段，推进旅游促销，有效地推动了旅游业的发展。例如，马耳他政府接待外国记者和多家电视台的采访，通过这些采访，给马耳他做了大量免费宣传；马耳他还利用媒体广告、车身广告、列车广告以弥补电视广告的不足；马耳他组织参加了伦敦、柏林、米兰等地的国际旅游博览会，为参展商提供优惠费率和良好的参展条件。

第四，高水平的基础设施和服务，拉动旅游档次的提升。

为了提高马耳他的旅游档次，马耳他政府多年来着重在加强旅游设施、提高服务质量上下工夫。在交通设施方面，马耳他的航空业已非常发达，据统计，有95%的游客选择乘坐飞机来马耳他。因为马耳他与欧洲大陆的主要城市及欧洲二线城市有固定的航班，而从马耳他搭乘飞机到达欧洲大多数主要城市仅需2~3个小时，廉价航空的业务早已扩展至马耳他。2007年马耳他国际机场客流量达297万人次，比2006年增长10.36%，其中廉价航空公司客流增加最快。马耳他的酒店、旅行社、出租车、酒吧、娱乐设施等旅游配套设施也非常完备，管理也较规范。尽管马耳他资源匮乏，但在供水、供电等这些关键生活要素的提供上能够做到稳定和高效，其基础设施的承受力水平极高，每年来马耳他的游客达到100万以上，是其人口的2.5倍。此外，通过创建旅游研究委员会和提供专业人员的培训等方式也使宾馆整体服务水平逐年提高。

第五，高度重视生态环境，大力开展生态游。

马耳他在进行旅游开发规划建设之初，就非常重视海岛生态环境的保护，不仅把生态保护作为海岛旅游开发的第一自觉理念，而且还制定了严格的生态环境保护条例。近年来，长期坚持向大众介绍环境法规以及采纳土地使用计划方案，促进了马耳他旅游业持续健康的发展。对一些未开发的沿海地区，通过减少主要城市居民区周围的杂草等措施来增加土地的利用面积，使马耳他的土地承载建筑物的比例由1957年的5%上升到1985年的16%。同时，马耳他在一些环境脆弱的地区开展生态旅游，有效地加强了环境的保护，保证了当地旅游业的持续发展。

综合地中海地区海岛旅游业开发经验，除以上论及的内容外，还有其他一些经验值得借鉴，如具有先进的旅游理念，将旅游休闲度假视为生活必需品；旅游要素齐全，内容丰富多彩，满足不同群体需求；交通等基础设施完善，可进入性强；岛屿旅游特色鲜明，高低档次不同，文化内涵深厚；发展会展旅游，处理好旅游淡旺季问题；重视环境保护，坚持可持续发展，等等。地中海地区发达的海岛旅游业给予我们深刻的启示，我们的政府应加强对旅游业的重视，要有科学发展的理念和机制，要加强旅游产品的创新与深度开发，要注重开拓国内外市场，注重区域性的联动开发，注重资源与环境的保护，促进旅游的可持续发展；要重视海岛文化旅游的开发，开展多样化特色旅游，实施多元化精品旅游，以更好地消除旅游淡旺季。

3.2 加勒比旅游区

3.2.1 加勒比旅游区简介

加勒比地区是指加勒比海（Caribbean Sea）及沿岸的国家和地区。加勒比海是大西洋西部、南北美洲之间的一个海，它位于北美洲南面大、小安的列斯群岛和南美大陆之间，是二大洋和南、北美洲之间许多国际海上航线的必经之地，有“美洲地中海”之称。加勒比海沿岸有30多个国家和地区，陆地总面积有474万多平方千米，人口约2亿多，大多数国家为农业国，多为大种植园经营。它的北部和东部边缘是一连串从墨西哥湾一直延伸到委内瑞拉的岛屿（西印度群岛），包括北部的古巴、海地、多米尼加、牙买加、波多黎各和东部的小安的列斯群岛；其南部是南美洲北部的几个国家，包括委内瑞拉、哥伦比亚和巴拿马；其西部是中美洲的大西洋沿岸国家，包括哥斯达黎加、尼加拉瓜、洪都拉斯、危地马拉、伯利兹及墨西哥的尤卡坦半岛。

加勒比大部分地区位于热带，是世界上最大的珊瑚礁集中地之一。西印度群岛是世界第二大群岛，岛屿数量仅次于亚洲的马来群岛；古巴岛是其中最大的岛屿，其次有海地、波多黎各等大陆岛，其余多数属珊瑚岛。加勒比地区风景秀丽，充满热带风情，独特的资源条件造就了其旅游类

图 3－3　加勒比海国家及地区

型，主要包括生态旅游、疗养旅游和邮轮旅游。众多的岛屿分布使加勒比地区在小范围内就可以拥有景观多样性，游客可以体验原始珊瑚礁，观赏热带鱼，可以品尝鲜嫩多汁的木瓜和芒果，人们可以在蓝色的天空下打着高尔夫，或者扬帆湛蓝的海水之中，或者携手走在日落下的沙滩上。

几乎所有的加勒比国家政府都会张开双臂欢迎游客，因为旅游业对所有加勒比国家的经济都有着巨大的贡献，被称为“增长的引擎”。甚至像安提瓜和巴布达，巴哈马群岛和维尔京群岛这样的岛国，旅游业对本地经济更是起到至关重要的作用。旅游业也惠及农民、渔民和商人，因为他们必须增加产量，以提供更多的鱼、肉、禽、蛋、蔬菜和水果，来满足大批到访游客的需求。

3.2.2　典型旅游国家介绍

3.2.2.1　伯利兹

伯利兹（Belize）位于中美洲东北部，是中美洲唯一以英文为官方语言的国家。它东临洪都拉斯湾，与洪都拉斯共和国隔湾相望，西北部与墨西哥接壤，西部和南部与危地马拉接壤，面积 22 963 平方千米。伯利兹的原始居民曾创造过灿烂的玛雅古文明，16 世纪初伯利兹沦为西班牙殖民地。1638年苏格兰海盗P. 华莱士等人在此建立据点，此后英国和西班牙对这一地区进行了长期的争夺，直到第二次世界大战后，伯利兹人民要求独立的呼声日益高涨，1964年英国才被迫同意伯利兹实行“内部自治”。

伯利兹拥有世界第二大堡礁、号称世界十大地质奇迹之一和最大水下洞穴的蓝洞以及玛雅遗迹；另外伯利兹还有八大野生动物保护区，其中美洲虎和红脚鲣鸟保护区也为世上仅有。生态旅游以及玛雅文明废墟都吸引着游客，潜水、皮划艇、远足、观鸟、直升机游览等形式都适合伯利兹，旅游业已占到整个国家国内生产总值的18%，目前，农业旅游也正得到开发。

3.2.2.2　古巴

古巴（The Republic of Cuba）形似加勒比海北部的一只蜥蜴，它在佛罗里达州以南、尤卡坦半岛以东、牙买加和开曼群岛以北、海地和特克斯与凯科斯群岛以西，全境大部分地区属热带雨林气候，仅西南部沿岸背风坡为热带草原气候。怡人的气候、高质量的纯净海滩、风景秀丽的海滨和原生态的内陆、殖民时期的建筑和独特的文化历史，雪茄、切格瓦拉、海明威、朗姆酒，这颗被誉为加勒比海明珠的国家长期以来对游客有着强烈的吸引力。古巴旅游业每年吸引超过200万人，是国民收入的主要来源之一，20世纪90年代末，古巴旅游业已超过传统出口行业——糖，成为全国首要的收入来源。古巴政府正着手一个重大的融资计划，重建古老的酒店以恢复其昔日的辉煌，建设海滩度假胜地来吸引游客。

古巴为社会主义国家，古巴共产党是该国唯一合法政党。为了确保国际旅游者与古巴社会隔离，古巴旅游主要实行“飞地旅游”模式，也即建设“飞地”度假村，尽最大可能将游客与古巴社会隔离，这其实也是一种“旅游种族隔离”。古巴旅游者主要来自加拿大、西欧，旅游区高度集中在巴拉德罗、椰子岛、北部的奥尔金和哈瓦那地区。

□ 健康旅游

这是古巴旅游的一个特色。古巴因其完善的医疗体系而吸引大量医疗游客，并带来每年4亿美元的经济收入。2005年，超过19 600名外国病人前往古巴接受了治疗，其中以眼部手术、神经系统疾病、多发性硬化症、帕金森病和骨科为最。

□ **大家庭的住宅**

在古巴，私人住宅改装而成的旅店，为游客提供短期的住宿服务，通常被称为“Casas particulares”，表示“私人住宅的床和早餐”，这种典型大家庭的住宅是现在前往古巴游客的一个非常流行的选择。价格大概是每晚15～30欧元，如果长期停留还可以享受折扣。Casas particulares 除了为游客提供廉价住宿外，还让他们有更多机会接触当地居民，参与到古巴的文化生活中去。

3.2.2.3　哥斯达黎加

哥斯达黎加共和国（Republic of Costa Rica）位于中美洲，地处北回归线与赤道之间，东边是风光旖旎的加勒比海，西边则是波澜壮阔的太平洋，面积5.1万平方千米，人口270万。旅游业是哥斯达黎加经济增长最快的产业之一，2010年旅游业贡献了5.5%的国内生产总值，吸引了17%的外商直接投资，创造了13.3%的就业率，并且减少了3%的贫困人口。

图3－4　哥斯达黎加区位图

哥斯达黎加在20世纪80年代末成为著名的旅游目的地，它的主要竞争优势在于其完善的国家公园和保护区系统，其国家公园和保护区占整个国家陆地面积的23.4%，为全世界之最，有“中美洲花园”之称，美国导演斯蒂文·斯皮尔伯格的巨制《侏罗纪公园》和其续集《失落的世界》的故事场景就选在这个绿色的热带国度。虽然哥斯达黎加的陆地面积只占到全球的0.03%，但其丰富的动植物群落却占到了全球物种的5%。哥斯达黎加在太平洋和加勒比海沿岸都拥有优质的沙滩，游客还可以游览几个短期内比较安全的活火山。

□ **生态旅游**

哥斯达黎加是生态旅游的先驱，也是得到国际认可的真正的生态旅游目的地之一。20世纪90年代初，哥斯达黎加成为生态旅游的典范，据该国的旅游发展局统计，有46%的国际游客来到哥斯达黎加进行生态旅游，主要包括徒步旅行、观赏动植物和鸟类以及参观农村社区等活动，还有一大部分游客进行旅游探险。近年来，哥斯达黎加的几个顶级旅游供应商所承诺的"积极星球"旅游计划得到了广泛的国际认可，其中包括自然空气项目和拉帕里奥斯生态旅馆项目。

□ **Bandera Azul 项目**

该项目旨在帮助当地社区遏制大规模旅游活动所带来的环境恶化等负面影响。方案通过评估包括海滩、海水、饮用水质量以及废物安全管理和环境教育质量等在内的沿海地区的环境质量，再根据对标准的遵守程度授予一定数量的蓝旗海滩。经过2007年第一次评估后，有10个海滩被授予目的地称号，这意味着这些目的地将会吸引大量的潜在旅游者。2008年，在2007年的基础上，又有59个海滩被授予目的地称号，而原来的10个中有8个失去了蓝旗。2009年，在81个申请海滩中，只有61个海滩赢得目的地称号，而且只有两个获得了最高的5星。

□ **志愿认证计划**

哥斯达黎加旅游发展局是一个负责旅游业发展的公共机构，他们组织开展了可持续旅游志愿认证计划，旨在宣传"真实的可持续旅游发展概念"以及"提高自然和社会资源的利用，激励当地社区的积极参与，支持业务部门的竞争力"。该计划率先在住宿业展开，其后覆盖了旅游业的各个部门。2007年，有108个参与者被认证。2009年，3 000家旅游酒店经营者中只有105家得到了可持续旅游的认证。

□ **伦理旅行者目的地**

哥斯达黎加被列入2010—2011"发展中世界的10个最佳伦理旅游目的地"名单，这是一个基于世界各地的发展中国家在环境保护、社会福利、人权等方面测试基础上而产生的最佳旅游目的地年度排名。

理论旅行者和哥斯达黎加政府共同努力，开展了旨在提高公众道德意识、解决贩卖人口等问题的运动，未来还将建立专门的办公室以及培训官员。

□ **医疗旅游**

哥斯达黎加有20个医疗中心，许多都是得到国际三级医院认可的私人医院，能提供与美国相媲美的高质量的牙科和整容手术服务，却比美国节省30%到50%的医疗费用，因此吸引了大量没有覆盖到医疗保险的美国公民。加上该国优美的自然风光，还可以为游客提供与医疗旅游相配套的保健旅游，许多病人与家人一起来到哥斯达黎加，在观光的同时进行医疗休养。

3.2.2.4 多米尼克

多米尼克（The Commonwealth of Dominica）位于东加勒比海小安的列斯群岛东北部，东临大西洋，西濒加勒比海，是一个国土面积仅有751平方千米的岛国。旅游业是多米尼克国的支柱产业，旅游收入超过国内生产总值的一半。

多米尼克的旅游业主要建立在热带雨林远徙和邮轮漫游基础之上，与加勒比其他岛屿相比，其旅游业还处于初始发展阶段。崎岖的地形、有限的白沙滩以及欠发达的基础设施是限制旅游规模的主要因素。近年来，多米尼克以“加勒比自然岛”形象成功地推销自己，吸引了那些对野生动物和美丽风光感兴趣的生态旅游者。政府也清楚地认识到，密集的旅游活动与保护岛上的生态系统是相互矛盾的。早在1997年，政府就与绿色地球——一个世界旅游旅行理事会（WTTC）的环境部门签署了一份“三年计划”协议，旨在把多米尼克发展成为生态旅游目的地的典范。该“计划”提供了生态管理方面的专家建议，同时通过专门旅行公司推销多米尼克，成为《加勒比海盗》名人邮轮、嘉年华邮轮、公主邮轮和大洋洲邮轮的调用港口。同时，政府鼓励在旅游容量承受范围之内的稳步增长，包括兴建酒店和游艇码头设施。譬如在Portsmouth附近的Prince Rupert Bay新兴的游艇码头就给该地区之前萧条的经济带来爆炸性的增长，创造大量与旅游业相关的就业机会。

3.2.2.5 尼加拉瓜

尼加拉瓜共和国（The Republic of Nicaragua）北接洪都拉斯，南连哥斯达黎加，东临加勒比海，西濒太平洋，领土面积 13.04 万平方千米，境内的尼加拉瓜湖面积 8 029 平方千米，为中美洲最大的湖泊，已与马萨亚火山并驾齐名，成为尼加拉瓜著名的两大景观。尼加拉瓜旅游业近年来大幅增长，已成为全国第二大产业。

□ **以农村和社区为基础的旅游业**

CECOCAFEN 是尼加拉瓜北部的咖啡合作社组织，管理着农村和社区为基础的旅游项目，并得到路德世界救济会的支持。CECOCAFEN 成立于 1997 年，当 2003 年国际咖啡价格大幅下跌之时，旅游使得农民找到了可替代的市场，在咖啡收获的同时也能有新的机遇和多样化的收入。CECOCAFEN 为游客提供了参观咖啡农场的机会，了解咖啡的制作工艺，甚至停留在一个咖啡农场过夜，并提供探索社区的指南。

□ **生态旅游**

尼加拉瓜有 78 个自然保护区，超过国土面积的 20%，物种多样性占全球 7%，超过哥斯达黎加。尼加拉瓜生态旅游的目标是使生态成为一种社会意识，它着重于当地文化、原野和冒险。尼加拉瓜有三个生态旅游区，分布在太平洋沿岸、中部山地和大西洋沿岸，其中包含了火山、热带雨林和农业用地等。

3.2.3 浙江与加勒比海地区旅游资源要素优劣势对比

3.2.3.1 “三 S”要素之一的海水品质差异巨大

加勒比海地区拥有优良的海水品质，而浙江近海海域水质状况不容乐观。在海水品质方面，含沙量极高，海水混浊，清澈度低。在海水污染方面，2009 年监测结果表明，全省近岸海域水质污染状况总体趋重，局部区域水质有所好转；清洁、较清洁、轻度污染、中度污染和严重污染海域面积分别为 1 580 平方千米、5 130 平方千米、6 420 平方千米、5 800 平方千米和 11 970 平方千米，与上年相比，严重污染海域、中度污染海域和轻度污染海域面积均有不同程度增加，严重污染和中度污染海域面积占全省近岸海域面积的 57%，较清洁海域面积大幅度缩减。

3.2.3.2 海底风光差距较大

加勒比海地区孕育着丰富的珊瑚礁，而受纬度和洋流的影响，浙江

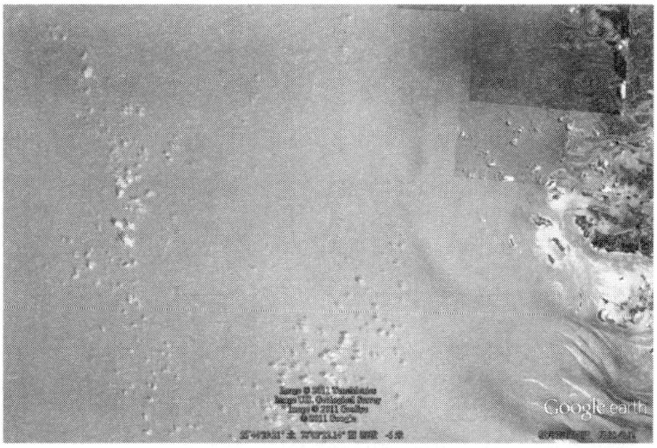

巴哈马群岛海域卫星图片

舟山群岛海域卫星图片

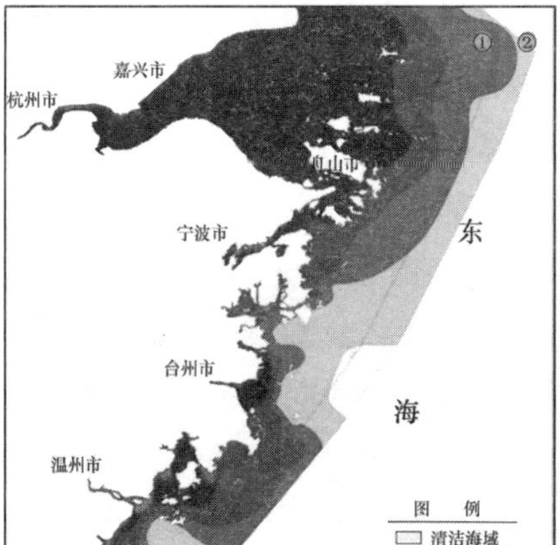

2009 年浙江省近岸海域水质状况分布示意图

图 3 -5　巴哈马群岛与舟山群岛海域水质比较

海域没有大规模珊瑚礁分布。珊瑚礁是石珊瑚目的动物形成的一种结构，这个结构可以大到影响其周围环境的物理和生态条件。珊瑚礁为许多动植物提供了生活环境，其中包括蠕虫、软体动物、海绵、棘皮动物和甲壳动物。所以浙江海域的海底风光以及生物多样性与加勒比地区差距较大。

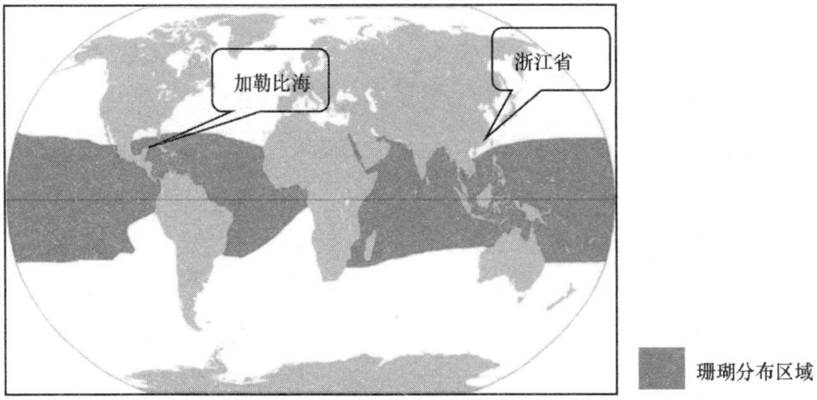

图 3－6　全球珊瑚礁分布示意图

3. 2. 3. 3　客源市场环境相去甚远

加勒比地区拥有庞大的欧美高端客源市场，而浙江省的海洋旅游知名度低，入境市场主要集中在杭州等陆上景区，海洋旅游的吸引力还到达不了国际市场。2010 年浙江省接待入境游客 684. 7 万人次，其中外国人 447. 4 万人次，而具有高消费能力的欧美游客只有 111. 3 万人次，只占到入境游客总数的 16. 25%。反观加勒比地区，同期接待的入境游客高达 2 092. 3 万人次，其中欧美游客占到 71%，达到 1 485. 5 万人次。2010 年浙江省旅游创汇 39. 3 亿美元，同期加勒比地区旅游创汇高达 262 亿美元（表 3－1）。值得注意的是，大部分国外游客在浙江的旅游活动主要集中在名胜古迹的观光游览，参与海洋旅游项目的少之又少。而加勒比地区却拥有广泛的高端邮轮游艇市场。

表 3－1 2010 年浙江省与加勒比地区入境游客对比

	欧美游客人数（万人）	旅游创汇（亿美元）
浙江省	111.3	39.3
加勒比地区	1 485.5	262

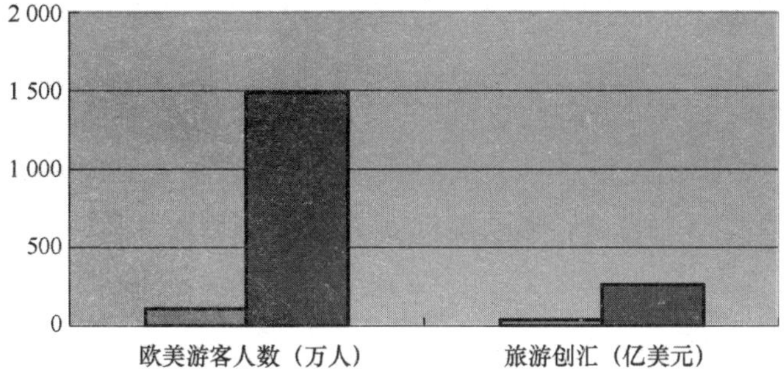

3.2.4 浙江省开发海洋旅游建议

3.2.4.1 挖掘国内市场潜力，提升海洋旅游水平

2010 年浙江省接待国内旅游者 2.95 亿人次，位居全国第四。国内旅游收入 3 045.5 亿元，位居全国第二。随着人民生活水平的不断提高，人民的旅游欲望日趋强烈，浙江海洋旅游必将对广大潜在的国内旅游者产生巨大的吸引。因此要加强面向全国各地，特别是内陆地区的海洋旅游推介活动，以全新的、极具海洋特色的风貌，把具有潜在海洋旅游动机的游客吸引到浙江来。

3.2.4.2 充分利用好政策优势，推行海洋旅游改革创新

国务院批复了浙江省海洋经济示范区规划，其中就要求大力发展以旅游业为代表的海洋服务业，浙江省应该积极谋求建立海洋旅游综合试验区，争取更多的政策支持，大力推行旅游业的改革创新，先试先行，开创我国旅游业特别是海洋旅游业的新天地。

3.2.4.3 整合现有高规格旅游资源，建立国家公园体系

从加勒比地区的经验中我们可以看出，基于国家公园的生态旅游对游客有着强烈的吸引力，而我国尚未建立完善的国家公园体系。浙江省拥有

国家级旅游度假区 1 处，国家级风景名胜区 18 处，国家级森林公园 37 处，国家级自然保护区 9 处，完全可以在海洋旅游综合试验区政策的支持下，整合类型相同、地域相近的国家级旅游区，试点建立国家公园，由单一部门统一进行经营管理。

3.2.4.4 大力推进海洋旅游业的国际化水平

要建设国际性旅游试验区，就要求旅游业的高度对外开放，包括扩大航权、入境免签证、零关税、区域开放和行业、市场开放等。“免签证”是旅游业国际公认的高度开放的重要标志，它是以国际游客为主要对象，但免签是有范围和条件的，对不同国家免签政策有所不同。国际性旅游综合实验区对外开放的范围和整体水平均比一般国际旅游城市要大和高，要求相关的服务业也实行相应的开放，使之与旅游业的发展相协调，因此，应进一步简化出入境手续，扩大免签范围，可以在一定条件下允许外商投资入股旅行社，扩大旅游相关产业如酒店、餐饮业的开放，引进外资，加快旅游的国际化。

3.2.4.5 吸引巨资，兴建邮轮、游艇码头等基础设施

加勒比地区高额的旅游外汇收入，很大程度上是得益于邮轮游艇等高端旅游活动。加勒比地区的各国政府通过贷款等方式筹集大量资金，大规模修建邮轮游艇码头设施，吸引国际知名邮轮和游艇组织停靠，从而带动当地经济发展。浙江省海岸线长，岛屿众多，完全可以建立专门功能的游艇岛、邮轮岛，这对今后当地经济的带动作用是毋庸置疑的。

3.2.4.6 加强极具特色资源的保护性开发

由于地理位置的差异，浙江省虽然不具备加勒比地区那样“3S”条件，但它也拥有许多特色海洋旅游资源。比如红树林、泥滩、砾滩、礁石等等，这些极具特色的海洋旅游资源对国内外游客都具有相当大的吸引力，可以进行海钓、滨海体育休闲等活动，当然，这样的旅游资源，特别是红树林，属于生态意义重大的极其珍贵的资源，需要进行保护性开发，将旅游活动的强度控制在该资源的旅游承载力之内，绝不能因为旅游开发而付出沉重的环境代价。

3.3 东南亚海洋旅游区

3.3.1 东南亚海洋旅游区简介

东南亚地区总面积447万平方千米，共有越南、老挝、柬埔寨、缅甸、泰国、马来西亚、新加坡、印度尼西亚、菲律宾、文莱和东帝汶11个国家，其中越南、老挝、柬埔寨、缅甸、泰国均位于中南半岛上，属于“半岛国家”；菲律宾、马来西亚、新加坡、文莱、印尼、东帝汶6个国家位于马来群岛，称“海岛国家”。东南亚地区的总人口约5.3亿，大部分为黄种人，其中华人约3 000万人，是世界华人最集中、人数最多的地区之一。新加坡的华人比例高达70%以上，其次是马来西亚，约占30%。东南亚人口分布不均，主要集中于沿海平原、大河两岸平原、河口三角洲地区和岛屿，雨林地带则人口稀少。

东南亚地区海洋旅游开发虽晚但发展迅速，目前，旅游业已成为该地区的主要新兴产业，在世界旅游业中也占据重要地位，优越的地理区位和市场优势、丰富的海洋旅游资源都是其成为新兴海洋旅游目的地的主要原因。

3.3.1.1 别具一格的群岛自然生态

① 众多的岛屿

东南亚有众多岛屿，为世界之最，就连弹丸之地新加坡都有50多个岛屿；其中印度尼西亚有1.3万个岛屿，菲律宾有7000多个岛屿，两个国家都有“千岛之国”的美称。许多岛屿风景如画，生态环境绝佳，名胜古迹众多，民俗风情浓厚，传统文化独特，风光与民俗风情交融，使这些地方成为游览和度假胜地。巴厘岛早就成为印度尼西亚最负盛名的旅游地，来的外国游客有1/4是到巴厘岛旅游的；普吉岛是泰国的最主要旅游胜地。

② 曲折蜿蜒的海岸线和优质的海滩

东南亚国家中除了老挝为内陆国家外，其余的国家都有漫长的海洋线，许多滨海地区都拥有优质的沙滩资源和湛蓝的海洋，又地处热带，阳光充沛，清澈的海水、碧蓝的天空、松软的沙滩、茂密的雨林使这里成为海洋旅游的理想目的地。如泰国的芭堤雅海滩，马来西亚的波德申海滩，菲律宾的马尼拉海滩、宿务海滨，缅甸的仰光海滨等，如今都成为著名的海滨游览地。

③ 丰富的动植物资源

由于受海洋性气候影响，东南亚地区植物资源十分丰富。印度尼西亚、马来西亚、缅甸、老挝的森林覆盖率都超过50%，马来群岛的许多岛屿上，生长着茂密的热带原始森林。马来西亚彭亨州的塔曼·尼瓜拉森林是亚洲最大、历史最悠久的自然保护区；享誉全球、四季盛开的热带兰花是东南亚的代表花卉；这里还有许多珍禽异兽，如大象、老虎、犀牛、鳄鱼、孔雀等。在泰国、缅甸等国，大象被看成最珍贵、最神圣的动物，而且大象与民俗紧密结合在一起，更增添了旅游者的兴趣。

④ 奇特的火山地貌景观

马来群岛除加里曼丹等小部分地区属于印度－马来地块外，其余群岛均为新地壳运动形成的高峻地貌。群岛地形崎岖，山岭纵横峻峭，是火山最集中的地区。据统计，印度尼西亚共有火山829座，在世界600多座火山中，印度尼西亚就有120余座，占世界活火山总数的1/6，因此，也被称为“火山之国”。菲律宾塔尔火山的火山口已形成湖泊，湖中有岛，岛上还有小火山口，这种湖中有山、山中有湖的景色使人流连忘返；菲律宾最大的马荣火山，其圆锥形的山体耸立在椰林和稻田中间，绮丽壮观，有着“世界最完美火山锥”之美誉。火山的爆发给当地的人民带来了灾难，但火山堆积物也形成了大量的自然奇观，为发展旅游业提供了宝贵的资源，吸引着科学工作者前来考察研究，也吸引了大量游客前来观光揽胜、探奇寻异，探索大自然的奥妙。火山地貌的集聚与东南亚地区的地质构造相关，这是由于该地区正处于亚欧板块、太平洋板块和印度洋板块的交汇处，是地壳活动最活跃的地方，特别是位于台地两侧的岛弧，造山运动一直持续着，故常有火山活动。

⑤ 得天独厚的热带风光

东南亚地跨赤道两端，属热带地区，全年平均气温在24～28℃，降水充沛，年降水量在2 000毫米以上，这种气候条件形成了种类极为丰富的热带雨林景观。这里既有壮丽秀美的山川景色，又有绮丽迷人的奇花名树、世所罕见的珍禽异兽，对于高纬度游客来说是极大的吸引。新加坡西郊的裕廊飞禽公园是世界上最大的飞禽公园、马来西亚素有“热带旅游乐园”之称、缅甸为“绿色翡翠”、印度尼西亚的茂物植物园是世界上最大的热带植物园。

3.3.1.2 遍布各地的遗产圣迹

①众多的古文明遗迹

作为人类文明的发祥地之一，东南亚地区具有悠久的历史；而澳、亚大陆交汇聚合地的特殊地理环境又孕育了独具风采的灿烂文化，留下各式各样的帝王宫殿和名城遗迹、辉煌的历史文物古迹。这里有称为古代东方五大奇迹的印度尼西亚的婆罗浮屠和柬埔寨的吴哥窟，有马六甲古城，有印度尼西亚的“爪哇猿人”遗址，有越南的“和平文化”、“东山文化”遗址。

②遍布各地的宗教圣迹

东南亚是信奉多种宗教的地区，宗教对这一地区的影响十分深广而久远，宗教圣迹遍布各地，寺院、庙宇、古塔、石窟、教堂比比皆是。缅甸的仰光大金塔据传已有2 500年的历史，印度尼西亚的婆罗浮屠是世界上最大的古老佛塔。

3.3.1.3 丰富多彩的民俗文化风情

东南亚地区有着长期的多文化的交集，即传承着本土传统文化，又受到伊斯兰文化、佛教文化、天主教文化和儒教文化影响，还浸润着西方现代文化的滋养，因此，东南亚，尤其是东南亚的海岛国家几乎可以称为“民族博物馆”和“文化博物馆”。东南亚共有100多个民族，几乎所有的东南亚国家都属多民族国家，各民族世代相传的习俗和民族特色成为现代旅游活动十分重要的吸引物。泰国就有多姿多彩的民族节日，如宋干节、水灯节、大象节等，还有闻名于世的古典舞和民族舞，别具一格的泰拳，以及赛象、斗鸡、观鱼和“人妖”表演等等，民俗旅游几乎成为东南亚各国吸引旅游者的一个重要部分。

3.3.2 主要代表国旅游概况及经验

3.3.2.1 新加坡

新加坡共和国（Republic of Singapore）位于马来半岛南端，包括新加坡岛和其他54个小岛。新加坡市是新加坡的首都，人口占全国的90%，是一座环境整洁、花卉遍地、绿树成荫的花园城市，也是一个文明礼貌、社会安定、秩序良好的现代化国际都市。

圣淘沙岛是新加坡南部岛屿，是新加坡最大的旅游胜地，旧名“绝后岛”，曾为英国的海军基地。自1972年开始陆续建成各项旅游设施，现已成为新加坡最大的集“吃、住、游、乐”为一体的大型综合性游乐园。全岛主要景点有“五大世界”：“历史世界”、“自然世界”、“阳光世界”、“娱乐世界”和“夜世界”，还建有海事博物馆、西罗素古堡、珊瑚馆、日军投降纪念馆、艺术村艺术中心以及号称“亚洲第二”的海底世界海洋动物馆。岛上有亚洲村、蝴蝶园、兰花园、鱼尾狮公园、摩天观景轮、牛车水、天福宫、音乐喷泉等景点。

除了重视旅游基础设施建设外，新加坡政府还十分重视发挥自由港免税优势，大力发展旅游商品销售，组织“国际购物节”。全国旅游促进局是执行和管理部门，并在海外设立办事处，主要任务是市场调查、宣传促销、提出旅游发展规划等，该组织对新加坡旅游的发展发挥了重大的作用。

3.3.2.2 马来西亚

马来西亚（Malaysia）是东南亚国家中的一个联邦制国家，由马来半岛南部的马来西亚地区和加里曼丹岛北部的沙捞越和巴沙地区3部分组成。马来西亚具有4 000千米的海岸线，开发了许多滨海旅游胜地，如槟榔屿风景区、蓝卡威度假岛等。马来西亚十分注重广告的宣传和对旅游服务人员的教育和培训，近年来特别重视招徕奖励旅游者和会议旅游者，国际会议、展览会逐年增加，几乎每天都有国际性活动。

□ 吉隆坡都市游

吉隆坡位于马来半岛西海岸的正中央，是全国最大的城市和国际旅游城市，也是马来西亚的首都，市内东西方各式建筑和谐并存。这里的气候终年如夏，灼热的赤道阳光、常常不期而至的豪雨与多元文化气息是这座五彩斑斓、活力四射的城市给游人的主要感受，好比一盘“大杂烩”，不同语言、不同肤色、不同服饰的人们和谐地相处，穆斯林拱顶楼群、雕梁画栋的中式建筑以及英殖民时期的欧风建筑星罗棋布，现代化的高楼大厦与历史悠久的马来村、唐人街、印度街并存相依，马来餐、印度餐、中餐、西餐和世界各国的美味佳肴应有尽有，这里既有旧上海的影子，又像极了香港；放慢脚步，悠闲地走着路，看下风景，这座城市给游人的是一

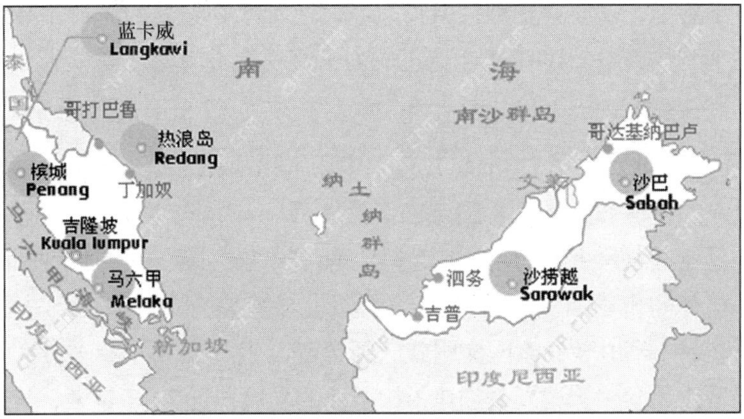

图 3－7　马来西亚旅游区分布图

种慢生活的悠然享受。

□ **槟榔屿风景区**

槟榔屿在马六甲海峡北口的一个岛屿上，以槟榔树多而得名，首府槟城，又称“乔治亚市”或“乔治城”，位于槟榔屿的东北端，是马来西亚最大的国际自由商港和全国第二大城市。岛上植被苍翠，风景美丽，素有“东方花园”之称。槟榔屿充满多姿多彩的宗教和文化特色，博物馆、艺术馆、佛教寺庙和清真寺遍布全岛；槟榔屿拥有74千米的海岸线，特别是北部海岸海滩长达11千米，是绝佳的滨海旅游胜地。位于海峡北岸的马六甲古城足马来西亚最古老的城市，历史遗迹十分丰富，有马六甲博物馆、东奎那教堂、宜力海滨公园和约翰古堡等。

□ **蓝卡威地质公园**

蓝卡威位于马来西亚西北部，由99个大小岛屿组成，它不仅仅是海岛，更是马来西亚的一处度假胜地。马来西亚著名海岛不少，如热浪岛、沙巴岛等等，但蓝卡威却因拥有亚洲首个地质公园而扬名。蓝卡威地质公园是指马来西亚西北部与泰国南部相邻的安达曼海区域的一片海洋岛屿区。在这片与安达曼海相连接的岛屿区里，既有广阔无际的海景，又有两岸花岗岩怪石林立的红树林河岸风光，还有那自然生活在其间的众多自然野生动物，该地质公园于2007年被联合国教科文组织正式列入世界自然遗产名录。蓝卡威的居民大多为马来人，有不少至今仍居住在传统的高脚屋和铁皮平房里，以渔业及种植橡胶为生，过着淳朴宁静的渔村生活。蓝卡威还是个购物天堂，1987年起这里成为了免税自由港。

3.3.2.3 泰国

泰国（Kingdom of Thailand）位于中印半岛中部，是一个佛教国家，有90%以上的人信仰佛教，全国寺庙多达4万多座，有“千佛之国”之称；泰国也是亚洲象最主要的生活栖息地，有“白象之国”之称。泰国的许多民俗节日都与佛教有关，许多民俗活动也与大象有关。泰国历史源远流长，早在新石器时代，泰国文明就已经孕育诞生。1960年泰国成立了旅游促进局后改为泰国旅游局，加速了旅游业的发展。近20多年来，其国际旅游业主要得益于航空事业发展所带来的旅游交通便捷以及宾馆客房业的发展。首都曼谷是泰国文化艺术的荟萃地，也是独具魅力的国际旅游城市；帕堤雅滨海旅游区、普吉岛和苏梅岛是著名海洋旅游胜地。

□ **海岛度假**

普吉岛 位于泰国南部马来半岛西海岸外的安达曼海（Andaman Sea），是泰国最大的海岛，也是泰国最小的一个府。这里有洁白的沙滩、湛蓝的海水和完善的度假设施，这些迷人的风光和丰富的旅游资源使普吉岛获得“安达曼海上的一颗明珠”的美誉。普吉岛地处热带，气候湿润、常夏无冬，每年11月至翌年4月是普吉岛的旅游旺季。4月至9月是太阳直射赤道的时间，也是普吉岛的雨季，尤其在5月份，这里几乎天天降雨，而标榜苦行主义的素食节也恰好在这个时节举行，或许在严酷的烈日之下体味艰难，也是一个不错的选择。到了11月，从芭东海滩的狂欢节开始到翌年4月底海鲜节的举行，整个普吉岛到处是一片热闹景象，这时的气候也特别配合，天空呈现温和的阳光，海水湛蓝，波涛温柔，游人可以舒舒服服地潜水，和藏在海水下的美丽珊瑚来个亲密接触，看看多彩的热带海鱼游过身边，也可以在清爽的夜幕下享受缤纷惬意的浪漫海滩之夜。

苏梅岛 位于泰国湾，距曼谷560千米左右，是马来半岛东海岸最大的岛屿，也是泰国第三大岛，周边簇拥着大大小小80个岛屿，多数无人居住。比起帕堤雅的世俗风情，苏梅岛则有着出淤泥而不染的气度。岛上1/3为沿海平原，其余为高山或丘陵，岛上也有瀑布。苏梅岛上盛产椰子，椰林苍绿，使之有着“绿岛”美誉。岛上海滩众多，有夜喃、沃勒、临角环等浅水海滩，处处水清沙白，景致迷人，最热闹也最长的海滩要数位于岛东部的查武恩（Chaweng）和拉迈（Lamai）。作为世界级的海滨度假胜地，苏梅岛上的水上运动品种繁多，潜水、潜泳、独木舟、划水，甚至扬帆出海都是旅游者可以尝试的。

□ **海滨旅游**

帕堤雅（Pattaya） 位于中印半岛和马来半岛之间的泰国湾东海岸，距离首都曼谷150千米左右，原为一处不知名的小渔村，现已成为闻名全球的海滨度假中心，每年300多万游客云集于此，该地每年的旅游收入超过10亿美元，占全国旅游收入的1/5。帕堤雅有着长达40千米的海滩，滩平沙白；这里椰林成片，阳光明媚，天蓝水绿，是良好的海滨游泳场，有着“东方夏威夷”之称，它同西班牙的太阳海岸、澳大利亚的黄金海岸、美国的夏威夷一同被誉为世界最迷人的海滩，目前，泰国政府已将该地划为特区。在帕堤雅，可以进行海上滑水、冲浪等娱乐活动，新奇刺激；可以乘坐透明长尾船欣赏海底五光十色的珊瑚奇景和热带鱼，还可以尝试海底漫步，或者近海潜水的体验。帕堤雅是个旅游不夜城，每当夜晚，灯火通明，商店、大酒店、歌舞厅、夜总会霓虹灯闪烁耀目，街道两旁亭式小酒吧鳞次栉比，流行音乐充塞大街小巷，马路上行人摩肩接踵，车水马龙，通宵达旦。

□ **繁华都市游**

曼谷 是泰国首都，位于湄南河下游，距暹罗湾40千米，整个城市面积1 568平方千米。这里气候湿热，年平均气温27.5℃，年降水量1 500毫米；全年最高气温35°C（6月），最低气温11℃（1月）。曼谷有大小寺庙400多座，有着“佛庙之都”称誉，这里融东西方文化为一体，是个包罗万有的“天使之城”，充满着东方情韵，主要景点有大皇宫、玉佛寺、卧佛寺、湄南河等。

清迈 是泰国的第二大城市，也是清迈府的首府，是泰国北部的政治、经济、文化中心。清迈长期以来都是泰王国的首都，是一座历史悠久的文化古城，至今保留着许多珍贵的历史文化遗迹和古老寺庙。清迈平均海拔300米，是座高原城市；这里气候凉爽，是著名的避暑胜地。市内风景秀丽，遍植花草，尤以玫瑰花最为著名，有“北国玫瑰”的雅称。与曼谷的炫丽忙碌不同，清迈纯朴悠闲，是泰国最让人流连忘返的城市。

3.3.2.4 菲律宾

菲律宾（Republic of the Philippines）位于亚洲东南部，由7 107个大

小岛屿组成，国土总面积29.97万平方千米。全国分为北部的吕宋岛、中部的米沙鄢群岛、南部的棉兰老岛和苏禄岛4大部分，其中吕宋岛是最大的岛屿，占全国总面积的35%；其次是棉兰老岛，占全国总面积的32%。20世纪70年代以来，菲律宾政府发展旅游业，1973年成立了旅游部，下设全国旅游促进局，并在全国12个区分别设立了旅游办事处。近年来，星级宾馆及交通设施有较大的发展，全国已有180个机场，国际游客96%以上是通过航空入境的，并且各主要岛屿之间都有定期的航班。除马尼拉都市游外，海岛旅游是菲律宾旅游的主要产品。

□ **马尼拉**

马尼拉是菲律宾首都，也是菲律宾最大的港口城市，它位于吕宋岛西岸马尼拉湾，又称“小吕宋”，是一座融合了东西方文化的历史名城和国际会议旅游城市，也是一座市容整洁、风光迤逦的热带花园城市。马尼拉有不少历史名胜和旅游点：旧王城、圣地亚哥城是西班牙时期的建筑，里面有别具特色的天主教堂；王彬街又称“唐人街”，是马尼拉的商业中心之一，里边有许多中国特色的商店、餐馆和酒楼，还有马卡拉南宫，黎刹公园，水族馆等；有着“千岛缩影”之称的菲律宾文化村位于马尼拉国际机场附近，是一座萃集了菲律宾各省风情的公园；建于1976年的菲律宾国际会议中心，占地12公顷，其中包括一个拥有5 000个座位的会议大厅，服务设施一应俱全。海滨旅游地，又称“蓝色的门户”，位于马尼拉南端海滨，为全菲律宾最高级的海滨旅游点，建筑颇具特色，远看像海螺，陈设豪华。

□ **碧瑶**

这是菲律宾北部极具特色的旅游区，位于北吕宋高山省内，地处高耸入云的群山之中，平均海拔1 524米，年平均气温14～22℃，有着“夏都”之称，是著名的避暑旅游胜地；每年夏季，游客纷至，故碧瑶又有“旅游者的麦加”之称。这里群山环绕，树木成荫，四季常青，山上松树遍布，又有“松城”之称。市内有许多公园，如总统的夏宫——麦逊宫，集佛教、天主教、道教于一堂的贝尔大教堂，高尔夫球场和跑马场，土著民族历史风土人情博物馆等等；山下有海滨浴场，附近还能一览群岛渔村风光。菲律宾旅游部门正在把碧瑶建成具有北方土著民族特色的旅游区。

□ 宿务岛

宿务岛位于米沙鄢群岛中部，是西班牙人最早登陆菲律宾的岛屿。1521年西班牙的殖民者麦哲伦等人就被当地岛民杀死于此地，当地至今还留有西班牙殖民政府修建的麦哲伦纪念碑。岛上的历史名城宿务，也是菲律宾的第二大城市，城内还保存着古老的城堡和街道。宿务水清沙幼，气候宜人，豪华、一流的酒店、餐饮、娱乐、购物等设施一应俱全，素有“度假伊甸园”之美称。狭长的宿务岛没有高山、密林和肥沃的平原，但四周却有蔚蓝的海洋；海水干净，珊瑚美丽，加上终年如夏的好气候，是潜水者眼中不可多得的天堂。附近的马克丹岛、薄荷岛（BoholIsland）、渔夫岛（Caohagan）也成为旅游天堂。马克丹岛在宿务岛的东边，岛上至今还保留着麦哲伦十字架（Magellan's Cross）教堂和圣婴大教堂（Basilica de Santo Nino），相传该教堂里的十字架是麦哲伦当年为第一批菲律宾天主教徒的诞生所竖立，圣婴雕像（Santo Nino）据说也是当年麦哲伦从西班牙带来，送给宿务皇后乔安娜受洗天主教的礼物；薄荷岛在菲律宾7 000个岛屿中排名第十，岛上生活着全世界体型最小的眼镜猴；渔夫岛周边海水清澈见底，只要你站立浅水中往下看，海星、海葵及海胆便近在眼前。

□ 棉兰老岛

是最富南国风情的旅游胜地。它位于菲律宾群岛南部，北与米沙鄢群岛相望，西与巴拉望岛、苏禄群岛等相邻，南为加里曼丹岛，是世界第十四大岛，也是菲律宾仅次于吕宋岛的第二大岛。除了已开发的纳卯、三宝颜外，岛上大部分地区仍是浓林密布，只有土著居住。达沃（旧名纳卯）是菲律宾的第三大城市，有“南海乐园”之称；三宝颜位于棉兰老岛西南部顶端，是菲律宾最南的港口，有天然的海水浴场、毕拉尔城堡、圆顶伊斯兰教寺庙、摩洛族水上村落、福泉寺、市政府、巴逊纳加公园等。

3.3.2.5 印度尼西亚

印度尼西亚（The Republic of Indonesia）是世界上最大的群岛国家，它位于亚洲大陆东南部，由1.3万个大小岛屿组成，其中6 000多个岛屿有人居住，素有“千岛之国”的称号。印度尼西亚自然资源十分丰富，群岛由海洋环抱，热带风光绮丽、热带植物茂盛、动植物资源独特，加上悠久的历史、众多的民族和独特的宗教文化，使之成为世界旅游胜地。“雷都”茂物也是一座历史名城，它位于爪哇岛西部的熔岩高原北麓的山间盆地之中，城市周围就有数座火山，海拔高又多雷雨，是优秀的避暑胜地；泗水是印度尼西亚的第二大城市，位于东爪哇北岸的沿海平原上，有优良的海滩和美丽的公园，也因居民曾奋勇抗击西方殖民侵略而被称为“英雄城”；棉兰是苏门答腊第一大城市，位于马六甲海峡北口附近，市内有建于1891年的苏丹王宫以及著名的清真寺，还有避暑胜地马达山和景色秀丽的旅游胜地多巴湖；苏拉卡尔塔是一座古城，位于爪哇中部梭罗河上游，以爪哇印花布和由加慕兰音乐伴奏的传统舞蹈闻名全球；三宝垄，位于中爪哇首府，是印度尼西亚第三大港，相传中国明朝航海家郑和曾在此登陆，这里有避暑山庄、温泉、动物园等旅游点。印度尼西亚的旅游业本来不很发达，20世纪70年代后获得较快发展，现在的旅游业已经成为除石油天然气部门外仅次于纺织和木材加工业的第三创汇产业。印度尼西亚旅游总局从20世纪90年代起，每年推出一个全国性的主题活动，以吸引外国游客，并要求各地旅游部门结合本地特点，推出自己的旅游项目。该项活动实施以来取得较大的成效，进一步提高了印度尼西亚在世界旅游业方面的知名度。

雅加达、巴厘岛等都是印度尼西亚的主要旅游地。

□ 雅加达

首都雅加达位于爪哇岛西北部，是世界上著名的海港，也是东南亚最大的旅游城市，又有“椰城”之称。雅加达市内有清真寺200多座，基督教及天主教堂100多座，佛教和道教寺院10座，市内还有许多博物馆以及一个可容纳10万人的运动场。著名的“寻梦园”、“印度尼西亚缩影公园”等名胜是国内外游客必到之地。雅加达以东的丹戎不碌是著名的海港和风景优美的旅游度假地；雅加达南边的茂物市则是一处历史名城和著名避暑地，茂物的热带植物园是世界上最大的植物标本馆。

□ 万隆

位于爪哇岛西部火山群峰环抱之中的万隆是西爪哇的首府，也是印度尼西亚的第三大城市，它以万隆会议而闻名，也是著名的旅游避暑胜地。整个万隆犹如一座大花园，市内有著名的皇家玫瑰公园和规模巨大的动物园、著名的夜市亚伦亚伦广场，郊区有景色秀丽的小西湖、著名的覆舟火山、万隆温泉及马里巴雅温泉、达哥瀑布，还有海拔1300多米的槟加连岸山村等旅游胜地。

□ **日惹**

日惹位于中爪哇南部，曾是古代都城，印度尼西亚第一任总统在此宣誓就任，因此又有“革命之城”称号。日惹是爪哇文明的发源地，市郊古迹遍布，被誉为东方五大古迹之一的婆罗浮屠古佛塔就在日惹。

□ **巴厘岛**

当然，谈起印度尼西亚的旅游，最美丽、最吸引人的要数巴厘岛了。巴厘岛是爪哇岛以东、小巽他群岛西端的一个岛屿，它地处火山地带，周边锥形完整的火山峰就有10余座，岛中间的巴都山是经常喷发的活火山，是岛上最高最大的火山群。巴厘岛的自然风光和人文资源极其丰富，以庙宇建筑、雕刻、绘画、音乐、纺织、歌舞和风景闻名于世；岛上气候温和，鲜花烂漫，又有“花之岛”、“诗之岛”的美称。巴厘岛是印度尼西亚唯一信奉印度教的地区，80%的居民信仰巴厘印度教，教徒家家设庙，使巴厘岛成为“千庙之岛”。岛上每年举行的宗教节日活动约有200多个，可谓是一个“节日岛”，参观节日活动是民俗旅游的重要内容。巴厘岛的舞蹈风格奇特，多与神话和宗教有关，每当节日都要跳舞歌唱，十分吸引游客。

3.3.3 典型案例：新加坡模式

新加坡位于马来半岛最南端的一个热带城市岛国，也是东南亚地区的重要海洋旅游目的地。它地处马六甲海峡的出入口，是太平洋与印度洋航运要道。新加坡的国土面积682.7平方千米，主要由新加坡岛及附近63个小岛组成。作为一个面积并不大的岛国，新加坡拥有的旅游资源除了阳光与海滩外，再无其他，但它却发展成了“亚洲旅游王国”，其开发模式、发展经验颇值得我们学习借鉴。

3.3.3.1 创造良好的旅游形象

良好的旅游目的地形象是旅游发展的金字招牌。在新加坡，政府管理部门将旅游形象提升到战略高度给予了极高的重视，确定恰当的旅游形象定位和设计，并通过各种宣传手段来提升和扩大其旅游形象，如“花园城市”、“无限的新加坡，无限的旅游业”等，并因此而影响深远。正是这种具有战略高度的旅游城市形象设计，才逐步在旅游者心目中树立并传播了美好的形象，告诉游客它到底是怎样的一座旅游城市，这种美好形象因此也成为吸引人们前来旅游的动力源泉。

3.3.3.2 打造良好的生态环境

新加坡政府在旅游资源开发和项目建设方面首先考虑到是否对环境和生态造成破坏，并以此为标准进行城市发展总体规划和分区规划，最大限度地保持了旅游资源的独有特色。国家环境发展部专门负责全国的绿化规划，在全国开展绿化活动，一切空地和水岸都种上花草树木，并向立体绿化发展，桥墩与路灯杆上均有花草盘绕，人行天桥两侧也都设有花槽。花园般的城市已经成为新加坡最有吸引力的旅游资源之一。

3.3.3.3 营造文明的社会环境

新加坡每年都开展“礼貌是我们的处世态度”为主题的全国文明礼貌活动，从政府官员到普通市民，都能做到礼貌待人。文明的社会环境，使国外游客感到宾至如归，重游率高。新加坡努力培育一个“品质服务至上”的购物之都，不管是商家或是个人都很讲诚信，在新加坡的正规商场中买不到假货，而且货真价实。政府有关机构的管理非常严格，新加坡旅游局定期在旅游图或其他媒体上通报接获的被投诉商店名单，游客一旦遇到任何在商品交易上的欺诈行为即可24小时内向旅游局投诉，也可以向小额索偿法庭直接提出申诉以获得尽快赔偿。

3.3.3.4 设计独具特色的旅游产品

新加坡居住人口410万，由华人、马来人、印度人等组成，各种背景下的文化传统在新加坡水乳交融，同时又各具特色。新加坡政府采取立法和其他措施保留了那些极具民族风情的建筑和设施，并加以完善，逐步形成了独具特色的旅游产品。如代表中国传统文化的牛车水（唐人街），犹如印度缩影的小印度，充满马来风情的马来村，还有阿拉伯街、荷兰村等，这些地方特色鲜明，具有浓郁的民族风情，成为游客必到之地。另外，购物一条街、特色餐饮一条街、娱乐一条街等也极具吸引力，满足了游览者的各种需求。

3.3.3.5 建立有效的旅游政策制度

新加坡把旅游作为国民经济的支柱产业，全国旅游促进会是政府的旅游咨询机构，由政府部门和行业团体共同组成，全面负责国家的旅游事业。旅游促进局是执行机构和行政管理部门，在全球各大城市都设有办事处，注重各地市场的调查和信息收集，大力开拓国际市场。另外，新加坡政府特别重视会议旅游和商务旅游，为了吸引会议商务旅游者，政府专门设有国际会议局，使得新加坡成为“亚洲会议首府”。

3.3.4 东南亚旅游业发展对我国的启示

东南亚许多岛屿风景如画，名胜古迹众多，地方独特的文化和风俗习惯保留完好。东南亚地区的动植物资源十分丰富，泰国、马来西亚、印度尼西亚、菲律宾的森林覆盖率在70%以上；植物种类达数万种，拥有大量奇花异草，热带水果常年不断；东南亚约有4万种动物，其中大象、老虎、犀牛、巨蟒、鳄鱼等珍稀动物都有分布。利用这些丰富的动植物资源，东盟国家纷纷建立了自然保护区、动物园、植物园、水族馆等。

东南亚地处低纬地带，除缅甸北部外，基本都属热带气候，由于全年无寒暑交替，终年都可开展旅游活动。

便利的交通设施也是东南亚各国旅游业成功发展的保障。泰国首都曼谷有两个国际机场，其中廊曼机场已发展成为东南亚最大的航空港之一，其航线通往世界32个国家和地区，平均每星期有888架飞机抵达廊曼机场，旅客流量达8 500万人。新加坡地处东南亚国际航空中心，樟宜机场是国际一流水平的机场，新加坡航空公司和樟宜机场从1987年以来一直分别蝉联亚太旅游协会颁发的最佳航空公司奖和最佳机场奖。泰国、新加坡、马来西亚的陆路交通也比较发达，三国之间有陆路相通，其境内公路纵横交错、四通八达。铁路方面，马来西亚铁路发展较早，铁路网已覆盖整个西马，且已全部实现电气化，铁路南可直通新加坡，北与泰国铁路系统联线。马来西亚优良的交通系统已被世界银行定为交通发达的A级国家。在通讯设施方面，泰国的通讯网络遍及全国，任何府都可使用IDD国际直线电话，手提移动电话信号遍布。东盟国家大力兴建旅游宾馆和饭店，泰国客房数由1962年的9 028间增至1990年的16.8万间，1994年又增至23万间，多数为3~4星级；截至1992年，马来西亚也有客房5.6万间，印度尼西亚的星级饭店在1991年就已达432家，新加坡目前也有客房2.4万间。

越南、老挝、柬埔寨、缅甸的旅游设施比较落后，20世纪60—70年代，这四个国家或处于战乱，或受政治、经济危机的影响，旅游业未能走上发展轨道，至20世纪80年代中后期以来，越南、老挝、缅甸实行改革开放政策，政府开始重视旅游业的发展，积极鼓励外商对旅游业进行投资以改善旅游基础设施。据缅甸旅游部统计，截至1994年年中，旅游业外商直接投资额累计约达6亿美元。老挝首都万象和全国各省已有数十家外商独资或合资的饭店和宾馆；经过几年的努力，越南目前共有1 928家可供旅游者住宿的设施，其中包括674家国有饭店和旅馆、312家私人旅店，总计客房3.6万间，其中1.7万间客房可为外宾服务。越南、老挝的交通设施也有一定改善，已初具接待和对外运送旅客的能力。1992—1994年这3年中，越南航空公司新开辟了6条国内外航线；老挝也开辟有万象－曼谷、万象－河内等多条国际航线，全国大部分省、县通了公路，跨越湄公河的万象至廊开大桥已在1994年建成。

虽然我国海洋旅游经过30多年的发展，取得很大成绩，但在客源市场开拓、产品开发与推广、基础设施建设以及资源保护等方面却存在着一定的问题，而东南亚地区海洋旅游业的发展经验，仍可以为我们提供许多借鉴。

3.3.4.1 加重政府在旅游发展中的角色地位

海岛旅游业的发展需要政府的宏观管理和政策支持，要形成有利于海岛旅游业发展的管理体制、法律制度、政策体系。海岛旅游业涉及的部门很多，东南亚国家的海滨、海岛旅游业的成功模式告诉我们，成功的旅游开发离不开政府部门的合理政策引导以及监管。我国的许多大区域群岛型旅游地需要建立一个专门的旅游委员会，将开发管理行为归整在一个管理主体之下，实现群岛旅游的整体性开发。这个旅游委员会需要拥有实质性的权利，负责海岛旅游开发规划制定、环境监管、企业监督以及对违规企业的处罚。政府在这样的旅游开发行为中所扮演的角色是非常重要的，它应当是该委员会的管理主体，负责投资当地基础设施的建设，拟定旅游发展计划和管理，塑造和传播旅游总体形象，利用各种方法鼓励企业发展，协调各方的关系和利益，创建并引导旅游合作系统，进行旅游立法并规范旅游开发行为，促使行业良性发展。

3.3.4.2 强化区域间的多方位合作

这对于我国海洋旅游区建设来讲特别重要，它主要包含两个层面的内涵：一是加强海洋旅游区内部岛际合作。如针对千岛之城舟山，应该加强舟山各岛屿间的合作营销，发挥各岛屿的资源特色，实现产品互补，满足不同游客的需求。二是要加强海洋旅游区内外的互动。如舟山群岛旅游区应该与周边城市进行合作互动，只有与宁波、杭州、上海等周边城市达成联动开发，实现一体化的无缝对接，才能互享客源。当然，任何区域的开发都要坚持因地制宜，集中发展，争取各个旅游区都有体现本岛文化特色的产品。

3.3.4.3 规范企业投资经营行为

这种开发经营模式主要是在政府对旅游区重大基础设施建设的基础上，地方政府将管辖范围内的旅游资源开发及经营权采用出让的方式，吸引投资商进行开发经营。在这种模式下，对政府来讲，它只发挥宏观调控作用，制定规划，筛选及监督企业；对企业来讲，需要具有一定的规模，并且是专业的、有社会责任感的大企业，而不是处于投机观念驱动下的短期投资。这种模式实现了两权分离，使政府可以充分利用市场机制来解决资源开发所缺少的资金以及管理经验。对我国一些海岛来讲，目前参与开发的投资主体，缺少规范化和专业性，盲目的开发往往导致对景区资源的破坏和生态环境的恶化，这其中也反映出政府的监管不力，而这一点正是国际著名海岛旅游目的地非常重视的地方。在具体的操作过程中，股份制、整体出让都是可行的，但参考国外海岛开发成功经验，在海岛旅游开发中，必须坚持两个原则：一是政府统一规划；二是选择一家规范化企业独立开发。只有专业化的海岛旅游发展规划再加上优秀的旅游企业独立开发，才能实现海岛旅游的良性发展。

3.3.4.4 加强交通等基础设施建设

良好的交通条件和可达性，是海岛旅游发展的命脉。加强岛与岛之间的联系，提高整个海洋旅游景区的运输能力，建设各景区环岛旅游路线，串连各景点避免游客走回头路。

3.3.4.5 加快旅游专业人才培养

旅游的高品位发展、可持续发展，离不开优秀人才，因此应加强人才建设和储备，完善激励约束机制，促进旅游人才开发，以提高旅游专业队伍素质，从而提高服务质量。利用地区旅游院校的旅游教育资源，培养旅游专业人才，整合旅游就业培训教育资源，打造旅游行业就业行动平台，建立旅游培训中心。

3.4 大洋洲旅游区

3.4.1 大洋洲海洋旅游资源概况

大洋洲位于太平洋西南部和南部的赤道南北广大海域中，在亚洲和南极洲之间，西邻印度洋，东临太平洋，并与南北美洲遥遥相对。大洋洲纵跨南北两半球，横越东西两半球；共跨纬度77°，共跨经度130°；东西距离10 000多千米，南北距离8 000多千米；陆地总面积约897万平方千米；在地理上划分为澳大利亚、新西兰、新几内亚、美拉尼西亚、密克罗尼西亚和波利尼西亚六区，共有1万多个岛屿，大陆海岸线长19 000千米。大洋洲有14个独立国家，其余十几个地区尚在美、英、法等国的管辖之下。

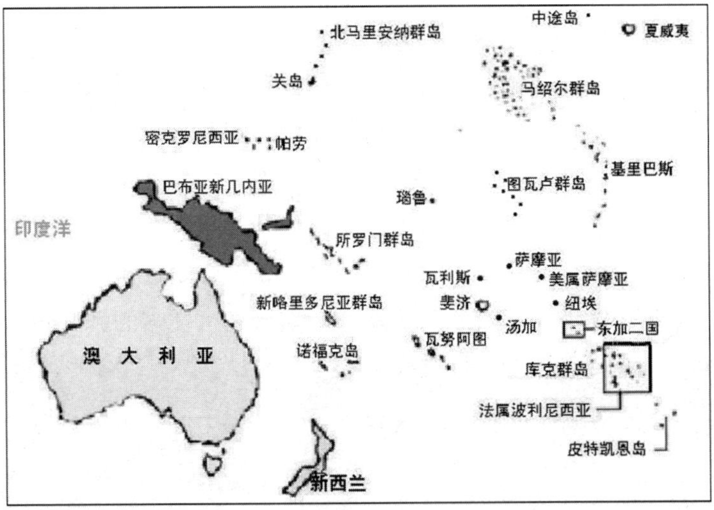

图3－8

大洋洲有赤道、南北回归线经过，绝大部分地区属热带和亚热带，除澳大利亚的内陆地区属大陆性气候外，其余地区均属海洋性气候，大部分地区的年平均气温在25.8℃左右，总体气候炎热。大洋洲具有丰富的海洋旅游资源，这里是世界上珊瑚礁分布最多、最广、最美的地区，许多岛屿均由珊瑚礁构成；大洋洲也为火山多发地带，其中夏威夷的活火山最为壮观，每年吸引着成千上万的世界各地游客；孤悬于太平洋上的大洋洲与其他各洲长久隔绝，这里有着其他地区所没有的动植物资源。

远离世界各大洲的大洋洲，漂泊在浩瀚的太平洋上，各群岛以及岛屿之间距离较大，而这些岛屿面积小、开发时间晚，因而，大洋洲成为目前世界上生态环境最好的一个洲，这一优势对于发展度假旅游来说是其他地方无法比拟的。随着各国政府重视，旅游业有了长足的发展，澳大利亚、新西兰、夏威夷、斐济、关岛等国家和地区都已成为世界著名的海洋旅游地，汤加、瓦努阿图等国家旅游业收入可观，已经成为国民经济的重要组成部分。

3.4.2 主要代表国旅游概况及经验

3.4.2.1 澳大利亚

澳大利亚（The Commonwealth of Australia）地处大洋洲的西南部，包括澳大利亚大陆、塔斯马尼亚和附近的岛屿，是一个旅游资源十分丰富的国家。澳大利亚不只是袋鼠和考拉故乡，这片大陆上还有着多样化的自然景观：维多利亚州大洋路波涛中的十二使徒、被称为“红色中心”的沙漠、北领地的乌鲁鲁岩石、适合各种海上运动的自然遗产大堡礁以及热带雨林等等，澳大利亚成为与美国并列的拥有世界自然遗产数量最多的国家。澳大利亚的城市闲散、纯净，十分适合人类居住，除了悉尼和墨尔本，阿德莱德、布里斯班、黄金海岸以及西澳大利亚的珀斯都十分吸引游人。澳大利亚有着悠久的历史，其原住民文化可追溯到至少 5 万年以前，这些丰富的文化至今仍鲜活地存在着。澳大利亚大部分地区属于半干旱或荒漠地带，但生态环境极为丰富，包括从高地的石南荒原到热带的雨林，为全球 17 个超级生物多样性国家之一。

① 澳大利亚旅游资源特色

澳大利亚的旅游资源特色可归纳如下：

第一，季节与北半球相反。因为澳大利亚位于南半球，北半球冬季时，该国却是夏季，而北半球夏季时，那里却是冬季，这一特点有利于吸引北半球的旅游者。

第二，许多地区气候条件优越。虽然总体说来澳大利亚属炎热干燥国家，将近1/3的国土在南回归线以北，属于热带，但仍有许多地方，特别是一些重要的旅游区处于亚热带和温带，气候条件优良。加上四周有海洋环绕，大陆上又没有大片的高峻山地，致使靠近海洋地区的气温适中，晴朗的天空和明媚的阳光为旅游活动提供了良好的条件，澳大利亚的旅游区主要就集中在这些地方。

第三，有风光秀丽的优质海岸和沙滩。澳大利亚的海岸线包括大陆和塔斯马尼亚岛，长达36 735千米。其中许多地段有气候适宜、景色极佳的海岸和沙滩。如东北部世界著名的大堡礁、黄金海岸和阳光海岸，这里可以开展游泳、潜水、冲浪、滑水等多种运动和活动，很受北半球国家和邻近的新西兰度假旅游者的青睐。

第四，奇异、特有的野生动植物资源。由于澳大利亚大陆较古老、在地质史上早就与其他大陆分离，长期孤立，加上该大陆气候极端多变，因此形成了许多当地独有的动植物。

旅游业在澳大利亚得到长足而迅速的发展，因为有着优美的自然风光和珍稀动植物资源，加之发达的经济，澳大利亚成为让人流连忘返的旅游圣地。主要旅游景点有悉尼歌剧院、港口大桥、悉尼塔（南半球第二高建筑）、黄金海岸、大堡礁、北艾尔湖、墨尔本艺术馆、土著人发祥地卡卡杜国家公园及土著文化区威兰吉湖区等。在北领地，因为拥有澳大利亚原住民的文化，更便于发展旅游业，目前旅游业已成为该地区最主要的经济成分。

② 澳大利亚发展旅游业采取的主要措施

第一，建立自然保护区，保护旅游资源。澳大利亚多年来建立了许多自然保护区。早在1877年，该国就建立了一个国家公园，它是世界上仅次于美国黄石国家公园的、历史最悠久的国家公园。经过多年的努力，现在澳大利亚已有国家公园514个，总面积达4 078万公顷，占全国陆地面积的5.3%。此外，还建立了面积与国家公园相当的自然保护区，其中有几个已被联合国教科文组织世界遗产委员会列为“世界遗产”。

第二，因地制宜地开发海岸带。海岸旅游资源是澳大利亚旅游资源的重要组成部分，其开发潜力很大，而海岸旅游又是现代旅游的主要内容之一。因此，澳大利亚特别注意根据海岸和海滩的固有特点因地制宜地加以开发。天然植被好的海滩，主要以家庭和亲友的野营和野餐为开发目标；

阳光充足、风平浪静的沙质海滩，以天然浴场和日光浴为目标；波涛汹涌的海滩，则用来开展冲浪等水上运动。另外，政府还注意不断完善旅游基础设施，积极建设公路和铁路，甚至航空设施（如机场），以及不同档次的现代化旅馆和饭店等等，不仅充分发挥了自然旅游资源的潜力，也吸引了众多的国外游客。

第三，设立机构，加强立法。为了对自然和人文旅游资源进行有效的管理和保护，联邦和各州政府成立了有关机构，如大堡礁海上公园管理局、澳大利亚遗产委员会、澳大利亚国家托拉斯、澳大利亚国家公园和野生生物服务局等机构；同时还加强立法工作，通过了《1975 年澳大利亚遗产委员会法案》、《自然保护区开发条例》等法律法规。事实证明，这些法律法规对于旅游资源的管理和保护起到了重要的作用。

第四，维修和保护古建筑。古建筑是澳大利亚文化旅游资源的一个组成部分。对于这些古建筑，各级政府不仅建立相应的机构和通过相应的立法来加以保护，而且每年还拨出一定资金进行维修。有些古建筑的所有者也花钱在保证外观不变的条件下，对内部结构进行改造，安装空调等现代化设施，或用于旅馆、饭店，或用于办公。这种外观典雅，内部设施豪华的饭店，对旅游者有着很大的吸引力。同时，在建设新建筑时，还特别注意使其风格与附近古建筑物风格协调一致，这种美学上的考虑受到了广大旅游者的好评。

③ 滨海旅游目的地发展模式：向内陆纵深发展的驱动模式

结合国际滨海旅游目的地的资源特征、区域旅游发展等要素，总结国际滨海旅游目的地向内陆纵深发展的成功驱动模式主要有：固有地域文化驱动型、特色自然景观驱动型和新兴创意产品驱动型。其中以澳大利亚、夏威夷为代表的特色景观驱动型和以澳大利亚为代表的新型创意产品驱动型，前者即借助内陆独特的自然资源，通过观光、探险、温泉等旅游产品的打造，丰富海滨度假旅游项目构成，拉动相邻滨海旅游客源市场；后者是指通过资本投入和创意设计，发展大量各具特色的主题公园在内陆地区形成聚集，将现代化、时尚化、主题化的娱乐休闲与海滨旅游相互叠加放大。

3.4.2.2 夏威夷群岛海洋旅游开发模式与政府管理

夏威夷群岛（Hawaiian Islands）位于太平洋中部，它是波利尼西亚群岛中面积最大的一个二级群岛，共有大小岛屿130多个，总面积16 650平方千米，其中只有8个比较大的岛能住人。夏威夷的当地人口为130万，但每年接待的游客却达到700多万，大约是当地人口的6倍。来夏威夷的游客中65%都是回头客，它成为不少家庭旅游的固定目的地。

① 夏威夷海岛旅游开发模式

夏威夷海岛旅游的成功得益于以下几个方面。

第一，基础设施先行。在夏威夷基础设施先行发展一直是其坚持的策略。为了旅游开发，夏威夷建立了庞大而先进的基础设施，高速公路四通八达，到四邻岛屿都可乘小飞机前往，但是价格却不贵；公共汽车、快艇、游船方便快捷，邮电通讯设施高度发达。良好的基础设施建设为夏威夷发展旅游奠定了非常好的基础。

第二，旅游服务和旅游促销。夏威夷政府管理部门高度重视旅游服务和旅游促销。夏威夷经验中最重要的一条就是能够提供“消费者一次又一次购买的商品”——即优质服务。夏威夷每年拨出巨额资金在全世界各地进行市场调查和市场推销，十分细致地了解自己的游客，并及时根据游客的需求来改善和强化各项旅游设施和旅游服务。

第三，强调独特文化。文化是旅游目的地的灵魂。夏威夷处处洋溢着一种独有的文化氛围，既是东西方文化的融合，也是传统文明和现代文明的汇集。夏威夷岛多种族裔、多种文化的居民为此地创造出令人着迷的多重面貌的艺术、文化、食物、庆典及历史。当地政府部门充分利用了当地文化特色，开发出一批知名的旅游项目，不仅把太平洋各个岛屿的风土人情融合在一起，而且有世界各地文化的缩影，不仅散布着现代文明的气息，而且充满原始文化的芳香，独特的氛围令游人流连忘返。

第四，重视发展环境。安全、健康是一个滨海度假地吸引游客的最基础因素之一。夏威夷政府一直将安全、健康放在首位，并且非常注重这方面的宣传。同时，为了旅游业的持续发展，夏威夷十分强调环境保护，提出在发展的同时保护环境并创造更好的环境。政府不仅对各种建筑物的密度和高度作了严格的规定，而且尽可能多造绿地，保护好各种植被、海水、沙滩、空气和各种海洋生物。

此外，夏威夷当地居民给人的感觉就是热情，提升社区居民参与旅游的热情以及对外来游客的友好度，也是夏威夷开发的重要经验。

② 借鉴意义

夏威夷作为老牌旅游胜地，做好服务以及无孔不入的宣传是很值得借鉴的。对于我国海洋旅游区而言，旅游业正处于转型和提升的关键时期，首先应该做好规划，然后搞基础设施，要有四通八达的马路，便捷的交通设施，这方面的成本是不能省的。如浙江省舟山群岛旅游区就可以以东海大桥为桥梁，以洋山深水港建设为机遇，充分挖掘渔乡文化与海岛海礁资源，以海港购物、海空漫游、外岛观光、海钓休闲为主要产品特色，进一步树立和明确“南方北戴河、天然海滨浴场、海鲜美食风情”等主题形象，使之成为连接上海与浙江的一颗“海上明珠”。

3.4.3 典型案例及启示

3.4.3.1 澳大利亚海洋公园开发模式及经验借鉴

① 案例简介

黄金海岸是澳大利亚的假日游乐胜地，这里有明媚的阳光、连绵的白色沙滩、湛蓝透明的海水、浪漫的棕榈林，来这里旅游度假的人们更为这里增添了不少生机和动感。这里除了景色宜人之外，最具特点的就是分布着众多富有趣味的主题乐园，比较著名的有华纳兄弟电影世界、海洋世界及梦幻世界等。海洋公园作为澳大利亚一种比较成功的模式，将海洋旅游与经济发展综合考虑，取得了较好的效果，其中以大堡礁海洋公园为典型代表。

大堡礁海洋公园按照不同的用途在海洋公园内划分了庇护区、栖息地保护区、一般用途区和特殊用途区，并分别为这些不同的区域设定了具体的目标。

庇护区：是海洋公园的核心保护区域。对海洋公园内的动物、植物及其栖息地、有重要意义的文化所在地提供最高水平的保护，在庇护区内禁止任何的捕鱼、打捞和其他任何有害于区内动植物及栖息地的行为。

栖息地保护区：在该区域内通过保护动植物的栖息地和减少冲击性行为来有效保护生物的多样性，允许休闲渔业和某些形式的商业捕鱼，但是不允许如拖网、采矿等破坏生态的活动。

特殊用途区：是在一个特定区域内实施更高标准的保护或者对目前存在的活动或利用进行协调。它使海洋公园的管理具有一定的灵活性，可以满足某些特殊管理的需要，最大化海洋公园的社会、经济、环境效应；在该区域内允许水产养殖、游船及科研行为等一系列特殊用途。

一般用途区： 为生物物种及栖息产地提供保护，允许生态可持续性利用；允许大部分的休闲渔业和商业捕鱼行为，但是禁止一些破坏生物可持续性的捕鱼行为。

② 启示

澳大利亚海洋公园的成功主要得益于三大方面，第一，加大立法规范；第二，奖惩并重，加大污染海洋行为的惩处力度；第三，加大宣传力度，提高海洋保护的社会意识。我国的海洋公园与澳大利亚海洋公园有较大的区别，澳大利亚海洋公园是海洋保护和开发的结合，是保护基础上的开发，而我国目前的海洋公园往往只是一个旅游项目，一个娱乐性公园。因此，我们要借鉴大堡礁公园的开发模式，在保护基础上建立起一个展示海洋文化，突出滨城特色，集观光、娱乐、科普、购物、文化于一体的现代化海洋主题公园。

3.4.3.2 澳大利亚凯恩斯热带生态休闲度假旅游圈

① 案例简介

凯恩斯是北昆士兰的首府，是昆士兰州北部主要的城市，距离布里斯班2 000千米，为进出澳大利亚主要的国际门户之一。凯恩斯背倚壮丽高山，茂密雨林遍及四周，并伸延至海边一带。棕榈树环绕的凯恩斯，有着设计精致的商店与餐馆，随和且现代化的城市风格，与大堡礁等自然奇景相映成趣。凯恩斯的旅游产品主要由蓝色海洋旅游产品与绿色热带雨林旅游产品两大体系构成。从空间上看，以昆士兰州北部热带滨海、山地、雨林等生态自然资源为核心，以凯恩斯国际大都市为聚核的，包括滨海休闲、山地度假、雨林观光等旅游产品在内，正好构成大凯恩斯旅游圈。

库兰达位于凯恩斯市以北约27千米处，建于1876年，人口不足2 000，被世界遗产热带雨林自然保护区包围着。土著文化与世界自然遗产热带雨林区为库兰达旅游的两大资源，依托这两大资源开发的核心旅游产品主要有：热带雨林主题文化园、蝴蝶自然保护区、雨林观光火车、天轨索道、夜间动物观赏馆和以手工艺品、土著文化特色装饰品为主的旅游商店等。库兰达通过小火车、天轨索道等特色化的内部旅游交通吸引了大量游客从滨海旅游目的地来到此内陆旅游，具有极大的市场凝聚效应，至今每年境内外有超过50万的游客乘坐火车、汽车或空中缆车参观游览库兰达及其周边的热带雨林区。

② 启示

依托我国各地内陆自然景观特色资源，打造与滨海旅游目的地差异性游憩产品，形成功能互补、特色互融，丰富海滨旅游产品体系，以引海滨向内陆纵深发展。若进一步结合国内外旅游市场需求，并有针对性的开发特色资源，将更加有助于实现“海陆互动”的旅游发展新格局。

3.4.3.3 澳大利亚滨海旅游的生态保护型开发

① 案例简介

被称为澳大利亚“阳光之州”的昆士兰州，幅员辽阔，面朝太平洋，且没有很高的山脉。正是在这样单一的自然条件下，动物演化缓慢，大量珍稀物种得以保留。各种奇花异草和稀有树种安静地生长在这里。除了人们熟知的袋鼠之外，这里还有多达上百种有袋类动物。

丰富的自然资源，使得昆士兰成为世界上最早实践“生态旅游”的地区之一。早在20世纪90年代，澳大利亚政府就出台了世界上第一个国家生态旅游战略。为保护众多生物物种的栖息地，莫顿湾东部的大部分海域都被划入了生态保护区域，船只或是不许进入其中，或被要求减速航行。从莫顿湾乘坐高速游轮，可以到达莫顿岛唯一的度假村——Tangalooma野生海豚度假村。因为岛内生态系统脆弱，度假村的范围也被严格规定，目前的占地不足整个岛屿的2%，岛内的机动车道也全部为沙质路面，为了减少车辆通行对岛内生态通道的阻断与破坏，机动车都采用四轮驱动，时速限制在60迈。

20世纪中叶时，这里曾一度是捕鲸站。但由于周围海域鲸类数量急剧下降以及基于环保人士的压力，捕鲸活动很快停止。如今，在数公里长的海岸线上可以清晰看到捕鲸船、旧驳船、采砂船残骸组成的近海废船遗迹，成为了海鸟的新家园；游客们还可以浮潜而入，观察海平面下的另一世界。吸引大多数游客来到Tangalooma的是另一段经历——亲自喂海豚。每到傍晚，八九条一群的野生海豚就会向海岸边缓缓游来。度假村特别针对儿童推出喂食海豚的生态教育活动。每天下午6~7时，度假村的解说员会在码头边带领喂食海豚；训练员们可以用海豚的名字呼唤它，像老朋友一样和它相聚于此。

② 启示

我国沿海有着众多的岛屿，面积500平方米以上岛屿有7 000多个，其中浙江是中国岛屿最多的一个省份，拥有3 061个，且主要集中在宁波东南沿海、舟山群岛、温台沿海一带。这些岛屿环境、景观品质优良，但目前开发仅涉及基础资源，随着国际旅游业的快速发展以及国内经济及旅游业的持续增长，浙江旅游业面临新的发展机遇，产品结构的升级换代需要突破口和示范带动效应，世界各国滨海海岛旅游发展经验对浙江旅游开发具有重要借鉴意义。海南岛在海洋旅游开发方面处于全国领先，但根据其资源条件禀赋也有待于进一步深入，要深层次地结合自然景观、人文历史文化环境，促使目前的中低端旅游市场向特色化、个性化的中端旅游市场递进，培育、拓展形成高端市场，形成功能层次分明、空间布局合理的市场格局，并最终能在国际旅游市场占据一席之地。

3.4.3.4 澳大利亚赫德岛与麦克唐纳群岛海岛保护区功能分区的启示

① 案例简介

功能分区的主要目的是为了使受人类活动影响敏感的地区或对象受到更有效的保护，同时将人类活动范围限制到海岛能够承受的、最适宜的区域位置内。在赫德岛保护区管理规划中，保护区被划分为7个功能区域，包括：主要使用区、参观游览区、荒野区、文化遗产区、限制区、近海区和外海区。其中，主要使用区、参观游览区、荒野区、文化遗产区及限制区均位于岛屿的陆地部分；荒野区是面积最大的功能区类型，其次是限制区；主要使用区、参观游览区和文化遗产区是人类活动较多较集中区域，近海区和外海区则是对海岛周围保护区范围内的海域进行划分。

□ 主要使用区

主要使用区是进入海岛开展保护工作的特定区域，在主要使用区可以建设有限的永久性设施。两个主要使用区使工作人员可分别从岛的西北和东南开展保护工作，游览者也可从岛的不同位置登岸。为防止一些不可避免的干扰破坏，尤其是人类活动对环境的潜在影响，主要使用区内的活动也受到管制，管理人员治理的同时也时刻关注保护区内正在进行的人类活动与其对环境的影响。

□ 参观游览区

参观游览区是可以进行短期陆地参观活动的区域。游客可以登岛游玩、欣赏海岛的独特风光和海洋生物，领略大自然的奥妙。参观游览区的开辟是为了寻求保护目标和满足最佳游览效果的平衡。首先，参观区的位置设置需使游客们尽量在最短时间内登岛上岸。海岛天气变化无常，游船通常需要特定的时间和路线，海岛的参观游览区最好由几个分开分布的区域组成，保证游客在不同的时间或天气情况下可以上岸游览；参观游览区一般都是比较安全的登陆点。其次，需保证参观游览活动不会对保护区产生破坏。因此在参观游览区内只能进行环境影响不强的游览活动，如徒步、摄影和野生动物观察等。

□ **文化遗产区**

文化遗产区在阿特拉斯海湾主要使用区中是一个特殊保护的区域，这片区域是澳大利亚南极科学考察队早期探险的历史见证。

□ **荒野区**

荒野区是指保护区中除主要利用区、参观访问区、文化遗产区和限制区之外的陆地部分。为使保护区大部分陆地不受干扰，保持原来的生境状态，荒野区对人类活动进行了严格的管理。

□ **限制区**

限制区包括两部分：一是指对人类活动影响极为敏感的具有很高环境价值的区域；二是指为保证游客安全而需要严格限制进入的区域，因此进入限制区是被严格控制的。

□ **近海区**

近海区是保护区内海岛的高潮线延伸12海里的海域，是保护管理的重点区域。保护区近岸海域禁止人类活动，以保护海岸环境、野生动物海岸觅食地以及海域的生态价值为主。近海区的海上交通，包括船和小艇的使用以及任何排放都要符合相关规定，从而防止或减小其对海洋环境的影响。

□ **外海区**

外海区的划定主要是用于管理与保护区相关的近海区以外的活动，包括除近海区海水以外的全部海域。由于外海区离海岛较远，对人类活动的限制相对近海区要少，船舶进入或穿越外海区无需获得许可，但必须进行对保护区有价值的管理活动。

② 启示

功能分区是空间控制管理的方式之一，也是海岛管理的有效工具，目前在旅游区管理、国家公园、保护区和海洋管理等领域广泛应用。我们可以借鉴上述经验对海岛进行适当的功能分区，将空间区域划分成若干区域进行区别利用、管理和保护，从而更有效地保护有价值资源、生物栖息地，高效科学的利用非敏感区，实现可持续利用。相比较而言，我国的一些海岛资源种类少、生态环境脆弱，需要在保护中进行开发。通过功能分区，可以根据海岛生态系统特点来确定海岛分区类型、各区位置、保护与开发布局，并制定有针对性的管理原则和措施，实现不同类型海岛的差异化管理，在有效的利用海岛资源同时保护海岛生态环境不受破坏。

3.4.3.5　夏威夷的海岸线规划模式

① 案例简介

旅游海岸线规划的核心问题，是决定公众与私人对待海洋旅游吸引物的态度问题，其中规划尺度的把握，又决定了整体景观布局、目的地城市功能配套、娱乐休闲项目分布和地产开发的许多重大问题的展开。夏威夷的旅游海岸线规划贯穿了一种公众优先的原则，让公众和私人物业有序而合理地分配美丽的海岸线。如果把夏威夷海湾从海岸线到山脊的区域看成一个同心圆的话，这里的总体规划就是围绕海岸线形成的六个圈层结构。

最前沿第一圈，这里亲海的四千米多的岸线是完全属于公众的，游客可以任意下海游泳，不收取任何费用，也没有什么地段列为私家泳滩。

第二层近海的那排建筑一般都是品牌酒店，算是半公众区域。政府在该区域中心建立了一个公众公园，可以自由烧烤，举行野餐活动。入夜，几家酒店一楼露天的酒吧灯火闪烁，自然连成了一条浪漫的海边街市。

第三层是旅游休闲区域。这里是繁华的商业中心街区，有世界名品一条街，也有餐饮一条街，是游客感受旅游地文化的强磁场。

第四层是城市生活区。夏威夷主要的公共设施、政府机关、学校医院及普通市民住宅有机分布，沿交通干道一直向远处发展。

第五层是私家住宅区。城市开始向山坡发展，私人物业根据可以观海的差异，出现巨大的价格变化。一般的游客很难有机会拜访这些区域。

第六层则是远处壮丽的山脊线，这个海洋气候明显的旅游地，一会儿阳光普照、一会儿乌云密布、一会儿彩虹悬空，气象万千。有趣的是，尽管夏威夷旅游地产极为发达，但总可以在一些角度看山景，却完全看不到任何山上的建筑物。规划设计成功地保护了许多美丽山谷景观。

夏威夷的海岸规划，较完美地处理好了公众旅游和私人物业的关系，防止了许多经常空置的私人物业贴近海岸，而公众活动区域极其狭小的问题，尽管山坡上也有许多别墅，规划控制还是保证了整体景观效果，不让建筑完全破坏了自然氛围，值得中国规划界借鉴。

② 启示

我国有海岸线 3.2 万千米，其中大陆岸线 1.84 万千米，岛屿海岸线 1.4 万千米，许多地方适合开展旅游活动，一些省市也正将旅游业作为拉动地方经济新一轮增长的引擎，因此完全可以借鉴夏威夷海岸线规划进行开发。

3.4.4 大洋洲旅游业经验对浙江的借鉴意义

浙江省海洋及海岛旅游资源丰富多彩，而且旅游资源的品位高。有海天佛国之称的我国四大佛教圣地之一的普陀山，有国家级海洋生态风景区朱家尖岛，有我国唯一的国家级海洋风景名胜区嵊泗列岛，有国家级海洋自然保护区南麂岛，另外还有省级风景名胜区洞头列岛等，要做大做强浙江省的海洋旅游，需先做好海岛旅游的发展，而且浙江省已具备海岛旅游的基础条件和比较优势。

3.4.4.1 重视旅游规划制定和实施的统一性

对于海洋旅游来说，审美性和趣味性的要求很高，因此规划的制定必须要有创意性，能够满足游客的审美需求，同时规划的制定，重视可操作性、科学性和合理性，并且能够始终如一的贯彻执行。在世界范围里，普遍认为旅游规划对旅游可持续发展是很必要的，国外海岛旅游开发对规划的重视程度以及制定和实施的统一性，十分值得我们思考和借鉴。

3.4.4.2 重视强化区位特色以满足市场需求

紧紧抓住旅游市场的发展变化、回归自然的旅游趋势和大众化旅游的特点，按照顾客需要，有针对性地开发海洋旅游产品是世界上许多旅游业发达国家的一致做法；另外，强化区位特色，强调开发的民族性、地方性和独创性也是其成功的关键。地方特色、民俗文化在旅游开发过程中得到加强，并成为一项独特的旅游资源，吸引了众多的游客。

3.4.4.3 重视环境的可持续发展

重视对环境的保护和监督。在建设过程中要因地制宜，不轻易破坏原有地形、地貌、植被等，建筑风格也尽可能与周围环境相协调，此外对建筑物高度和密度作严格的界定。另外，并不一味的全方位开发海岛资源，而是划出大面积区域作为自然保护区，使生态环境处于良性循环状态。旅游环境管理部门对岛上的各经营区实行切实的监督，对污染环境、违反法规的经营单位，将会重罚。

3.4.4.4 重视政府的引导作用

在开发初期，由政府出面，做海岛旅游的整体规划，并由政府组织提供启动资金搞基础设施建设，待投资环境初步形成后，再将土地转让给投资者，并规定投资者要严格按照规划的要求进行建设，这种做法已由大量开发实践证明，由于投资规模巨大，多数投资者在海洋旅游的前期开发中缺乏信心，这时政府的合理引导就显得非常必要。

3.4.4.5 重视高效的服务和管理水平

周到齐全的社会服务和高水平的经营管理是海岛旅游取胜的一个关键因素。在管理上要做到井然有序、细致入微。同时，滨海度假区内各项社会服务应齐备，游客可以很方便地兑换钱币，得到各种送货服务等。此外，旅游监察咨询服务机构的设置，不但可以向游客提供各种宣传资料，还接受游客的咨询和处理投诉，有效地保证了旅游质量。

3.4.4.6 重视区域联动的发展模式

世界滨海海岛旅游区域整体发展经验的借鉴意义主要有两方面，一是建立旅游城市的理念；二是与区域整体发展融为一体的发展理念。建立旅游城市是因为城市单靠旅游业的发展不足以完全支持城市地区的可持续发展，以旅游带动城市整体发展方是根本，由此，旅游与城市其他功能协调发展的关系、旅游产业的带动作用等应予以特别关注。与区域发展融为一体的旅游城市建立，可以协调旅游与城市发展的关系，充分利用各种资源，拓展经济发展空间，延伸产业链，提高综合经济效益，以旅游强化发展，推进城镇化与城市化进程。

区域协作融合即在一个广大区域内，各具特色的不同地区，更为关注资源的组合选择，最大限度地发挥地缘和资源互补的现实优势，强强联手，进行区域协作和联合，打破行政区域界限，突破不合理的体制障碍，整合综合旅游资源，实现优化组合，一体化开发，如区域整体旅游交通、区域整体旅游形象、区域整体旅游宣传与促销等，共同参与市场竞争，形成一个强势区域整体旅游品牌，在我国的海洋旅游区，更应该注重区域融合、山海协作，海陆联动，才能打造出高品质的适应需求的海洋旅游区。

理论篇

国际上通常将离开常住地而集中到海洋环境下的游憩活动称之为海洋旅游，包括基于海岸带的运动以及基于水体活动的全部内容。本研究认为，海洋旅游与其他旅游活动的明显不同在于其活动范围限制在海洋环境下。随着人类对海洋旅游活动需求的不断扩大，海洋旅游活动与海洋旅游业呈现出许多独特性，需要我们理清其发展轨迹，探索其发展规律。海洋旅游学也非独立的学科，它以海洋旅游活动为对象，研究海洋旅游管理理论与政策、海洋旅游经济与发展战略、海洋旅游企业经营管理、海洋旅游资源开发与规划、海洋文化与中外海洋旅游业发展模式和经验等，实际上是旅游学学科体系中的现时的一个研究热点。正因如此，我们在研究海洋旅游管理体制这一课题时，完全有理由借鉴原本适合于经济管理体制改革的理论、方法和手段，加以适时地改造，应用于海洋旅游管理体制改革之中。

海洋旅游管理体制是国家组织、领导和管理海洋旅游业发展的一项根本制度，是海洋旅游活动正常开展、海洋旅游经济活动有效运行、海洋旅游发展目标得以实现的重要保障，它包括政府以及非政府组织或机构对海洋旅游经济运行中所产生的各种经济关系的有效协调和管理，并形成的组织形式和管理制度，涵盖了旅游管理的各种组织机构和形式、协调机制和监督方式，以及各组织机构的责任和利益关系。在产业融合愈加深入的今天，海洋旅游管理体制机制改革势在必行，以利益相关者理论、旅游协同管理理论、旅游公共管理理论等为指导，全面而深刻地剖析我国海洋旅游管理的变革历程和发展趋势，从旅游公共管理、旅游企业管理、旅游产业管理、旅游经济管理和旅游行业管理五大层面上揭示海洋旅游综合管理的目标、主体、客体、方法四大要素的变革规律，提出重构海洋旅游综合管理组织和职能体系，完善海洋旅游公共政策体系，创建海洋旅游标准化体系，创新海洋旅游综合管理制度和管理方法体系，最终实现构建创新型的海洋旅游综合管理体制总目标。

第4章　海洋旅游管理基本理论

随着改革开放步伐的不断加快，我国旅游管理体制在经历了起步、发展后，进入了深化和创新阶段，并取得了显著成就。向海洋进军，发展海洋经济是我国政府面向21世纪的战略决策，在这一战略决策指引下，沿海地区初步形成了一系列的海洋经济战略区，标志着我国海洋经济进入一个崭新的发展时代。海洋旅游业是21世纪的全球性新兴产业，也是海洋经济的重要组成部分，它对拉动我国经济发展有重大的意义，而高效运转并适应海洋经济发展的旅游管理体制，是实现旅游强国梦想的有力保障。我国海洋旅游业起步晚，发展并不成熟，但发展势头猛烈，因此，探索海洋旅游管理的相关理论，将有助于指导我国海洋旅游业的健康发展，更好的提升产业效益。

4.1　海洋旅游管理的相关概念诠释

4.1.1　海洋旅游

对于海洋旅游的定义，学术界还没形成统一性的意见。国际上常将离开常住环境而集中到海洋环境下的游憩活动称之为海洋旅游，它包括基于海岸带的运动以及基于水体的活动的全部内容，海洋环境主要是指含盐分并且受到潮汐影响的水域。就国内海洋旅游研究而言，李悦铮（2001）①、董玉明（2002）② 海洋旅游定义大致相同，主要是指在一定社会经济条件下，以海洋为依托，以海水、阳光和沙滩为主要内容，以满足人们精神和

---

① 李悦铮等．海岛旅游开发规划——理论探索与实践［M］．北京：旅游教育出版社，2011：18－30.

② 董玉明．中国海洋旅游业的发展与地位研究［J］．海洋科学进展，2002，21（4）：109－115.

物质需求为目的而进行的海洋游览、娱乐、体育和疗养、度假等活动所产生的现象和关系的总和。李隆华、俞树彪（2006）认为海洋旅游从现象上看是以海洋为目的地的旅游，从本质上看则是人类行走和休闲的欲望在地球上的最大伸张。[①] 楼筱环（2008）从相对陆地旅游而言，把海洋旅游定义为以海岛、海滨、海岸以及海面为活动范围的旅游活动。[②] 马丽卿认为，海洋旅游活动的开展，不仅依赖于海洋水体，还依赖于海洋资源、空间，因此，海洋旅游活动是全面的，它包括了发生在滨海地区和近海水域的所有与旅游、休闲活动有关的一切活动，还可以是商务或度假设施、餐饮设施、景观房地产、游乐设施以及景区景点、零售业、码头等所有支撑设施，海洋旅游活动的内容是十分丰富的，有海洋观光、海洋科考、休闲渔业、海洋海岛探险、海洋休闲运动等等。[③] 事实上，海洋旅游活动往往也离不开相邻海岸带城市中的活动配套，这些城市也发展成为著名的滨海旅游城市。因此，从产业角度来界定海洋旅游，可以指一定社会经济条件下，以海洋为依托、以满足人们精神和物质需求为目的而进行的海洋、海岛以及海岸带的游览、娱乐、度假等活动所产生的现象和关系的总和，它是一个完整的产业体系。

从上述各种研究中可以获知，学者多是从海洋旅游活动范围、活动目的以及活动内容来进行定义的，具有一定的不全面性。据此，本文认为海洋旅游是指在一定社会经济条件下，为满足人们对海洋的好奇与欲望，以海洋为旅游活动目的地及载体，凭借相关基础设施、设备，在海滨、海岛、海面、海底以及海空等空间，进行的观光游览、体育运动、娱乐购物、休闲度假等活动。

4.1.2 旅游产业融合

融合（convergence）一词常见于数学、化学、生物学和经济学等基础理论学科，其实质可以概括为两个或更多的性质各异的个体在一点或边界汇合并开始拥有的共同特征的现象。产业融合（industry convergence）这一

① 李隆华，俞树彪等．海洋旅游学导论［M］．杭州：浙江大学出版社，2005：62－82.

② 楼筱环．再论海洋旅游可持续发展紧迫性及其发展战略［J］．商场现代化，2008，555(10)：233－234.

③ 马丽卿，阳立军．话说海洋旅游［M］．北京：海洋出版社，2008：57－86.

现象则起源于20世纪70年代，由于高新技术的快速发展和扩散，原本具有分工的一些产业边界逐渐模糊，产业之间相互渗透并融合形成新的产业业态。① 产业融合作为一种新兴的客观经济现象，随着经济的快速发展，在世界范围内呈现蓬勃的趋势，是促进产业结构转型升级与经济快速发展的重要手段。旅游产业也正是在产业融合这一趋势的带动下，呈现出融合发展的迹象。

关于旅游产业融合的概念，程锦、陆林等（2011）认为：旅游产业融合是旅游产业与其他产业或者旅游产业内部不同行业之间发生相互渗透、相互关联，最后形成新的产业。② 李树民（2011）认为旅游产业融合指旅游业和其他产业之间在共生发展中相互渗透、相互融合，最终创立一种新型的业态和一种新的共生产品，并且这种新业态和新型的产品得到市场的认可，从而能够迅速成长为一种新的行业。③ 张凌云（2011）则认为旅游产业融合通常是指与其他产业之间或旅游产业内不同行业之间相互渗透、相互交叉，最终融合为一体，逐步形成新产业的动态发展过程。④

综合以上概念界定，我们认为，旅游产业融合作为一种旅游新现象，是指旅游产业在快速发展过程中，与其他产业或者旅游产业内部不同行业之间发生相互交叉、相互渗透，并逐步相互融合，最终形成一种新的旅游业态的现象。

4.1.3 旅游管理体制

在我国，旅游管理体制是国家组织、领导和管理旅游业发展的一项根本制度，是旅游经济活动正常开展、旅游经济有效运行以及旅游发展目标实现的重要保障。然而，在目前国内的研究中并没有统一性的权威定义，且在现有的文献中，很多国内学者将旅游管理体制等同于旅游行政管理体制。现行的旅游行政管理体制，一般仅仅是指国家根据有关法律法规，政府旅游主管部门对旅游业实施管理的组织结构体系和运行制度的总称，主

---

① Michael, Hall, Wouter, Mariska. Managing nature tourism in the Sub - Antarctic. Annals of Tourism Research, 1994, 21 (2): 355 - 375.

② 程锦，陆林，朱付彪. 旅游产业融合研究进展及启示［J］. 旅游学刊，2011，26（4）：13 - 19.

③ 李树民. 旅游产业融合与旅游产业协整发展［J］. 旅游学刊学，2011，26（6）：5 - 6.

④ 张凌云. 旅游产业融合的基础和前提［J］. 旅游学刊学，2011，26（4）：6 - 7.

要是由旅游行政组织在国家行政系统中的法律地位，各级旅游行政组织的设置原则、责权范围、工作程序、管理手段、管理原则，各级旅游行政组织的隶属关系，与政府其他职能机构的平行关系，相互责、权、利关系等构成。其实，旅游管理体制作为旅游管理的基础和核心，其渗透到旅游管理的各个环节、各个领域和各个方面，不仅仅涵盖了旅游行政管理及其运行机制方面，它还包括旅游行业管理及其运行机制、旅游企业管理及其运行机制，涉及旅游“食、住、行、游、购、娱”六大环节的各个方面，涵盖了出游前、出游中、出游后的各个阶段。

因此，旅游管理体制可以定义为：政府及非政府旅游组织或机构对旅游经济运行中所产生的各种经济关系的有效协调和管理以及其所形成的组织形式和管理制度。具体从管理层面上来说，包括旅游行政管理、旅游行业管理、旅游市场管理以及旅游企业管理等；从运行机制上来说，则包括旅游管理的各种组织机构、组织形式、协调机制、监督方式以及各组织或各机构的责任和利益关系等。

4.2 海洋旅游管理的理论基础

4.2.1 利益相关者理论

利益相关者理论（Stakeholder Theory）是起源于20世纪60年代欧美的一种企业管理思想，是在对英美等国奉行的“股东至上”的质疑声中逐步发展起来的。20世纪60年代，英美等国经济开始滑坡，国内企业遇到了诸如工人失业罢工、生态环境恶化、企业社会责任等问题，这些诸多因素使得企业不得不审视众多利益相关者的利益诉求。

利益相关者（Stakeholder）其早期思想可追溯到20世纪30年代，作为一个名词术语最早由斯坦福研究中心（Stanford Research Institution, SRI）于1963年提出。20世纪八九十年代经过罗伯特·爱德华·弗里曼（R. Edward Freeman）、布莱尔（Blair）、多纳德逊（Donaldson）、米切尔（Mitchell）等学者的共同努力，利益相关者理论得到传播逐渐引起人们注目，并形成一套理论体系，成为管理学一个独立而重要的分支。利益相关者理论核心思想是：任何一个企业的发展都离不开各种利益相关者的投入或参与，企业追求的是利益相关者的整体利益，而不仅仅是某个主体的利益。这些利益相关者包括企业的股东、债权人、雇员、消费者、供应商等交易伙伴，也包括政府部门、本地居民、当地社区、媒体、环境保护主义者等压力集团，甚至还包括自然环境、人类后代、非人物种等受到企业经营活动直接或间接影响的客体。[①] 这些利益相关者都对企业的生存和发展注入了一定的专用性投资，他们或是分担了一定的企业经营风险，或是为企业的经营活动付出了代价，企业的经营决策必须要考虑他们的利益，应当向这些利益相关者负责，在企业治理过程中要兼顾内部和外部有关权益主体的利益，并给予相应报酬和补偿。[②]

利益相关者理论研究初期主要集中在企业领域，直到20世纪90年代初才扩展到政府、社区、城市、社会团体及相关的经济及社会环境等方面。20世纪80年代中后期，一些旅游文献中出现了“利益相关者”这一词汇；1999年，“利益相关者”概念首次出现在世界旅游组织制定的《全球旅游伦理规范》文献中。纵观国外研究状况，这一理论在旅游学界的研究最初主要体现在三个方面：一是对于旅游利益相关者的界定。有的学者利用管理学中的利益相关者定义分别以当地政府旅游市场营销者、旅游经营商、旅游规划者为中心进行了列举（Sautter和Leisen，1999[③]），也有的研究者则对旅游经营者在开发经营过程中的利益相关者进行了分析（Chars Ryan，2002），[④] 还有的学者对旅游市场参与者之间的协作、联盟问题进行了调查分析研究（Cary，1997；[⑤] Buhalis，2002；[⑥] Hudson，2005[⑦]），有的

---

① 周丽洁. 基于利益相关者理论的张家界旅游发展策略［J］. 经济地理，2009，29（12）：2108－2112.

② R·爱德华·弗里曼. 战略管理－利益相关者方法［M］. 上海：上海译文出版社，2001：23－34.

③ Elise Truly Sautter，Brigit Leisen. Managing stakeholders：A Tourism Planning Model［J］. Annals of Tourism Research，1999，26（2）：312－328.

④ Chars Ryan. Equity，manngement，powersharing and sustainability：issues of “new tourism”［J］. Tourism Management，2002，23（1）：17－26.

⑤ Sandra Carey，YGountas，D Gilbert. Tour operators and destinationsustainability［J］. Tourism Management，1997，18（7）：425－431.

⑥ Dimitrios Buhalis，Alexandros Paraskevas. Entrepreneurship in tourism and the contexts of experience economy，University of Lapland［J］. Tourism Management，2002，23（4）：427－428.

⑦ Hudson S，Miller G A. The Responsible Marketing of Tourism：the Case of Canadian Mountain Holidays［J］. Tourism Management，2005，26（2）：133－142.

则在实践中通过对具体旅游地的利益相关群体进行实证调查（Markwick，2000；[①] Burns 与 Howard，2003[②]）。二是在于旅游规划和管理决策中的利益相关者实证调查研究。研究者们借鉴社会学和管理学中的组织理论、沟通理论以及协作理论等对解释这些现象的分析框架和解决利益相关者的冲突与协作问题的对策与途径进行了探讨。三是面对利益相关者之间的冲突与协作，探讨解决对策和管理措施。研究者们将协作理论引入旅游目的地中，探讨旅游目的地发展中不同组织的协作关系，并提出相关利益管理的旅游协作规划模型（Jamal，1995[③]）。国内方面，保继刚（2002）[④]、张伟（2002）[⑤]、冯淑华（2003）[⑥] 等人在旅游规划中就各利益主体的利益表现、决策过程与行为、相互制约和相互影响关系作了研究，分析主要利益群体在区域旅游业中的作用，寻找旅游业发展的内部结构和深层制约机制。张祖群（2004）[⑦]、黄昆（2003）[⑧] 等对旅游目的地系统中不同利益主体的经济互动关系进行了实证研究，构建出由利益相关者共参与的景区环境管理模式。夏赞才（2003）将目光投向旅行社，构建出由核心层、战略层及外围三个基本层次组成的旅行社利益关系图谱。[⑨] 何彪（2004）等把关系营销的概念应用到目的地相关者的管理中，提出了双向沟通－合作－双赢机

---

① Marion C Markwick. Golf tourism development, stakeholders, differing discourses and altemative agendas: the case of Malta [J]. Tourism Management, 2000, 21 (5): 515－524.

② Burns G L, Howard P. When wildlife tourism goes wrong: a case study of stakeholder and management issuesre garding Dingoes on Fraser Island, Australia [J]. Tourism Management, 2003, 24 (6): 699－712.

③ Tazim B Jamal, Donald Getz. Collaboration theory and community tourism planning [J]. Annals of Tourism Research, 1995, 22 (1): 186－204.

④ 保继刚，钟新民．桂林市旅游发展总体规划（2001－2020）[M]．北京：中国旅游出版社，2002.

⑤ 张伟，吴必虎．利益主体（stake holder）理论在区域旅游规划中的应用——以四川省乐山市为例 [J]．旅游学刊，2002，17（4）：63－68.

⑥ 冯淑华．三百山旅游发展中流域利益主体关系的探讨 [J]．宜春学院学报（社会科学版），2003，25（5）：47－50.

⑦ 张祖群，方巧，杨新军．基于文化景观的利益主体经济互动——荆州的旅游人类学实证研究 [J]．桂林旅游高等专科学校学报，2004，15（1）：74－78.

⑧ 黄昆．利益相关者共同参与的景区环境管理模式研究 [J]．湖北社会科学，2003，17（9）：81－82.

⑨ 夏赞才．利益相关者理论及旅行社利益相关者基本图谱 [J]．湖南师范大学社会科学学报，2003，32（3）：72－77.

制，即 BCB 方案。① 邓小艳（2004）从利益相关理论出发，构筑了旅游意外保险的利益主体谱系图。② 宋瑞（2005）③、刘雪梅（2005）④ 等人则从利益相关者视角来分析我国生态旅游，探索那些伪生态旅游所存在问题的根源。由此可见，利益相关者理论作为一种新的管理理论，其基本出发点考虑的是社会责任，将其引入旅游管理的研究必将有助于推进旅游管理体制的完善与创新，推动旅游业的可持续发展。⑤

4.2.2 旅游协同管理理论

协同理论亦称协同学（Synergetic），是 20 世纪 70 年代联邦德国物理学家海尔曼·哈肯（Hermann Haken）创立的。协同理论以现代科学的最新成果——系统论、信息论、控制论、突变论等为基础，吸取了结构耗散理论精华，采用统计学和动力学方法，研究不同事物共同特征及协同机理。协同理论指出，一个稳定的系统，它的子系统都是按照一定的方式协同活动、有次序运动的。该理论把一切研究对象看成是由子系统构成的系统，这些子系统彼此之间会通过物质、能量或信息交换等方式相互作用，通过子系统之间的这些相互作用，使整个系统形成一种整体的协同效应或者一种有序的新型结构（图 4－1）。⑥

协同理论的主要内容可以概括为三个方面：

一是协同效应。协同效应是指由于协同作用而产生的结果，是指复杂开放系统中大量子系统相互作用而产生的整体效应或集体效应（《协同学引论》）。因为，任何复杂系统在外来能量的作用下或物质的聚集态达到某

① 何彪，马勇．基于关系营销的旅游地利益相关者管理策略研究［J］．桂林旅游高等专科学校学报，2004，15（3）：41－44.

② 邓小艳．利益主体理论在旅游意外保险领域中的应用与思考［J］．社会科学家，2004，111（6）：107－110.

③ 宋瑞．我国生态旅游利益相关者分析［J］．中国人口·资源与环境，2005，15（1）：36－41.

④ 刘雪梅，保继刚．从利益相关者角度剖析国内外生态旅游实践的变形［J］．生态学，2005，24（3）：348－353.

⑤ 王波，章仁．基于利益相关者理论的国内外旅游应用研究综述［J］．特区经济，2008，（7）：156－158.

⑥ 钟家雨，柳思维．基于协同理论的湖南省旅游小城镇发展对策［J］．经济地理，2012，32（7）：159－164.

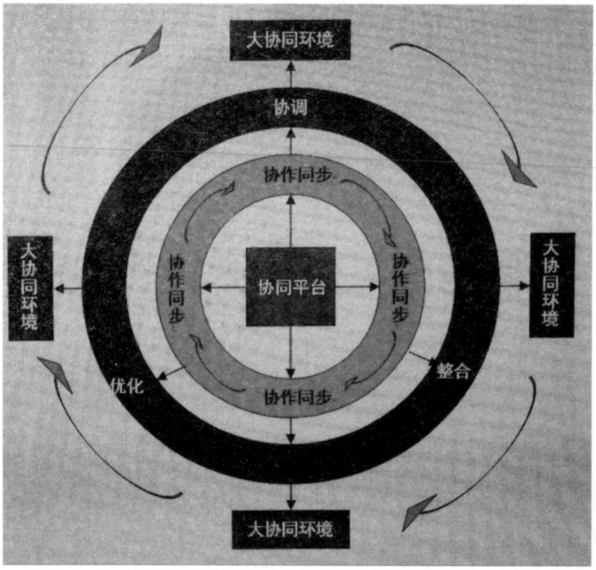

图 4－1　协同系统示意图

种临界值时，子系统之间都会产生协同作用，让系统在临界点发生质变而产生协同效应，使得系统从无序变为有序，从混沌中产生某种稳定结构。

二是伺服原理。伺服原理即快变量服从慢变量、序参量支配子系统的行为原理，实质上也是临界点上系统的简化原则，即系统在接近不稳定点或临界点时，系统的动力学和突现结构通常由少数几个集体变量（即序参量）决定，系统其他变量的行为则由这些序参量支配或规定，它从系统内部稳定因素和不稳定因素间的相互作用方面描述了系统的自组织的过程。

三是自组织原理。自组织是相对于他组织而言的。他组织是指组织指令和组织能力来自系统外部，而自组织则指系统在没有外部指令的条件下，其内部子系统之间能够按照某种规则自动形成一定的结构或功能，具有内在性和自生性特点。自组织原理解释了在一定的外部能量流、信息流和物质流输入的条件下，系统会通过大量子系统之间的协同作用而形成新的时间、空间或功能有序结构。

协同理论的研究目的就是建立一种用协作、统一的观点去处理复杂问题，以求达到整体效应和协同发展。协同理论的自组织原理告诉我们，任何系统如果缺乏与外界环境进行物质、能量和信息的交流，其本身就会处于孤立或封闭状态。在这种封闭状态下，无论系统初始状态如何，最终其内部的任何有序结构都将被破坏，呈现出一片“死寂”的景象。因此，系统只有与外界通过不断的物质、信息和能量交流，才能维持其生命，使系统向有序化方向发展。管理系统是一个复杂性系统，一般由人、组织和环境三大要素组成，而每个要素又嵌套多个次级要素，其内部呈现非线性特征；管理系统又是一个开放性系统，它要通过不断地接收各种信息，并经过加工整理后，将管理对象所需的信息输出，在不断地接收信息和输出信息的过程中，管理系统向着有序化方向完善和发展。

协同论认为，系统能否发挥协同效应是由系统内部各子系统或组分的协同作用决定的，协同得好，系统的整体性功能就好。若管理系统内部的人、组织、环境等子系统内部以及他们之间相互协调配合，共同围绕目标齐心协力地运作，那么就能产生 $1+1>2$ 的协同效应；若管理系统内部相互掣肘、离散、冲突或摩擦，就会造成整个管理系统内耗增加，系统内各子系统难以发挥其应有的功能，致使整个系统陷于一种混乱无序的状态。协同是现代管理发展的必然要求。在复杂多变、不可预测、竞争激烈的环境中，随着全球经济一体化的趋势越明显，企业间的竞争变得激烈纷呈，企业间的生产方式、市场环境都将产生极大的变化，人们生活质量的提高也对企业生产与服务提出更高要求，因此，协同好企业内部各子系统间的关系，才可以提高自身的竞争能力。

协同理论具有普适性。由于协同理论属于自组织理论的范畴，它的意图不仅在于发现自然界中的一般规律，而且还在无生命自然界与有生命自然界之间架起了一道桥梁，探索事物结构形成的一般原理和规律。因此，协同理论正广泛应用于各种不同系统的自组织现象的分析、建模、预测以及决策等过程，它的这种普适性，把协同理论引入管理研究，并对管理理论的发展以及对解决现实管理领域中的问题提供了新的思维模式和理论视角。

旅游业作为一个复杂的巨系统，由于自身强综合性、强关联性以及产业交叉性，使其发展离不开企业、行业、产业、组织及区域的合作开发与协同管理。旅游协同不同于简单层面上的协调、配合，而是建立在产权、组织、体制等基础上的一种深层次、系统化的互动关联，是对旅游经济实施有效管理与调控的根本出发点。建立全面、高效的旅游协同，必须使旅游管理部门牢固树立大旅游意识和协同理念，充分运用现代管理模式和必要的技术手段，从制度创新、体制创新、机制创新等方面入手，全方位地整合资源要素，建立不同层面的协同机制。

4.2.3 旅游公共管理理论

旅游公共管理理论是建立在新公共管理理论基础上演变而来的。新公共管理（new public management，NPM）是20世纪七八十年代以来兴盛于英、美等西方国家的一种新的公共行政理论和管理模式，也是近年来西方规模空前的行政改革主体指导思想之一。它以现代经济学和私营企业的管理理论与方法为理论基础，不强调利用集权、监督以及加强责任制的方法来改善行政绩效，而是主张在政府等公共部门广泛采用企业化的管理方法来提高管理效率，在公共管理中引入竞争机制来提高服务的质量和水平，强调公共管理以市场或顾客为导向来改善行政绩效。新公共管理重视公共服务的产出，强调文官对社会公众的响应力和政治敏感性，倡导在人员录用、任期、工资及其他人事行政环节上实行更加灵活、富有成效的管理。①

传统的公共管理是以威尔逊、古德诺的政治－行政二分论和韦伯的科层制论为基础建立起来的，而新公共管理则以现代经济学和私营企业管理理论和方法为基础发展而来。譬如，“理性人”的假定给予它绩效管理的依据，公共选择和成本交易理论给予它市场或顾客导向的依据，成本－效益理论给予它目标管理的依据；私营部门灵活的组织形式比韦伯所说的僵化的科层制更能适应环境，合同雇佣制和绩效工资制更能体现人事管理上的灵活性，私营部门正运用着的诸如绩效管理、目标管理、组织发展、人力资源开发等管理方法更能产生出管理绩效，以上这些原本属于私营企业领域的管理理论和方法完全运用到公有部门的管理之中，成为新公共管理理论的重要支撑。而在公共选择和交易成本理论基础上，新公共管理理论也发展出了不同的理论方向，主要有弗里德曼和哈耶克的“小政府理论”、有哈默和钱皮的“流程再造”理论，霍哲的提高公民参与度的政府绩效评估流程，奥斯本和盖布勒的“重塑政府”理论，② 等等。

---

① 杨军．旅游公共管理［M］．天津：南开大学出版社，2008：8.

② 〔美〕D·奥斯本和T·盖布勒．改革政府——企业精神如何改革着公营部门［M］．上海市政协编译组和东方编译所编译．上海：上海译文出版社，1996：12.

新公共管理思想在西方的出现不是偶然的，其背后有着深刻的社会历史背景。由于20世纪70年代开始的石油危机以及福利国家负担过重等因素，西方各国普遍出现了经济衰退，公共财政也因收入减少和福利开支过大等因素出现了持续的赤字，各国政府都面临着财政紧张的困境；而另一方面，由于政府职能的不断扩张，政府的规模也在逐渐扩大，西方各国政府普遍臃肿，效率低下；加上信息技术革命的影响，西方各国政府迫切需要建立一种适合本国经济、社会发展需要的政府管理模式，这些因素导致了西方各国政府行政与组织的内在变革，普遍掀起了公共行政管理的改革浪潮，这些现象的出现标志着西方国家普遍进入了新公共管理时代。

早在20世纪中叶开始，西方发达国家普遍运用凯恩斯经济学理论来指导国家经济运动，然而多年以后，“福利国家”制度并未取得如期的经济增长和社会满意度，反而出现了经济滞胀、高税收、政府公共服务无效率，造成社会普遍不满，人们开始从政治上批判“福利国家”的政策基础，主张以自由市场、个人责任、个人主义来重塑国家和社会，这些来源于新制度经济学和公共选择经济学的主张强调了自由市场的价值，主张用市场过程取代政治和政府过程来配置社会资源并作出相应的制度安排。市场化改革在一定意义上是为政府减负，同时也意味着政府放权。现代政府在依然支配巨大社会资源的前提下，面对社会要求“花费更少，做得更好”，必须积极从内部管理上挖潜，寻找新的管理理念和管理工具，学习私营企业的先进管理方法，通过在政府管理中实施企业化管理，以顾客为导向引进竞争机制，推广民营化等改革措施，产生出不同于传统政府管理模式的新公共管理典范。因此，所谓的“重塑政府运动”、“企业型政府”、“政府新模式”、“市场化政府”、“代理政府”、“国家市场化”等其实质都是这场政府改革的不同称谓。

“新公共管理”范式的出现构成了对传统公共行政学范式的严峻挑战，它改变了传统行政学的研究范围、主题、方法、学科结构、理论基础和实践模式，成为当代西方公共管理尤其是政府管理研究领域的主流。“新公共管理”有其新颖、合理之处，反映出当代西方公共管理实践的发展趋势，体现了公共部门管理研究的新成就。“新公共管理”理论主要包括内容六个方面：一是以顾客为导向，奉行顾客至上的全新价值理念。新公共管理完全改变了传统模式下政府与公众之间的关系，政府不再是发号施令的权威官僚机构，而是以人为本的服务提供者，政府公共行政不再是“管治行政”而是“服务行政”；公民成为享受公共服务的“顾客”，政府以顾客需求为导向，尊崇顾客主权，坚持服务取向。二是政府职能由“划桨”转为“掌舵”。新公共管理主张政府在公共行政中只能是制定政策而不是执行政策，政府应该把管理和具体操作分开。三是将竞争机制引入公共管理中。传统公共行政力图建立等级森严的强势政府，强调扩张政府的行政干预；新公共管理主张政府管理应广泛引入市场竞争机制，通过市场测试，让更多的私营部门参与公共服务的提供，提高服务供给的质量和效率，节省成本。四是追求效率。新公共管理采用私营部门成功的管理手段，追求明确的绩效目标控制。五是改造公务员制度。新公共管理瓦解了公务员制度的一些重要原则和核心特征，主张通过推行临时雇佣制、合同用人制等新制度，打破传统的西方国家文官法的“常任文官无大错不得辞退免职”规定，废弃公务员价值中立原则。六是创建有事业心和有预见的政府。政府必须转变价值观，政府公共管理者应该转变为企业家，政府应该把更多的工作放在预防上。

我国是发展中国家，也是经济体制从计划经济向市场经济转型的国家。我国改革开放的实践告诉我们，实行公共行政管理体制改革是十分必要的。早在 20 世纪 70 年代末，我国就已经普遍开始了政治、经济、文化、教育、科研体制等各个领域的全方位的改革，其中经济体制改革的步伐最快，开创了具有中国特色的社会主义市场经济体制的道路。经济体制的改革一方面提出了公共行政管理体制改革的必要性，另一方面也为公共管理体制改革创造了必要的条件。从 1978 年开始，我国政府机构改革的动因主要与市场化改革的进程相关，尤其是 20 世纪 90 年代初以来的政府机构改革，更主要地是为了适应社会主义市场经济发展的需要。但是 1998 年以前的政府机构改革并未能取得预期效果，究其原因，或者是因为没有将政府机构改革与职能转变联系起来，或者虽将二者联系起来，但却没有在制度上得到保证，因此改革的效果并不明显。在世界经济、科学技术飞速发展的今天，世界范围内的竞争日趋激烈，我国政府机构改革目标就不仅仅局限于职能的转变，而且还要提高公共行政服务的质量和效率，实现公共行政管理的现代化，才能适应社会未来发展趋势，因而以市场化为导向的西方国家公共行政管理改革的理论与实践，显然可以为我国的公共行政管理改革提供一定的经验，起到一定的借鉴作用。

旅游公共管理作为一种新的旅游管理模式就是要运用现代公共管理理论，以涉及旅游活动的公共部门、非政府相关组织为主体，以旅游行政管理为核心，以服务各旅游相关者为导向，以提升管理效率和管理效果为重点，以通过旅游增加社会福利为目的，以组织、计划、协调和控制为主要手段，对涉及旅游活动的各种事务实施全方位的有效管理，并提供相应的服务。

长期以来，我国旅游业发展实行的是政府主导型旅游管理体制，以政府的旅游行政主管部门为旅游的管理主体，以全行业为管理客体，以行政命令为管理手段，其他一些如旅游协会、行业协会、旅游公共企业等旅游公共服务部门、自我管理组织被排斥在管理主体之外。然而，随着旅游业的迅速发展和人们对旅游活动性质认识的不断加深，传统的行政命令式管理模式已难以适应当今旅游业发展需要，各种深层矛盾不断凸显，如同当今社会行政管理模式受到来自社会实践的挑战一样，旅游管理正面临着由传统行政管理模式向现代社会公共管理模式的转变。

4.3 海洋旅游管理的变革及发展趋势

我国的旅游管理体制改革始于 1987 年，之前的旅游工作主要是国家的外事接待，旅游管理机构也主要从事外事性、政治性的接待工作。如 1964 年成立的“旅行游览事业管理局”，就是外交部的外事行政管理部门。1978 年以后，随着国际入境旅游市场大门的打开，我国旅游管理体制开始了初步改革，将“旅行游览事业管理局”改为直属国务院的管理总局，并在各省、市、自治区成立旅游局，同时，一个由国务院副总理亲自挂帅的旅游领导 17 人小组也成立了，一批专用别墅、涉外宾馆、车队划归旅游行政部门实行分类管理，并逐渐实行企业化管理。这种大规模改革举措，缓解了旺发的游客市场压力，并形成了我国第一批旅游生产力，奠定了旅游业发展的最原始基础，但当时的旅游管理体制也并非创新型的，直到 20 世纪 80 年代初，我国才确立了“统一领导、分散经营，政企分开，分级管理，统一对外”的经营管理体制格局。譬如 1981 年 3 月，国家旅行游览事业管理局成为全国管理旅游事业的行政机构，并和国际旅行社实行政企分开，从此，我国诞生了真正意义上的旅游企业和旅游行政管理机构，旅游管理体制改革有了正确的方向和实质性内容。然而，这种旅游管理体制虽然淡化了外事接待性质，但却有着权力过分集中、政企合一、两权不分、宏观管理职能软弱、微观包办干预过多的特征，很快就不能适应飞速发展的旅游业和国家进一步开放的大形势。

20世纪80年代中后期，我国迎来了更大规模的旅游高潮，仅1984年，旅游入境人数就达到1 300万人次，年增长率达到6%，形成了改革开放以来的第二波旅游高潮。但在大改革、大发展的浪潮中，观念上和政策上的种种制约，也显示出旅游管理体制的不适应性和局限性，并带来一系列的矛盾和困难：旅游需求急速膨胀和旅游供给严重不足、其他部门进入旅游业的热情和旅游业壁垒、旅游产业大发展和集权制经营管理，旅游业冲突计划经济下形成的观念、方法和政策制约成为发展的关键。1984年7月，中共中央办公厅和国务院办公厅转发了国家旅游局《关于开创旅游工作新局几个问题的报告》，提出一系列改革措施，吹响了我国旅游管理体制改革的号角。1985年1月，国务院在批转国家旅游局《关于当前旅游体制改革几个问题的报告》中，进一步明确了旅游发展方针，即“从旅游接待转变为开发、建设与接待并举；从只抓国际旅游转变为国际、国内旅游一起抓；从以国家投资为主体建设基础设施转变为国家、地方、部门、集体、个人一起上，自力更生与利用外资一起上；旅游经营单位从事业单位转为企业化经营”的四个转变，这一方针大大地激发了各方面的热情和积极性，使得旅游基础设施大幅度增加，旅游生产力大大提高，多种经济形式并在的旅游经营格局和多元化的旅游管理体制开始形成，极大地促进了我国旅游业的发展。

随着发展的不断深入，旅游业不可避免地出现了问题和弊端，宏观上的失控而导致旅游产业结构失调、旅游产品供给与市场需求矛盾、旅游要素在地区和行业间配置不均衡、多头管理造成政令不一、不同利益动机驱使市场混乱无序、条块分割、重复建设、资源浪费、旅游环节被人为割裂而造成滞阻和脱节，旅游业发展中出现的种种问题说明旅游管理体制的滞后，行业缺乏统一管理的机制和政策法规，旅游行政管理部门必须突破系统界限，转变管理职能和管理方法，建立起全行业管理的一整套规范、制度、政策和法规，这是旅游业持续、稳定、健康发展的关键。因此，至

1985年开始，我国的各级旅游行政部门在实践中探索旅游全行业管理的内容和方法，特别在加强旅游规划职能、加强政策法规职能方面作出极大的努力。1988年12月21日，国务院办公厅转发了《国家旅游局关于加强旅游工作意见的通知》，制定了旅游管理体制改革的总体方案，从各级旅游行政管理机构改革、职能转变，到旅游协会、饭店协会改革，旅游企业经营责任制改革，旅行社管理体制改革，旅游价格改革、发展旅游商品等等，对旅游业管理的各个方面提出了改革意见。该文件是深化旅游管理体制的指导性文件，至此，我国旅游行业管理政策和法规的框架基本形成，标志着我国旅游业开始向传统管理体制告别，迈入新的发展阶段。这一阶段中，我国的两级旅游管理体制基本形成，为全行业服务的职能开始体现，旅游法规手段的运用有效地保障了旅游行业运行质量和旅游市场正常运行秩序，旅游涉外价格管理进一步规范，旅游企业经济责任制改革成效显现，旅游行政部门在政企分开、深化改革、加强行业管理等方面逐渐摆脱了对旅游企业经营的直接干预，而将管理重心转移至规划、产业布局、政策、行业规范等方面，并将旅游发展规划开始列入国家和地方社会经济发展计划之中，旅游产业开始成为国家和各地的重点产业、支柱产业，成为新的经济增长点。这一阶段我国旅游管理体制改革的巨大成就在于促进了我国旅游行政管理从系统管理跨入全行业管理的发展，从直接管理转为间接管理，从微观管理转向宏观管理，从而完成了从传统管理体制向现代化、科学化、正规化、国际化管理体制的迈进。

进入21世纪以来，海洋逐渐成为我国经济发展的重要舞台，沿海各省市将目光投向海洋，发展海洋旅游成为振兴地方经济的重要举措。海洋较之陆地空间更为丰富，其管辖体系更加复杂，要发展海洋旅游，提升海洋旅游业水平，创新海洋旅游管理体制十分关键。随着我国海洋旅游业发展水平以及规模的不断提升，我国的海洋旅游管理体制也要求有相应的变化。

4.3.1 海洋旅游管理的体制变革思路

近几年，随着产业融合的推进和海洋旅游业的不断发展，海洋旅游业与其他旅游产业不断融合，出现了多元化的发展趋势，正逐步形成以海洋旅游为主体的旅游时代；海洋旅游的管理体制也在不断创新，然而管理体制不合理之处仍然有许多，与新形势发展不相适应，阻碍旅游业发展的体制瓶颈不断显现。如很多地区的海洋旅游资源分属不同的部门，各部门为了自身利益出现了多头管理、各自为政的现象，既对旅游资源造成破坏和浪费，又不能形成资源互补和协调开发的局面。[①] 因此，必须要对这一现象进行变革。

4.3.1.1　强化思想认识

实现海洋旅游资源优化配置，促进海洋旅游业发展的关键是要对旅游管理进行体制改革，而要使我国海洋旅游管理体制改革顺利开展，最关键的是要提高思想认识，认清海洋旅游管理体制变革的重要性。这就需要相关行政部门加强政策引导和舆论宣传，直接关系到旅游管理变革的成败。我国的海洋旅游管理的基本模式是集团化、国际化，旅游业作为经济产业必须提高竞争力才能在国际中占据市场，这就需要海洋旅游管理中改革体制，转变国有经营观念，引进市场机制，将其推向国际市场。

4.3.1.2　制定配套的法律法规

我国的海洋旅游发展起步较晚，经验也不够丰富，大多是借鉴国外海洋旅游管理的成功经验，而我国在旅游管理方面的法律法规也不够健全、制度供给不足，出现了“短腿”现象。完善的法律法规是海洋旅游管理的重要保障，因此相关部门必须尽快出台适应我国海洋旅游管理的法律法规，并制定便于实施的配套的法律细规，为海洋旅游管理提供法律保障。根据改革实施的需要，及时调整修改、制定新的法律法规，促进海洋旅游有序、顺利发展。

4.3.1.3　提高人文素质

海洋旅游管理变革仅靠法律法规来强制执行是远远不够的，管理不当会出现适得其反的效果，反而不利于海洋旅游的管理。为海洋旅游管理创造良好的文化氛围才是重要保障。一方面，要提高旅游管理部门工作人员的素质，引进市场机制，加强对管理人员专业知识和技能的培训，争取与国际海洋旅游管理接轨。另一方面，对海洋旅游者宣传旅游资源保护的意

---

① 金太军．新公共管理：当代西方公共行政的新趋势［J］．国外社会科学，1997，（5）：20－24.

义，促使海洋旅游资源得到持续利用，使我国人民群众成为旅游管理体制改革的实施者。①

4.3.2 海洋旅游管理性质的变革

旅游是带有一种准公共产品的性质，尤其是旅游资源，应该为全体人民所共享，不应该具有排他性。按照旅游公共原理和福利经济学原理，从长远看，旅游应该是一种社会福利，是人们在满足了物质生活以后的一种精神生活，是赋予人们的基本权利。马尼拉《世界旅游宣言》曾明确提出："发展旅游的根本目的是提高生活质量，并为所有的人创造更好的生活条件。"因此，发展旅游的终极目标不是经济的增长，而是社会总福利的增加。旅游公共管理的根本目的就是要提供社会服务，通过旅游活动的发展，满足广大人民日益增长的旅游需求，带动区域社会、经济、文化、环境的全面进步，从而提高人们整体生活水平和社会的整体福利水平。

当旅游发展的最终目的不仅仅是追求经济增长，而是通过发展旅游增加社会福利时，旅游就不再是一种谋取经济利益的单纯产业，而是一种谋取社会福利的综合事业，这也要求我们必须将旅游管理工作融入到社会、经济、文化、自然与人类自身的全面发展大背景下，站在更广阔的层面看待旅游管理，吸收多部门参与旅游公共管理，实现旅游公共管理多元化、社会服务化，最终达到从旅游经济管理向福利管理迈进。

4.3.3 海洋旅游管理模式的变革

4.3.3.1 实现旅游管理主体多元化，扩大职权行使范围，促进管理职能转型

海洋旅游产业融合了其他多种旅游产业，是一门综合性很强的产业。随着旅游产业的蓬勃发展和利益主体的复杂化，依靠政府为主导型的单一管理体制已经很难维持海洋旅游产业的持续健康发展，旅游管理主体的多元化是其发展的必然趋势。在海洋旅游产业管理中应该赋予港航、渔业、海洋、环保等部门一定的职权，各部门间相互协调，相互合作，共同促进海洋旅游的整体健康发展；旅游行政管理部门应该进一步扩大职权范围，

---

① 吴雪莹．黑龙江省旅游产业发展的对策研究［D］．国外社会科学，1997，(5)：20－24.

从仅有旅游行业管理职能扩大至旅游产业管理职能，变监管型职能为服务型职能，促进分散型管理向统筹型管理转型，构建起有利于海洋旅游产业发展的体制环境，形成政府主导、市场动作、企业主体、社会参与的大旅游发展格局，促进海洋旅游业的转型升级。

4.3.3.2 加强旅游协同管理，实现旅游管理专业化

海洋旅游是一个与其他产业交叉性和关联性很强的产业，旅游局作为海洋旅游的主管部门，应充分发挥其主导地位的优势，在旅游资源开发过程中与其他政府部门协同管理，维护各部门利益，发挥其管理优势，对旅游业进行全方位、多层次的立体化管理，彰显旅游局在海洋旅游管理中的权威地位。在海洋旅游发展过程中，加强旅游资源各要素的优势整合与互补，形成专业化的旅游机制。

4.3.3.3 重视宏观调控与微观管理的结合

海洋旅游资源种类丰富，分布又具有跨区域性的特点，对海洋旅游资源的开发必须立足于整体，进行宏观调控。在海洋旅游管理中，旅游行政管理部门需理顺海洋旅游资源各管理部门之间的关系和利益，规划制定一套详细的开发与管理方案，并健全旅游法律法规，将权利与职责具体到各个管理部门，各部门间协调管理，实现效益的最大化。各行政管理部门在其职权和管辖范围内，充分行使其职能，对其拥有的旅游资源实施全面管理，获取最大利益。

4.3.3.4 促进旅游业持续发展，实施动态管理

旅游业是以服务为核心的新兴产业，它与第一二产业截然不同，曾一度被称之为“无烟产业”。但事实证明，旅游资源也并非取之不尽用之不竭的，在现实中，由于开发过度或者管理规划中出现的问题，对自然环境和人文环境产生很大的破坏。因此，必须树立旅游可持续发展的观念，立足社会经济的发展，掌握旅游发展的方向，对旅游资源实施可持续开发与动态管理，顺应旅游生产力的发展，促进海洋旅游的持续、健康发展。

4.3.4 海洋旅游管理变革趋势

4.3.4.1 旅游产业的综合化发展，要求改革旅游行政管理体制

我国的旅游行政管理体制经历了几个阶段的发展，在“八五”到“十

一五”期间的改革方向主要是向着精简、放权的市场化方向发展，而从“十二五”开始，在大部制推动下，主要沿着与文化、商务、其他行业融合的方向发展，并通过休闲发展来实现突围。首先是旅游行政管理改革会向着更宽广、更宏观的公共服务领域拓展。旅游业属服务贸易，旅游产品具有公共产品性质，我国旅游行政管理部门长期存在着权责不匹配问题，要建设人民群众更加满意的现代服务业，今后的改革必须要强调和突出旅游事业的公益性，逐步增强旅游部门的公共服务建设能力。其次，旅游管理工作的综合性特点，要求建立有效的协调机制。旅游产业具有综合性特点，旅游事业协调工作又是一项艰巨的任务，而在我国要建立一个涉及旅游发展所有事务的单独的政府管理机构是不可能的，因此，一个由政府牵头的协调机构或协调机制的确立就十分必要了，它在促进区域旅游资源开发、区域经济一体化发展等方面发挥出很大的作用。

体制的改革创新包括机构重组、职能重构、人员充实等方面，管理体制改革首先是旅游行政机构设置的改革。政府主导作为我国旅游业发展的一大特征，既是旅游产业迅速发展的重要原因，也是市场机制不完善的必然产物，但旅游产业是市场化程度较高、充分竞争的领域，政府的主导不能取代市场的作用，要充分遵循市场经济规律，形成统一公平公开的竞争环境，充分发挥市场在旅游资源优化配置中的作用。虽然1998年我国进行了新一轮的国务院机构改革，并以建立办事高效、运转协调、行为规范的政府行政管理体系和适应社会主义市场经济体制的有中国特色的政府行政管理体制为目标，然而这次机构改革的指导思想仍然是公共行政的传统准则，即集权性的韦伯式的官僚体制的基本准则，尚缺少当前西方各国流行的新公共管理的准则，尚缺乏吸收和借鉴西方新公共管理的某些思想。特别是新公共管理所强调的政府企业化管理、将企业管理方法以及竞争机制引入公共管理领域的做法。

我国现行的旅游管理体制是部门分割管理制，由于旅游资源分属于不同的行政管理部门，因此旅游企业也分属于不同的主管部门。从横向角度来看，各类旅游景区及文物资源分别由建设、林业、环保、文化、文物、宗教、地质等部门行使管理权，从纵向角度看，国家级、省级、市级、县级的资源又由各级相关行政主管部门管理，各管理部门职权不一致、管理范围狭窄，旅游主管部门难以协调和组织相关部门之间的关系；同时，国家与各级地方旅游部门之间又缺乏良好的交流和沟通机制，上级旅游管理部门对下级旅游管理部门不能形成垂直有效的监督和管理，下级对上级也往往缺乏有效反馈，加上各地区之间的利益关系和地方保护主义，致使许多旅游产品人为分割，旅游行业间、企业间产生恶性竞争和摩擦冲突，旅游资源不能得到统筹利用，旅游产品难以整体设计，旅游市场不能有效地开发。虽然我国有最高常设旅游管理机构——国家旅游局，但其只是一个准部级单位，缺乏权威性，旅游事业发展一旦遇到问题，部门之间的矛盾往往难以解决；各省市地区情况也大体如此。由于机构设置的不健全，现行领导机构的职能难以发挥，国家对旅游业的管理力度也会受到影响，因此，在国家层面设置“全国旅游委员会”，由国务院副总理主持，各部委参与的机构，国家旅游局可作为具体的办事机构；各省市区地方也可以参照这种设置方式，形成互相配合的管理体系，明确规定职责范围和管理权限，合理分配收益，协调各地方、部门的关系，确保旅游政策、方针和管理法规的落实，促进旅游业发展。

我国政府机构长期以来一直存在效率低下的现象，造成这种现象的原因是多方面的：长期的计划经济体制，造成权力过分集中，政府管了许多不该管，管不好，也管不了的事；组织机构的不合理，机构重叠，从而使得职责不清，互相掣肘、扯皮；行政法规的不健全，任意增加编制，从而造成机构庞大、臃肿，人浮于事。从西方新公共管理理论角度进行反思，它们强调政府公共管理应该像企业管理那样，将效率放在首要地位，这一思想是值得借鉴的。为了提高效率，旅游行政管理人员首先应树立效率意识，增强活力，用有限的资源创造更多的公共产品，提供更好的服务。新公共管理把一些科学的企业管理方法，如目标管理、绩效评估、成本核算等引入公共行政领域，对提高政府工作效率有着促进作用，企业管理的科学性、重视市场需求和顾客的反馈这些方面则可以为旅游公共管理所借鉴。通过将企业管理的讲求投入和产出、讲求成本核算的精神引入政府公共管理之中，可以提高旅游行政管理人员的责任感，同时还可以更为科学地衡量管理人员的工作业绩。

将竞争机制引入政府公共服务领域，打破政府独家提供公共服务的垄断地位是西方新公共管理理论的一大创举，这种做法既提高了公共服务的效率和质量，又缓解了政府的财政压力。为了提高我国政府在公共服务领域，特别是基础设施行业的管理效率和水平，更好地发挥市场机制的作用，我们可以借鉴西方的做法，在加强对提供公共服务的宏观管制的同时，将竞争机制引入公共服务领域，开放一些公共服务的市场，在一定范围内允许和鼓励私营部门进入提供公共服务的领域。例如在具有自然垄断性质的电信、电力、铁路运输、自来水和燃气供应等基础设施产业中便可以进行这些方面的改革，从而改变我国长期以来在基础设施建设中存在的“瓶颈”现象。这有利于形成公共服务供给的竞争机制，提高公共服务的有效供给，从而产生更好的经济效益和社会效益。

近年来，世界海洋旅游业发展迅猛，与旅游业总体趋势相一致，我国的海洋旅游业也出现了综合化的发展新态势。旅游业是融吃、住、行、游、购、娱为一体的综合性的现代产业，综合化发展改变了传统的以旅行社、饭店为主的模式，而将各相关行业、部门凝聚在一起，形成规模化的综合效益，增强了吸引力和竞争力；同时，作为支柱产业的旅游业，综合化便于将旅游中小企业联合起来实行综合管理，使得旅游产业规模更大、资产雄厚、产业链更完备，进一步促进旅游产业的国际化、现代化。

4.3.4.2 从体制分割到一体化管理，要求明确统筹职能，建立统筹机制

从海洋旅游业发展现状来看，影响旅游产业发展的体制性因素是旅游资源的多头管理、旅游监管职能的分散和统筹职能归属的不明确，再加上旅游行政管理部门职能有限、市场机制作用不足，因此，现有的海洋旅游管理体制已经不适应旅游产业发展规律，不适应旅游产业迅速发展的需要了。现阶段，我国的海洋旅游资源管理体制分割的矛盾主要体现在部门间的分割、条块分割、区域分割以及所有权的分割，这种局面造成了海洋旅游资源利用低层次、低效率、低效益；而海洋旅游业涉及的部门十分广泛，它关联着100多个行业，其市场监管职能也分散于30多个部门之中，这种分散性造成了旅游要素难以整合，资源整体功能不能有效发挥。在我国的政府部门，“发改委”（发展与改革委员会）一般是旅游产业统筹的主导者，而实际上，“发改委”的统筹职责并未真正担负起来，加上经贸、财政、建设、国土、交通等都是强势部门，都拥有对旅游的话语权；而旅游管理部门为弱势部门，拥有的职能权力有限，各级旅游部门通常仅有有限的旅游行业管理职能而无旅游资源管理职能，很难担当统筹旅游产业发展重任，由此造成了旅游产业难以实现部门统筹。一个完善的海洋旅游产

业链，不仅涉及旅游业的各大行业部门，同时还与海洋管理部门、渔业部门相关，因此，建立一个统筹协调各相关部门的组织机构是我国海洋旅游管理体制改革的必然趋势。

旅游发达国家成功经验表明，以政府为主导，处理好分权和集权之间的关系，适当分权和适度分权有机结合，有利于旅游业健康发展。政府应该强化旅游产业统筹发展、旅游经济宏观调控、旅游公共服务等职能，明确旅游产业统筹职能的归属部门，强化其产业统筹与宏观调控职能，完善协调机制，形成旅游产业发展合力；构建旅游资源一体化管理体系，推进旅游资源管理职能的整合，提高旅游资源使用效率和效益；构建旅游市场监管统筹机制，加强旅游执法，提升旅游行业服务质量；遵循市场规律和旅游发展规律，改革旅游投融资体制。随着区域市场及旅游资源一体化的管理趋势，要求明确统筹管理职能，建立统筹机制十分重要。从我国海洋旅游区的实践来看，各地在推行一体化管理时主要有三种做法，一是将风景名胜区、文物资源管理权限整合和集中纳入旅游行政部门职能之中，设立风景旅游局，强调旅游部门在管理中的引领和整合协调作用；二是将资源保护机构与旅游行政机构合二为一，成立“管委会”，旅游局与“管委会”一套班子，两块牌子，并作为政府的派出机构；三是成立跨部门的机构，实现统筹管理。旅游景区经营一体化是景区经营管理体制的一种创新，将景区的所有权、管理权与经营权分离，以资本为纽带，通过市场运作，企业经营，将不同类型或区域的旅游资源开发经营权赋予某个独立经营实体，统一开发利用。在区域旅游发展一体化实践中，通过打破行政区划分割，根据资源富集和产业发展定位，设置旅游特区或者试验区，将地方行政与旅游发展合二为一，以旅游业为核心产业，充分授权，进行政策法规、体制机制、发展模式等试验探索。当然，区域发展一体化与旅游区域协作一体化是不同的，前者涉及旅游管理体制，后者更多的是一种区域合作方式，不涉及管理体制，虽然内容涉及旅游资源统一规划利用、旅游信息、旅游交通、旅游营销、旅游执法、旅游无障碍等多方面，但由于构成合作的基础是相关利益，因此，这种合作往往没有约束力，无法在旅游资源一体化管理和旅游统筹发展中有根本性突破。在旅游产业一体化统筹实践中，由于旅游产业关联性强，涉及部门多，由一个部门行使统筹职能难度很大，需要设置专门性的非常设机构，并赋予其法律地位，充分授权行使完整的行政管理与执法职能，以促进旅游产业的加快发展。

4.3.4.3 信息技术催生旅游新业态，要求旅游组织重构及管理手段的现代化

旅游业的蓬勃发展，离不开旅游的现代化管理，在西方发达国家，高新技术已在旅游开发、旅游管理、旅游营销、旅游交通、旅游服务及教育培训等方面得到广泛推广和应用，大大提高了经济效益、工作效率、服务质量和旅游者的旅游体验。因特网、www网、网际销售、网络预定、多媒体、无票旅游、虚拟旅行、电子地图、卫星导游、旅游信息系统、高科技主题公园等概念已很快被旅游界所采纳，旅游业发达国家具有轰动效益的旅游产品都有高新技术的投入，高新技术已成为关系到旅游产业优胜劣汰的关键，成为强化国际旅游市场竞争的重要手段。

随着人类科学技术的进步，信息技术不断被应用到各个领域。旅游产业具有鲜明的信息依赖型和信息先导型的产业特征，在网络信息化的时代背景下，旅游产业融合的进程明显加快，深度不断加深。产业融合而产生的旅游需求广泛化已成为网络信息化时代旅游消费的一个重要特征，旅游者在面对各种不同情景和环境时，在各种旅游信息的诱导下产生的旅游需求更加广泛化。近年来出现的携程旅游网、去哪儿网、蚂蜂窝旅游网、芒果网等一批新型旅游产业组织形式，都是旅游产业深度融合的体现。① 传统的旅游组织结构较为复杂，需要设置多个部门，但信息技术发展而带来的旅游电子商务则改变了传统的组织模式，不但便捷高效，还大大节省了管理成本和产品成本，提高了旅游企业运作效率，因此，以旅游电子商务为核心的旅游组织重构是必然的。同时，信息技术的进步又使得电子金融、电子签证、电子票务等旅游服务成为可能，加速了旅游业与金融业、信息产业的深度融合，拓展了服务链、实现了服务增值，催生了旅游新业态——在线旅游服务商，从而推动了旅游产业现代化的步伐。在线旅游是依托互联网，以满足旅游消费者信息查询、产品预订为核心的，囊括了航空公司、酒店、景区、租车公司、海内外旅游局等旅游服务供应商及搜索引擎、旅游资讯及社区网站等在线旅游平台的新产业。这种区别于传统旅游业门店销售方式的新业态的出现，极大丰富了旅游者的选择，也为旅游

① 李云鹏，王京. 需求泛化与信息共享驱动下的旅游产业深度融合［J］. 旅游学刊，2012，27（7）：9－10.

者的出游提供了极大的便利。

旅游业是一个以人的流动为基础、以人的服务为主要内容的产业。要丰富游客体验，提高旅游服务效率，必须依靠现代技术特别是现代信息技术，来推动和提升旅游业的现代化水平。随着智慧旅游、智慧景区、智慧城市建设的不断推进和旅游业的快速发展，也带来了如何协调促进旅游资源统筹管理、如何有效监管旅游行业的规范经营、如何抓实推进旅游服务的公共体系等一系列问题，这些问题的解决都涉及旅游管理机构落实和旅游管理体制的改革。因此，面对不断现代化的旅游产业，适时地改革管理体制，采用现代化的旅游管理手段提升旅游业管理水平，使得旅游业主客体之间的信息交换更加顺畅和有效，可降低旅游业主客体的风险。

4.3.4.4 完善旅游企业管理体制，市场机制作用得到更好发挥

长期以来，我国旅游管理体制的不健全，使得政府对旅游企业干预过多，缺乏合理的交流沟通机制，宏观管理层面呈现出各旅游管理部门之间、旅游管理部门与旅游企业之间关系混乱，政出多门、各自为政、条块分割的失控状况。旅游企业是直接为旅游者服务的经济组织，主要负责与市场相关事宜，其管理体制以及管理效果都将直接影响我国旅游业的健康发展，因此，改革旅游企业管理体系也是创新管理体制的重要任务。改革与市场化的进程是不可逆转的，我国政府应该适应市场经济的要求，逐步放权和加速市场化；我国的旅游企业管理体制也需要适应市场变化，特别是国内和国际旅游需求的多变性特点，从组织形成上看，可以建立起旅游经济联合体，也就是吸收地方性的饭店公司、旅行社、汽车公司、园林景区等建立起跨行业的旅游公司，实行股份制，按股分配利益，既可以促进旅游企业的协调发展，避免不必要的恶性竞争，又可以沟通市场信息，调动相关行业积极性，有利于提高宏观经济效益。

4.3.4.5 从部门管理到行业管理，行业协会作用和地位更加明显

旅游业涉及的方面极其广泛，需要对全行业加强管理，进行深入的研究，以形成大旅游、大市场的格局。旅游管理体制改革的一项重要任务是发展自愿结合、自治管理的旅游行业组织，使之在提供行业信息、咨询服务、人才培训、行业自律等方面发挥重要作用。一般来说，包括旅行社协会、饭店协会在内的旅游行业协会是专业性和地方性的行业自律组织，是

沟通旅游管理部门与旅游企业的重要纽带，也是政府有效发挥其职能的一个基本条件，它们与政府之间相辅相成，行业组织职能和作用的发挥，对于提高旅游管理水平和接待服务水平，促进旅游业的发展有着十分重要的意义，在旅游管理中充分发挥行业协会的职能作用也是管理体制改革的必然选择。①

传统的旅游行政管理模式主要是对旅游行业，尤其是旅行社、星级饭店、A级景区等核心旅游行业的管理，我国现行的旅游管理模式是从传统的计划经济体制下转型发展而来的，随着市场化进程的加快和政府“流程再造”等改革措施的深入，尤其是《行政许可法》的颁布实施，我国的旅游管理主体正在由当初的政府旅游行政管理部门“单挑”，向以政府行政部门为主、非政府旅游组织参与的多边模式过渡，大量的旅游管理工作逐渐由旅游行政管理部门向旅游协会、旅游自律组织等非政府组织转移。

旅游行业管理是随着市场经济的发展而发展的，行业管理体制改革是市场经济下旅游业迅速发展的需要，旅游行业管理的最终目标是努力形成一个涉及旅游运行全过程的动态管理体系，为旅游者创造一个良好的旅游环境，为旅游企业创造一个良好的经营环境。旅游行业管理的出发点、管理政策的制定以及管理手段的推行，都应努力符合市场经济的内在规律，符合企业的长远发展，符合国际惯例。随着旅游管理从部门管理走向行业管理，建立与国际接轨的行业协会或相应中介机构是十分必要的，旅游行业协会不但维护企业的利益，而且相对独立和公正。

从某种意义上讲，我国现阶段的旅游行业组织还不算是真正意义上的独立的行业组织，其成立与人员的构成往往由旅游行政部门主导，缺乏行业代表性和职能行使的独立性，其职能的发挥也往往受到旅游行政管理部门的较多干预。其实，旅游行业服务（外延性的）应该通过组织行业性的市场促销，提高区域旅游业的竞争力；在改革过程中旅游行业组织的中心职能也应该作出阶段性转变：建设发展、管理规范、宣传促销，增设海外办事处和地方的促销会、说明会，通过行业协调（发展性的）来加强行业的国际关系，建立国际合作体系，促进企业与企业间、国家与国家间的竞

---

① 窦群．中国旅游行政管理体制的成长回顾、现状分析与未来展望．收录于2011年旅游绿皮书［M］．

争与合作，实现经济一体化和区域化下的旅游区域联合。

香港的旅游行业组织的建制和职能发挥就非常值得我们学习借鉴：

香港涉旅部门主要有三个，即香港特别行政区政府旅游事务署（政府部门）、香港旅游发展局（半官方机构）和香港旅游业议会（行业组织）。香港旅游事务署主要代表政府负责制定和统筹落实各项促进旅游业发展的政策、策略和计划，领导并协调其他政府决策局和部门，推行实施对旅游业有影响的政策和措施。事务署内设旅行代理商注册处、旅游业赔偿基金管理委员会等机构，负责发放旅行代理商牌照，监管旅行代理商，持有、管理、运用及投资旅游业赔偿基金等职能。香港旅游发展局属于政府资助机构。主要职能是在世界各地宣传和推广香港旅游，积极提升访港旅客在港的体验，就香港旅游设施的种类及质量定期向政府和其他有关机构提出建议。香港旅游业议会是根据《旅行代理商条例》规定而成立的，主要负责监管外游和入境旅行社，目标是维持旅游业的高专业水平，保障旅客和旅游业者的双重利益。

旅游业议会是香港旅游行业组织，包括 8 个属会和 1 400 多家会员旅行社，内设理事会、上诉委员会、16 个专业委员会、3 个小组委员会和议会办事处（常设机构）。办事处主要负责执行议会理事会的各项政策，由总干事、副总干事统率，下设 9 个部门。首先，充分保证旅游相关机构的运行经费。譬如由于仅仅通过会员缴纳会费不能维持议会的正常运转，也难以有效行使法律赋予其对旅行业的监管职能，因此，香港政府就将职能转移，允许议会负责征收印花税，并将其 50% 印花税用于议会的管理服务和日常开支。其次，旅游机构组成人员具有广泛代表性。议会的 29 位理事会成员分别通过政府委任、推荐和选举的方式产生，其中 12 名属于政府委任的独立委员，分别来自多个专业和组织，其他 17 名委员则来自议会 8 个属会和旅行业代表；香港旅发局由政府任命并代表政府行使监督管理权的 20 名管理层人员，则分别来自多个与旅游业相关的界别和组织，同样具有广泛的代表性。这种做法既充分体现了旅游关联度高的产业特点，有利于调动相关行业和组织积极性，便于形成科学专业的决策和旅游管理工作协调推进；又确保了议会在推行重大管理事项决策中既能有效贯彻政府的指导意见，同时也照顾到大多数行业的利益。其三，旅游行业组织在议事规则和程序上的合理便捷。按照议事规定和程序，香港旅游业议会在推行任何一项政策之前会先咨询其下设的有关专业委员会，然后由理事会投票作出决定，再交议会办事处执行，这种针对旅游市场快速反应和积极应对的管理，体现了较高的决策效率和执行能力。

4.3.4.6 规范化、法制化管理，旅游监管力度得到加强

旅游法是用以调整旅游活动中各种社会关系的，体现了旅游活动的特点。政府或社会为实现某些社会经济目标而对市场经济中的经济主体作出的各种直接和间接的具有法律或准法律约束力的限制、约束、规范，及由此引发的政府或社会为督促产业经济主体获得符合这些限制、约束和规范而采取的行动和措施。

旅游行政规制是建立市场规则和维持市场秩序所必须的，旅游规制即政府利用行政性资源和行政手段，从维护旅游者的公共利益和国家的整体利益出发，纠正或缓解市场失灵与市场缺陷带来的不经济和不公正，从而维护旅游经济和旅游市场秩序的稳定、提升所有旅游者的福利水平的规范和制度。旅游规制主要表现在经济性和非经济性两个方面，具有强制性、相对稳定性、综合性特点，当前我国行政规制的关键是改变行政资源的运用方式。

随着旅游理论与实践的发展，人们深刻认识到了只有对旅游休闲进行全方位的综合管理，才能保证旅游活动的顺利开展和旅游功能的全面发挥，才能预防旅游活动负影响的形成和扩散。这就使得旅游管理的客体被不断拓展，不仅包括了传统的行业管理，而且还包括了旅游资源管理、旅游环境管理、旅游影响管理、旅游公共物品与服务的提供等许多方面，出现了从事务管理向现象管理、从经济管理向社会管理转化的趋势。

第 5 章　海洋旅游综合管理要素构成

伴随着社会经济的发展，我国旅游管理的价值取向先后经历了服务外交、增加外汇、扩大内需、增加就业等不同阶段，基本上都是以经济目的为主；随着国情的改变和旅游业的蓬勃发展，我国旅游的理论研究与实践也得到了进一步深入，科学发展观、和谐社会理论的提出，旅游价值取向从单一地经济价值向经济、社会、环境等多重价值取向转变，人们不再单一地以经济效益为标准而开始从社会福利角度考量旅游现象，旅游业被视为提升国民幸福指数和区域社会整体福利水平的重要途径；特别是旅游公共管理理论，更加注重人类旅游需求的全面满足和旅游与社会、经济、环境等方面的和谐共生，对旅游发展中的非经济因素，如旅游影响、旅游与环境等涉及区域整体福利水平的因素越来越重视，旅游管理目标的转化，同样也推动着旅游管理理念的进一步发展。

5.1　海洋旅游综合管理

管理其实是对组织的资源进行有效整合以达到组织既定目标与责任的动态创造性活动，管理学以各种社会组织中管理活动的一般规律为主要研究对象。从广义上看，管理是指一定组织中的管理者通过协调他人的活动以充分利用各种资源，从而实现组织目标的一系列社会活动过程。因此，管理的核心是组织，基本对象是人，实施是通过计划组织、指挥、协调和控制等基本活动完成。旅游学以旅游活动及其规律为研究对象，旅游管理是为了以最有效的方式实现旅游活动的目标，综合运用管理职能的作用，对旅游活动所涉及的各种关系和现象进行管理的活动与过程。

法国工业家法约尔（Henri Fayol，1916）[①] 早在 20 世纪初就提出管理

① 法约尔．工业管理与一般管理［M］．北京：机械工业出版社，2007：3 - 5.

者从事的五种基本职能：计划、组织、指挥、控制和协调，旅游管理活动也遵循这五种职能分工原理。计划职能使得每一个旅游活动确立起目标、制订出发展战略、分解实施步骤、编制实施计划，是管理者按照旅游业发展方针和决策要求，合理有效地调配人、财、物等资源，为实现未来时期内旅游发展的任务、目标和具体落实措施所安排的一系列活动，它是旅游管理的首要职能，直接决定了旅游业的效益。组织职能主要涉及组织设计、部门划分、组织结构类型及人员配备等问题，它明确了组织中各成员的职责和相互关系，建立和维护组织文化，提高组织绩效和人员积极性。指挥职能是根据旅游管理方针和原则，运用组织职责和权力，通过下达计划、指令等方式来实现管理部门对被管理部门的领导和指导，是旅游经营活动得以正常进行并达到经营目标的有效保证。控制职能是对实际执行过程的监督、检查以及纠正的管理活动。协调职能是旅游管理人员为了发挥组织机构的集体效应，减少各部门、各环节间矛盾和摩擦而进行的各种管理活动。旅游管理活动即行使这五种职能并使其发挥作用的过程，旅游管理的根本目的在于充分发挥管理职能，实现经济效益、社会效益和生态效益的最大化。

海洋旅游活动是一个客观存在的社会、经济和文化的综合有机体，因此对现代海洋旅游活动的管理，就成为一项非常复杂而综合性很强的管理活动，它是对海洋旅游活动中各环节、各方面的统筹管理，涉及旅游活动的方方面面，既包括旅游活动中关乎人的因素——旅游者的协调，又关系到旅游活动中物的因素——旅游吸引物的管理，同时还涉及旅游活动中的组织因素——即旅游产业的平衡调控，其根本目的是促进旅游业的可持续发展（董观之、梁增贤，2009）。①

海洋旅游综合管理是对海洋旅游体系中的所有要素体系实行规划、咨询、决策、组织、指挥、协调、监督及内部统筹管理的过程。海洋综合管理一般具有四大基本职能，即规划与计划、组织与指挥、控制与协调、统计与监督。随着社会经济环境的改变，海洋旅游综合管理也产生出许多新特点：一是管理的事物、内容不断增加；二是组织管理所涉及的时空领域越来越大；三是管理影响不断扩大、日益深远；四是对管理的实量性、科

① 董观之，梁增贤．旅游管理原理与方法［M］．北京：中国旅游出版社，2009：11－62.

学性、系统性提出更高要求；五是管理信息的数量越来越大、内容越来越广，对信息的科学性、准确性的要求越来越高。因此，海洋旅游综合管理将更多地需要现代科技的辅助，尤其离不开计算机管理技术，否则，很难在更广大的时空区域内提高综合分析能力，从而作出高效、快捷、准确的决策。

就海洋旅游管理对象而言，主要有旅游企业经营活动的管理、旅游行业组织活动的管理和旅游产业运行活动的管理；就海洋旅游管理过程而言，包括确立旅游管理目标的活动、建立旅游信息系统的活动、开展旅游预测与决策的活动、制订旅游发展计划的活动以及对旅游发展的监督活动等；就海洋旅游管理内容而言，包括人力资源管理、物质资源管理、财务资源管理、信息资源管理、技术资源管理等；就海洋旅游管理业务而言，包括旅游资源管理、旅游设施管理、旅游市场管理、旅游服务管理等，就海洋旅游管理方法看，主要有行政方法、经济方法、法律方法、技术方法和德育方法等。

5.2 海洋旅游综合管理目标

旅游业是国民经济体系的重要组成部分，旅游管理的根本任务是从国家和地方旅游业发展需要出发，贯彻国家旅游业发展方针政策，协调各方面关系，完善市场运行机制，维护旅游业整体利益和行业形象，提高旅游业的核心竞争力，促进旅游业的可持续发展。经过改革开放 30 多年的发展，我国已经成功实现从旅游资源大国向世界旅游大国的历史转变，今后相当一段时间发展的主要任务是“把旅游业培育成国民经济的战略性支柱产业和人民群众更加满意的现代服务业”，建设世界旅游强国。配合我国旅游业发展的总目标，我国的旅游管理体制也发生着变化：从“旅游管理”开始向“旅游治理”转变、从旅游行政管理开始向旅游公共管理转变。众所周知，旅游管理的目的在于提高人民群众满意度，促进旅游业健康发展，发挥旅游综合带动功能。然而，在现有的政府旅游管理体制中，政府的管理目标不仅单一，一般都以获得经济发展为首要目标，对环境破坏和重建、社会成本的高低、传统文化是否会受到冲击等不做主要考虑，而且绩效评估标准也主要以经济指标来衡量，缺乏多维度的有效的政府绩效评估体系，加上对政府财政缺乏有力监督，出现了一些低水平、重复性建设的旅游项目，旅游资源难以在旅游产业发展中得到优化。这种管理尽管在短期内有一定的成效，但它毕竟付出了巨大的财力和社会资本，突击整治是不符合旅游可持续发展要求的，因此，转变观念，实行旅游体制机制改革，营造适合现阶段旅游业发展水展的旅游管理模式，成为现阶段旅游管理的一项重大任务。

5.2.1 海洋旅游公共管理目标

公共管理是以政府为核心的公共部门整合社会各种力量，广泛运用政治的、经济的、管理的、法律的方法，强化政府的治理能力，提升政府绩效和公共服务品质，从而实现公共福祉与公共利益。在国际上，旅游发达国家的旅游公共管理内容广泛且现代化程度高，涉及“食、住、行、游、购、娱”各环节，涵盖了出游前、出游中、出游后的各个阶段，包括了旅游基础设施服务、旅游信息服务、旅游安全保障服务等，有着较为完善的旅游公共管理体系，最主要的是政府在旅游公共服务设施供给中给予极大的支持。随着我国国际地位的不断提升和经济的持续稳定增长，国家扩大内需、促进消费和加快发展服务业等一系列方针政策的实施，我国旅游经济进入了一个快速发展期，面临着从单纯的旅游行政管理、旅游经济管理、旅游部门管理向全面的、社会化的旅游公共管理转变，旅游公共管理地位日益突出。旅游公共管理的主要任务包括以下几个方面：一是通过制定相关旅游产业发展政策来调整产业结构，实现宏观调控职能，并且通过加强旅游市场需求的预测与管理，在把握市场总需求的基础上对旅游产业总供给予以调控，实现旅游产业的供需总量和品质上的相对平衡；二是通过旅游业可持续发展规划的制定，实现区域旅游产业的稳步发展；三是通过建立健全组织协调机制，实现中央与地方、政府与经营企业、不同地区和部门间、不同所有制形式间的组织协调，对旅游开发经营活动进行激励或约束；四是通过各种法律、行政规制和经济管理手段的实施，确保旅游经济活动的公平性、有效性和可持续性，规范旅游市场；五是投资和引导建设大型公共基础设施，为旅游产业发展提供保障；六是通过相关管制手段和措施实施对旅游资源的有效利用和保护、对旅游开发企业的有效管束、对企业经营的有效监管；七是通过建立旅游信息系统，改善旅游信息的不完全性和不对称性，强化旅游服务信息，正确引导公众旅游行为和企业竞争行为。

海洋旅游公共管理是指以政府为核心的旅游公共部门及非营利组织，运用现代公共管理的基本理论，以提升管理效率为重点，以增加海洋旅游的社会福利为目的，对海洋旅游活动进行计划、组织、协调与控制，并提供海洋旅游公共产品和服务的活动总和。海洋旅游公共管理的基本特征与一般公共管理无异，但由于海洋旅游公共管理是针对海洋旅游而开展的管理，因此，又具有海洋旅游活动的特性，显示出旅游公共管理任务的复杂性和困难性。首先，体现在协调性上。海洋旅游实践证明，无论是海洋旅游者的旅游活动，还是海洋旅游经营者的经营活动及旅游管理者的管理活动，都具有明显的综合性，因而，海洋旅游公共管理必须建立在协同基础之上的协调，海洋旅游公共管理的大部分内容是协调，需要综合性的手段进行多角度的管理。其次，体现在复杂性上。海洋旅游活动的多样性和复杂性决定了海洋旅游公共管理主体、内容和方法的多样性和复杂性。其三，体现在服务性上。海洋旅游公共管理在某种程度上可以理解为一种服务性的管理。其四，体现在强制性上。海洋旅游行政管理是海洋旅游公共管理的重要组成部分，其强制性管理也决定了海洋旅游公共管理具有强制性特点。

就现阶段而言，我国的海洋旅游公共管理要立足于充分发挥海洋旅游的综合带动效应去开展管理，其核心目标在于按照海洋旅游综合性产业的特征要求，克服旅游市场失灵、建立规范化旅游市场秩序、培育旅游产业良好发展环境、打造理想旅游目的地，削减旅游负面效应，增加社会福利。具体而言，首先要引入竞争机制，政府内部模拟市场。海洋旅游资源具有跨区域性特点，如果纯粹以市场为导向进行开发，势必会引起“公地悲剧”。目前，我国的海洋旅游资源管理依然以政府为主导的管理模式，由政府决策分时分区进行开发，因此造成开发者先到先得利的局面，对海洋旅游资源造成极大的破坏和浪费，也达不到预期的旅游效果。因此，在旅游市场失灵的情况下，政府可以模拟市场的竞标过程，将经营产权进行拍卖，将开发与管理权力赋予中标方，自主经营自负盈亏，定时向政府缴纳一定的使用费用。这种管理方式既可以消除各管理部门之间的矛盾，也有利于海洋旅游资源的开发与保护，促进海洋旅游的良性管理与健康发展，实现规模效益和整体效益。其次，要培育良好环境，赋予社区管理权力。良好的旅游发展环境是海洋旅游管理的重要保障，而社区居民在创造良好的旅游发展环境以及公共管理中起着关键性的作用，必须以法律形式赋予社区居民一定的管理权力，让他们以东道主的身份参与旅游发展决策及利益分配；海洋旅游管理仅靠政府工作人员也是远远不够的，需要社区居民的大力配合与参与，只有居民意识到自己在海洋旅游管理中的主人翁地位，才能对其尽心尽力，才能更好、更有力的促进海洋旅游的发展。其三，要彰显海洋旅游的人文意义，增加社会福利。提高海洋旅游活动的文化品位，是我国旅游业未来几年管理关注的重要问题。不同的天气、不同的时节、不同的海域具有不一样的美，旅游管理者应选择具有较高审美价值的海洋旅游资源，在开发时把那些能够体现海洋旅游特色、彰显海洋博大胸怀的景观设计好，在满足游客的审美需要时，领略、感悟到人生的一些真谛和意义，通过“分众化”达到以人为本的目的。

5.2.2 海洋旅游企业管理目标

若从组织层面上看，旅游管理可以分为微观旅游管理和宏观旅游管理。微观管理是指对旅游企业面向市场的经营活动的管理，它以市场需求为对象，以产品经营为交换手段来确定旅游企业的经营目标、经营方针和策略，使旅游企业的生产经营与旅游市场需求、企业外部环境达成动态均衡，旅游企业管理也是旅游管理的基础和重点。如果说旅游宏观管理的总目标是为了促进国家旅游业的整体利益，那么，旅游微观管理目标则是运用一定的方式方法，在相关理论和政策、法规指导下，对企业所能支配的人财物等有形或无形资产进行有效的计划、组织、调控，使各项生产要素得以合理配置，达到企业所预期的目标。

旅游企业管理的内容包括三个方面：一是综合分析比较旅游企业内部条件和外部环境，确定旅游企业经营方针、战略和目标，建立必要的组织管理机构，采取相应的经营方法；二是开展市场调研，进行经营预测和分析，形成经营决策并制订出相应的实施计划，做好市场营销和开拓；三是科学配置生产要素，开发旅游产品，提高企业生产效益。在现代旅游企业里，人们从事着既有分工又有协作的共同劳动，只有通过管理，才能使这些共同劳动协调有序地进行。旅游宏观管理是指政府部门从促进国家旅游产业发展的角度来管理旅游活动，它主要包括旅游活动的引导与管理、旅游行业管理两个方面的内容。政府部门根据国民经济发展水平和社会进步的需要，对旅游活动制定促进或限制的政策，协调旅游活动与社会经济发展之间的关系；旅游行业管理主要通过制定促进旅游业发展的各项政策、规划和标准，把握旅游业发展总量，对旅游企业进行宏观指导和间接协调。

5.2.3 海洋旅游产业管理目标

产业是指生产性企业、行业、部门的集合，它介乎宏观经济学与微观经济学之间的一个研究对象。海洋旅游产业涉及许多行业和部门，它主要包括旅游交通、旅游游览、旅游住宿、旅游餐饮、旅游购物、旅行社、娱乐等旅游服务部门及与其直接或间接相关行业和部门共同构成，这些部门与行业之间彼此相互关联、相互作用，形成一个大的综合性的开放性的产业系统，其内部结构十分复杂，因此，海洋旅游产业管理目标主要是优化产业结构。它主要包括对旅游产业的部门结构优化、旅游产品结构优化、旅游产业区域结构优化和旅游产业组织结构优化；海洋旅游产业结构的调控应当从旅游产业结构变动规律出发，以需求为导向，同世界旅游业发展态势相适应。

旅游产业是综合性的经济产业，旅游产业的部门结构优化就是要实现旅游产业与其相关产业协调发展、实现旅游产业内部各要素的合理配置与协调发展。我们通常重点考察的是海洋旅游活动中行、游、食、住、购、娱等几大要素结构的优化。我国旅游产业经过近20年来发展，旅游产品结构已形成了一定的结构体系。传统的观光旅游、度假旅游、探亲访友等产品已具备一定生产规模，但旅游市场的不断发展，传统的旅游产品已不能满足日益变化的旅游市场需求，随着现代重复旅游者的出现，表明人们已不能满足大众化的旅游消费，散客旅游的比重不断增长。旅游市场需求的这种变化趋势，要求旅游企业不断开发新产品来满足不同年龄、收入、文化结构的旅游者的多样化的需求。

我国拥有辽阔的海域，沿海地区的旅游资源各有优势与特点，各地必须把旅游项目开发置于整个区域乃至整个国家的旅游产业结构体系之中，合理配置以增加其整体功能。随着我国旅游市场结构的变化和交通运输的发展，我国海洋旅游产业的区域结构正在发生深刻变化，在产业结构调整与优化过程中，要特别重视均衡发展，以推动区域发展的整体水平。

海洋旅游产业组织结构的优化是一个动态过程，是海洋旅游产业组织结构不断调整和合理化的过程，尽管在不同的发展阶段、不同的条件下，海洋旅游产业组织结构优化的内涵各不相同，但一般而言，它都要求海洋旅游产业组织结构朝着国际化、集团化、网络化和现代化的方向发展。

5.2.4 海洋旅游行业管理目标

旅游行业管理是随着市场经济的发展而发展起来的。旅游行业管理的最终目标是努力形成一个涉及旅游运行全过程的动态管理体系，为旅游者创造一个良好的旅游环境，为旅游企业创造一个良好的经营环境。旅游行业管理的出发点、管理政策的制定以及管理手段的推行，都应努力符合市场经济的内在规律，符合企业的长远发展，符合国际惯例。在旅游行业管理的工作把握上，依靠旅游组织的职能和作用，协调各方利益，开展全方位的合作；依靠旅游标准化工作来开拓旅游行业管理的范围；依靠信息化手段和服务质量的提升促进旅游企业的进步；依靠旅游法律、法规建设和执法力度规范市场秩序。旅游行业管理应着力于两个方面，一是发挥政府在管理旅游业中的职能；二是发挥行业协会的作用。旅游业涉及的方面极其广泛，这就需要对全行业加强管理，进行深入的研究，以开成大旅游、大市场的格局。

5.3 海洋旅游综合管理主体

管理是在一定的环境下，对组织所拥有的资源进行有效的计划、组织、领导、协调和控制，研究海洋旅游管理的主体，就是要研究“谁来管”的问题。世界上不同的国家均根据本国国民经济发展特点和旅游业在政治、经济中的地位，设置了符合本国国情的不同层次的旅游管理机构，海洋旅游管理的主体即各种管理机构及组织中的管理者。旅游业发展的不同阶段，管理主体的构成及所担当的角色与职能也各不相同。

5.3.1 政府管理——宏观旅游经济的“掌舵人”

掌舵人是船只方向的把控者，他带领这艘船只向着目标勇敢前行；一个团队、一个公司、一个集体、一个国家的发展都需要方向，为了能齐心协力地朝这个方向前进，需要一个起到引导和精神领袖作用的管理主体，这就是掌舵人。在旅游业发展过程中，代表国家利益的政府管理机构就行使这样的职能，以这种形象展示管理风采。

在旅游业发展的历程中，几乎所有国家都成立了专门机构，负责执行政府主体在本国旅游经济活动中的职能，而最为常见的专门机构是国家旅游管理机构。国家旅游管理机构的设置与该国的政治和经济体制、旅游产业发展规模和阶段以及其在国民经济中的地位和作用密切相关。通常有三种类型：①最高级的全国旅游决策与协调机构；②部（局）级旅游行政管理机构；③旅游与其他部门合成一个综合性部门。世界旅游组织（WTO）对政府旅游行政管理机关下了这样的定义：国家旅游行政管理机构（national tourism administration，简称NTA）是指在最高层次上承担旅游业行政管理职能的中央政府机构，或有权直接干预旅游部门的中央政府机构，以及国家政府所有权干预旅游部门的管理机构；而其他一些地位相对较低的政府组织或正式机构（包括法律上或经济上与NTA有某种联系的中央级组织机构）则通过与更高机构合作、或完全自治，成为NTA的执行机构。我国的旅游管理机构设置分为三个层次：国家旅游局是我国旅游行政管理最高机构，负责统一管理我国的国际和国内的旅游工作；各省、自治区、直辖市均成立旅游局，负责统一管理本辖区的旅游工作；省级以下的地方旅游管理部门，主要负责其行政区划内的旅游业管理工作。政府旅游管理机构主要以行政手段实施旅游管理。

从改革开放初期各省级旅游局的纷纷成立，到2000年大规模的机构改革后，我国31个省、自治区、直辖市都建立了旅游局，新疆生产建设兵团也设立了旅游局，多数旅游局的地位得到巩固，有24个省级旅游局成为省政府直属机构，其中16个省（区、市）旅游局地位得到了提升，比重高达51.6%。但是，我国现有的政府旅游管理主体比较单一，虽然从国家到地方都设有相应的旅游行政管理部门，但缺乏公众及社会的参与；不少地方还存在着与旅游行政主管部门职责不相符的问题，既不能适应旅游发展的需要，也不适应依法行政的需要。

我国旅游业发展的地区差异显著，根据当地旅游业发展制定机构部门的做法导致我国旅游管理部门名称五花八门，设置的旅游管理机构级别和职责也不尽一致。国家级的旅游管理机构是中华人民共和国国家旅游局，但到省、自治区、直辖市一级，就纷纷出现了旅游局、旅游管理委员会等机构（如浙江省的旅游管理机制叫旅游局、上海市则叫旅游管理委员会），有些市、县则设旅游局、旅游办、旅游委等。从级别上看，国家旅游局为副部级单位；省旅游局则有的为正厅级，有的为副厅级；市级旅游行政管理机构有的为正处，有的为副处；县级旅游行政管理机构有的为正科级，有的则降到了正股级。从职能上看，有的地方是单纯的旅游局，职能比较明确；有的地方改成了旅游委，职能比较齐全；有的地方则与外事办公室、华侨事务办公室等单位联在一起，职能显得模糊。这种单一主体的政府旅游管理体制是社会主义市场经济发展初期的产物，对当初的我国旅游业发展起到一定的推动作用。

然而，由于旅游资源和企业在纵向和横向管理上分属不同部门，纵向管理上缺乏上级行政主管部门对下级行政主管部门的有效监督机制；横向管理上又因各监督机构分工不合理、不明确，出现有些事情多方插手，有的问题则无人问津，造成监督空隙或相互推诿现象；管理部门为了追求政绩和自身利益，在行使职权实施行业监督管理时，往往睁一只眼闭一只眼，旅游违法、违纪、违规现象司空见惯。另外，旅游管理缺乏有效的公众和社会监督机制，我国旅游管埋中监督缺位的问题突出。这种以各级旅游局为单一管理主体的政府旅游管理体制已经难以适应旅游业快速、健康发展的需要，作为与旅游业发展密切相关的各旅游行政管理部门，他们的职权范围仅仅限制在星级饭店、旅行社及一些餐馆和定点商店的管理和监督，而现实中的旅游产业发展必定涉及的方方面面，以各级旅游局和相关旅游行政机构狭小的职权，很难制定出真正适合本地旅游业发展的政策，并加以实施。因此，新型态下的海洋旅游政府管理机构，应该是区域海洋旅游管理与服务的“指挥者”，是区域宏观旅游经济的管理者和“掌舵人”，是海洋旅游目的地、旅游企业、原居民、旅游者以及其他相关旅游者的“总代言”，负责对整个海洋旅游目的地发展的整体调控。

在政府主导型的海洋旅游开发过程中，政府对其他利益主体的引导和协商尤为重要，通过以下行为促进海洋旅游目的地的发展：

（1）在对海洋目的地开发前进行充分的调研。由于海洋旅游目的地的开发处于起步阶段，为了对目的地进行可持续地开发和保护，做到利益和可持续相协调，政府特别是旅游行政主管部门在开发目的地之前需要对国内外开发成功的海洋旅游目的地进行调研，收集相关的政策和手段，吸取其他海洋旅游目的地在开发过程中的经验和教训。

（2）建立对旅游企业及开发商的监督机制。出于利益最大化的追求，旅游企业和开发商在开发过程中可能会出现违背可持续发展的开发行为，产生违法经营、寻租等活动，从而造成旅游经营市场混乱、损害原居民或者旅游消费者的利益的现象。建立完善的监督机制，制定相应的开发政策和违规处理方式，可以警惕和防止旅游企业和开放商在开放过程中的违法行为。同时，对海洋旅游目的地开发的支持和帮助，鼓励具有促进作用和可持续的开发方式，使得旅游企业和开发商增加对其他目的地的投资和开发。可见，在旅游经营市场运作和管理方面，提高旅游市场效率的关键是旅游行政部门的监督工作。

（3）提高公众的参与度，重视公众利益。海洋旅游目的地的开发始终是围绕民众而开展，要以为人民服务为前提和基础。提高居民的参与度，充分和认真地听取原居民的意见和建议，可以促进开发的效率，更好的开展政府与居民之间的合作博弈，可以增加目的地居民的收入。

（4）完善旅游投诉机制，降低投诉难度和成本。旅游者是海洋旅游目的地开发的最终消费者，目的地开发的成功与否的一个重要表现就是旅游者的投诉难度和投诉成本。旅游者投诉越难，成本越高，该目的地在开发过程中机制相对薄弱；而完善投诉机制、降低投诉难度和成本、增加客人满意度，可以提升当地旅游的吸引力。

5.3.2 行业管理——旅游市场的“引航员”

船舶在港区、内河、沿岸航行时，为了避免发生搁浅、触礁、碰撞等事故，船长一般都会申请引航员上船，操纵船舶并指挥拖轮将船舶安全地靠入泊位或驶离泊位。因此，引航员必须对所在水域的地理特点、航道、水深、水流、航标设置和当地规章制度了如指掌，并具有熟练的船舶驾驶、靠离码头等高难度的操纵技术。就旅游市场经济而言，旅游的行业管理组织产生于行业内部，由政府旅游行业管理机关以及民间组织等多元成分组成。政府旅游行业管理机关是旅游行业管理的理想主体，包括国家层面的管理机构以及各级地方政府旅游行政管理机关，他们既掌握国家宏观经济运行规律，又熟悉旅游行业运行特性，便于对旅游经济实行法规和政策为主的调控和干预性管理。旅游行业管理职能包括引导性、服务性和协调性三方面，简单地说就是管理旅游市场、培育旅游市场机制、建立旅游市场规则并维护旅游市场秩序。其管理方式一般是通过间接管理来实现的，也即运用规划、法律、政策、经济手段来引导市场趋势，建立市场规则，进而协调、监督、维护市场秩序，规范企业行为，维护旅游者利益，为旅游经济快速、健康、持续发展树立良好形象，创造适宜的经营环境。旅游行业服务（外延性的）组织通过产业政策和可能的经济杠杆调节市场供求，运用国家法规和行业性法规建立市场规则，引导市场和维持市场秩序（基础性、主体性的），通过行业性的市场促销，提高旅游业的竞争能力。因此，就旅游经济活动中的管理行为而言，行业组织管理者完全充当了市场的“领航员”角色。

旅游行业管理的主体可分为政府管理机构和行业组织两大类，完整的行业管理主体应当是政府行业管理机构与市场自发形成的行业管理组织的有机结合。市场自发形成的行业管理组织有活动而缺乏权威，难以兼顾每个具体行业的实际，缺乏应对市场竞争必须的灵活性。政府行业管理组织通过行政手段实施管理，既是政府管理职能的延伸，又是行业群体利益的代表。

政府旅游行业管理机构的最主要形式是国家旅游组织（national tourism organization，简称 NTO），它是经国家建立或承认的、在国家层面上承担部分行政授权职能并独立开展相关活动的公共、准公共或私营性质的自治机构，也就是通常所说的非政府旅游组织。NTA（国家旅游行政管理机构）与 NTO（国家旅游行业管理机构）的根本区别在于，前者代表中央政府对旅游业进行全面管理，如政策、法规、规划、教育，有时甚至包括促销，是一级政府部门，相当于我国的国家旅游局；后者则代表政府及旅游业利益，主要从事国家旅游形象宣传与促销，是一个较为纯粹的促销组织，性质则以公私合营最为常见，相当于我国的中国旅游协会；前者主要侧重于行政管理，兼有部分公共服务职能，后者主要侧重提供服务，兼有被授权的部分行政管理职能（张俐俐、蔡利平，2009）。①

行业组织是行业成长和市场发育的结果，其类型多样，职能各异，如行业服务性组织、行业销售性组织、行业联谊性组织等等，旅游行业管理组织是其中之一。虽然我国已经建立起比较完整的旅游行业管理体系，但在1986年之前，仍然都是各级旅游行业管理作为旅游管理的唯一主体局面，非政府组织等管理主体尚未形成。直到1986年1月30日，经国务院批准正式成立了旅游全行业组织——中国旅游业协会，从此，各级旅游协会和其他非政府旅游组织才纷纷建立，使旅游行业管理的主体呈现多元化格局。1993年12月28日，国家技术监督局致函国家旅游局，请其按照《行业标准管理办法》进行行业归口管理，此《办法》确定了国家旅游局是旅游行业标准的主管部门。旅游行业归口管理的范围确定为综合类、旅游设施类和旅游服务类三种。然而，由于目前的非政府旅游组织绝大多数是由各级旅游行政管理部门出面组建，具有浓重的行政色彩，对旅游行政管理部门有着很强的依赖性，缺乏独立性和自我发展能力，特别是在行政授权不足情况下，威信与号召力严重缺损，其自律、协调、监管、服务等功能难以实施，现阶段的我国旅游行业协会其实只是政府管理的延伸，仍具有浓厚的“行政”、“官办”色彩，以服务政府为自己的宗旨之一。

随着旅游发展的不断深入，旅游行业管理的中心职能也发生了阶段性转变，从建设发展、规范管理转变为宣传促销、增设海外办事处和举办地方的促销会、说明会；从行业协调（发展性的）转变为加强行业的国际关系、建立国际合作体系；从企业与企业间、国家与国家间的竞争转变为促进经济一体化和区域化下的旅游区域联合。在管理体制改革中，各省级旅游局还可参照国家旅游局的做法转变职能，按照政企分开的原则，将一些辅助性、技术性职能从政府职能中分离出来，交给事业单位和非政府组织承担。行业管理组织实施自主协调的行业管理，分半官方的推动性管理和纯民间的自律性管理，并以协调服务为主要职能。

5.3.3 企业管理——旅游经济的“划桨人”

旅游企业是指以旅游资源为依托，以有形的空间设备、资源和无形

① 张俐俐，蔡利平．旅游公共管理［M］．北京：中国人民大学出版社，2009：31－35.

的服务效用为手段，在旅游消费服务领域中进行独立经营核算的经济单位。按照从事旅游产品经营的产业链划分旅游企业主要有直接旅游企业、辅助旅游企业和开发性组织。前者指直接为旅游者的旅游活动提供产品和服务的企业，包括旅行社、旅游饭店、旅游交通、旅游景点四大类企业；辅助企业则包括管理公司、服务公司、影视公司、出版单位、通讯设施以及食品、卫生等生活服务部门和行业；开发性组织主要包括相关的政府机构、旅游院校、旅游科研机构等。按旅游活动所使用的主要经营资源划分则有劳动密集型旅游企业和资本密集型旅游企业两类。按照组织形式划分，有业主制、合伙制和公司制旅游企业，业主制企业规模较小，是最简单的旅游企业组织形式，目前我国各地有一大批旅行社就是这种形式的企业；合伙制旅游企业是在两个或以上业主的各自财产基础上进行经营，共同承担企业经营责任；公司制企业是一个法人组织体，公司的产权可以分属于股东，股东有权分享公司盈利。旅游企业通常具有对国民经济的依赖性和适当超前性、敏感性与波动性，因此，旅游企业的集团化、旅游产品的多样化与个性化、旅游企业经营的国际化与全球化、旅游企业营销的网络化、旅游企业服务的优质化都成为企业追求的发展方向。

企业是经济行为的主体，主要通过市场机制作用来实现利益最大化，旅游企业活动的过程就是将各种生产要素投入转化为产出的过程；因此，旅游企业的管理也包含经营与管理两个层次。经营是商品经济特有的沱畴，是企业经济活动的反映，它以市场为对象，以商品生产和交换为手段，使旅游企业内部条件与外部环境达到动态平衡的一系列有组织的经济活动；管理则是劳动社会化的产物，是企业管理者对拥有和能够支配的人财物等资源所进行的一系列组织活动，经营与管理是密不可分的。因此，旅游企业的管理活动就是为了有效地实现旅游经济活动的最佳目标而进行的包括计划、组织和控制等职能的综合性活动，旅游企业是海洋旅游目的地发展的具体“划桨人”、执行者，是旅游经济生产的主体。

出于对长期性利益的追求，旅游企业管理应当激励原居民、旅游者以及政府等加入，加强其他利益主体之间与其的相互沟通。

首先，对于旅游者，旅游企业作为旅游消费者的服务主体，在目的地运营过程中会产生旅游者连带效应：对于一个海洋旅游目的地所带给消费者较好的旅游体验，会促使其向亲朋好友宣传，从而带动其他旅游者前往该海洋旅游目的地；反之，对于一个海洋旅游目的地所带给消费者较差的旅游体验，会导致其他旅游者止步该目的地。因此，提高旅游服务质量，建立健全服务机制，增加对旅游软件和硬件设施的投入可提高对消费者的吸引力。旅游者是海洋旅游消费的主体，随着生活水平的提高，更加多的旅游者具有了旅游的条件，前往各地旅游。在整个旅游过程中会涉及吃、住、行、游、购、娱，也会产生一系列的疑问，因此消费者在海洋旅游目的地的游玩过程中可以从以下几点出发：尊重海洋旅游目的地宗教信仰、传统习俗。出发前对海洋旅游目的地的自然和文化历史有一定了解，避免张冠李戴。尊重当地的文化，通过与原居民的接触，促进不同文化间的了解与交流，积极参与各种保护活动，通过自身的行为保持并改善当地的环境。维护自身的正当权益，在旅游活动进行过程中，对于损害自身正当权益的行为及时向旅游企业以及旅游行政机构反映，使得自己的合法权益得到保护。

其次，带动周边居民，使其在海洋旅游目的地开发中受益。由于企业的运营需要大量的劳动力，在对海洋旅游目的地开发的同时，充分运用周边居民的劳动力，一方面可以降低旅游企业的运营成本；另外一方面可以提高周边居民的收入，使其更愿意接受旅游企业对目的地的开发。居民是海洋旅游的受益者，作为最重要的博弈利益主体——居民，在旅游企业和政府对海洋旅游目的地的开发过程中是最大的受益方。但是在其受益的同时要提高其在海洋旅游目的地开发过程中所需要作出的对自己的一些相对应的改变。首先是提高自身素质，维护旅游目的地的形象。居民作为海洋旅游开发目的地的活名片，其自身形象和素质至关重要。大量的原居民会参与到海洋旅游目的地的开发过程中，以及参与到旅游企业的经营过程，直接与旅游者接触，使消费者留下积极的形象是原居民长期利益获得的较好方式。其次要积极配合政府的科学性发展规划。居民的利益得益于政府的主导作用，在增加就业机会、提高收入、促进当地基础设施的建设、丰富文化生活、加强与外界的交流、保护当地自然与人文环境、获得对当地旅游业发展的参与权、控制权等的利益前提之下，原居民应该积极的配合政府行为。考虑整体利益，不要出现一己利益为主的“钉子户”现象。

第三，加强与政府间合作。政府对海洋旅游目的地的开发起到绝对的监督作用，如果政府认同旅游企业的开发方式，则会进一步支持。否认其开发方式，则会对旅游企业的开发形成绝对的阻碍。保持与政府间的沟通，及时汇报其开发方式对于旅游企业的指导具有前瞻性的作用。

5.3.4 政府、企业、社会和公众“多元主体”——“大旅游”的管理者

我国的旅游管理模式是从传统的计划经济体制下转型发展而来的，旅游管理的主体为政府行政主管部门。随着市场化进程的加快和政府“流程再造”等改革措施的深入，尤其是2004年《中华人民共和国行政许可法》的颁布实施，我国的旅游管理主体已从当初的政府旅游主管部门独自担当，向以政府行政部门为主、非政府旅游组织参与的多元模式过渡，大量的旅游管理工作逐渐由旅游行政管理部门向旅游协会、旅游自律组织等非政府组织转移。

产业融合带来的“大旅游”背景下的管理，应该是社会公共组织特别是政府部门从保障旅游权利，有效满足游客需求出发，为提高人民群众满意度，促进旅游业健康发展，更好发挥旅游综合带动功能，通过整合行政资源等各种管理资源，对旅游业实行的全面、复合的公共管理。旅游管理主体是以政府部门为主的各种社会组织，实施管理的政府部门包括与旅游活动相关的各个部门。政府作为旅游政策的制定者、旅游活动的管理者、旅游纠纷的裁定者和旅游基础资源与公共物品的供应者，是旅游公共管理的核心主体，占据旅游公共管理的主导地位，具有合法性和强制性；各级政府专门设立的旅游行政管理部门或被赋予旅游行政管理的相关部门是旅游公共管理的代表，代表国家和地区行使旅游公共管理职能；此外，旅游公共企业、非政府旅游组织等的加入将是对政府旅游管理的重要补充，在旅游公共管理中也日益发挥重要作用，也是旅游公共管理主体的重要组成部分。因此，海洋旅游公共管理体制的创新就是要构建政府、企业和社会公众共同参与的多元化的管理主体（图5－1）。

从横向来看，海洋旅游管理主体包括县级旅游局、市级旅游局、省级旅游局和国家旅游局，主要由环境管理、经济管理和社会管理等行政部门构成。海洋旅游是一项综合性旅游产业，其“六要素”涉及了经济、社

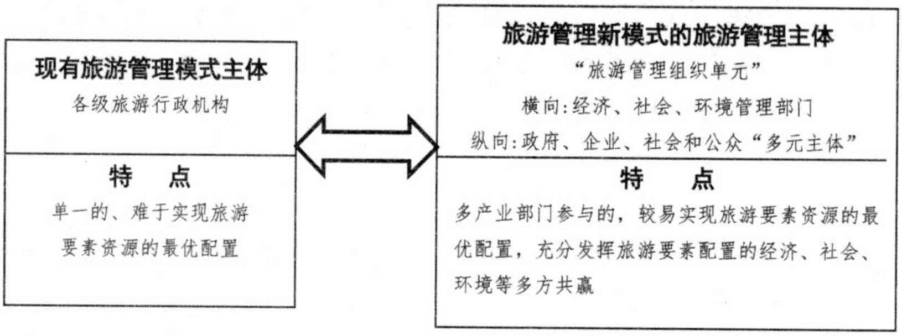

图 5－1　现有旅游管理模式和旅游管理新模式的比较

会、环境等多个部门，要避免单个部门为争取各自利益而任意破坏资源，实现海洋旅游资源的最优配置，就要制定各部门参与的"旅游管理组织单元"，为实现各部门的单方利益制定公共政策（表 5－1）。①

表 5－1　海洋旅游公共组织构成

国际旅游公共组织	国际旅游组织	联合国非正式协商
		联合国海洋网络
		世界旅游组织（WTO）
		世界旅行与旅游理事会（WTTC）
	国际旅游行业组织	世界旅行社协会（WATA）、世界旅行社协会联合会（UFTAA）、国际饭店协会（IHA）、国际民用航空组织（ICA0）、国际航空运输协会（IATA）、国际旅游科学专家协会（IASET）、世界休闲组织（World Leisure Org）、太平洋亚洲旅行协会（PATA）
	区域组织与海洋合作	联合国亚太经社委员会（ESCAP）
		太平洋亚洲旅游协会（PATA）
		亚太经合组织（APEC）
		东南亚国家联盟（ASEAN）
	国家旅游组织	由国家直接设立，作为政府一个部门或机构
		代表国家政府执行全国性旅游行政事务的半官方组织
		代表国家政府行使旅游行政管理职能的民间组织

① 王如东．政府在旅游管理中的作用及制度创新［D］．同济大学，2005：10.

续表

我国旅游公共组织	旅游行政组织	国家旅游局
		省、自治区和直辖市旅游局
		地方旅游行政机构
	旅游行业组织	中国旅游协会、中国旅游饭店业协会、中国旅游文学研究会、中国乡村旅游协会、中国旅游文化学会、中国旅游车船协会、各种地方旅游行业协会
	旅游教育与学术组织	中国高等旅游教育研究会
		中国高等旅游院校协作会
		中国旅游未来学会

从纵向上看，海洋旅游管理涉及的主要有政府组织、地方非政府旅游组织（如旅游协会、饭店协会、旅行社协会等）、海洋旅游企业和旅行社区，他们是海洋旅游管理主体的主要组成部分，必须做好旅游管理部门与其他相关政府部门、相关区域的旅游协同，在利益协调的基础上真正实现多元化的旅游公共管理。

5.4 海洋旅游综合管理客体

研究旅游综合管理的客体，就是研究旅游管理的对象，也就是“管什么”的问题，它涉及与旅游需求和供给相关的各个环节和方面，应该涵盖整个旅游活动始终。

5.4.1 旅游管理对象

我国传统的政府主导型的旅游管理模式是旅游行政管理，是针对旅游内在行业，尤其是旅行社、星级饭店、A 级景区等核心旅游行业的管理，忽视了对整个旅游现象的管理。我国地大物博，旅游资源丰富，主要以风景、文物、文化为主，而这些旅游资源分属园林、文物、文化等部门，就要求政府进行统一的规划和管理。然而，在旅游管理实践中，我国的旅游产业政策、旅游产业布局规划、产业规模控制和旅游产业结构调整都是由相关部门进行，各旅游管理部门之间、旅游管理部门及旅游企业之间的关系尚未理顺，这种各自为政、条块分割的体制是我国政府旅游宏观管理缺位、旅游微观管理越位的根本原因。由于各级旅游局缺乏全面的宏观调控手段，行业管理和行政约束的能力很弱，出现了许多管理上的空白点；加上政府旅游管理部门对自身的权责不清楚，不能在市场经济中找准自己的位置，企业本身就有一定的惰性，不敢面对市场、迎接市场经济的挑战，导致政府在行使管理职权时既扮演“裁判员”角色又扮演“运动员”角色，市场竞争难以实现公平，市场机制难以发挥它的作用。管理客体的扩大，必然要求管理理念的改进；有怎样的旅游观，就会形成怎样的旅游管理客体，有怎样先进的管理理念，就能产出怎样的绩效。

5.4.2 大旅游管理对象

在科技革命突飞猛进的今天，全球化、信息化进程不断加快，大量的旅游新现象新问题不断涌现，旅游已不仅仅是单纯的人类游憩活动而与整个社会生活紧密关联在一起了，现代旅游业是无边界的产业，其内涵与界限、影响范围都在不断扩大。随着旅游实践活动的深入，人们已认识到旅游业不仅是一只会下金蛋的鸡，有时也会在政治、经济、社会和文化等方面带来负面影响，给生态环境和资源造成破坏，带来生态失衡、环境污染、物价上涨、文化冲击、道德弱化等问题。当前，旅游市场化步伐正在加快、政府“流程再造”等改革措施不断深入、旅游产业融合进程快速推进，只有对旅游现象进行全方位的综合管理，才能保障旅游业的顺利开展和旅游功能的全面发挥，才能防止旅游活动负面影响的形成和扩散。这就使得旅游管理的客体被不断拓展，不仅包括传统的行业管理、产业管理，而且还包括旅游资源管理、旅游环境管理、旅游影响管理、旅游公共物品与服务的提供等许多方面，还出现了从事务管理向现象管理、从经济管理向社会化管理转化的趋势，旅游管理也不只限于经济管理、产业管理、企业管理和行业管理，而是社会的公共管理和综合治理的事情，从全球范围的旅游公共事务到区域性旅游可持续发展中的重大问题，从旅游资源合理开发使用到环境保护都是旅游管理的范畴。

要实现海洋旅游业管理，还应该对海洋旅游的综合效应有更加全面的认识。旅游效应的本质是市场效应，即通过海洋旅游业的发展激发需求、创造需求，使与旅游相关的各种价值在市场上得以体现，从而在市场经济体制下给予旅游关联的各种要素带来发展的机会。无论是经济收益还是更为间接的社会效应、文化效应、生态效应，在很大程度上都是因为海洋旅游活动带来的市场为相关对象带来利益，从而使其对应的效应能够被激发。旅游综合效应往往突出地表现在品牌提升效应、政治聚集效应、经济吸引效应、市场开放效应、文化扩散效应和环境促进的效应等方面。一个地方发展的品牌和旅游品牌基本上是划等号的，抓旅游的发展很大程度上就是抓地方的品牌建设；同时，旅游业发展过程中更重要的是培育了一个地方的市场观念，形成了市场机制。旅游者前来虽然也带来一部分外来文化，但是更重要的是通过旅游活动让当地的文化扩散了，并且通过文化扩散真正形成了一种品牌，又促进了市场开放和经济吸引。另外，基于可持续理念下的海洋旅游开发，还将通过发展旅游促进环境的改善和保护。

5.5 海洋旅游综合管理方法

5.5.1 一般管理方法

方法一般指为获得某种东西或达到某种目的而采取的手段与行为方式。管理方法是指在管理活动中为实现管理目标、保证管理活动顺利进行所采取的手段、方式、途径和程序等的总称，是管理理论、原理的自然延伸和具体化、实际化，是实现管理目标的途径。本世纪初，人们开始对管理方法作专门研究，最早提出科学管理方法的是美国管理学家弗雷德里克·温斯洛·泰勒（Taylor F. W.，1911），他在《科学管理原理》中提出科学管理理论，使人们认识到了管理是一门建立在明确的法规、条文和原则之上的科学。他认为，科学管理的根本目的是谋求最高劳动生产率，而用科学化的、标准化的管理方法代替经验管理是实现最高的工作效率的重要手段。①

从作用的原理来看，管理方法可分为经济方法、行政方法、法律方法和社会学心理学方法等。经济方法是指利用经济手段，依靠利益驱动，通

① 弗雷德里克·温斯洛·泰勒. 科学管理原理［M］. 北京：北京大学出版社，2013：5 - 33.

过调节和影响被管理者物质需要而促进管理目标实现的方法；行政方法是指依靠行政权威，借助行政手段，直接指挥和协调管理对象的方法；法律方法是指借助国家法规和组织制度，严格约束管理对象为实现组织目标而工作的一种方法；社会学心理学方法则指借助社会学和心理学原理，运用教育、激励、沟通等手段，通过满足管理对象社会心理需要的方式来调动其积极性的方法。管理方法还可以按照适用的普遍程度分为一般管理方法和具体管理方法，按定量化程度分为定性管理方法和定量管理方法。

在管理实践中，要不断促进管理方法的建设与完善，使管理方法更加科学有效。首先，要加强管理方法的科学依据，要使其符合相关客观规律的要求，更好地体现管理机制的功能作用。管理者若决定采用一种管理方法，必须弄清其作用的客观依据是什么，方法作用于被管理者的哪个方面，是否能产生明显的效果，以及方法本身的特点与局限，才能正确有效地加以运用。当然，管理方法是管理者作用管理对象的方式或手段，其效果还取决于管理双方的性质与特点。所以既要研究管理对象，又要研究管理者自身，这样，才能使管理方法既适用于管理对象，又有利于管理者优势的发挥。其次，要了解并掌握管理环境因素，采取适宜的管理方法。由于管理环境是影响管理成效的重要因素，因此，管理者在选择与运用管理方法时，一定要认真了解与掌握环境变量，包括时机的把握，使管理方法与所处环境相协调，从而，更有效地发挥其作用。第三，要注意管理方法的综合运用。不同的管理方法都有各自的长处和局限，因此，要科学有效地运用管理方法，就必须依目标和实际需要，灵活地选择多种方法，综合地、系统地运用各种管理方法，以求实现管理方法的整体功效。

5.5.2 海洋旅游管理方法创新

在市场经济越来越完善的今天，地方旅游管理部门对旅游产业要素的管理仍然是行政命令式的，而没有充分发挥市场机制的作用，作为旅游市场经济主体的旅游企业未能有效地参与到市场竞争中来，很难实现旅游经济长期持续稳定的发展。因此，管理方法的创新势在必行。

5.5.2.1 旅游新公共管理方法

随着产业融合的加快、旅游业的深入发展和政府职能的转变，旅游管理在强化部门管理职能的基础上，更侧重于旅游活动发展所需公共物品和服务的供给与管理以及综合协调，大量的指导与服务方式代替了传统的行政手段，使旅游管理方式出现了多样化特点，这就是新的旅游公共管理方法。旅游公共管理作为社会公共管理的一个组成部分，既遵循着公共管理的一般原则和规律，如法治原则、公平公正、正义原则和效率原则等；同时，由于旅游活动自身的特性，又具有其他领域公共管理工作不同的特点和规律。尤其是作为代表政府行使旅游公共管理职能的各级旅游管理机构，是旅游公共管理的核心主体，除了一般管理职能外，还在实践中扮演着公共服务提供者的角色。因此为了实施有效的海洋旅游公共管理，我们必须在了解政府旅游管理职能的基础上，协同其他相关部门，充分使用各种旅游管理方法进行海洋旅游公共管理。而海洋旅游公共管理方法的使用具体体现在使用工具上（表 5 –2），且只有充分、有效和综合利用这些工具才能更好地实现旅游公共管理目标。

表 5 –2 旅游公共管理工具

规制工具	调控工具	监管工具	协调工具	激励工具	协作工具	服务工具	自律工具
旅游法律	财政	专门稽查	内部协调	创建	宣传协作	公共物品	行业协会
政策规定	税费	联合执法	外部协调	表彰	产品协作	宣传促销	民间组织
审核审批	资源	评估机制		评比	执法协作	信息咨询	
标准认证				推荐	政策协作	教育培训	
规划					规划协作	统计分析	
					信息协作	紧急救援	
						征信服务	
						安全预警	

注：引自杨军编著《旅游公共管理》，并整理所得。①

5.5.2.2 指导性服务式管理的方法

传统的海洋旅游管理侧重于行政命令下的管制，随着产业融合步伐加快、旅游业深入发展和政府职能的转变，旅游管理在强化部门管理职能的基础上，更侧重于旅游活动公共物品和服务的供给、侧重于旅游综合协调管理，大量的指导与服务代替了传统的行政手段，使旅游管理方式出现了

① 杨军．旅游公共管理［M］．天津：南开大学出版社，2008：8.

多样化特点。新的旅游公共管理遵循公共管理的法治原则、公平公正、正义原则和效率原则和规律，作为代表政府行使旅游公共管理职能的各级旅游管理机构，是旅游公共管理的核心主体，除了一般管理职能外，还在实践中扮演着公共服务提供者的角色。为了实施有效的海洋旅游公共管理，政府部门在行使旅游管理职能的基础上，协同其他相关部门，充分使用各种旅游管理方法进行海洋旅游公共管理。旅游管理部门可以实施旅游经济管理、确定旅游发展战略、制定旅游经济政策，尽最大努力促进政府各部门与相关产业的协同；通过建立宏观协调组织和机制，建立产业链管理模式，按伙伴关系组建大跨度的链条式产业或行业协会，打破人为的产业划分和壁垒，使产业链上各节点建立长期的战略伙伴关系。

5.5.2.3 动态管理的方法

海洋旅游业属于第三产业，它的产品核心是服务，虽然不像第一、二产业那样直接取用自然资源，但它的发展仍要以大量的自然资源和人文资源作为基础。旅游业的外部性特征和旅游决策者在旅游开发与规划管理中出现的种种问题，使得海洋旅游发展带给自然环境和人文环境一定的负面影响，造成了资源浪费、环境破坏、文化冲击、道德弱化，旅游发展面临着可持续问题。因此，实施旅游可持续的战略与管理方法是海洋旅游业管理。另外，随着旅游业的快速发展和旅游产业融合的不断推进，海洋旅游管理各要素处于不断的变化过程中，尤其是新的技术带来的旅游生产力的进步，以互联网为基础的大数据为代表的信息技术以及生命科学、材料科学等领域的科技创新，使得海洋旅游新业态层出不穷，旅游生产关系变化多端，更需要适应旅游业的变化，实施动态管理。

5.5.2.4 统筹协调的方法

与其他行业和产业相比，旅游业最突出的就是综合性。2013 年 3 月 22 日，习近平同志在俄罗斯中国旅游年开幕式上的致辞中讲到，“旅游是综合性产业，是拉动经济发展的重要动力”。旅游产业的综合性意味着单靠旅游部门一家无法推动旅游工作。从国务院各部门的“三定方案”看，除了旅游局之外，还有大约38 个部门的职能不同程度地涉及旅游业发展，这些部门职能的履行会对旅游资源管理、游客流动、旅游产业运行和旅游产业促进等方面产生较大的影响。面对旅游业综合性与部门管理分割性的矛盾，通过统筹协调方式加以解决是可行之策。

建立旅游发展统筹协调机制或机构的目的不是为了解决旅游部门或涉旅部门各司其职就能处理的问题，而是要解决多个部门为推动旅游业发展“协同作战”的问题。大体上讲，统筹协调至少应该包括以下三个方面的内容。一是规划层面的统筹协调。目前，各行各业都在编制各种类型的发展规划，旅游业也不例外。但总体来看，旅游业发展规划的编制、执行缺少相应的制度保障，许多旅游规划最后成为“墙上挂挂”的“样子货”。此外，旅游规划作为综合性产业与事业的发展规划，必然会与建设、国土等相关规划发生交叉重叠，没有一个高层次的统筹协调机制或者机构来解决旅游业发展规划与相关规划的衔接，就无法避免部门“各自为战”的局面，旅游业发展规划也难以落地，因此，要想统筹旅游业发展必须首先解决规划协调的问题。二是政策层面的统筹协调。旅游业是以需求为导向的，旅游业的发展离不开相应政策的支撑和推动。然而，现实的情况是旅游部门自身掌握的政策资源极少，而现行的许多政策又与旅游业的需要不相匹配，这直接影响了旅游业的健康发展。因此，需要在综合协调机制的框架下，提出合理的政策需求，以推动相关部门延伸、完善和调整现行政策和规定。三是旅游活动和建设项目层面的统筹协调。大型的旅游活动往往与一个地区整体形象的提升紧密相关，但是这些活动又不全由旅游部门单独完成，需要通过相应的综合协调机制进行推动。我国区域之间发展差别很大，“一刀切”的政策不适应所有地区旅游业发展的要求，一些例外性的旅游建设项目也可以在旅游综合协调机制下面予以解决。

《旅游法》第七条明确要求“国务院建立健全旅游综合协调机制，对旅游业发展进行综合协调。县级以上地方人民政府应当加强对旅游工作的组织和领导，明确相关部门或者机构，对本行政区域的旅游业发展和监督管理进行统筹协调”。贯彻落实《旅游法》，为统筹协调旅游业发展提供机制、机构上的保障，将会对旅游业发展产生深远的影响。实施旅游统筹协调的管理，需要做好以下三方面：

一是成立跨部门的统筹协调机构。由旅游部门与同旅游业发展相关的部门共同组成一个协调机构，同时由一个更高级别的政府官员领导这一机构，协调解决旅游业发展中的重大问题。在中央层面，1978 年、1986 年和 1988 年，国务院先后三次成立了不同形式的旅游协调机构。自最后一个国家旅游事业委员会在国务院清理非常设机构中撤销以后，1999 年，为应对假日旅游迅猛发展带来的若干问题，国务院专门设立了假日旅游部际协调会议，由 14 个部委组成，国务院副秘书长兼任协调会议主任，办公室设在国家旅游局。2005 年，为促进红色旅游发展，又成立了包括中央部门在内的 14 个部门的全国红色旅游工作协调小组。从实际的情况看，两个协调机构在推动假日旅游和红色旅游健康发展中发挥了重要作用，但是要实现旅游业的全面发展，仅有这样两个协调机构还不够，还需要建立覆盖面更广的统筹协调结构。在地方层面，28 个省（区市）都成立了高规格的旅游业发展领导小组，其中有 12 个地方是有省长（主席、书记）担任产业发展领导小组组长。虽然各地普遍重视旅游业发展统筹协调机制，但由于这些领导小组都是非常设的临时机构，如果担任领导小组组长的领导重视不够（在现实中，政府高层领导往往担任多个非常设机构的兼职领导），缺少需要统筹协调的重大议题，其发挥的作用比较有限。

二是建立统筹协调机制。这种方式是由旅游部门与相关部门通过共同制定发展文件、签订合作协议等办法共同搭建工作平台，以解决旅游业发展中涉及的具体问题。比如，近几年，国家旅游局同文化部门合作推动文化旅游结合发展，同林业局合作推动森林旅游发展，同农业部门合作推动乡村旅游发展，同金融部门合作解决金融支持旅游业发展问题，同外宣部门合作加强对外旅游宣传，同气象部门合作开展旅游气象预报等都属于这种模式。此外，许多地方旅游部门也根据工作需要加强与相关部门的沟通协调，促进了旅游与相关领域的融合发展。

三是明确统筹协调主体及职能。成立高规格、跨部门的旅游综合协调机构，有利于解决旅游业发展中的重大问题，但高规格的协调机构往往是通过会议的形式进行决策部署，而召开会议的次数不可能过多，因此有必要赋予某个部门一定职能来协调旅游业日常发展中的有关事务。从国务院“三定”方案赋予国家旅游局的职能看，第一条就是“统筹协调旅游业发展”，但现实运行中，由于国家旅游局的行政级别是副部级，加之缺少相应的工作手段，统筹协调旅游发展职能很难有效履行；从地方经验看，典型的做法是将旅游局升格为旅游委，以此为平台来提高旅游部门的综合协调能力。《旅游法》强调国家层面通过相应的机制来统筹协调旅游业发展，在地方层面上，则要求明确某个部门或者机构统筹协调区域内的旅游业发展；这意味着国家层面的综合协调机制关注的重点是全国旅游业发展的宏观问题，而地方层面统筹协调旅游业发展更注重落实部门的统筹协调职能，以便更快速有效地推动当地旅游业的发展。海洋旅游业发展涉及海洋资源管理部门、海洋环境保护部门、海域管理部门等等，还涉及海陆统筹问题，会比陆上资源利用开发更加繁复庞杂，更加需要高层次的协调动作。

5.5.2.5 立体化监管的方法

过去各部门在相关法律法规依托下对旅游业的监管往往是分散式的管理，管理活动中各自为政，缺乏沟通协调，而旅游业的综合性特征又要求对其发展实施全面监管。法律手段是监管的有效方法，《旅游法》是实施监管的最权威的依据。作为一部综合性法律，一方面强调和丰富了过去已有的监管内容；另一方面又根据旅游业发展的新情况新问题，对监管不到位的地方进行了新的规定。尽管《旅游法》对不同领域的监管规定详略不同、轻重不同（一些监管规定在其他法律法规中已经有体现，因此《旅游法》不再重复），但是基本上构建出一个立体化监管的体系，对于各级政府进一步完善旅游业监管，提高旅游业发展水平具有重要的意义。大体上看，立体化监管体现在以下六个方面。

（1）全过程的旅游监管

旅游活动涉及“行游住食购娱”六个环节，在《旅游法》的监管规定中都有不同程度的涉及。在《旅游法》附则中，明确提出“旅游经营者，是指旅行社、景区以及为旅游者提供交通、住宿、餐饮、购物、娱乐等服务的经营者”；第四十九条也规定，“为旅游者提供交通、住宿、餐饮、娱乐等服务的经营者，应当符合法律、法规规定的要求，按照合同约定履行义务”，这就意味着对相关环节旅游经营者的监管都属于旅游监管的范畴；在“行”的方面，第五十三条规定，“从事道路旅游客运的经营者应当遵守道路客运安全管理的各项制度，并在车辆显著位置明示道路旅游客运专用标识，在车厢内显著位置公示经营者和驾驶人信息，道路运输管理机构监督电话等事项”；在“住”的方面，第七十五条规定，“住宿经营者应当按照旅游服务合同的约定为团队旅游者提供住宿服务”。需要特别提及的是，《旅游法》对旅游六要素中至关重要的“游”的环节，即景区管理做出了一系列规定，主要涉及景区开放、景区门票价格、景区最大承载量核定等三个方面的内容。虽然景区管理在以前的其他法律法规中也有体现，如建设部门依据《风景名胜区管理条例》对风景名胜区进行管理，环保部门依据《自然保护区条例》对自然保护区进行管理，但《旅游法》从游客开展旅游活动的角度对景区提出的监管要求，这对于全面提高各类自然人文景区的管理水平，增强游客的满意度具有非常重要的意义。

（2）全方位的旅游监管

旅游既包括团队旅游也包括散客旅游。过去主要是依据《旅行社条例》和《导游人员》管理条例，通过对旅行社及导游的管理来开展旅游监管。随着旅游业的不断发展，散客旅游快速兴起，在整个出游人群中所占的比例不断提高，仅仅针对团队旅游进行监管就无法适应旅游业发展的需要。因此，在完善团队旅游管理的同时，从监管旅行社之外的其他旅游经营者切入，为保障旅游散客的合法权益提供法律依据的做法十分有价值。在《旅游法》中，专设了“旅游经营”一章共29条，其中15条都是从散客旅游监管的角度，对各类经营者做出的法律规定。因此我们对旅游业的监管，要以这些条文为基础，不断完善对散客服务的旅游经营者的监管，让全方位监管落到实处。

（3）全口径的旅游监管

由于旅游经营者在旅游业发展中扮演着非常重要的角色，因此必须对旅游经营者的经营行为进行法律规范。当然，这并不意味着除此之外别无监管对象，实际上，旅游监管还包括对以导游为主的旅游从业人员的监管、对旅游者的监管、对旅游主管部门和有关部门工作人员行为的监管等方面，是一种全口径的旅游监管。对违反《旅游法》的旅游从业人员，旅游主管部门和有关部门应当记入信用档案，向社会公布；若旅游者违法安全警示规定，或者对国家应对重大突发时间暂时限制旅游活动的措施、安全防范和应急处置措施不予配合的，要依法承担相应责任；出境旅游者不得在境外非法滞留，入境旅游者不得在境内非法滞留；要求旅游主管部门和有关部门工作人员在履行监督管理职责中，不得滥用职权、玩忽职守、徇私舞弊，若违返规定的，要依法处置。

（4）多主体的旅游监管

我们要发展的旅游是“大旅游”，单靠旅游部门对旅行社和导游的传统监管不可能为旅游业发展提供良好的环境，这就需要各个主体各司其职，共同做好旅游监管工作。从具体的情况看，旅游业发展的重心在地方，特别是在以市、县为主要载体的旅游目的地上，因此实现多主体监管的前提就需要明确地方政府在旅游监管中的责任。《旅游法》明确了县级以上地方人民政府是旅游监管的第一责任人，并有对旅游监管进行统筹协调职能，要承担建立旅游违法行为查处信息共享机制、指定或者设立统一的旅游投诉受理机构、组织下属相关部门对旅游经营行为实施联合监督检查等责任，要依照有关法律、法规的规定，在各自职责范围内对旅游市场实施监督管理。旅游行业组织作为旅游监管的另一个主体，也要依照法律、行政法规和章程的规定，制定行业经营规范和服务标准，对其会员的经营行为和服务质量进行自律管理。可以预见，一个多主体共同参与“大旅游，大管理”的格局正在逐步形成。

（5）多方式的旅游监管

除法律手段外，市场规则和标准化手段也是实施旅游监管的重要手段，并且服务质量的监管更多就要靠标准化的方式进行推进。例如，目前旅游行政部门推动的星级饭店和A级景区工作，实际上都是用标准化的方式对特定的旅游经营者的服务进行监管。《旅游法》明确提出，旅游经营者取得相关质量标准等级的，其设施和服务不得低于相应标准；未取得质量标准等级的，不得使用相关质量等级的称谓和标识。这实际上也为旅游标准化管理提供了法律依据。随着旅游业发展的深入，还应该探索更多行之有效的监管手段，提高监管能力。

（6）多领域的旅游监管

监管滞后于发展是各行各业普遍存在的问题。过去对旅游业的监管主要集中在传统领域，随着旅游业的快速发展，旅游监管滞后的问题开始变得越来越突出。要全面提升旅游业发展水平，面对新产品不断涌现、新业态层出不穷的海洋旅游业，更应该从更多领域实施监管：一是对自然资源和文物等人文资源进行旅游保护和利用状况实施监管；二是对行业经营许可范围进行监管，经营高空、高速、水上、潜水、探险等高风险旅游项目，必须按照国家有关规定取得经营许可；三是对新业态的监管，如对快速发展的利用网络经营旅游行为，要求“通过网络经营旅行社业务的，应当依法取得旅行社业务经营许可，发布旅游经营信息的网站，应当保证其信息真实、准确。四是针对乡村旅游等新业态发展中与现行规定存在一定冲突问题，《旅游法》提出由省、自治区、直辖市对城镇和乡村居民利用自有住宅或者其他条件依法从事旅游经营的行为作出规定。当然，《旅游法》不可能对所有旅游业发展中的新业态、新情况进行规定，但是为多领域开展旅游监管提供了很好的思路。未来，还可以通过《旅游法》修订等方式，逐步扩大旅游监管范围，为旅游业的持续健康发展提供强有力的保障。

5.5.2.6 信息化管理的方法

网络信息时代，人们通过电脑、手机等上网工具获取的信息占信息总量的很大一部分。信息技术正影响着海洋旅游业的发展，海洋旅游信息化是海洋旅游业发展的内在需求与必由之路。当互联网与传统的海洋旅游业相结合时，海洋旅游业就进入了一个崭新的时代——网络海洋旅游时代。海洋旅游产业信息化是指充分利用信息技术、网络技术和数据库技术，对海洋旅游的各种信息资源、实体资源、生产要素资源进行进一步的分配、加工、组合、传播和销售，促进传统海洋旅游业向现代海洋旅游业的转变，加快海洋旅游业的整体发展速度，从而提高整个旅游业的生产效率。

信息化已经成为当今社会发展的大趋势。加快海洋旅游信息化建设是海洋旅游业与国际接轨的需要，也是我国海洋旅游产业调整产业结构，实现现代化的关键环节。当前，在经济全球化的大前提下，促进旅游活动和资本流向的国际化显得尤为迫切和重要，这使得世界各国之间的旅游业联系越来越密切，彼此之间的依赖性也越来越强，呈现出和谐的无国界的旅游状态。信息技术作为最活跃的生产力因素，正日益渗透、改变、影响着现代海洋旅游业的发展，并从海洋旅游文化、计算机网络技术力量、海洋旅游市场结构等各方面加速海洋旅游业朝国际化发展的趋势。在中国海洋旅游业迅速发展的过程中，海洋旅游信息化已经成为促进我国海洋旅游业发展、参与国际竞争和与国际接轨的重要手段。

（1）海洋旅游信息化发展的现状

随着我国的信息技术的不断创新提升，信息产业的快速持续发展，信息网络广泛应用与普及，信息化已经成为支撑社会经济发展的重要基础设施。据中国互联网络信息中心（CNNIC）发布的统计数据显示，截至2010年6月底，中国网民规模已经达到4.2亿，较2009年底增加了3 600万人，互联网普及率攀升至31.8%。可以看出，我国的网民总数呈良好发展趋势，我国信息化海洋旅游服务市场增长潜力十分巨大。

信息化是推动海洋经济变革的重要力量。海洋旅游信息化在许多国家早已实行，且十分普遍，借助信息化手段促使海洋旅游业走出低谷、迈上新台阶也是一些国家的有效举措。目前，航空预订系统、大型饭店的中央预订系统、全球分销系统以及旅游目的地信息系统都风行全球。我国旅游业的信息化开始于20世纪80年代初期，落后世界先进国家大约20年，虽然我国的海洋旅游信息化建设起步较晚，基础设施也相对薄弱，目前旅游信息化现状也与世界先进水平仍有一定差距，但随着中国海洋旅游业的迅速发展和信息化本身所具有的巨大优势，中国海洋旅游信息化建设大有后来居上的趋势。2001年，国家启动的“金旅工程”就是为了推进旅游信息化进程而做出的一项重大举措。经过几年的发展和不断完善，国家“金旅工程”的“三网一库”（即公众服务网络、办公自动化网络、行业的业务管理网络和综合旅游信息库）已经基本建成，标志着以海洋旅游电子商务为代表的网络经济在一定程度上扩大了海洋旅游产品的消费需求，改变了海洋旅游业的运营方式，海洋旅游电子商务已经成为信息时代海洋旅游交易的新方式，一大批具有相当实力的海洋旅游信息网络企业也涌现出来。

（2）海洋旅游企业信息化管理模式

海洋旅游企业的信息化管理模式就是海洋旅游企业为完成既定的信息化管理目标，使用的可重复利用、能够降低管理成本的一种标准化的系统框架或方案集合。在信息革命充斥世界的今天，面对日益激烈的国际竞争，海洋旅游企业，尤其是中小型海洋旅游企业，如果不能及时改变以往的经营理念，更新观念，找准定位，势必处于不利的地位。为了提高信息化管理水平和核心竞争力，实现海洋旅游企业的战略管理目标，我国海洋旅游企业信息化管理可以采取三种新模式。

① 电子商务管理模式

海洋旅游信息化服务将“吃、住、行、游、购、娱”等诸多信息因素组合在一起形成信息产品，进而销售给消费者。在这个销售过程中，涉及的信息和资金较多，而物流则相对较少。电子商务具备低成本、信息传递高效、支付电子化、宣传覆盖面广等特性，这些特性是传统海洋旅游企业所不具备的。在旅游电子商务中，旅游企业可以借助网络在全球范围内进行广泛宣传，客户可以借助网上搜索工具快速找到符合自己需求的各种旅游产品信息，还可以通过网上订购、网上交易、网上支付来获取所需的旅游产品，也可以实现旅游产品的模拟体验，并进行及时的信息反馈，有利于对消费者行为进行更加有效地分析。旅游电子商务是海洋旅游产业信息化发展的必然趋势。

② 扁平化和网络化管理模式

企业资源规划就是围绕既定的管理目标，对企业拥有的所有资源进行科学管理与合理规划。在激烈的市场竞争中，顾客的个性化、多样化以及各种社会因素的变化，使海洋旅游企业所面临的环境日益复杂，随着信息时代的到来，原来企业的塔型组织结构被敏捷且具有创新精神的扁平化和动态网络化结构所替代。扁平化结构在削减企业规模的同时，还减少了企业管理层次，管理方式也从原先的控制型转为参与型，体现了充分授权；动态网络化管理使信息交流、沟通更加及时、畅通，降低了对各个管理层的监督成本，提高了企业对市场的反应能力，极大程度地调动了组织中成员的个人潜力和工作积极性，促进组织成员之间相互交流。

③ 虚拟企业管理模式

虚拟企业是一种由多家企业通过信息技术联系起来的临时性网络企业形式，在网络中，他们彼此信任、相互配合，充分发挥各自的核心竞争优势，共享自己特有的技术，分摊费用，快速将共同开发与制造的产品推向市场。虚拟企业通过企业间的动态组合，不但可以抓住市场的发展动向，适应变幻莫测的市场，提供差异化的服务与产品；可以通过集成各企业的核心技术能力以及各自的优势，发挥综合效应；还可以充分利用各企业现有的资金、设备、人力、技术及信息资源，减少产品研发费用，大大降低生产成本，促进企业的快速发展。另外，虚拟企业也将改变企业间的关系，竞争合作的双赢关系将取代以往之间恶性竞争的关系，使企业在最大限度地发挥自身优势的同时，培养企业核心能力，提高企业积极性和创造力。

第 6 章　创新性海洋旅游综合管理体制构建

“体制”一词在《辞海》里的表述是：“国家机关、企业事业单位在机构设置、领导隶属关系和管理权限划分等方面的体系、制度、方法、形式等的总称”。管理体制是指管理系统的结构和组成方式，即采用怎样的组织形式以及如何将这些组织形式结合成为一个合理的有机系统，并以怎样的手段、方法来实现管理的任务和目的。随着我国社会主义市场经济的快速发展和国内外环境的变化，旅游产业发展的整体环境正发生着日新月异的变化，旅游业的地位不断提升，预计到 2020 年，我国将建设成为世界旅游强国。然而，我国旅游业发展中的各种弊端也逐渐显现，旅游管理体制改革遭遇瓶颈，出现了与新形势和发展不适应的现象，一定程度上制约了我国旅游业的可持续发展。因此，为促进新形势下大旅游业的发展，迫切需要转变旅游管理观念、转变管理职能，改革与创新现行的旅游管理体制，探索适应于社会主义市场经济体制并高效运转的旅游管理体制，大力促进我国旅游业持续、快速、协调发展，为建设旅游强国提供有力的制度保障。

6.1　海洋旅游综合管理组织的重组

海洋管理体制是基于一国的海洋国情和海洋经济建设、维护海洋权益而建立的，相对于海洋立法体制和海洋司法体制而言的，是维护海洋权益和管理海洋事务的政府机关的设置、职权的划分与运行等各种制度的总称，它的构成元素有人、财、物、机构设置、组织设计、职位设置、权责划分、规章制度等方面。在静态上，海洋管理体制通过一定的海洋组织结构体现出来；在动态上，则表现为海洋管理体制内各种元素间的相互作用和各自的运行方式。因此，组织结构决定着海洋管理体制的总格局，描述和规定了组织的法定权利、职责以及各种行为主体之间的相互关系。在纵向上，组织结构通常表现出层级间领导与被领导的关系；在横向上，则表现为协商与合作的关系。

6.1.1 海洋旅游管理组织重组的依据

6.1.1.1 旅游业综合化趋势的要求

旅游业综合化发展是当今世界旅游业发展的新趋势，综合化发展相比较单体产业具有很大的优势和意义。首先，旅游业是融吃、住、行、游、购、娱为一体的综合性产业，综合化发展改变了旅游业以旅行社、饭店为主的传统模式，把各个相关行业、部门结合在一起，可以形成规模综合效益，增强旅游业的吸引力和竞争力。其次，旅游业已成为国民经济发展的支柱产业，综合化发展具有规模巨大、资产雄厚、产业链完备、综合实力强等优势，它的有效运行必将带动旅游业乃至整个国民经济的发展，从而巩固旅游业的经济支柱地位。其三，旅游业综合化发展把众多中小型单体旅游企业联合起来，有利于引进国内外先进管理技术与理念，促进旅游业的国际化、现代化发展进程。

6.1.1.2 旅游管理体制改革的要求

西方的政府旅游管理体制大都经历了政府管制、政府主导、有限政府、自由主义等阶段，政府旅游管理体制也是我国行政管理体制的重要组成部分。在旅游产业由“部门产业”向大旅游意义上的“大产业”发展背景下，我国政府旅游管理体制经历了由改革开放初期的以外事接待为主、管制型政府旅游管理体制，到以政府为主导的旅游管理体制的转变的历程。在政府主导战略的影响下，人们旅游消费需求旺盛，旅游日益成为我国居民生活的重要组成部分，旅游产业对国民经济和社会发展的贡献作用明显，旅游行政管理机构的地位不断提高。特别在改革开放以后，我国行政管理体制改革实现了质的飞跃，基本建立了与市场经济发展要求相适应的、具有中国特色的行政管理体制，对经济、社会、文化发展起到了积极作用。然而，我国的政府旅游管理体制仍基本保持着原有框架，从旅游机构的纵向发展来看，我国旅游组织体系较健全，具有从国家到地方的较完善的旅游行政管理机构体系，但该体系在面对新形势和新任务时，却存在着一些不相适应的方面，具体表现为：政府职能转变不到位，政府对微观经济领域干预过多，社会管理和公共服务比较薄弱，政府机构设置不合理、权责不明确、职责交叉、权责脱节、效率不高，行政管理制度不够健全，行政监督机制不完善。旅游行业是一个涉及众多相关部门的行业，许多旅游资源都隶属于不同的管理部门，需要政府建立起由多方利益主体参与的、拥有实质指挥、调控和协同权力的组织机构，树起“大旅游”旗帜，统一协调好各要素，并针对各个地区的不同情况，指导地方旅游部门协同合作，打破部门壁垒，进行差异化的旅游定位。

6.1.1.3 政府职能转变的要求

从旅游管理的范围来看，我国各级地方旅游政府行政机关的管理范围狭小，旅游管理涉及的行业和旅游经济活动的范围还不够全面，加上政企不分、条块分割、管理方式不够灵活的弊端，各级管理机构沟通联系少，政府主导力度过强，市场机制不能得到有效发挥。这些不容忽视的问题，一定程度上阻碍了旅游经济的发展，因此，旅游管理体制的改革与创新已势在必行。

“全能政府”还是“有限政府”，这是政府自身定位的问题，也是政府运行机制的问题。在“全能政府”管理体制中，政府权力无限扩大且缺乏制约，突破行政界限，过多干涉到公民和社会的各个领域，形成“越位”；官员对上级负责而忽视公民和社会的真正需要，造成“缺位”；政府管制的这样那样“错位”，容易造成歧视性服务、盲目性服务及缺失性服务。而“有限政府”则承认政府并不是全能的，不能包办一切事务，社会主义市场经济体制下的政府在旅游管理过程中也应遵循市场法则，提高应对风险的灵敏度和信息反馈能力。在现代市场经济条件下，凡是能由市场机制调节和配置的领域，就由市场这只“看不见的手”发挥作用；在“市场失灵”和“市场低效”的领域，则应由政府这只“看得见的手”发挥作用，承担起挽救“市场失灵”的责任。由此可见，政府要转变过去过多干预旅游经济及旅游市场的行为，切实将政府职能转变到经济调控、市场监管、社会管理和公共服务方面来；要放松市场管制，收缩政府职能，减少财政负担，可以通过社会参与、企业竞标、个人投资等方式，在旅游基础设施、旅游公共服务（例如公共卫生间的建设和管理）领域，形成多元化的公共服务体系，从而实现从“全能政府”向“有限政府”的转变。

“暗箱行政”还是“透明行政”，这是服务型政府提供服务的方式问题。从权力制约机制来讲，政府的公共权力运作应该置于各种监督主体的监督之下，政府应按照法定的程序进行管理才具有合法性。现代民主社会中的政府管理活动应该受到来自各方面的监督，其服务目的、内容、方式、程序、时间、地点、人员都应当是公开而透明的；另外，服务型政府还应当与社会和公民积极开展合作，如与第三部门共同提供公共服务、引导公民参与政治决策、了解服务标准、充分获取公共服务信息等。旅游业中信息不对称的现象普遍存在，从而引起了经营者之间削价竞争、零团费、负团费竞争等不公平竞争现象，用低价吸引旅游者并提供不真实信息。针对此现象，政府应用其“有形的手”对其进行干预，为旅游者提供目的地真实的信息，从而为旅游经营者之间提供公平竞争的平台。政府制定政策应该在阳光下进行，才能使政府的活动诚信、公开、公平，这也是一切政府活动能够得民心的前提。

6.1.2 利益相关者共同构成的管理组织

组织结构是海洋旅游管理在静态上的表现，它决定着管理体制的总体格局，也掌控着体制内各要素间的关系以及管理权利、职能和运行。传统的旅游管理模式中，组织结构单一，政府是旅游管理的唯一主体；现代旅游管理则是政府、企业、社会、公民共同参与旅游管理的模式，这种由利益相关者共同构成的组织形式有效地避免了制定出单方获利的公共政策，便于通过多方共赢的公共政策，发挥众多产业部门优势，实现旅游资源配置的最大化和最优化。企业、社会、公民的共同加入，使得旅游管理的主体涉及除政府之外的其他多方利益相关者，包括社会（社会团体）和市场（旅游经营企业和游客），从而使各方利益相关者形成互动性的多向交流以及友好而平等的关系，改变了原先政府指挥而缺乏其他利益相关者积极响应的局面，不仅有利于政府转变职能，更有利于监督政府行为的落实，有利于资源配置的优化，从而实现社会公平。

与传统组织相比，现代海洋旅游管理组织也呈现出多样化、立体化和模糊化的特色。

6.1.2.1 组织结构多样化

传统管理模式形成的金字塔型组织结构由于机构臃肿、层次过多、协调不畅而往往阻碍信息上传下达的效率，导致决策缓慢、信息失灵、效率低下。信息技术的日渐普及使得海洋旅游内部信息传递突破了时空限制，使多样化的组织形式成为可能。现代扁平型的组织富有弹性而又灵活高效，多样化的结构形式使得信息网络覆盖到旅游企业的各个部门，并能及时实现共享利益。

6.1.2.2 组织运行立体化

在新型组织结构中，海洋旅游管理的相关部门和人员通过互联网或内联网立体地联结在一起：处在核心地位的管理中心与各团队保持着密集的多边联系；管理中心与团队之间架有立体通道，可实现管理中心与团队、团队与团队之间的实时沟通，使海洋旅游相关组织能集中最优势资源，共同处理各项业务和各类问题，达到海洋旅游管理效益的最佳化。

6.1.2.3 组织范围模糊化

传统组织结构一般将管理职能关注于海洋旅游管理相关部门内部的运作上，对外界信息较少涉及。随着全球经济一体化进程的加快，海洋旅游市场空间已大大突破了地区和国家的界限，海洋旅游管理相关部门也融入到世界经济一体化的循环之中；旅游者的消费需求内涵和外延的变化更是突破了海洋旅游管理部门的传统边界，他们要求海洋旅游管理部门全方位开放产品销售和服务等内容，而且以团队为业务中心的日常经营管理运行方式也大大模糊了海洋旅游管理部门的边界。海洋旅游管理部门生存和发展的本能需要寻求一种以服务为中心的、灵活高效的、开放式的、可随时按照市场需求作出调整的管理组织结构，其范围显现出模糊化的特征。

6.1.3 促进旅游管理组织的高效运行

当然，要维系多方利益相关主体的关系，发挥管理组织在旅游业中的调控、指挥、计划、协调等管理作用，必须革新管理理念、提升行业协会在组织中的地位、不断强化公众在组织管理中的作用，才能确保旅游管理组织高效运行。

6.1.3.1 协调好多方利益主体关系

在一个多元化主体构成的组织中，保持协调有序运行是十分关键的，政府旅游部门可以充分发挥核心主体作用，协调好多方关系。

一是政府旅游管理部门与旅游企业和旅游者间的关系。一方面，政府制定和执行适合旅游业发展的产业政策，为旅游企业的发展创造良好的政策环境，通过对旅游市场的监管和协调，创造良好的投资环境、产业环境，引导旅游企业和旅游者健康有序发展；另一方面，旅游企业和旅游者在执行政策过程中，通过合法的途径和程序向政府或旅游管理部门反馈政策执行的效果，从而最大限度地影响政府制定的政策。

二是政府旅游管理部门与旅游社会团体间的关系。一方面，政府通过制定有利于旅游业发展的公共政策，明确旅游社会团体的权利和义务，引导旅游社会团体充分发挥其作用；另一方面，旅游社会团体可以在一定程度上帮助政府实现社会自治，与政府一同实现旅游管理的职能。

三是旅游社会团体与旅游企业、旅游者间的关系。一方面，旅游社会团体可以为旅游企业和旅游者提供旅游产品和旅游服务，同时对于减少旅游市场中信息不对称的现象也有一定的作用，从而畅通了旅游企业之间、旅游企业与旅游者之间的关系，有利于消除企业间的不正当竞争，从而维护旅游企业和旅游者的合法权益；另一方面，旅游企业和旅游者反过来影响旅游社会团体，通过行业自律和市场行为，更好地监督和影响旅游社会组织的行业规范，并将自身利益诉求反映给旅游管理机构。

6.1.3.2 改变强制性管理理念

针对目前我国政府主导型的旅游管理体制的改革，首先要转变思想观念，破除传统行政管理思路，充分借鉴新公共管理理论中对绩效评估的强调、新公共服务理论中对政府提供公共服务职责的重视等方法，按照服务型政府的要求，确定旅游行政管理部门的职能。政府要明确自身的主要职能，要变“管旅游”为“服务于旅游”，完成从强制性管理到服务型管理理念的转变，要明确不管是战略规划的制定还是行业准则的完善都是为了服务于整体旅游行业和市场参与者，明确行使职能的目的是为了使旅游者和旅游经营者得到更好的服务，明确政府部门的管理是市场的补充，是在市场无法很好配置旅游资源的情况下，进行市场参与者主体之间的协调，政府的管理和制度规制都必须从旅游市场需求出发。

6.1.3.3 加强行业组织的培育

在组织机构方面，要突破对“大部制”思想的依赖，研究如何在现有的旅游行政管理框架下，充分发挥政府、市场、社会、民众的作用，明确政府与市场、政府与社会的权利边界，法律手段和市场手段相结合，行政力量和社会力量相结合，做出更加合理的制度安排。一个包括政府、企业、公民共同参与的管理模式是缺少不了旅游行业组织的参与，要做好对已有的旅游行业协会的支持和管理，并在此基础上鼓励形成更多的旅游相关行业协会，同时给予其参与旅游行业管理的话语权等一系列的权利，进一步发挥协会在政府和企业之间的桥梁作用。

6.1.3.4 发挥公众在组织中的主体作用

基于“多方参与、共同治理、统筹兼顾、动态协调”的社会管理原则，公众参与旅游决策是管理的趋势。经济社会的迅速发展以及我国建设和谐社会的推进，使公众拥有更多的话语权，且影响不断加深加大。特别是近年来，随着旅游人数的不断增长，旅游业作为全方位的服务行业，更加体现出公众话语权的重要性。实践证明，现代旅游业的运作离不开公众话语权的积极表达，如旅游资源的开发与保护、文化遗产的保护、发展都市旅游、推进生态旅游与环境保护以及参与公共活动，与旅游管理机构与旅游企业的沟通与交流等。此外，旅游过程中关系公众切身利益的公共服务领域，也越来越重视公众的话语地位，趋于实现均衡话语权，共同探求公共问题的解决之道。公众作为旅游行业的消费者，其对于旅游行业的发展是最具有发言权的，我们必须把公众的作用纳入到整体旅游管理体制中，在整个国家的旅游定位以及各个地区的旅游定位中，听取公众的意见，同时在具体措施实施的过程中，加强公众的信息反馈机制。

综上所述，新形势下我国海洋旅游管理组织应该包括政府部门、旅游企业、旅游社会团体和旅游者等利益相关者共同参与的多元主体，各管理主体之间存在着必然的、相辅相成的联系。各管理主体之间相互理解、相互协作，建立起友好、平等、互利、团结合作的组织关系，共同促进我国旅游业的发展。

6.2 海洋旅游综合管理职能的重构

较长一段时间内，政府行政管理是我国旅游管理的唯一主体，所谓的旅游管理职能即指政府在治理旅游业过程中所扮演的角色、履行的职责及所起作用的总和。我国的行政管理基本职能包括政治职能、经济职能、文化职能以及社会服务职能，其中，政治职能包含专政职能、民主和法制建设职能；经济职能包括经济中的计划、管理、服务、监督职能；文化职能指参与社会主义精神文明建设，为产业经济发展提供精神动力和智力支持，满足人们日益增长的精神、文化需要；社会服务职能包含公共设施的建设和管理、保险制度的建立和环境保护等。改革是时代的主题，转变政府职能是我国行政管理体制改革的核心内容，建设服务型政府是其目标。根据世界旅游组织的研究结果，政府在发展旅游业的过程中至少应履行协调、立法、规划与投资等四方面职能，同时至少完成“满足闲暇和度假权利、居民出行服务、推动对旅游业各个领域的开发建设、从事社会和文化开发以及保护自然与环境协调共生”五方面基本目标。

6.2.1 重构原则

6.2.1.1 协同一致，各司其职

一个完善的海洋旅游综合管理系统，应能协调所有方面的关系，具有综合完善的管理机制和职能，体现国家海洋旅游业发展方向，全面完成各项海洋旅游管理任务，顺应海洋旅游管理活动的发展规律，同时，还要有相应的监督部门和社会监督机制，对其管理运行情况进行监督，保证其权、责、利的统一。

6.2.1.2 管办分离，高效管理

高效的海洋旅游综合管理系统，应当本着体制竞争力思想，以价值链管理模式架构运行体系，以各管理部门和管理环节的协同高效，来达到整体管理系统对海洋资源的高效管理，从而最终实现海洋、经济和人的协调发展的战略目标。政府应在强化应有职能的同时，重新在国家、社会和市场之间进行职能重新划分和调整，这种做法有效降低了因综合管理机构升格造成的权力重新分配而产生的部际冲突，有利于降低国家海洋旅游管理体制改革的实施压力。

6.2.1.3 重视人才，健全机制

人才是第一资源，旅游人才是提供旅游服务、实施旅游管理的主体，是旅游业发展软实力，促进旅游经济增长的根本动力与决定因素。没有完善的旅游人才培养机制和稳固的人力资源基础，旅游业就无法获取长期的

持续发展。因此，要根据旅游发展实际，制订切合的海洋旅游人才培养计划，完善海洋旅游职业教育体系和在职培训体系，提高海洋旅游职业教育水平，提高人力资源质量。同时，建立健全人才激励机制，逐步完善包括海洋旅游人才培养引进、配置使用、工资奖励、社会保障、有序流动等在内的政策体系，为海洋旅游管理人才创造良好的人才成长环境。

6.2.2 海洋旅游综合管理职能体系

一直以来，我国旅游管理都面临着“小马拉大车”的困境，尤其在产业融合不断深入的今天，一方面，大众旅游行为普遍呈现个性化、散客化、体验化、网络化特征；另一方面，产业融合、产业无边界化、多业共生、混业发展成为旅游供给体系创新发展的核心推力。旅游产业范围的扩张不仅关系到经济利益的实现，而且关系到社会的稳定、繁荣，人民生活水平的提高，关系到旅游资源的开发利用、保护和可持续发展，关系到文化的繁荣。新的旅游发展模式不仅追求以高经济指标、高增长率为特征的繁荣局面，而且还关注提供尽可能多的就业岗位、良好的社会风气形成、获得较高的旅游满意度等问题；不仅重视对自然旅游资源和历史文化资源的保护，还把环境综合治理、提高绿色覆盖率、改善大气环境，保护传统文化和发展文化事业作为旅游管理的目标，由此可见，日益分散、多元、交叉的旅游发展实践面向相对单一、固化和有限的行政管理体制和管理职能提出了严峻的挑战。

6.2.2.1 转变政府海洋旅游管理职能

政府在旅游发展中的职能主要有以下几个方面：一是制定总体规划，包括制定旅游发展总体战略、五年计划、中短期规划、专项计划等；二是实现市场监管，包括制定市场准入、市场规则，健全法律法规、制度和标准等；三是提供公共服务，包括与人们旅游活动密切相关、市场所不愿或不能提供的公共设施和公共服务等；四是履行公共职责，承担和支持环境保护、文化保护、目的地对外营销等工作。作为旅游管理主体之一的政府部门，明白应当贯彻管理主导还是服务主导的方针，实际上也就明确了政府主要做什么的问题。

改革开放以来，我国旅游管理体制改革始终与经济体制改革同步而行，在新形势下，政府旅游管理的职能也发生着变化，主要包括宏观调控、市场规范、沟通协调、微观规制以及提供服务五大职能。在宏观调控方面，政府运用政策手段，调控旅游投资方向、营造旅游发展环境、优化旅游产业结构、调整经济周期、实施旅游规划引导和提供旅游优惠政策配套，等等；在市场方面，政府强化自身的管理角色意识和约束，通过完善法制、建立诚信体系、实施市场监管，促进旅游市场有序发展；在微观方面，政府借助经济性或社会性规制手段，通过市场准入、价格、质量、行政许可、旅游资源环境规划等方式实现管理。新形势下政策最重要的职能是服务的提供，政府应该在创新管理制度、公共产品和服务提供、收入分配机制建立、旅游信息服务体系建立和对外宣传促销方面有所作为。

当然，政府旅游管理职能的转变必须根据建立社会主义市场经济体制的要求，对政府旅游管理职能体系中的多项职能进行主导性定位，明确哪些是主导职能、哪些是辅助职能。纵观旅游管理体制的发展历程，我们可以清楚地看到，我国旅游管理体制中的政府职能先后经历了政府管制型和政府主导型两个阶段；而在政府职能体系中，不同时期总有一个职能是起主导作用的，其他职能则围绕它进行整合并发挥作用，因此也形成了不同的政府旅游管理职能和管理模式。同样，在旅游管理体制发展的每个阶段，作为构成要素的各项职能在整体职能体系中所处的地位和所起的作用也并非等量齐观。

目前，在构建服务型政府的倡导下，海洋旅游管理部门也应转变职能，依据市场经济的发展规律，建立公众满意的新的以服务为主导的海洋旅游综合管理体制。党的十八大报告指出："建设智能科学、结构优化、廉洁高效、人民满意的服务型政府"目标，海洋旅游的政策管理职能中，一方面要将市场能够解决的问题交由市场解决；另一方面，要促进海洋旅游业健康发展，完成好政府在市场经济中应尽的职责。

6.2.2.2 构建海洋旅游公共服务体系

海洋旅游是世界海洋经济的最大产业之一，正呈多元化、生态化、休闲化、创新化的趋势快速发展；海洋旅游在世界旅游业中地位举足轻重，在国民经济中所占的地位也日趋重要，海洋经济的发展离不开海洋旅游的发展。在西班牙、希腊、澳大利亚、印度尼西亚等国家，海洋旅游业已经成为国民经济的重要支柱性产业；在许多热带、亚热带地区，海洋旅游业已经成为最重要的经济收入来源，有的甚至占到了国民经济比重的一半以上。

海洋旅游公共服务是以政府为核心的海洋旅游公共部门及其他社会组织（企业、非营利组织等）等服务主体向社会提供的、具有明显公共性的各类海洋旅游公共服务设施和海洋旅游公共服务政策的公共产品系统。“提供什么”、“提供多少”、“如何提供”这三个问题是任何国家和地区，任何时代的政府在建设公共服务体系时（当然包括旅游公共服务体系）所不能回避的永恒话题。[①]“旅游公共服务”与“旅游公共服务体系”是两个既有联系又有区别的概念。体系是“若干事物互相联系互相制约而构成的一个整体”，如果说“旅游公共服务”研究的核心问题是旅游公共服务的内容和构成，解决“是什么”的问题；那么，“旅游公共服务体系”研究的问题是旅游公共服务的主体如何提供完善的旅游服务，是研究“怎么做”的问题。[②] 对于“海洋旅游公共服务体系”，学术界目前尚没有统一的定义，笔者综合其他研究后认为，海洋旅游公共服务体系是指海洋旅游公共服务的主体、设施、服务方式和制度等多方面的有机整体。现阶段的海洋旅游公共服务体系主要包括政府主导系统与市场导向系统两个层面（图6－1）：一是以政府为主导的、由非营利性组织具体运作的政府体系，政府体系面向公众提供非营利性（无偿）服务；二是以市场为主导的、由各种与海洋旅游有关的企业、组织负责操作实施的市场体系，市场体系面向公众提供营利性（有偿）服务。我国的海洋旅游公共服务供给还处于发展阶段，国内尚没有哪个地区建立完备的海洋旅游公共服务体系，体系构建仍待探索。

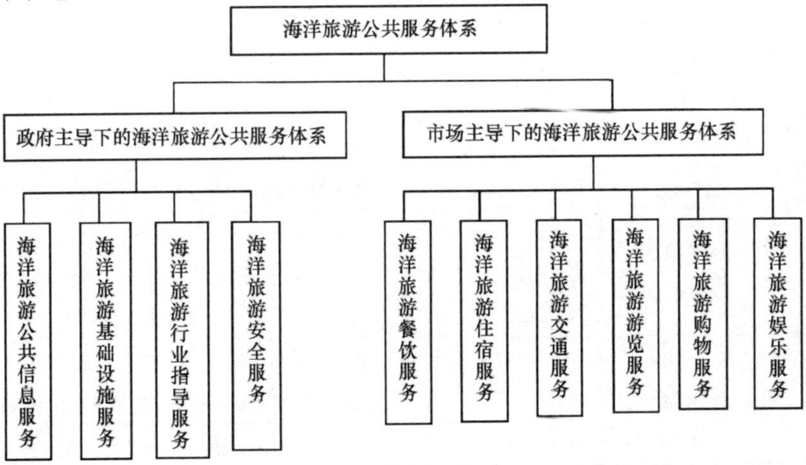

图6－1　海洋旅游公共服务体系框架图

① 董培海，李伟．关于“旅游公共服务体系”的解读——兼评我国旅游公共服务体系建设［J］．旅游研究，2010，12（4）：86－90

② 杜文才．旅游电子商务［M］．清华大学出版社，2006：42－48.

海洋旅游公共服务体系的内容主要由海洋旅游基础设施服务、海洋旅游公共信息服务、海洋旅游行业指导服务以及海洋旅游安全服务等4个子系统构成（表6－1）。各子系统之间的合作形成了组织有序、快速高效的海洋旅游公共服务体系，以满足海洋旅游者的多元化需求。

表6－1　海洋旅游公共服务供给内容体系

<table>
<tr><th>内容构成</th><th colspan="3">表现形式</th></tr>
<tr><td rowspan="4">海洋旅游基础设施服务</td><td rowspan="2">海洋旅游交通服务设施</td><td>旅游通道服务设施</td><td>旅游绿色通道、旅游专线、旅游专列、特殊群体设施（无障碍通道）等</td></tr>
<tr><td>交通节点服务设施</td><td>旅游集散中心、旅游停车场、旅游站点、旅游码头等</td></tr>
<tr><td rowspan="2">海洋旅游游憩服务设施</td><td>目的地游憩设施</td><td>休闲绿地、公共景观设施、各游乐设施等</td></tr>
<tr><td>目的地一般便利设施</td><td>卫生设施（如垃圾桶、环保厕所等）</td></tr>
<tr><td rowspan="4">海洋旅游公共信息服务</td><td rowspan="2">海洋旅游信息咨询服务</td><td>海洋旅游咨询设施</td><td>旅游咨询服务中心/游客中心；旅游信息（临时性/移动性）；旅游信息触摸屏等</td></tr>
<tr><td>海洋旅游咨询平台</td><td>旅游服务电话（如旅游热线）、问询电话（114）、气象服务</td></tr>
<tr><td rowspan="2">海洋旅游标识系统服务</td><td>目的地标识服务</td><td>高速公路交通导引；旅游接待设施标识；公共图形符号系统等</td></tr>
<tr><td>目的地景区标识服务</td><td>景区交通导引；景区接待设施标识</td></tr>
<tr><td rowspan="4">海洋旅游行业指导服务</td><td rowspan="2">海洋旅游政策法规</td><td>规范与标准</td><td>旅游行业规范（如《中国旅游饭店行业规范》行业服务标准、《旅游饭店星级评定标准》、《中华人民共和国海洋环境保护法》）</td></tr>
<tr><td>海洋旅游法规</td><td>相关海洋法规</td></tr>
<tr><td>海洋旅游协会</td><td>海洋旅游协会</td><td>相关海洋旅游协会、旅游委员会</td></tr>
<tr><td>海洋旅游公益服务</td><td>海洋旅游教育培训</td><td>旅游行政管理干部专项培训、旅游企业中高层经营管理者职业培训、高技能人才、人才专项培训、一线服务人员培训</td></tr>
<tr><td rowspan="4">海洋旅游安全服务</td><td rowspan="2">海洋旅游公共安全服务</td><td>海洋旅游安全机制建设</td><td>旅游应急预案机制、旅游紧急救援机制、旅游保险体系建设、旅游医疗服务合作制度等</td></tr>
<tr><td>海洋旅游安全服务设施</td><td>交通安全设施、游乐安全设施、消防安全设施、旅游安全救助与标识、旅游医疗设施等</td></tr>
<tr><td rowspan="2">海洋旅游安全检测服务</td><td>旅游消费环境监测</td><td>旅游交通、酒店、旅行社以及景区的卫生安全、质量、环境监测服务等</td></tr>
<tr><td>旅游者权益保护</td><td>旅游投诉处理</td></tr>
</table>

（1）海洋旅游基础设施服务

基础设施在旅游业发展中有着极其重要的意义，其便利、舒适是旅游者选择旅游目的地的重要因素。海洋旅游基础设施服务主要表现为两大方面，即旅游交通服务设施、旅游游憩服务设施。一是海洋旅游目的地的可进入性。交通一直是涉海地区海洋旅游发展的瓶颈，交通的畅通有序，对不断升温的海洋旅游业来说尤为重要；第二是要确保各大景区、景点之间的通车，还需要保持交通畅通和具有大容量的景区停车场；第三是实施旅游厕所改扩建工程，各类经营场所和公共场所的公用厕所要对游客和公众开放，要建成管理规范、清洁卫生、方便游客的旅游厕所体系。第四是维护好景区、景点环境卫生，进一步强化景区内部餐饮、住宿、娱乐等服务接待“硬件”设备。

（2）海洋旅游公共信息服务

海洋旅游公共信息服务是指满足旅游者所需的各类相关信息服务的总称，具体包括海洋旅游咨询服务系统、海洋旅游标识服务系统两大方面。欧美等旅游发达国家的旅游公共服务内容广泛且现代化程度高，政府在旅游公共服务设施供给中给予了极大的支持。如随处可见的“I”（英文 information 的缩写，“I”是旅游咨询服务中心的国际通用徽标）字符、大量免费旅游信息，针对不同游客提供旅游咨询服务等。我国的海洋旅游区除了完善景区、景点线路标识牌的制作与张贴外，沿路或是景区、景点内的基础设施标识牌应该向国际化旅游标准看齐，在标识牌上标注至少中文和英文两种语言类。对于受自然环境因素限制的涉海地区旅游活动，还必须提供气象服务，使游客掌握天气变化，及时做好应对措施。要广泛应用旅游公共信息服务平台，为旅游用户提供景区（点）基本信息、景区图片、服务项目、详细地址等信息。

（3）海洋旅游行业指导服务

海洋旅游行业指导服务可以说是海洋旅游辅助性服务的总称。首先，国家出台了很多海洋旅游标准和规范，如《中华人民共和国海上交通安全法》、《中华人民共和国海港管理暂行条例》、《中华人民共和国海洋环境保护法》、《无居民海岛开发利用具体方案编制办法》等，以确保海洋旅游行业的持续快速发展。第二，第三部门的加入也为海洋旅游行业注入新鲜“血液”。第三部门即指在政府部门和以营利为目的的企业（市场部门）之外的一切志愿团体、社会组织或行业协会、基金会和公益性事业单位（如旅游委员会、旅游教育和学术组织等），他们属非营利性的社会组织，具有独立的社团法人资格。第三，旅游专业人才是旅游业发展的活力军。一支服务水平高、业务能力强的导游、服务员、营销员、管理人员等队伍是旅游业的必备条件。导游人员是直接接触海洋旅游第一手资料的排头兵，而各院校旅游管理类学生正是海洋旅游的储备人才。据统计，每年旅游类大学毕业生的就业率是所有专业中较高的，但旅游类人才的需求仍在不断上升，缺口也随之变大，如何使旅游类人才的培养与海洋旅游的发展达到同步是一个值得深思的问题。

（4）海洋旅游安全服务

安全是旅游业的生命线，旅游公共安全服务是旅游者的旅游活动能够安全、顺利进行、旅游业能够健康发展的保障。在发达国家和地区，旅游安全保障是被广为推崇的现代旅游理念，并且已经由传统的事后补偿变为事前、事中、事后的全方位服务。我国沿海省市应该按照国家的统一部署，结合本省的实际，认真开展旅游景区景点的安全检查工作，建立完善的旅游安全保障体系。可以利用 GPS（全球定位系统）为海洋科学考察、海岛海底探险等旅游提供定位服务，增加旅游活动的安全性。为了保障旅游消费的权益，政府还应该开设旅游咨询电话、旅游投诉电话暨旅游质量监督电话、政务公开电话等，实施服务质量违规通报制度。

6.3 海洋旅游公共政策体系的完善

政策是为了实现一定时期的路线和目标而制定的行动准则，海洋旅游产品具有准公共属性，为了保障海洋旅游业的健康持续发展，必须要有完善的适合于新时期海洋旅游经济发展的旅游公共政策体系支撑。所谓公共政策是由涉及大量人力和资源或关系到很多人的政府所决定的，是对全社会的价值所作的权威性的分配，是建立在法律基础上的，具有目标、价值和策略的大型计划，提出公共政策的意图在于利用时机、克服障碍，以实现某个既定的目标。广义的公共政策包括法律，狭义的政策是制定和执行法律的基础，是法律的灵魂，法律则是公共政策的具体化和条文化。在市场经济条件下，政府海洋旅游管理的合理职能基础是培育市场、规范市场、防止和挽救市场失败，因此，海洋旅游公共政策核心问题是解决社会利益分配问题，大致包含利益选择、利益综合、利益分配和利益落实四个环节。由于全球以及国内经济环境发生的巨大变化，科技进步带来的生产方式的转变，加上海洋旅游管理目标、主体、职能、体制的一系列变化，因此，海洋旅游公共政策体系也为之改变。

6.3.1 推行科学综合管理政策

海洋旅游政策是国家和地方政府为实现一定时期的海洋旅游发展战略目标而制定的各种指导性方针、条例和规章制度的总和，旅游政策既是一种策略和手段，又是一种规范和准则，它包括总政策、基本政策和具体政策。当前我国各海洋旅游目的地需要在总政策和基本政策的指导下，制定实施海洋综合管理的具体政策。

6.3.1.1 我国海洋基本政策

国家海洋政策是国家为了维护国家海洋利益，实现在海洋领域的任务而制定的行动准则。海洋政策是在人类海洋活动能力不断增强，海上活动日益频繁，海洋事务日益复杂的情况下逐渐形成的。海洋政策是一个历史范畴，每一个国家在不同的历史发展阶段有着不同的海洋利益，因此也就有着不同的海洋政策。但是，获取利益（财富）一直是海洋政策的核心，国家安全则是海洋政策的优先领域。

20 世纪 60 年代海洋开发兴起以后，各国都制定了海洋开发战略和长远规划，出现了国家海洋总政策。如 1966 年美国制定了《海洋资源和工程发展法》，这是一个综合的、长期的协调国家海洋计划的政策，成为美国 20 世纪 70 年代的海洋总政策。一些国家还设立了国家海洋政策协调机构以加强海洋政策对海洋事业的指导职能，如美国联邦政府设立国家海洋资源和工程发展委员会，美国国会成立国家海洋与大气顾问委员会，日本也成立了海洋开发审议会，等等。2004 年，由来自不同学科的 16 位科学家组成的一个海洋政策委员会向美国总统和国会提交了一份《21 世纪海洋蓝图》，报告列举了大量数据证明海洋与国民经济和人民生活的关系以及美国在海洋管理方面的问题，建议对现有的海洋政策进行修改，以建立一项更加综合、全面和协调的国家海洋政策，将管理方式从分散单一的形式向以生态系统为基础的科学综合管理转变，并把可持续性、“海－陆－气”相互联系、多用途管理、海洋生物多样性保护、公众参与管理等作为政策制定的原则。

20世纪90年代，联合国《海洋法公约》和《21世纪议程》生效并实施以后，全球海洋的1/3已经成为各沿海国家和岛屿国家的领海和专属经济区，而深海大洋的争夺也异常激烈，不仅是美国，其他国家也纷纷修订海洋政策和开发战略，力争在世界海洋经济、科技与管理竞争中争取领先地位。

我国是世界上兴渔盐之利最早的国家之一，早在周代就已经设立了渔官，明代实行罟棚组织进行渔政管理，清代开始建立渔团，并订立了一些章程。辛亥革命后，政府设立渔政局制定渔业政策，鼓励渔民入公海捕鱼，加强护渔防盗，改进渔业技术，并陆续公布了《公海渔业奖励条例》、《渔船护洋缉盗奖励条例》、《渔业技术传习章程》等。1929年公布的《渔业法》，标志着现代海洋渔业政策的诞生。然而，我国虽然是海洋大国，各类海洋资源十分丰富，但远非海洋强国，近年来在海洋管理领域还出现了一系列问题：如过度捕捞和管理体制的不完善而导致的近海渔业资源严重衰退；多种污染源威胁海洋环境，生态系统正面临严重危机；海洋科技水平低，海洋产业结构落后，海洋资源开发利用水平和效益较低；海洋领土争端不断，海洋国土安全形势严峻；国民海洋意识淡薄，海洋观念有待加强，等等。这些问题的出现，主要在于我国整体海洋意识不强，海洋的战略地位体现不够，加上海洋管理体制以地理或行政边界为依据，条块分割、权力分散、多头管理，与科学综合管理差距很大。虽然党的“十六大”提出了建设海洋强国的战略目标，国务院也发布了《全国海洋经济发展规划纲要》，但从海洋资源全民所有的产权特性和海洋资源环境的整体不可分割性来看，需要国家从战略、政策和法律制度层面进行统一的综合管理，特别是随着海洋战略地位的越来越凸显，建立统一而完整清晰的国家海洋政策是十分必要的。值得庆幸的是，各省市也在《全国海洋经济发展规划纲要》出台后，纷纷制定了本地区的海洋经济发展规划和海洋资源开发利用计划；国家“十二五”规划也明确指出，要坚持陆海统筹，制定和实施海洋发展战略，提高海洋开发、控制、综合管理能力；国务院还相继批准了《关于支持福建省加快建设海峡西岸经济区的若干意见》、《江苏沿海地区发展规划》、《山东半岛蓝色经济区发展规划》、《珠三角改革发展规划纲要》、《长三角区域规划》、《舟山群岛新区发展规划》等，批准了辽宁沿海经济带的开发开放、海南国际旅游岛的建设，特别是浙江舟山群岛新区的设立，是国务院批准的中国首个以海洋经济为主题的国家战略层面新区，这些区域的海洋开发战略代表着我国海洋开发的总体方向和目标，其实施的海洋政策、法规也成为国家海洋政策的组成部分，并起到领先和示范作用。

我国的海洋政策主要包括统筹海洋开发和整治方面的政策、资源开发与环境保护方面的政策、科学技术研究和开发方面的政策等（表6－2）。改革开放前，我国的海洋政策重点是在海防方面，它为国家长治久安打下了坚实的基础。自20世纪90年代以来，随着全面建设小康社会和科学发展的需要，党和国家领导人从战略的高度重视海洋，积极开发利用海洋，强调发展海洋事业，推动了国民经济和社会发展，海洋开发政策也得到很大的发展，已形成了较全面的海洋开发政策体系。

表6－2　我国主要海洋政策类型

类型	文件名称	主要内容	制定单位	发布时间
统筹海洋开发和整治方面的政策	20世纪90年代我国海洋政策和工作纲要	“以开发海洋资源，发展海洋经济为中心，围绕‘权益、资源、环境和减灾’4个方面开展工作，保证海洋事业持续、稳定、协调发展，为繁荣沿海经济和整个国民经济，实现我国第二步战略目标做出贡献”	首次海洋工作会议	1991－01
	全国海洋开发规划	“实行海陆一体化开发，提高海洋开发综合效益，推行科技兴海，开发和保护同步发展。总体构想是要建立一个海运体系，开发五种主要资源、发展五个重点开发区，同时规划三个海洋特殊开发区”	国家计委 国家科委 国家海洋局	1995－05
资源开发和环境保护方面的政策	中国21世纪议程——中国21世纪人口、环境与发展白皮书	提出我国实施可持续发展的总体战略、对策以及行动方案	国务院	1994－03－25
	中国海洋21世纪议程	阐明了海洋可持续发展的战略对策和主要行动领域，涉及海洋各领域的可持续开发利用、海洋综合管理、海洋环境保护、海洋防灾减灾、国际海洋事务以及公众参与等内容，是我国海洋可持续开发利用的政策指南和行动纲领	国务院	1996
科学技术研究和开发政策	海洋技术政策	利用开发海洋资源，保护海洋环境的相关技术	国家科委 国家计委	1990－02－27

21 世纪是海洋的世纪，在世界各国纷纷进军海洋，对海洋进行深入开发利用转向为以生态系统为基础进行科学综合管理的背景下，我国也应该顺应时代潮流，站在全球战略高度来制订和实施海洋政策，逐步转变观念，对所辖海域实施以生态系统为基础的科学综合管理，加强海洋科技研究和海洋教育，力争在海洋经济、海洋科技、海洋管理的国际竞争中占领制高点，为中华民族的可持续发展拓展新领域。

6.3.1.2 我国的旅游政策变迁

我国旅游业借改革开放之力，30 多年持续快速发展，从无到有，从小到大，产业形象日益鲜明，产业规模不断壮大，成为国民经济中发展速度最快的行业之一。从发展阶段来看，1980 年以前，旅游产业总体规模较小；“六五”计划时期，入境旅游有较大提高，国内旅游开始起步；“七五”计划时期，入境旅游继续发展，国内旅游有较大发展；“八五”计划时期，入境旅游有较大发展，国内旅游迅猛崛起，这一时期是发展速度最快的时期。“九五”计划时期，产业基础夯实，稳步发展。2001 年受世界旅游业整体负增长的形势影响，中国的旅游业是在困难中继续前进，但增长速度有所下降。2002 年中国旅游业整体回升，四项旅游经济指标增速均超过 10%：接待海外旅游者达到 9 791 万人次，跃居世界第五大旅游吸引国、亚洲首席旅游大国；国际旅游创汇增至 204 亿美元，占全球的 4.4%，成为世界第五大旅游创汇国；公民出国（境）人数达 1 660.23 万人次，比上年增长 36.84%，成为亚洲地区令人瞩目的新兴客源输出大国；国内旅游人数达到 8.78 亿人次，成为世界上数量最大、增速最快、潜力最强的国内旅游市场。我国的旅游产业规模也不断扩大，据不完全统计，截至 2001 年底，中国旅游涉外饭店 11 000 家，其中，已评定星级饭店 8 018 家；各类旅行社超过 10 000 家，其中，国际旅行社 1 300 多家；中国旅游业固定资产值达 7 000 亿元，共有各类旅游企事业 26 万个；旅游业直接从业人员 598 万人，间接从业人员约为 2 980 万人；共有开办旅游教育专业的院校 1 152 所，在校生 34 万人。

不同时期有着不同的旅游发展政策，从而也形成了不同的旅游发展模式。根据我国旅游业发展历史，我国旅游政策的发展也经历了大致三个阶段。

1978 年到 1990 年是我国改革开放的初期，也是我国现代旅游业起步时期，该时期的旅游政策主要体现在推动旅游业从“事业型”向“产业型”转变。这一时期，我国国内消费需求并没有达到旅游享受水平，国民外出旅游完全是一种奢侈，但国门打开却引来了入境旅游业的迅速崛起，旅游业成为获取外汇的重要手段。但从整体上看，我国的旅游产业体系不够健全，服务设施严重不足，产品开发层次较低、类型单一，旅游管理体系不完整、政企不分。根据这个阶段的旅游业发展特征，国家政府适时地提出发展国际旅游的政策，而国内旅游的政策则是从不提供、不限制到主动引导和重视发展的过程。在国家第七个五年计划中，就提出要大力发展旅游业，增加外汇收入，促进各国人民的友好往来，体现出中央政策对发展国际旅游业的重视和鼓励。随着经济体制改革的不断深入，我国人民生活水平得到了提高，国内旅游需求迅速旺盛，国家开始重视国内旅游的发展。1981 年 10 月 10 日，国务院下达了《关于加强旅游业工作的决定》，指出各省级政策要组织各方面力量，投入旅游饭店、交通、景点的建设，提倡发展国内旅游。1984 年 7 月 27 日，中办和国办转发了国家旅游局《关于开创旅游工作新局面几个问题的报告》，强调国家旅游局和各级地方旅游行政管理部门要加强对旅游业的领导和管理，并提出国家、地方、部门、集体、个人一齐上、自力更生与利用外资一齐上的旅游建设方针，揭开了全方位发展旅游产业的序幕。1985 年 1 月，国务院批转的国家旅游局《关于当前旅游体制改革几个问题的报告》，明确指出搞好国内旅游的意义，并要求各级旅游局要积极创造条件，加强对国内旅游的领导和管理，满足广大人民群众日益增长的需要。1986 年国务院决定将旅游业纳入国民经济与社会发展计划，正式确立其国民经济地位。1992 年中央明确提出旅游业是第三产业中的重点产业，之后，中共中央提出的《关于制定经济和社会发展“九五”计划和 2010 年远景目标纲要的建议》，旅游业被列为第三产业积极发展新兴产业序列的第一位。1998 年中央经济工作会议又提出旅游业作为国民经济新的增长点。此后，国家计委把旅游项目列入国债项目，铁路部门及时开行了数百列旅游专列，中央和国务院的一系列政策支持为旅游业发展打下了坚实的基础。

1991 年到 2000 年是我国经济的快速增长期，也是我国现代旅游业的高速成长阶段，形成旅游产业体系拉动国民经济发展的政策。这一阶段，中国国际旅游业规模不断扩大，在世界上的地位明显提升，无论是入境游人数还是旅游外汇收入都已经跨入世界旅游大国的行列，而加入世贸组织的承诺也使得国际间的旅游合作不断扩大；在国内游方面，随着国民生活水平的不断提高，旅游消费成为社会时尚和启动市场需求的有效手段，作为劳动密集型产业的旅游业对扩大就业的重要性不断凸显；出境旅游也冲破了多年的政策限制，改变了国际入境旅游长期雄踞市场的格局，使原来仅仅只有入境旅游的中国旅游业，转化为国际旅游和国内旅游并重的态势。因此，促进旅游行业健康发展的政策和加强旅游行业管理的法规法令不断出台，中国开始步入世界旅游大国行列。1992 年 6 月，《中共中央国务院关于加快发展第三产业的决定》进一步明确了旅游业是第三产业发展的重点，在 1998 年 12 月召开的中央经济工作会议上，旅游业和地产业、信息业一起被确定为国民经济新的增长点。2001 年 4 月 11 日，国务院发布了《进一步加快旅游业发展的通知》，提出要大力发展入境旅游、重点发展国内旅游、适度发展出境旅游的方针，奠定了旅游业在国民经济中的地位和重要性，旅游业在各地经济发展中的地位空前提高，成为国家和地方经济的增长点。1993 年国务院办公厅转发了国家旅游局《关于积极发展国内旅游业的意见》则更加明确地提出要将国内旅游业纳入国民经济和社会发展计划之中，要建立统一开放、竞争有序的国内旅游市场，发展大众旅游产品，提高国内旅游业水平。并指出旅游行政管理部门要会同有关部门建立起国内旅游服务质量标准，加强从业人员教育，提高从业人员素质，标志着国内旅游业正式纳入旅游行业管理范围。1999 年，国家重新修订了《全国年节及纪念日放假办法》，进一步刺激了国内旅游市场需求，带来了假日旅游消费热潮。

在出境游方面，1990 年 10 月 30 日，国家旅游局发布了《关于组织我国公民赴东南亚三国旅游的暂行管理办法》，正式启动了我国公民自费出国旅游市场。1993 年 4 月 6 日，国家旅游局国际联络司发布了《关于严格按规定办理赴东南亚旅游业务的通知》，1992 年 7 月，国务院批准国家旅游局《关于扩大边境旅游，促进边疆繁荣的意见》，使边境旅游业务得到扩大；1997 年，经国务院批准，国家旅游局和公安部联合发布《中国公民自费出国旅游管理暂行办法》，标志着国家开办中国公民自费出国旅游从试验阶段进行到正式阶段，更加便利了中国公民的出境旅游。2002 年 5 月 27 日，国务院发布了《中国公民出国旅游管理办法》，中国出境旅游从此进入了一个新的发展阶段。

2009 年，《国务院关于加快发展旅游业的意见》出台，明确提出要按照统筹协调、形成合力的要求，创新体制机制，推进旅游管理体制改革，支持各地开展旅游综合改革和专项改革试点，鼓励有条件的地方探索旅游资源一体化管理。旅游行政管理及相关部门要加快职能转变，把应当由企业、行业协会和中介组织承担的职能和机构转移出去。

2001 年以来是我国旅游业走向成熟、迈向旅游强国的阶段，提高旅游产业素质、保护旅游生态文明是本阶段的主要政策。我国不仅已成为一个旅游大国，从 20 世纪 80 年代初至今，海洋旅游目的地发展也进入旺盛时期，旅游人数迅速增长，旅游外汇收入和入境旅游者人数逐年稳步上升，一个较成熟的海洋旅游市场已经形成，海洋旅游产业在我国海洋经济和旅游业中占有重要地位。据 2013 年《中国海洋统计公报》中的数据显示，我国海洋产业总产值为 54 313 亿元，占国内生产总值的 9.5%，主要海洋产业增加值 22 681 亿元，比上年增长 6.7%，滨海旅游业位居各主要海洋产业之首，全年实现增加值 7 851 亿元，比上年增长 11.7%，滨海旅游业已经占到全国主要海洋产业的 34.6% 之多。就当前我国海洋旅游发展现状分析，我国海洋旅游目的地建设普遍处于生命周期的发展阶段，并仍将持续很长一段时间。因此适当、正确的政策引导和扶持，完全可以延长生命周期、延缓衰退期的到来。

2013 年 2 月 2 日，国务院办公厅发布了《国民旅游休闲纲要（2013—2020 年）》，提出按照全面建成小康社会目标的总体要求，以满足人民群众日益增长的旅游休闲需求为出发点和落脚点，不断促进国民旅游休闲的规模扩大和品质提升，提高国民旅游休闲质量，建设与小康社会相适应的现代国民旅游休闲体系，实现国民生活质量提升目标。《纲要》将旅游休闲发展上升到国家战略层面，标志着“大旅游”时代的全面开启。2014 年 8 月 21 日，国务院发布《关于促进旅游业改革发展的若干意见》是对新形势下旅游业发展做出总体战略部署，《意见》分别从树立科学旅游观、增强旅游发展动力、拓展旅游发展空间、优化旅游发展环境、完善旅游发展政策等 5 个方面阐述了现阶段我国旅游行业发展的情况及未来发展战略，是为“十三五”时期旅游业发展提供重要指导的又一个纲领性文件。

产业政策的研究、制定、实施对旅游产业来说是极其有必要的，政府制定和操作得当与否将直接影响旅游产业的发展前途。这些政策给我国旅游产业带来了飞速的发展，使得旅游产业在国民经济结构中的地位不断提升，不仅在产业规模上实现了较大的扩张，而且产业结构运行的条件、环境和产业组织化程度、产业布局也发生了重大的改变，旅游产业在国民经济结构中的地位不断提升，旅游大国的地位在国内外得到迅速的巩固和提高。

6.3.1.3 我国的海洋旅游政策

海洋旅游政策是在我国海洋总政策和海洋基本政策框架下的具体政策，它又包括国家海洋旅游发展政策和地方海洋旅游发展政策两个层面。当前我国各海洋旅游目的地需要在总政策和基本政策的指导下，制定实施海洋综合管理的具体政策。同时，由于海洋旅游的综合性特征，海洋旅游政策的制定和实施也涉及其他非旅游管理部门，因此要积极协调相关部门，从财政、税收、金融、土地、签证、投资、人才等领域入手，加强政策之间的衔接、协调和推动实施，完善与旅游业发展相关的各项政策，形成综合性的海洋旅游政策框架体系。

对于地方海洋旅游开发来说，相关的海洋旅游开放政策是实现旅游目的地走向国际化的重要保障。大多数的国际性海洋旅游目的地其实都以开放度、自由度来吸引游客，如马来西亚的兰卡威、印度尼西亚的巴厘岛、韩国的济州岛等等，那里都有十分便捷的入境免签证政策。对海洋旅游新产品开发来说，相关开放政策也是十分关键的，游艇、邮轮和水上飞机等新型海洋旅游产品的开发需要得到开放海域和领空等政策的支持，游艇、邮轮等项目还需要获得相关金融政策、离岸金融业务的支撑。

更加开放的旅游政策主要包括实施开放的航权政策、入境免签证制度、旅游产品零关税、旅游及相关产业全面开放政策等等。

航权开放政策是指空中航线、岛际航空和海洋上航线等方面，把国内空港改造成为国际空港，开辟国际旅游客源地，推出潜在客源地的国际包机航线，为游客来海洋旅游目的地创造更加便利的交通条件。开放岛际航空，是指允许水上飞机、直升机等开展岛际和支线旅游服务，解除直升机空中揽胜观光项目的限制等等。在海洋航线方面，开放沿海海域，放宽国际邮轮的准入条件，吸引国际邮轮公司登记注册，打造邮轮必经港和目的港。

“免签证”政策是旅游服务国际化的趋势，是国际公认的旅游业高度开放的主要标志，它是以国际游客为主要对象，为国际游客的出入提供最大的方便和自由。我国的海洋旅游目的地可首先针对指定的主要客源地国家和地区游客，在指定的旅行社组团下给予免签；然后将免签范围逐步扩大至个人，并逐步扩大免签证的国家和地区。免签证对象可考虑国际海员、国际邮轮乘客、与我国建立正式外交关系的国家与地区的游客，免签时间应在国家相关规定的基础上作适当延长。

旅游产品零关税和购物退税政策是国际海洋旅游目的地的又一大吸引力。给予旅游产品零关税政策，是指将中国免税品（集团）总公司在旅游地开设口岸外供免税商店，并扩大规模和供应对象；境外游客享受购物出关退税政策，是指在旅游区定点商场购买的特定商品，实行出境退税制度。同时，对从事旅游产业产品开发与经营的相关企业免征进口自用设备关税及增值税；旅游区内开展的境外物品展览也只需在海关登记备案，不缴纳关税抵押金，并允许就地销售。

开放的旅游政策还包括全面放开旅游市场，并扩大旅游相关产业的开放程度。允许物资、资金进出充分自由、方便、快捷；旅行社、宾馆、车队、船只、码头、旅游商品生产、文化娱乐、旅游餐饮、旅游咨询、会展、体育产业等向国内、国外企业和个人全面开放；允许外商在试验区内开设零售业和为旅游服务的专业商店、开办大型免税商场；允许国外旅游组织和企业举办中外合资、合作的旅游和休闲教育培训机构，如游艇、SPA、海钓、高尔夫、潜水、酒店管理、语言培训等；准入一些国际度假旅游时尚项目，如特色赛马、动力飞行等；允许国外企业或组织开办康体医疗机构。

积极的财税和投融资政策对某一海洋旅游目的地发展往往起到很大的推动作用，海洋旅游发展专项基金、海洋旅游金融专项基金、海洋旅游中小企业成长性奖励基金和海洋旅游中小企业发展专项基金的设立，海洋旅游区的基础设施、生态建设、环境保护、宣传促销和旅游公共体系的专项资金的加大投入，都将决定某一海洋旅游目的地的发展步伐。在其他政策方面，还包括降低对旅游企业的收费标准、落实宾馆饭店与一般工业企业在水、电、气等能源使用上的同等或优惠价格政策，允许旅行社参与政府采购和服务外包政策、调整并适当增加旅游业发展用地政策等等。

总之，旅游政策是政府对旅游业实行宏观调控、维护旅游系统正常运行的重要手段，它表现为旅游产业政策、旅游经济政策、旅游文化政策和旅游可持续发展政策等各项政策的具体制约功能，规定着该做什么和不该做什么，怎样做和为什么做，引导着整个旅游系统中那些复杂、多面、相互冲突的行为朝着统一、明确的目标上来，实现管理主体的愿望。到目前为止，中国旅游业遭遇的歧视政策仍然很多，对旅游行业发展起到很大阻碍作用，因此，政府应该以公平政策取代歧视政策，消除旅游发展中阻碍因素的政策，提供适当倾斜和适度优惠政策，形成权威性强、覆盖面广、扶持措施有力的旅游政策环境，切切实实地为旅游业发展提供一个高规格、全方位的政策支持体系。

6.3.1.4 推进海洋旅游政策的有效执行

由于政策执行的方式不同，其产生的效果也不一样，有效的政策执行可以解决旅游发展中的问题，改善发展环境，实现政策制定目标；若政策执行不当或不力，不但原有的问题得不到解决，还会导致问题的严重甚至恶化，因此，政策的制定与执行是相辅相成的、是同样重要的事情。在现实中，政策制定后得不到执行的事常有发生，这既说明了政策的制定到执行之间的差距，也反映出政策执行监督职能的缺失。从某种意义上讲，政策执行比政策制定更为重要，难度更大。譬如，我国当前的旅游环境问题日渐严峻，究其根本，就在于作为我国基本国策之一的环境保护政策没能很好地得到贯彻执行，使得环境问题有法不依，政策执行功能没能很好发挥。

旅游政策的执行是有效地解决旅游发展中产生的问题，推动旅游业发展和进步的保障，若没有政策的执行，旅游政策只能是纸上谈兵，政策的制定也就失去了意义。当然，政策不是万能的，所有政策都是基于现状而对未来的一种预期，政策目标实现的过程也就是政策执行修正和弥补政策缺陷的过程。旅游政策的执行，还可以检验并修正相关政策，使政策得到不断完善，提高政策的可行性和有效性，为后继政策的制定提供依据。

有效的政策执行一定要把握好忠实与权变、强制执行与宣传说服之间的关系。忠实原则是指严格执行政策规定和要求，执行不走样，这是政策执行过程中的首个要求；但是忠实并不等于生搬硬套，产生在不同区域、不同阶段的旅游问题都有着不同的表现，政策条件、政策环境也都处于变化之中，因此，要想忠实地执行好政策，必须采取权变的原则。政策本身的强制性特征规定其执行的强制性，要求政策规范对象自觉遵守，而对不按政策办事者给予无情的惩罚；但政策的执行需要依靠各旅游相关部门的积极参与，说服教育是一种十分有效的手段。宣传说服可以让人们认识到政策的本质、理解政策的合理性和科学性，使得人们更加自觉地执行政策。

政策执行的手段通常有行政手段、法律手段和经济手段三种，政府是行政手段的主要运用者。政府可以依靠自身组织的行政权威，采用行政命令、指示、规定及规章制度等方式，来实施旅游政策，因此，政府要提升自我管理、自我监督的能力，做好政策的研究、制定及实施的过程，政策取向是提高旅游业竞争力和创新力，坚持旅游的经济、社会文化和生态的可持续性，提高行业的劳动生产率，坚持旅游业发展的道德规范的保障。由于新型旅游管理模式的管理主体由原先的政府单一主体变为由社会、企业、公民共同参与的综合性管理主体，在多主体化的管理模式下，政府必须放权，改变原先事必躬亲、过度干预旅游产业和旅游企业的行为。这并不意味着政府在旅游管理中的各项职能都减弱，恰恰相反，政府应当加强宏观管理职能，充分发挥市场经济“这只无形的手”的作用，不越位、不缺位，避免市场失灵、已经成为旅游产业发展、政府职能转变的必经之路。

6.3.2 完善海洋旅游法规体系

旅游市场经济的本质是法治经济，旅游市场主体的行为、旅游市场秩序的维系、旅游市场对资源的有效配置以及政府对旅游市场活动的管理，都不能简单地靠经验、靠行政命令去完成，必须依照法律来规范、引导、制约和保障，只有完善我国海洋旅游管理政策、法律和标准体系，才能确保海洋旅游业的健康发展。旅游法是调整旅游活动领域中各种社会关系的法律规范的总称，它既包括国内法规范，又包括国际法规范，是以旅游产业为主线统一起来的法律体系。具体包括五个方面：由全国人民代表大会及其常务委员会通过的旅游法律；由国务院制定的旅游行政法规；由国家旅游行政管理机构制定的旅游行业法规；由各省、自治区和直辖市人民政府制定的地方旅游行政规章；我国政府参加和承认的国际旅游公约或规章。

旅游法调整的对象是旅游活动中的各种社会关系，包括纵向的、横向的、内部的以及内外关系，具体有四个方面：旅游管理机构与旅游经营单位之间、旅游管理机构上下级之间的纵向关系；旅游管理机构与相关公共管理机构之间、旅游企业之间、旅游企业与旅游者之间的平等主体的横向上的关系；旅游企业内部在经营管理方面所形成的关系；我国旅游管理机构、旅游企业与国外旅游组织、企业在业务交往中发生的关系。

6.3.2.1 旅游强国的旅游立法经验

世界旅游强国的经验告诉我们，完备的旅游法律和政策体系是旅游业发展的重要支撑。日本于1963年颁布了《旅游基本法》，提出要通过加强基础设施建设和整治环境、完善旅游的各种条件来增强日本旅游的国际竞争力；1971年又颁布实施了《旅游行业法》，提出旅游业实施登记制度和营业保险金制度，并对其经营业务的开展、旅游业协会的职能、旅游业约款等都作了详细规定；另外，日本还颁布了《翻译导游法》、《国立公园法》、《禁止垄断及确保公平交易法》、《温泉法》、《馆业法》、《娱乐场所法》、《色情营业取缔法》、《国际文化旅游城市建设法》、《国际观光振兴会法》、《新国际旅游饭店整顿法》、《促销国际会议法》和《促进外国旅游者访问地区多样化振兴国际旅游法》一系列旅游业专门法及《标准旅游业约款》。韩国于1967年颁布并实施了《韩国旅游事业振兴法》，美国1979年通过了《全球旅游政策法》，等等，这些法律法规为各国旅游业的发展提供了保障。

6.3.2.2 我国的旅游立法状况

我国旅游立法出现的时间虽然比较晚，但随着国家法制体系的不断健全和旅游业的快速发展，旅游法制建设日益完善，从中央到地方，从政府到部门，初步建立起“两级多层次”的旅游法制体系，既有国务院制定、发布的旅游行政法规，也有国务院批准、国家旅游行政部门发布的旅游法规文件，还有旅游部门自行制定发布的部门规章和规范性文件；在地方层面上，既有各地、各级人民代表大会及其常务委员会通过的地方性旅游法规，也有各地、各级人民政府制定的地方性旅游行政规章，以及各地旅游行政部门制定发布的规范性文件，主要的旅游法规、规章、规范性文件涵盖了旅行社、酒店、景区、旅游交通、旅游商品、导游员管理、旅游资源规划开发、边境旅游、中外旅游合作，旅游安全等方面（表6－3）。在内容上，地方旅游法规比较相似，没有突出各地旅游发展的特色和重点；与旅游资源管理、旅行社管理、旅游景区景点管理的有关条款相比，涉及饭店业的内容少且单一，有些地方对旅游法规的态度存在“重制定，轻落实”的现象，不能真正维护旅游利益相关体的权利，影响了旅游市场的和谐，从而阻碍了旅游经济的可持续发展。

表6－3 我国旅游法规建设情况

分类	法规名称	发布机关	发布时间
旅行社管理法规制度	旅行社管理条例	国务院	1996－10－15
	旅行社管理条例实施细则	国家旅游局	1996－11－28
	质量保证金赔偿暂行办法	国家旅游局	1995－7－01
	质量保证金赔偿试行标准	国家旅游局	1995－7－01
	旅行社经理资格认证管理制度	国家旅游局	1997－05－08
	中外合资旅行社试点暂行办法	国家旅游局 对外贸易经济合作部	1999－01－24
	旅行社投保旅游行业责任保险规定	国家旅游局	2001－05－31
导游	导游人员管理暂行规定	国务院	1987－12－01
	导游人员管理条例	国务院	1999－05－14
	导游人员管理实施办法	国家旅游局	2001－12－30
	导游人员等级考核评定管理办法（试行）	国家旅游局	2005－06－03
旅游出入境管理法律制度	中华人民共和国公民出境入境管理法	全国人大常委会	1985－11－22
	中华人民共和国外国人入境出境管理法	全国人大常委会	1986－02－01
	中华人民共和国海关关于进出境旅客通关的规定	海关总署	1996－01－01
	中华人民共和国海关关于对进出境旅客旅行自用物品的管理规定通关的规定	海关总署	1992－10－15
	中国公民自费出国旅游管理暂行办法	国家旅游局、公安部	1997－03－17
	大陆居民赴台湾地区旅游管理办法	国家旅游局、公安部、 国务院台湾事务办公室	2006－04－16
	关于禁止出境旅游团队参与境外赌博活动的规定	国务院	2010－12－24

续表

分类	法规名称	发布机关	发布时间
旅游住宿管理法规制度	旅馆业治安管理办法	公安部	1987－11－10
	旅游涉外饭店星级的划分及评定	国家技术监督局	1997－05－01
	中华人民共和国评定旅游涉外饭店星级的规定	国家旅游局	1997－10－16
	中华人民共和国旅游涉外饭店星级标准	国家旅游局	1997－10－16
	饭店管理公司管理暂行办法	国家旅游局	1993－07－29
	旅馆业治安管理办法	国家公安部	1987－11－10
	营业性歌舞娱乐场所管理办法	国家文化部	1993－10－07
	娱乐场所管理条例	国务院	1999－03－26
	餐饮服务食品安全监督管理办法	国家卫生部	2010－02－08
	餐饮服务许可管理办法	国家卫生部	2010－02－08
	旅游饭店星级的划分与评定	国家质检总局 国家标准化管理委员会	2010－10－18
	星级饭店访查规范	国家旅游局	2006－03－06
	餐饮服务食品安全操作规范	国家食品药品监督管理局	2011－08－31
旅游资源管理法规制度	旅游资源保护暂行办法	国家旅游局	2007－09－04
	中华人民共和国文物保护法	全国人大常委会	1992－04－30
	中华人民共和国文物保护法实施细则	国家文物局	1992－05－05
	中华人民共和国自然保护区条例	国务院	1994－10－09
	风景名胜区管理暂行条例	国务院	1985－06－07
	旅游景区质量等级评定管理办法	国家旅游局	2005－07－06
	旅游景区质量等级管理办法	国家旅游局	2012－04－16
	旅游发展规划管理办法	国家旅游局	2000－10－26
	旅游规划设计单位资质认定暂行办法	国家旅游局	2000－11－22
	旅游规划设计单位资质等级认定管理办法	国家旅游局	2005－07－06
	风景名胜区条例	国务院	2006－09－05
	历史文化名城名镇名村保护条例	国务院	2008－04－22
	中国优秀旅游城市检查标准（修订本）	国家旅游局	2007－06
	国家旅游局行政许可实施暂行办法	国家旅游局	2006－11－07

续表

分类	法规名称	发布机关	发布时间
旅游安全管理法规制度	旅游安全管理暂行办法	国家旅游局	1992－02－20
	旅游突发事件应急预案	国家旅游局	2005－07
	中国公民出境旅游突发事件应急预案	国家旅游局、外交部	2006－04－25
	旅游安全管理暂行办法实施细则	国家旅游局	1994－01－22
	旅行社责任保险管理办法	国家旅游局	2010－11－25
	特别重大事故调查程序暂行规定	国务院	1989－01－03
	重大旅游安全事故报告制度试行办法	国家旅游局	1993－04－15
	重大旅游安全事故处理程序试行办法	国家旅游局	1993－04－15
	中华人民共和国食品卫生法	全国人大常委会	1995－10－30
	中华人民共和国国境卫生检疫法	全国人大常委会	1986－12－02
	国内航空运输旅客身体损害赔偿暂行规定	国务院	1993－11－29
	国内航空运输承运人赔偿责任限额规定	中国民用航空总局	2006－02－28
旅游投诉	旅游投诉处理办法	国家旅游局	2010－01－04
	全国旅游质量监督管理所机构组织与管理暂行办法	国家旅游局	1997－
旅游统计	旅游统计管理办法	国家旅游局	1998－05－15
	中华人民共和国统计法	全国人大常委会	2009－09－17
旅游综合法	旅游法	国务院	2013－04－25

注：根据董观之《旅游管理原理与方法》并参照国家旅游局等网站改编而成。①

我国的旅游立法是在旅游业不断发展及国家政府逐渐重视的社会大环境下开始并不断完善起来的，并先后颁布了四部具有历史意义的法律。1985年5月11日，国务院颁布了《旅行社管理暂行条例》，这是我国第一个关于旅游业管理的行政法规，它标志着我国旅游立法开始进入建设性发展阶段。1999年5月14日，国务院出台了《导游人员管理条例》，它被视为旅游行业的第二部行政法规，该《条例》明确了导游资格考试制度、导游证制度、导游分等定级、导游工作职责与处罚等规定。2002年7月1日，国务院出台并实施了《中国公民出国旅游管理办法》，这部法律被视为旅游行业的第三部行政法规，它对旅游者管理方式提出法制化的明确要

① 董观之．旅游管理原理与方法［M］．北京：中国旅游出版社，2009：287－288.

求。2013年4月25日，国务院又颁布了《中华人民共和国旅游法》，并于当年10月1日施行。这是我国首部综合性旅游法规，是我国旅游业发展的重要里程碑。它的重要特点是明确了县级以上各级人民政府在旅游发展中的重要责任和职能，而这些职责都是建立在以旅游者保障核心的基础之上的；该部《旅游法》以保障旅游者合法权益为主线，设置的大市场、总协调、宽基础、小管理的体制机制模式，提升了现有旅游体制的统筹性，为落实旅游管理职责、提升旅游管理水平带来重要契机，也为今后旅游体制机制建设留下了空间和发展余地。

由此可见，改革开放的30多年来，我国的旅游法律和政策体系建设取得了长足进步，由国务院、国家旅游局、国务院相关部委陆续出台的有关旅游的法律、法规、规章及规范性文件近200多部，再加上各省、区、市在推动政府主导型的旅游产业发展政策中出台的地方性的旅游管理条例及法规，逐步形成以《旅游法》为核心的法律法规体系和更加有利、更加公平的旅游产业发展政策环境。

海洋旅游管理是一项涉及部门多、社会性强、协调难度大的事业，建立完善的海洋旅游管理法规体系，颁布海洋旅游综合管理的法律法规是依法管理的必然要求，也是综合管理取得成效的根本保证。因此，应进一步加快海洋旅游立法进程，不断完善海洋旅游管理法规体系，为海洋旅游综合管理创造一个良好的法制环境。对现行的海洋旅游地方法规进行修正，反映并增加海洋旅游综合管理的相关目标，并加入动态调控和适应性管理的内容，使海洋旅游综合管理工作真正做到有法可依，有章可循，真正做到开发建设与管理保护和谐统一。

6.3.2.3 加强海洋旅游的综合执法

经过改革开放30多年的发展，我国的旅游业已经实现了从事业接待型向经济产业型的转变，目前正向全面提升旅游产业素质、建设世界旅游强国的目标迈进。我国的旅游法律体系也不断完善，为旅游行政执法提供了有力的法律保障。然而，在具体的执法工作实践中，旅游消费者合法权益的保护、旅游市场监管、旅游开发中的环境保护等难点问题依然存在，并成为旅游业遭诟病最大的原因之一。旅游行业构成复杂，涉及的管理部门职能相互交叉，权利义务边界不清晰；而旅游行政管理部门地位较低，部门间协调机制不畅，直接造成旅游执法困难。

现今的海洋旅游业外延无限扩大、可利用的旅游资源不断增多，旅游行业管理主体诸多，海洋旅游行政执法往往需要跨行业、跨部门、跨越空间。涉及部门较多必然造成在处理纠纷事务中沟通协调难度大，空间跨度较大又直接导致旅游行政执法成本上升，这就给旅游行政主管部门的执法带来一定的难度。旅游行政部门在处理旅游资源开发与保护、旅游业管理与经营、旅游设施建造与利用、旅游交通和食品安全、文化资源利用与保护、旅游出入境管理、旅游市场整顿等方面执法任务较重，仅靠一个部门难以实施。旅游市场的整治和规范必须依靠旅游、民宗、物价、公安、文化、交通、劳动、卫生、城管、质监、工商、安监等部门联合起来的综合检查和治理。

由于各个旅游要素隶属不同的行政主管部门，各种实质的利益关系难以协调，旅游产品主要以风景、文物、园林、文化等为主，各级旅游局缺乏全面的宏观调控手段，行业管理和行政约束能力较弱，加上利益关系和地方保护主义的影响，许多产品或景区被人为分割，旅游行业间、企业间的摩擦和冲突加剧，旅游资源的统筹开发和旅游产品的整体设计难以进行，诸多旅游拳头产品长期处于少投入、粗包装、低效益的初级阶段，使得旅游业整体竞争力下降，行业风险也大大增加。迄今为止，旅游宏观管理体制尚未建立，没有一个跨部门、跨行业的旅游管理机构来制定产业政策、规划产业布局、控制产业规模、调整产业结构，我国旅游业长期处于各自为政、条块分割的局面，以上这些因素的叠加，使得旅游执法面临诸多困难，不利于旅游业的持久健康发展。

因此，建立一套级别高、权威大、职能强的旅游联合执法机构，实施综合执法，将有利于旅游法律法规的推行，真正实现依法治旅、依法兴旅。

首先，要提高法治意识。海洋旅游管理组织在进行旅游市场宏观调控、旅游市场监管、提供旅游公共产品和服务时，必须充分认识到旅游法律法规的重要性；要规范行政执法队伍建设，不断提高自身的法律素质，管理人员要知法、学法、用法，保证依法行政的稳定性和延续性。要增强旅游经营者、社会团体、旅游者的法律观念，用法律规范约束经营活动，旅游者也要增强法律意识，用法律维护自己的权利。

第二，在依法决策和政策实施中，要保证行政程序的法定化，推广和普及听证程序，增强广泛性和透明度，凡重大决策都要注重咨询有关法律专家的意见，以保证决策的长远效应。在现有旅游法律体系下，做到有法必依、执法必严、违法必究。

第三，要提升我国政府依法进行旅游管理的能力。政府能力是现代国家政府在既定的国家宪政体制内，通过制定和执行品质优良、积极而有效的公共政策，最大可能地动员、利用、组合、发掘、培植资源，为社会和公众提供广泛而良好的公共物品和公共服务，理性地确立社会普遍遵从的正式规则并积极引导更为广泛的非正式的社会规则，维护社会公正和秩序，形成有效调节社会关系和社会行为的制度及其机制，进而促进国家快速、均衡、持续、健康发展的能力。有效性是政府能力的核心概念。在新的旅游管理模式中，切实加强对政府权力的制约，形成有效的监督网络，落实责任追究制度，推行政务公开，建设“阳光政府”，保证人民群众的主体监督地位；借鉴其他国家、地区的政府旅游管理先进经验，确保决策有制、执行有力、监督有效，保证旅游行政机关在宪法和法律的范围内行使权力和承担责任，既提升政府权威，又使旅游利益相关者的合法权益得到切实保护。

6.3.3 创建海洋旅游标准化体系

我国从 1993 年开始旅游服务质量标准化工作，经过 10 多年发展已经取得了一些成绩，初步构筑了旅游业诸要素为基础的旅游标准体系框架，为旅游业的进一步发展建立了科学、规范的技术支持。截至 2008 年年底，已经颁布了 18 项国家标准和行业标准，其中国家标准 11 项、行业标准 7 项，是世界上颁布旅游业标准最多的国家，为旅游标准覆盖旅游业各要素奠定了基础。此外，地方政府及旅游行政主管部门对旅游标准化工作的重视程度和支持力度不断增强，旅游企事业单位自主或参与制定标准的积极性不断提高，地方制定旅游标准的速度不断加快，据初步统计，目前我国已经颁布的地方旅游标准已达 100 多项。但是，旅游企业管理者与旅游者之间的认识观念偏差制约了企业的标准化进程；旅游服务质量标准化体系上与旅游业现实脱节、标准化研究工作还相对薄弱，严重制约服务质量标准化管理的进程。

2009年4月9日，国家旅游局印发了《全国旅游标准化发展规划(2009—2015)》，这是国家旅游局贯彻落实《国务院关于加快发展服务业的若干意见》和国家标准委制定的《全国服务业标准2009—2013年发展规划》，发挥标准化在旅游业发展中的引领和规范作用，提升旅游服务质量，推动旅游标准化发展的纲领性文件，是我国旅游业首次制定的旅游标准化建设规划。该规划明确提出健全四大标准体系：建立健全旅游业基础标准、旅游业要素系统标准、旅游业支持系统标准和旅游业工作标准四大业务领域标准，形成完善的旅游业标准体系；它还确定了今后旅游标准化工作的六大任务：

◇ 完善旅游标准体系，引领规范行业发展；

◇ 加大标准制修订力度，拓展标准覆盖领域；

◇ 创新标准化运行机制，转变标准实施方式；

◇ 实施标准化示范工程，培育优质旅游品牌；

◇ 参与国际标准化工作，提升旅游国际化水平；

◇ 建立标准化信息平台，提高旅游公共服务水平。

并提出了五项保障措施：加强旅游标准化组织领导、完善旅游标准化管理制度、制定旅游标准化指导政策、深化旅游标准化理论研究、加快旅游标准化人才培养。该规划还对原2000版的《旅游业标准体系表》进行修订，修订后的《全国旅游业标准体系表》建立了框架较合理、分类较科学、覆盖较全面的旅游业标准体系，列出了100多个旅游行业标准，其中包括32个已制定或颁布的标准、78个列为预计发展的标准。

2009年9月9日，国家旅游局制定了《全国旅游标准化工作管理办法》，作为全国旅游标准化工作的纲领性文件，该《办法》施行近十年来，对规范旅游标准化工作管理、推动旅游标准化建设起到了积极的作用，极大地提高了旅游服务质量和行业管理水平。“十一五”期间是我国旅游业标准化推进最快的时期，国家旅游局研制和修订旅游业标准达40多项。截至2011年1月，我国共发布实施旅游业国家标准25项、行业标准7项，这些标准基本涵盖了食、住、行、游、购、娱等旅游经济活动的诸要素，涉及旅游基础类、旅游新业态、旅游公共服务等多个领域。一个以国家标准为主体、行业标准为配套、地方标准为补充、企业标准为基础的我国旅游业四级标准架构初步形成。旅游标准化领域的拓展和旅游标准的实施，有效地规范了旅游市场秩序，强化了旅游行业监管，提高了旅游产品质量，提升了旅游产业素质，保障了旅游消费者权益，增强了旅游竞争力，对促进我国旅游业的发展起到了不可替代的重要作用。同时，我国旅游业的快速发展，也有力地带动了第三产业的发展，尤其是饭店星级概念的提出和推广，其优质服务的观念已在全社会形成，使旅游标准化工作对我国服务业标准化的进程产生了积极影响。

但是，由于我国旅游标准化工作起步较晚，目前还存在着一些不容忽视的问题。旅游标准体系有待进一步健全，旅游标准覆盖领域有待拓宽，旅游标准化理论研究需要深入，部分标准质量水准有待提高，旅游标准化推行力度需要加强，旅游标准运行机制有待创新，旅游标准化政策体制保障需要加强，专业技术人才需要加快培育，等等。在新的历史时期里，全方位提升旅游业发展品质，打造中国旅游品牌，进一步参与国际竞争，建设世界旅游强国，旅游业迎来新的更大的发展空间；然而旅游业也面临新形势、新机遇以及旅游业本身不断出现的新领域、新业态等新挑战，均对旅游标准化建设提出了新的、更高的要求，特别是就海洋旅游业而言，新的业态、新的产品的涌现更需要标准化的引领。必须通过提升旅游标准化水平规范和引领旅游产业发展，为我国经济社会发展做出更大的贡献。

创建较为完善的海洋旅游服务标准化体系包括以下几方面内容，首先，在积极推广国家、国际通行旅游服务标准的同时，探索制定生态高尔夫、海钓、游艇、海滨浴场、渔家乐（渔家宾馆）等具有海洋特色的旅游新业态、新产品服务标准（表 6－4），为国家完善海洋旅游服务标准体系先行先试。第二，强化旅游标准化监督机制。加大旅游标准化实施的监管力度，形成政府监督、社会监督、舆论监督和企业自我监督的旅游标准化实施监督机制，确保旅游标准化工作的有效推进。第三，建立旅游标准化体系评价机制。全面开展旅游业标准化评价工作，根据实施中的问题，进一步完善标准化体系，促进海洋旅游朝着健康、有序、规范的方向发展。

表 6-4 海洋旅游新业态新产品服务标准推荐目录

序号	标准名称	序号	标准名称
1	游艇运营管理及服务标准	12	滑泥活动服务标准
2	生态修复型高尔夫服务标准	13	岛屿会所服务标准
3	海滨浴场服务标准	14	海鲜购物点服务质量要求
4	海上公交服务质量标准	15	沙滩游乐安全管理要求
5	禅修服务标准	16	渔农家乐服务标准
6	海洋旅游气象标准	17	旅游集散中心服务标准
7	邮轮服务标准	18	海洋特色博物馆服务标准
8	岛际直升机服务标准	19	渔家精舍服务标准
9	水上飞机服务标准	20	素斋服务标准
10	帆船运动服务标准	21	佛茶演艺服务标准
11	海岛极限运动服务标准	22	海鲜夜排档服务标准

标准化是国民经济和社会发展的重要技术基础，是构成国家核心竞争力的基本要素，也是国家和地区综合发展水平的集中体现。创建海洋旅游服务标准化体系更好地促进我国海洋旅游业的科学发展，为我国旅游业提供支撑、添加羽翼、引领腾飞。

6.4 海洋旅游综合管理制度的创新

6.4.1 制度和制度创新

制度指要求大家共同遵守的办事规程或行动准则。俗话说，没有规矩，不成方圆；没有制度的约束，人类的行为就会陷入混乱。在我国传统文化里，制度有多种指向，可以指在一定历史条件下形成的法令、礼俗等规范，也指规模、样式，或者用作动词“制作”、“制订”法规。古典主义对制度的理解只局限于组织内，而在现代社会科学分析框架内，则涉及社会上一些非组织形式的规则；新制度主义更注重建制内非形式因素对个体的影响，更强调环境如何影响制度的改变。在管理学范畴里，制度被认为是规章制度，是国家机关、社会团体和企事业单位，为了维护正常的工作、劳动、学习和生活秩序，保证国家各项政策顺利执行和各项工作的正常开展，依照法律、法令和政策而制订的具有法规性或指导性与约束力的文件，是各种行政法规、章程、制度、公约的总称。依照诺思（1994）的说法,[①] 制度是个社会的游戏规则，或者说是为人们的相互关系而人为设定的一些制约。制度可以分为正式规则、非正式规则和这些规则的执行机制。正式规则又称正式制度，是政府、国家或统治者按照一定目的和程序有意识创造的一系列的政治、经济规则及契约等法律法规，以及由这些规则构成的社会的等级结构，包括从宪法到成文法与普通法，再到明细的规则和个别契约等；非正式规则是人们在长期实践中无意识形成的、世代相传的文化的一部分，包括价值信念、伦理规范、道德观念、风俗习惯及意识形态等；实施机制是为了确保上述规则得以执行的相关制度安排，它是制度安排中的关键一环。这三部分构成完整的制度内涵，是一个不可分割的整体。

著名经济学家熊彼特（1912）在《经济发展理论》一书中率先提出和阐述了创新的概念和创新理论,[②] 提出了“实现工业的新组织”这一制度创新内容。继熊彼特之后，制度创新理论主要分成以加尔布雷斯、缪尔达尔、海尔布伦纳等人为代表的制度学派和以科斯、诺思为代表的新制度经济学派两大代表。制度学派继承了19世纪末产生于美国的以凡勃伦、康芒斯和密切尔为主要代表的早期制度学派所坚持的“凡勃伦传统”，即批判正统的资产阶级经济学，建立以研究制度演进过程为基本内容的经济理论，认为应从根本上改变现存制度才能促进创新。新制度经济学派发展并运用新古典经济学的逻辑和方法，分析了制度的构成和运行，发现了制度在经济体系运行中的地位和作用。科斯于1937年和1960年分别发表的《企业的性质》[③] 和《社会成本问题》[④] 两篇论文奠定了制度创新理论的基石。20世纪70年代以来，以诺思为代表的新制度经济学家就制度创新问题进行了深入研究，并形成了制度创新理论。诺思在《西方世界的兴起》一书中指出，正是由于制度上的创新，才使技术得以创新、资本得以积

---

① 戴维斯，诺思．制度创新的理论．描述、类推与说明．财产权利与制度变迁［M］．上海：上海三联书店，1994：298－299.

② 约瑟夫·熊彼特．经济发展理论［M］．北京：商务印书馆，1997：23.

③ Ronald H. Coase. The Nature of the Firm［J］. Economic, November 1937：386－405.

④ Ronald H. Coase. The Problem of Social Cost［J］. Journal of Law and Economics 3, October 1960：1－44.

累、教育得以发展，也才会导致增长。诺思进一步指出，正是制度的进步刺激了技术的发展，如果没有专利制度等促进技术发明制度的建立，历史上的技术进步就不会那么迅速。①

制度创新是指创新者为获得潜在利润而对现行制度进行变革的种种措施与对策。由于外部性、规模经济、风险和交易费用的存在，使得在现有的制度结构下不能将潜在利润内部化时，就存在着制度创新的可能。而只要是以下情况中任意一种出现时，都会促使制度创新的发生：一是制度创新的潜在收入可能会增加。由于某些外在性变动导致了从前未曾存在的外部效应的发生，也使风险得到了调整，交易费用转移，并使服从报酬递增的新技术得到了应用。二是组织或操作一个制度创新的成本发生了改变，也即在新的或者竞争性创新中使用要素的价格发生了变化时。三是法律上或政治上的某些变化可能影响制度环境，使得某些集团实现一种再分配或趁机利用现存的外部利润成为可能。

制度创新模式大致有诱致性制度创新和强制性制度创新两类。诱致性制度创新指的是现行制度创新的变更或替代，或者是新制度创新的创造，它由个人或一群（个）人，在响应获利机会时自发倡导、组织和实行。强制性制度创新是由政府命令、法律引入和实行，必须由某种在原有制度下无法得到的获利机会引起。

6.4.2 海洋旅游管理制度创新内容及路径

海洋旅游综合管理制度是对涉及海洋旅游的人群及组织行为进行制约的一系列规则，它包括来自国家或海洋旅游管理组织强制力作用正式实施的规则，也包括来自社会舆论和社会成员自律作用下实施的非正式规则以及海洋管理的实施机制。任何制度都有一个产生、发展、完善和被替代的过程，否定旧制度规范而创造出新制度规范的过程也即“制度创新”。海洋旅游管理制度创新是通过变革管理制度和优化制度体系来实现的。

6.4.2.1 海洋旅游综合管理正式制度的创新

海洋旅游管理的正式制度是指来自全国人大及其常委会、国务院、国

① 道格拉斯·诺思，罗伯特·托马斯. 西方世界的兴起［M］. 北京：华夏出版社，1999：5-6.

家涉海管理部门、国家旅游管理部门制定或公开发布并实施的一系列约束人们涉海旅游行为的规则，包括海洋政策及海洋旅游政策、海洋管理及海洋旅游管理法规、海洋管理及海洋旅游管理战略和规划等。从旅游行业角度来看，旅游管理制度主要有旅游住宿管理法规制度、旅游饭店管理法规制度、旅游出入境管理法律制度、旅游相关行业管理法律制度、旅游资源管理法律制度、海洋旅游交通管理法律制度、旅游投诉管理法规制度、导游人员管理法规制度、旅行社管理法规制度、海洋旅游安全与保险法规制度、食品安全管理法规制度等等，这些制度需要通过自上而下的借助行政手段的强制力作用来实施，是对海洋旅游活动的有形控制。

我国海洋旅游管理体制滞后于海洋旅游业的发展水平。首先，海洋旅游资源管理的归口不明确，涉及海洋旅游资源及其管理的部门主要有：林业部门主管的沿海林业、土地部门主管潮间带高潮线以上土地、农业部门负责水域的野生动物资源，地质资源归口地矿部门、景区资源归口建设部门、文物古迹归口文化部门、海洋自然资源归口海洋管理部门，涉海相关管理部门的这种非协调性多头介入，再加上海洋旅游资源的地域分布十分广泛，造成旅游行政主管部门对资源的整体规划和宏观调控的管理困难。其次，我国海洋行政管理体制机制不完善，海洋归属权、使用权、管理权主体多元化，管理体制难以形成有效的以海洋旅游为主体的主管部门；海洋行业和部门垄断、条块分割，旅游管理部门本身缺乏海洋旅游管理权威性，阻碍了海洋旅游资源的优化配置和产业开发。这些弊端对海洋旅游业的健康发展形成严重阻碍，因此优化与创新我国的海洋旅游管理的正式制度，通过提供海洋旅游管理的法律制度和政策体系，运用政策制度的规范性、导向性和强制性手段，对海洋旅游活动中的个人及组织的利益和负担、权利和义务进行引导、规范或校正，使之符合特定制度要求的方向，通过对海洋旅游人群和组织的实践行为“立规矩”、“定方圆”，来保证和促进海洋旅游业的有序健康发展。

6.4.2.2 海洋旅游综合管理非正式制度的创新

非正式规则是指人们在长期的海洋旅游实践中或多次博弈中逐步形成的海洋价值观、海洋意识、海洋道德、海洋习俗、海洋禁忌等，是长期的海洋实践活动中自然演化而成的，并与人们的生活方式、行为方式和思维方式融合在一起的，被社会所公认的行为规范和内心行为准则，它相对于正式制度而言，具有更广泛性、自发性、持续性和非强制性的特点，是通过潜移默化方式来实现的。在非正式制度中，海洋意识是其核心部分。我国历史上长期轻海重农，导致全民族的海洋意识淡薄，要发展海洋旅游事业，必须提高全民族的海洋意识，加强国民海洋观教育，树立起正确的海洋国土观、海洋经济观、海洋政治观、海洋防卫观，意识到开发海洋旅游的同时更要保护海洋的生态环境，重视海洋的战略价值、资源价值、军事价值、政治价值和科技价值，引进先进的海洋管理理论，促进我国从海洋大国向海洋强国迈进。

当前旅游边界更加模糊，旅游业与相关产业和领域的广泛融合，旅游在区域发展中的综合功能不断凸显。当旅游发展的最终目的不再仅仅是追求经济增长，而是通过发展旅游增加社会福利时，旅游就不再是一种谋取经济利益的单纯产业，而是一种谋取社会福利的综合事业，这就要求我们必须将旅游管理工作融入到社会、经济、文化、自然与人类自身的全面发展大背景下，站在更广阔的层面看待旅游管理，吸收多部门参与旅游管理，实现旅游管理的多元化、社会服务化，最终达到从旅游经济管理向福利管理迈进。站在这样的一个高度上、以这样宽广的视野去看待海洋旅游业发展，就需要改变长期以来形成的单一的旅游经济发展理念，把海洋开发与保护等同，把当前利益与长远利益等同，把可持续发展当做头等大事。制度创新如果能够获得非正式制度的支持，可以大大减少创新成本和实施成本，并更容易获得自身的权威性和新制度的合法性。因此，制度创新首先要强调非正式制度的创新，以树立新的海洋旅游管理理念、运用新的海洋旅游管理理论、培养新的海洋旅游管理程序，最终实现海洋旅游综合管理创新的目标。

6.4.2.3 海洋旅游综合管理制度实施机制的创新

海洋旅游管理制度的实施机制是指海洋旅游管理制度的运行机制，是制度实施的方式、方法及各相关因素的相互影响、相互作用的内在机理，是海洋旅游管理制度的具体动作体系和实际操作过程。目前，我国的海洋管理实施的是统一管理与部门管理相结合的分散管理体制，国家海洋局是直属海洋事务管理的职能部门，代表国家对全国海域实施管理，而由于海洋开发利用涉及其他许多部门，因此涉海行业众多，主要有渔业、矿产、交通、海事、环保、外交、科研等部门，然而在众多的海洋管理部门中，海洋旅游管理部门目前仍处于缺位状态，原来的旅游管理机构难以适应迅猛发展的海洋旅游业、日渐庞大而宽泛的海洋旅游管理范畴，创新海洋旅游综合管理体制机制成为必然趋势。

我国海洋旅游管理制度改革的阶段性目标设定一定要根据我国海洋旅游管理实际需要，以我国海洋旅游管理制度现状为基础，遵从我国海洋旅游管理的历史传统，并参考国外海洋强国的成功管理经验，兼顾海洋综合管理的客观需要，以渐进式增量的原则，适度推进。

一是建立海洋旅游综合管理的统筹协调机制。《旅游法》明确规定："国务院建立健全旅游综合协调机制，对旅游业发展进行综合协调。县级以上地方人民政府应当加强对旅游工作的组织和领导，明确相关部门或者机构，对本行政区域的旅游业发展和监督管理进行统筹协调。"总体来看，全国各级政府部门都在积极探索建立旅游综合协调机制，一些地区在相关机制建设方面已经取得了较为明显的成效。《国务院关于加快发展旅游业的意见》也明确提出"要按照统筹协调、形成合力的要求，创新体制机制，推进旅游管理体制改革。支持各地开展旅游综合改革和专项改革试点，鼓励有条件的地方探索旅游资源一体化管理。"因此，要深化海洋旅游领域的改革，就必须要建立和完善适应新时期旅游业发展要求的体制和机制，建立起跨部门的海洋旅游统筹协调机制、国家层面的统筹协调机构和地方层面的统筹协调机构；赋予旅游部门更多协调职能，促进旅游业发展重大问题协调。

高层次的跨部门、跨地区的协调管理机制缺乏也是时下的一个弊端。因此，在现行的海洋旅游管理体制下，旅游部门在实施旅游经济管理、确定旅游发展战略、制定旅游经济政策时，应尽最大努力促进政府旅游职能部门与其他部门的协同，旅游产业与其他相关产业的协同；在旅游行政管理部门的基础上建立统一的、具有权威性的旅游发展综合协调部门，如海洋旅游事业管理委员会，有效协调地区之间、部门之间和产业之间的关系，发挥海洋旅游资源的最大利用效率。

二是建立特定区域海洋旅游业发展的管理机制。区域之间的旅游开发既有激烈的竞争，又有紧密的合作。旅游地空间竞争理论认为，竞争是旅游区发展到一定阶段由于周边存在着多个相类似的同类型旅游地而引起的。作为区域旅游的一部分，当多个海洋旅游地分布在同一地域时，他们各自的吸引力往往会出现此长彼缩或同步增长的动态变化或旅游市场结构的再组织。我国学者王衍用提出的阴影区理论也是以旅游地空间竞争理论为基础提出来的；许春晓也提出了类似的旅游地屏蔽理论。由于旅游热点景区的阻滞或屏蔽作用而形成的旅游行为减值区，多出现在旅游热点周围一定距离的空间范围内，一般为旅游温点或冷点，谓之“阴影区”。从资源禀赋来看，阴影区与主体景区有一定的相似度，但受到开发条件、地理位置等因素的影响，在旅游业发展中处于劣势地位，呈现出一定的功能缺陷，与优势景区相比，旅游流及旅游收入均有较大差距，被优势景区的规模、知名度等光芒所“遮蔽”，其实质为同类型旅游资源景区间的空间竞争。在海洋旅游区中，这样的情况客观存在，因此建立起特定区域海洋旅游业发展的管理协调机制，制定出相应的产业发展制度，可以有效地避免海洋旅游地的同质替代和恶性竞争，促进区域海洋旅游业的协调发展。

三是建立全新的国际海洋合作机制。制定立足全球视野的海洋旅游发展战略，加强对全球旅游业发展状况与趋势及其对我国旅游业影响的传导机制研究，主动站在国际旅游发展视角制定我国旅游业特别是入境旅游的发展战略，使战略制定更具有全局性、前瞻性。并以新理念、新规则与新组织进行国际合作，主动借助各种政府间和旅游业界的双边、多边国际组织平台，加强旅游领域的国际合作，使旅游业在双边、多边合作中更加积极发挥作用。在国际旅游事务中敢于提出新议题、新规则，提出有中国特色的旅游发展理念和全球旅游治理体系。并建立和发展以我为主的新型国际旅游组织，培养一批符合国际组织任职要求、综合素质突出的国际化人才输送到相关国际机构任职、扩大中国在国际旅游组织中的影响力。民间组织和企业组织的国际合作效果不可忽视，要抓住出境旅游快速增长、跨国投资、商务和文化交流活动快速增长的有利时机，推动我国旅游企业的国际化布局，重视和引导非政府机构在旅游对外事务中的积极作用。

6.5 海洋旅游综合管理方法的变革

海洋旅游管理涉及的领域和内容都是围绕着海洋旅游活动和海洋旅游生产进行的，涉及土地、资金、人才、技术等各方面，覆盖了海洋旅游活动的各个环节。随着经济生活水平的提高和科学技术的快速发展，社会对海洋旅游服务的需求也呈现出人性化、多样化和弹性化等新趋势，海洋旅游管理在管理手段、组织结构、管理模式等方面都发生新的变化。

6.5.1 海洋旅游业发展中的政府干预

旅游业具有综合性和相关性强的特点，是跨经济和非经济领域的经济产业，旅游业在国民经济中占有非常重要的地位，发展旅游业是环境保护和区域可持续发展的需要。政府干预旅游业发展的理论依据是旅游市场信息不对称、公共产品生产原理和外部不经济性理论。政府是旅游业发展的利益主体之一——这是政府干预的内在驱动力，政府通过旅游业的发展获得经济、社会和生态效益。

从旅游产业发展实践看，政府干预旅游经济是必要的。首先，政府协调是旅游业发展的前提。旅游业的发展要以一定的基础设施、交通设施、餐馆住宿设施为基础，这就涉及许多与旅游活动相关的其他行业，政府依靠其行政优势可以协调各行业主体之间的关系，为旅游业发展的前提条件。其次，政府宏观管理是旅游业健康、持续发展的保证。旅游经营活动的主体为追求自身利益往往不顾及旅游业的整体发展出现短视行为，政府作为旅游业发展的宏观管理者和指导者，应保证旅游业与社会、经济、环境等的协调、持续、健康发展。第三，政府是旅游公共设施的主要提供者。旅游基础设施可由私人和政府来提供，但大多数旅游基础设施投入大、回报周期长、收益却不明显，私人对这类投资兴趣不大，因此，政府提供旅游基础设施既方便了旅游活动的开展，又改善了当地居民的生活条件和投资环境，可谓一举多得。第四，政府干预有利于旅游目的地建立起良好的形象。随着国际旅游业的不断发展，旅游业在国民经济的作用已十分显著，良好的国际形象有助于旅游业跨国发展，而政府干预可以形成旅游业发展的良好导向，有利于突出本国旅游业的优势，增加本国旅游业的吸引力，树立良好国际形象。第五，政府干预保证了旅游目的地的社会安定。旅游业的发展也伴随着许多社会问题，出现了许多违法和不当行为，为了维护社会的稳定安宁，政府有必要采取严厉的措施来规范这些行为。第六，政府干预是环境保护和旅游可持续发展的保障。旅游与环境密切相关，没有吸引人的优美环境，旅游活动无法开展，环境的破坏会直接影响旅游；而在旅游活动对环境带来的诸如垃圾问题、生物多样性破坏问题、自然生态环境污染问题正越来越被人们所认识到时，政府通过制定规划来减小这些影响，在确保旅游业生存发展的前提下，协调生态环境与旅游资源利用之间的矛盾，使旅游者和旅游目的地都能够最大限度地获益。

政府干预旅游业的方式有多种，可以通过政府行政管理机制对旅游业发展进行直接干预，也可以通过制定规章制度、法律法规和规划等进行间接干预。但从市场角度来看，政府的干预手段主要有需求管理和供给管理两种手段。

在影响和控制需求方面，政府通常进行目的地宣传，以调整促销手段来刺激和限制旅游需求，调节旅游流的数量。通过搭建旅游信息平台为来访游客提供各旅游景区的相关信息，帮助游客做出理性的选择；通过对信息的加工处理来调节部分著名旅游景区的旅游流量，促进旅游资源和地方文化的保护和重塑；通过直接规定旅游景区的收费标准和旅游商品的价格水平等来实现对旅游业价格的影响；通过控制国有旅游企业的相关产品价格、调整汇率和税率来直接或间接地影响旅游市场需求；通过对未进入的游客设置准入资格的方式来限制、控制游客进入量，对已进入的游客采取控制分流等措施缓解旅游地压力，减小对资源的破坏。

在影响和控制旅游供给方面，政府通过控制土地的使用量和用途来调节旅游供给。土地是旅游产品供给的基础，立法是一种不错的手段，它可以规定旅游用地的规模，使之与经济总体规划相符合。对建筑物的管制也是政府在旅游供给方面常用的一种手段，政府出于对目的地环境卫生、文化传播、居民便利等角度考虑，对建筑物的规模、高度、颜色、形状及相关配套设施进行管制，使建筑物既能体现当地文化底蕴，又符合大众审美潮流。在市场管制方面，政府主要是对旅游企业市场行为的管理和规范。借助立法来规定市场准入标准、维持公平公正的竞争环境、保护消费者的权益。特别征税是对旅游者征收的一种作为其使用当地公共设施或其他基础设施的补偿税，一般通过间接渠道来实现。为了鼓励旅游业的发展，发挥其对经济增长的拉动作用，许多国家采取优惠贷款、投资补贴、延长还贷期限、减税减负、提供员工培训和补贴等措施支持旅游业，消除旅游业发展的障碍。

总之，政府对海洋旅游业的干预，克服了旅游业盲目发展的弊端，有效地约束了旅游企业因竞争生存而无限制开发旅游资源从而造成资源破坏的行为，形成了合理的、与总体经济发展相适应的旅游发展规划，为海洋环境保护和旅游可持续发展提供基础。

6.5.2 海洋旅游管理中的政府规制

政府规制是政府或社会为实现某些社会经济目标而对市场经济中的经济主体做出的各种直接和间接的具有法律或准法律约束力的限制、约束和规范，及由此引发的政府或社会为督促产业经济主体获得符合这些限制、约束和规范而采取的行动和措施。旅游管理中的政府规制主要分为法律规制、行政规制两类（表6－5）。

表6－5 海洋法律与海洋政策工具

世界海洋法律制度	联合国海洋法公约	领海与毗连区公约 公海公约 大陆架公约 捕鱼与养护公海生物资源公约
	区域性海洋条约	东南亚友好合作条约 南海各方行为宣言 在南中国海协议区三方联合海洋地震工作协议
	国际海洋事务法制与机制	国际法院 国际海洋法法庭 外大陆架界限机制 国际海底区域机制
中国海洋法律制度	海洋基本法律制度	中华人民共和国领海及毗连区法 中华人民共和国专属经济区和大陆架法
	海洋综合管理法律制度	中华人民共和国海域使用管理法
	海洋行业法律制度	中华人民共和国渔业法 中华人民共和国海上交通安全法 中华人民共和国海洋环境保护法 中华人民共和国海岛保护法 水产资源繁殖保护条例 中华人民共和国海港管理暂行条例 中华人民共和国对外国籍船舶管理规则 海上矿产资源管理制度

法律规制主要指旅游法。旅游法是调整旅游活动领域中各种社会关系的法律规范的总称。早在20世纪五六十年代，由于旅游业的发展，一些国家认识到旅游立法的必要性和重要性，相继颁布了旅游法律、法规，从而产生了一种新的法律——旅游法。狭义的旅游法是指旅游基本法，即规定一个国家发展旅游事业的根本宗旨、根本原则和旅游活动各主体根本权利义务关系的法律；广义的旅游法是指整个法律规范体系，主要包括全国人民代表大会制定的旅游法律、国务院制定的旅游行政法规、国家旅游行政主管部门制定的部门规章、地方旅游法规以及我国政府缔结、承认的国际旅游公约和规章等。

由于旅游业涉及的政府部门相当的多，利益主体特别复杂，所以许多相关部门，如公安部、交通部、财政部、质量监督局、国家海洋局等也就旅游饭店管理、旅游交通安全管理、旅游价格管理、旅游财税管理、旅游纠纷管理、海岛开发、海域使用等旅游业相关方面进行了立法活动，颁布了一系列的部门规章、国家标准和规范性文件，扩大了旅游法制建设的覆盖领域，旅游行业管理也在法律推进的过程中得到了从行政化向法制化的巨大转变。

旅游行政规制是政府利用行政性资源和行政手段，从维护旅游者的公共利益和国家的整体利益出发，纠正或缓解市场失灵与市场缺陷带来的不经济和不公正，从而维护旅游经济和旅游市场秩序的稳定、增进所有旅游者的福利水平的规范和制度，它是建立市场规则和维持市场秩序所必需的。旅游规制具有强制性、相对稳定性、综合性特点，主要表现在经济性和非经济性两个方面。当前我国行政规制的关键是改变行政资源的运用方式。海洋旅游是世界海洋经济的重要组成部分，海洋经济是世界经济发展中增长最快的一个组成部分，同时，世界海洋的环境状况仍在不断地恶化，因此，发挥海洋旅游管理中的政府规制作用，参与国际海洋法、政策等的磋商与交流，加强合作，将有利于我国海洋事业的发展。

6.5.3 大数据技术下的现代海洋旅游管理

旅游业的蓬勃发展，离不开旅游的现代化管理。今天，高新技术已被西方发达国家广泛应用在旅游开发、旅游管理、旅游营销、旅游交通、旅游服务及教育培训等方面，极大提高了旅游业的经济效益、工作效率、服务质量和旅游者的体验界面。因特网、www网、网际销售、网络预定、电子地图、卫星导游、旅游信息系统、高科技主题公园等概念也被旅游业界普遍采纳，高新技术已成为关系到旅游产业优胜劣汰的关键，成为强化旅游市场竞争力的重要手段。从全球旅游经济发展态势看，世界经济的一体化带来了旅游活动的国际化，使不同国家、地区的旅游业联系更加紧密，呈现出一体化、无域界的旅游状态。但这种无域界旅游的实现则需要基于旅游的信息化，体现在将计算机技术、信息技术、网络技术、通讯技术运用到旅游宣传、旅游营销、旅游规划、旅游开发、旅游管理等旅游业各个环节中。世界上已经有许多国家都建起了基于不同信息技术、面向不同层次用户的旅游信息系统，并且相互联网，实现旅游资源信息共享。譬如世界旅游组织（World Tourism Organization）建立的世界旅游数据网络，就让近200个国家的旅游数据库实现连接，其数据库信息涵盖了旅游景区出入境人数、旅游消费额、运输工具种类、旅客流向和饭店服务设施等。旅游目的地信息系统也正得到迅猛发展，新系统能提供食、住、行、游、购、娱六要素的综合信息，其功能也逐渐集查询、检索、预订于一身。总而言之，一个基于互联网技术的大数据时代正朝我们迎面扑来，正成为国家进行经济管理的重要工具。那么，何为大数据？借用唐晓云的话来说，大数据有别于单纯结构化的传统统计数据，以视频、音频、图片、文字、符号等非结构化形态存在，是结构化与非结构化海量数据的集合，具有数据量巨大、结构多元、增速很快和价值密度低等特征，是对传统统计思维和方法的一种颠覆（唐晓云，2014）①。大数据技术也给海洋旅游管理带来许多改变。

首先，大数据技术打破了传统旅游产业的边界。旅游活动是集食、住、行、购、娱、游等诸多方面为一体的综合性活动，一次旅游活动的开展涉及众多的旅游资源、旅游设施、旅游服务等部门，需要借助相关行业与部门的协作才能共同完成。从旅游活动的实现方式来看，旅游业是一个以人的流动为基础、以人的服务为主要内容的产业，旅游市场流通领域活动的不是商品，而是有关旅游产品的信息传递引起的旅游者流动；旅游信

① 唐晓云．用大数据把握旅游管理部门宏观调控的主动权［J］．旅游学刊，2014，29(10)：9-10.

息传递和流通是沟通旅游者、旅游资源供给者和旅游代理商的重要方式，在这里，信息传输在旅游三要素的动态交流中起着桥梁作用，因此，由信息技术和市场共同主导的旅游产业演进过程就不断催生出各种新业态。譬如，携程、去哪儿等在线旅游商运用互联网大数据技术为游客提供资讯、旅行预订服务，百度、谷歌等搜索引擎公司向消费者提供旅行信息、推送精准营销，智游、蚂蜂窝等在线旅游和搜索引擎的下游企业在充分挖掘互联网大数据的前提下向游客提供旅游攻略、旅游规划服务。根据艾瑞咨询公司提供的数据，2013 年中国在线旅游市场交易已超过 2 200 亿元，占全国旅游总收入的 15.6%，这些新业态突破了传统旅游产业边界，使旅游产业现出勃勃生机。

其次，大数据技术改变了游客的消费行为。旅游消费的跨越空间、跨越行业特性使得游客对于旅行的便利性和信息对称的需求呈现无止境，而体验又是旅游业的重要特性，丰富游客体验，提高旅游服务效率，必须依靠现代技术特别是现代信息技术，来推动和提升旅游业的现代化水平。作为现代科技应用的重要领域，无论是满足新的消费需求，还是对自身业态的改造，旅游业都需要不断提高科学技术含量，提高运用现代科技成果的能力。当前，以大数据技术为代表的信息技术正通过改变生产和生活方式而深刻地改变着世界、改变着旅游企业形态和旅游者的行为。GWI（Global Web Index）① 2013 年所作的调查数据显示，超过 82% 的中国互联网用户会在线购买，中国移动互联网的使用率已超出世界第二大市场美国 3.5 倍，有 47% 的人表示他们会使用消费者评论网站搜寻产品信息，出门前看评论和攻略成为旅游消费者的习惯。携程、艺龙、同程、去哪儿、大众点评、驴评等网站每天产生 2 万多条点评，不仅为第三方的旅游服务评价提供依据，而且还成为游客和旅游企业决策的重要参考。对旅游消费者来说，运用互联网基于大数据技术提供的各种服务，借助网络预定、电子地图、卫星导游、数字旅游伙伴、iWatch 导航、谷歌眼镜等环游世界，来一趟说走就走的旅行已经是驾轻就熟的常态了，大数据技术让信息时代的旅行变得舒适而充满智能化。

其三，大数据技术成为旅游管理的精准手段。社会的进步，科技的发

① GlobalWebIndex 是一家专注于研究网上消费者行为的权威市场研究公司。

展和经济的腾飞，人类正走进以信息技术为核心的信息时代，旅游业的发展也显示出信息化和全球化特征。互联网时代，各种资源在互联网平台上无障碍沟通，快速配置，完全颠覆了传统工作模式，因此，在互联网时代引入互联网思维来推进海洋旅游管理体制机制创新，才能顺应现代旅游业发展步伐。

在国际上，大数据日益替代了传统统计口径、抽样方式、计量模型等手段形成的统计结果，并成为政府旅游宏观决策管理和公共服务的重要手段。进入大众化阶段的我国旅游经济，旅游行业管理也从微观监管走向宏观调控，除了原有的规划引导、法律规范、行政干预等手段外，信息引导也成为宏观调控的好工具，而基于覆盖旅游活动各环节的产业运行大数据，包容了旅游新业态、散客消费、典型旅游投资的数据，产业主体的多元性结构的动态数据，面向公众的、与旅游相关联的公共服务数据等，并通过监测平台、交换平台统筹区域大数据资源，真正意义上实现跨区域的信息共享、业务协同，为宏观调控提供精准的数据基础。

互联网时代的用户与企业之间的零距离、用户需求的个性化，都需要旅游企业管理者转变传统思维模式，摒弃以资源为中心的旅游产品开发模式，把市场和旅游者的需求当做产品开发目标，并引导游客参与到旅游产品的前端设计和开发，满足游客个性化消费要求。互联网“去中心化”的特征颠覆了传统的分级管理体制，使得旅游企业组织呈现扁平化状态，每个员工都成为中心，每一级都直接对接市场，直接对接客户，直接为游客服务。随着散客的增加和旅游需求向多元化发展，游客对信息提出了更高的要求，传统的旅行社组团旅游方式、旅行线路的千篇一律，标准化、程序化、规范化的服务已不能完全满足游客，越来越多的游客转向个性化和灵活性的旅游服务需求，开始选择自助旅游，他们希望获得旅游目的地更多内容、更加广泛的信息，以便增加自主选择的机会，而借助大数据技术建立起来的旅游信息系统可以使旅游服务信息交互地展示给游客，满足游客个性化旅行的需求。

作为旅游体系的各个组成部分，在信息化和全球化的背景下，已不仅是旅游景区、旅游交通、旅游酒店等简单空间个体的组合，而将是一个由计算机技术、网络技术、电子智能技术集成下的超时空的信息系统。可以说，信息是旅游业发展的核心，旅游信息化、智慧旅游是现代旅游管理中不可小觑的重要手段。旅游信息化管理实际上就是利用电子技术、信息技术、数据库技术和网络技术手段，充分发挥各类旅游信息资源的效用，使之成为旅游业发展的生产力，成为推动旅游业发展和管理水平的重要手段。旅游信息系统（Tourism Information System，简称 TIS）是一种决策支持系统，它具有信息系统的各种特点。在旅游信息系统中，其存储和处理的信息主要表现为描述旅游资源相关的空间数据与旅游业相关的大量属性数据及多媒体数据。应用“3S”等技术把景点、景区、酒店、旅行社、交通等与地理位置和空间分布有关的旅游信息，通过技术手段采集、编辑、处理转换成用文字、数字、图形、图像、声音和动画等来表示它们的内容或特征，成为旅游信息系统的重要内容。“3S”技术即遥感技术（Remote sensing technology，RS）、地理信息系统（Geography information systems，GIS）和全球定位系统（Global positioning systems，GPS）的统称，是空间技术、传感器技术、卫星定位与导航技术和计算机技术、通讯技术相结合，多学科高度集成的对空间信息进行采集、处理、管理、分析、表达、传播和应用的现代信息技术。旅游信息系统的出现，是旅游业与信息技术相结合的一种体现，旅游信息系统不仅为用户提供查询、检索功能，同时因为其可以提供强大的空间分析功能，从而提高了旅游决策的直观性、准确性，提升了旅游业的服务水平、经营水平和管理水平。

6.5.4 海洋旅游公共管理中的公众参与

作为发展最快的新兴产业之一，旅游业显示出它强劲的综合性和产业融合性和带动力，早已成为世界范围内许多国家和我国许多地区经济发展的支柱产业。人们开始认识到，现代旅游业已经不是单纯的经济产业了，它身负更加重大的价值和意义，是一项提高全社会生活质量、提升居民幸福指数的福利事业。旅游业的综合性特征表明其所涵盖的旅游公共事务范畴广泛，而且其中很多要素（如文化氛围、社会环境）本身就是依托公众才得以存在，因此，公众应该成为旅游公共管理的参与主体，成为其重要的行动者。旅游资源虽然只是一种生产要素，可一旦被开发成为旅游产品，附加上劳动价值时，旅游产品就具有公共物品属性了。严格意义上说，旅游公共物品是一种准公共物品，它是一种满足公共需要、进行公共享用的物品，作为一种准公共产品，它在特定情况下还存在着竞争性和排他性。因此，旅游管理既需要市场机制手段，也同样需要公共管理手段，在海洋旅游公共管理过程中吸取公众参与，对于贯彻海洋管理的民主化、制定出科学合理而公正的公共政策、监督海洋旅游管理行为和过程有着重大意义。

6.5.4.1 公众态度对海洋旅游的影响

公众态度对海洋旅游的影响包括公众偏好及满意度的影响和公众生态意识的影响两方面。

社会公众对海洋旅游的偏好度是指旅游者对海洋旅游喜爱程度和选择倾向的大小，偏好度的高低影响着社会公众选择海洋旅游的可能性，人们对海洋旅游的偏好度随着生活消费水平的提高和休闲意识的增强呈上升趋势。满意度指旅游需求被满足后的愉悦感，是游客对产品或服务的事前期望与实际使用产品或服务后所得到实际感受的相对关系，满意度关系着旅游者对海洋旅游的认知、判断进而影响其重游行为和推荐行为。旅游者对海洋旅游的偏好度和满意度与未来海洋旅游业的发展壮大成正相关关系，促使海洋旅游企业更加深入地进行市场调研，以旅游者的需求为出发点设计出更加有吸引力并能高质量满足旅游者需求的产品。

生态意识注重维护社会发展的生态基础，强调从生态价值的角度审视人与自然的关系。社会公众整体的海洋旅游生态意识正随着科学知识的普及和环境保护意愿的增强保持上升势态。公众逐渐增强的生态意识促使旅游者在旅游过程中更加重视自身对海洋旅游区的环境保护，同时促使海洋旅游企业开发出更加符合生态要求的旅游产品，使海洋旅游业向着绿色、生态的方向迈进。

6.5.4.2 公众对海洋旅游规划决策的参与

WTO 在 1990 年将“当地参与和当地公众主导”定为可持续旅游的原则之一，西方旅游规划专家十分强调旅游规划与开发中的公众参与，社会公众参与成为可持续旅游规划的重要构成部分。随着我国旅游业的发展，公众参与旅游公共管理正不断得到重视和实践。2003 年，国内旅游规划研究人员就在四川乐山市旅游规划制定中引入圆桌会议、入户访问、问卷调查等方法来引入公众参与规划过程；2009 年，国家旅游局通过官方网站向全社会征集对《全国乡村旅游发展纲要（2009—2015）（征求意见稿）》

的意见与建议；2011年，国家旅游局在中国旅游业发展“十二五”规划制定初期就开展了“中国旅游业‘十二五’规划50问征集”活动；各级地方旅游规划过程中也运用网络渠道、专家座谈等形式征求公共意见。在旅游目的地营销中，最为普遍的公众参与实践就是向社会征集宣传口号和旅游标识，并逐渐意识到公众在品牌传播、形象塑造中的重要地位，譬如大连市就开展了“人人都是旅游形象，处处都是旅游环境”行动。虽然在我国，公众参与旅游规划、决策已有了一定的实践，但这些实践尚处在随意阶段，缺乏长效机制，参与主体的范围较小，参与领域有限。

公共管理的使命是为公众服务，追求公众利益；目的地社会公众对海洋旅游发展决策的参与和选择是旅游资源保护、旅游业可持续发展的积极影响因素，英国南彭布鲁克社区参与旅游发展实践为我们提供了重要启示。

南彭布鲁克位于英国威尔士西南半岛，是一个农村地区，包括大约40个村镇和400平方千米的土地。该地区景观多样，有彭布鲁克什尔海岸国家公园的海岸区域、河口区域和绵延起伏的田野与河谷，一直延伸到北面的普雷塞利丘陵的山脚。1992年，南彭布鲁克与农村社区联合行动委员会（简称SPARC）受到欧盟组织的资助，在整个南彭布鲁克落后的农村地区进行一项旅游规划，目的是通过这个规划来提高当地的经济和文化生活水平，并改善当地的环境质量。其实，该旅游规划所涉及的不仅仅是旅游业，还包括相关的环境战略与农业战略。三种战略相互联系、相互补充，构成规划的三个互补成分。旅游业战略是以有环境意识和寻觅优质经历的有眼光的游客为对象，旨在促进那些被视为对当地其他部门有正面经济乘数效应、但能补充该地区的环境与遗产之不足的机会、从而增强和便利农业多样化的关键发展目标。当然，没有任何一个乡村旅游的实例完全适合于在任何其他地点复制，因为各地方的环境、文化、社会、政治和经济背景都有着显著的不同，但在SPARC旅游业规划中，社区参与和对文化及环境的保护思想是最值得我们学习借鉴的，可为我国海洋旅游业管理的公众参与提供很好的范例。

（1）普遍的民众参与

整个SPARC计划让几乎所有当地人都卷入了农村旅游业发展的所有方面，从社区的初步评价，到规划过程与实施，直至发展中的监测，这使该旅游业计划充分反映出称为“共享的社区设想”的东西，从而增加当地支持和可持续发展的可能性。SPARC 旅游规划的各个阶段（从社区的评估到规划，推动阶段，再到全程的监督）都涉及当地社区的各个层面民众。首先，参加 SPARC 规划的该区域的 37 个村子民众对自己村落目前遇到的难题和机会进行评估，作出一个基于评估的行动规划。据统计，参与 SPARC 计划的所有 37 个村庄的当地人民都参与评议，并确认各自社区的问题和机会。其次，SPARC 组织帮助编制了一个以社区评议为基础的当地行动规划。评议结果显示，大多数村子的行动规划中都把农村旅游列作潜在的经济增长点，但是社区居民普遍希望采取一种“非侵入式的，基于当地的自然、景色、遗产和文化资源”的旅游开发方式。该愿望转换成 SPARC 的目标就是“促进环境发展、尊重当地文化并给当地带来最大限度经济效益的农村旅游业。”其三，在规划制订与实施过程中，还有一件十分重要的事情就是获得各种各样“合伙人”的支持。经当地教育组织和专家提供有价值的数据和评估指标，社区公众和私人组织提供技术和财力的支持。SPARC 组织、社区政府和“合伙人”共同将该区域的农村旅游定位为“边界上的宝礁”，该主题不仅解释了南彭布鲁克地区的历史，而且尊重了社区文化的多样性。

众所周知，旅游发展能给社区带来的最直接的经济影响是创造更多的商业收益、就业机会和政府税收，其中，收入和就业是旅游业对社区居民影响程度和社区参与旅游业程度的最明显指标；但如果这些不被社区居民所得到，而是被社区以外的人得到的话，居民参与的价值就得不到真正体现。为此，南彭布鲁克的旅游活动在时间和空间上不断延伸，旅游线路规划有效地延长了旅游季节，突破了外出活动的季节限制，增加了游客人数和旅游收入，为社区带来持续的经济利益；纵横交错的步行小路和自行车线路减轻了拥堵的海岸路的压力，并且使更多游客能够到达内陆农村，从而使旅游收益在整个社区扩散。关键是在所有目标制定中，起重要作用的不是政府而是社区，政府官员或社区外部的专家想法仅仅起到参考作用。这样的旅游规划反映了社区共同的愿望，尊重了社区对遗迹和环境的关注，提高了当地人对旅游开发规划的支持率，使旅游可持续发展成为可能。

（2）对环境与文化的敏感性

当地社区居民有着明确的态度，他们不要那种要么会损害他们的环境，要么会对他们的农村生活质量产生负面影响的旅游业发展，因此，他们正在制订一项对这些关注敏感的计划。同时，他们的旅游产品是以当地的自然资产和文化遗产（起伏多变的地貌景观以及独特的地方历史）为基础的，这种基于对当地环境和文化遗产的敏感和保护，使得该社区在选择旅游发展规划定位时有了更长远的眼光，这种敏感性也促进了该计划的长远可持续性。

6.5.4.3 公众对海洋旅游公共产品的介入

2008 年 11 月，国家旅游局表示将在适当的时机推行“国民休闲计划”以应对金融危机对旅游业带来的考验。该计划将采取倡导奖励旅游、福利旅游、银发旅游等手段，以促使更多国民参与到国内旅游活动中，促进国内旅游市场的扩大提升。对于其中的福利旅游，表明国家也将顺应福利社会的要求，建立福利旅游的机制。福利旅游是对全体国民的政策措施，旨在改善国家旅游环境与条件，为所有旅游者提供便利，提高整体国民福祉。2009 年，国务院通过了《关于加快发展旅游业的意见》，《意见》充分体现了我国政府在新时期对民生问题的高度重视。提升国民生活质量，加快经济发展，着力改善民生，是实现社会和谐，社会可持续发展的重要举措。旅游业作为重要的民生产业，将成为国民的惯常生活和福利，与整体福利社会的发展相接轨。2013 年，国务院批准发布了《国民休闲纲要（2013—2020）》，提出“到 2020 年，基本建成与小康社会相适应的现代国民旅游休闲体系”的目标，并要求改善国民旅游休闲环境、推进国民旅游休闲基础设施的建设、加强国民旅游休闲产品开发与活动的组织、完善国民旅游休闲公共服务，这些工作都需要在政府组织规划、控制和指导的前提下，发挥工会、共青团、妇联等人民团体以及相关行业协会的监督管理作用，鼓励社会力量投资建设旅游休闲设施，开发特色旅游休闲线路和优质旅游休闲产品，并引进公众参与机制，共同推动国民旅游休闲活动发展。

在传统思维中，旅游公共管理被认为是由政府旅游管理部门向社会提供的、不以营利为目的的旅游类服务，实际上，政府并非旅游公共服务的唯一的直接提供者，企业、市场等社会其他部门也有可能进入旅游公共服务领域，参与到旅游公共管理的供给当中，当然，公民参与也是信息时代政治社会生活不可或缺的一部分，是政府和公共管理者必须面对的环境和情况（约翰·克莱顿·托马斯，2005)。① 在互联网时代，产品的生产已从资源中心转变为游客中心、市场需求中心，提供给社会的旅游公共产品必须征得社会公众的认同，因此，最便利、最有效的手段便是引导社会公众介入到公共产品生产之中。旅游业又是投入大，产出周期长的经济产业，海洋旅游业的发展离不开旅游基础设施的投入。公共组织在旅游开发的初期除了政府投资兴建大型具有公共属性的基础设施、旅游大交通、公共博物馆、纪念馆和爱国主义教育示范基地、城市休闲公园等产品外，应该积极引导社会力量投资建设，导入公众力量关注、建设海洋旅游公共设施的建设。

6.5.4.4 公众对海洋旅游公共服务及政策的监督

在传统公共管理模式下，公共决策是由官僚组织制定的，这样的决策不可避免地受到官僚利益集团的影响，难以体现公众利益。新公共管理发生了变化，由传统官僚的、层级制的、缺乏弹性的行政，转向市场导向的、灵活应变的、具有弹性的公共管理。公共组织一方面引入私人部门的服务模式，以公众为中心，并引入多方论证机制，强调专家论证和公众参与，将政府的制定托管给专家和公众，使决策更具有科学性和合理性。另一方面，建立起快速反应机制，在应对公众即时诉求和旅游突发事件时能做出及时的、迅速的反应，保障旅游者的利益。

“多方参与、共同治理，统筹兼顾、动态协调”是现代社会管理的重要原则，在该原则指引下，公众参与正日渐成为我国公共管理体制创新的重要趋势，不管是在国家还是地方，我国公众参与公共管理的实践行动都在不断增加。我国《宪法》就明文规定，人民依照法律规定，通过各种途径和形式，管理国家事务，管理经济和文化事业，管理社会事务；国家“十二五”发展规划也提出，要完善科学民主决策机制，建立公众参与程序，在公共决策中提高公众参与的程度；行政许可法、环境影响评价法、文物保护法、非物质文化遗产法等对公众参与也作了明确规定。随着我国

① 约翰·克莱顿·托马斯. 公共决策中的公民参与：公共管理者的新技能［M］. 孙柏英等译. 北京：中国人民大学出版社，2005：56－245.

行政管理体制改革的不断深入，转变政府职能、建设服务型政府也要求能够更加充分地表达公共需求和选择公共服务，健全社会公示、社会听证制度，让公众更广泛地参与到公共服务过程中来。当前，旅游经济的发展和现代社会的文明进步，使公众拥有了更多的话语权，公众参与政府海洋旅游管理已得到越来越普遍的支持，公众参与机制得以建立并不断健全、公众监督作用得到发挥并增强。通过各种合法的方式，公众直接参与政府对海洋旅游的决策、组织、执行、监督等管理活动，并用自己的行为影响政府海洋旅游管理的内容和方向。

现代海洋旅游业的运作离不开公众话语权的积极表达，在旅游规划、旅游资源开发、遗产保护、环境监控、生态文明建设等海洋公共服务及公共管理的重大问题上，公众越来越多地介入其中；在海滨休闲公园等游览景区、景点门票定价，对未成年人、高校学生、教师、老年人、现役军人、残疾人等群体的减免优惠政策，公众免费开放日政策等等关系到公众集体利益的事件中，公众听证会制度正越来越体现出参与决策机制的不断完善；在企业职工旅游休闲奖励和福利措施的落实上，也需要公众的参与和监督；而在未来，特别是依靠市场竞争机制来改造公共管理的做法无效的前提下，更需要借助多方合作治理网格的模式实行公共治理。在合作网络中，政府部门、私营部门和包括志愿者、旅游者和公众在内的第三部门主体等各方力量通力合作，共同治理社会关注问题，使公共管理成为真正的社会联合行动。

6.5.5 海洋旅游中的危机管理

危机，是指个人、群体或者组织由于突发事件的出现而受到破坏，严重威胁到其正常的生存与发展的状态。海洋旅游危机管理是指政府或其他社会公共组织通过监测、预警、预控、预防、应急处理、评估、恢复等措施，预防可能发生的海洋旅游危机，处理已经发生的危机，以减少损失，甚至将危险转化为机会，保护公民的人身安全和财产，维护社会和国家安全。

国内外许多学者都从不同角度对危机进行了探讨。荷兰著名危机管理专家 C. F. 赫尔曼（C. F. Hermann，1972）编著的论文集《国际危机：行为研究视角》是对包括灾害在内的公共危机管理研究较早的著作之一，他从决策角度出发，认为危机就是一种情境状态，其决策主体的高度优先目标受到威胁，而做出反应的时间有限，其发生也出乎决策主体的意料，体现出意外性特征。[①] 危机管理领域的著名学者乌里尔·罗森塔尔（Uriel Rosenthal，1989）则从过程角度出发，认为危机是一种严重威胁社会系统基本结构或者基本价值规范的形势，在这种形势中，决策集团必须在很短时间内、在极不确定情况下作出关键性决策。[②] 危机管理的一个特征是“事态已发展到无法控制的程度”，一旦发生危机，时间因素非常关键，减少损失将是主要的任务；危机管理的任务即是尽可能控制事态，在危机事件中把损失控制在一定的范围内，在事态失控后要争取重新控制住。克兰特利（E. L. Quarantell，1980）则从社会学角度对各类危机灾害的紧急应对做出深入研究，并对救灾中的公助与互助、救灾中社会组织和政府部门的作用、灾后重建的心理救助等方面进行阐释。[③] 危机问题研讨会则从冲突角度出发，认为危机主要是指国家内部或外界环境发生变化、基本价值的威胁、卷入军事敌对行动的可能性极大等情况，并且所有受到危机者对威胁做出反应的时间有限。在实践中，国外学者将灾害事件的事前预见与防范放在十分重要的位置。戴维·奥斯本（Osburn，1996）认为，国家就像是一艘庞大的远洋班轮，所有昂贵的东西都堆放在甲板上，没有危机预警就像船上没有雷达，没有导航系统，也没有预防性保养维修一样，必然存在极大的风险。[④]

国内也有许多学者关注危机管理。清华大学公共管理学院薛澜等主持了“社会变革中突发事件应急管理”课题，其成果《危机管理：转型期中国面临的挑战》就从社会转型期的时代大背景探讨了中国现阶段突发性事件产生的根源和特征，勾勒出了中国现代化突发性事件管理体系的基本框

---

① C. F. Hermann，ed. Internationals Crises：Insig From Behavioral Research ［M］. New York：Free Press，1972：13.

② Uriel Rosenthal，Michael T，Charles and Paul T，Hart，ed. Coping with Crises：The Management of Disasters，Riots and Terrorism，Springfield，Ill. Charles C. Thomas Publisher Ltd. 1989：10.

③ E L Quarantell，Russell R Dynes. Quarantelli，” Helping Behaviovr in Large Scale Disasters”，in Participation in Social and Political Activities，ed. By David Horton Smith and Jacqueline Macaulay，San Francisco，CA：Jossey－Bass，1980：339－354.

④ 戴维·奥斯本，特德·盖布勒. 改革政府——企业精神如何改革着公营部门［M］. 上海：上海译文出版社，1996：205.

架，为促进公共治理结构的顺利转型和社会的协调发展提供了可供借鉴的模式。[①] 翟晓敏等（1998）则将突发事件应急指挥看做是一项准军事行动，时间紧迫、事关重大是行动的突出特点。[②] 从理论上讲，灾害应急指挥过程实际上就是一系列有限时间约束条件下的决策与决策实施过程的集合，因此在一定的时间约束条件下，各种指挥决策是否科学合理和各种指挥决策的实施过程是否及时有效，这是灾害应急工作成败的关键。帅向华等认为，强化现行的公共危机管理体制和指挥机构，充分发挥其在人员、技术、经验方面的优势，积极拓展其综合协调和信息沟通的功能是减轻灾害的关键。

危机处理是政府公共管理的主要职能。公共管理是以政府为核心的公共部门整合社会的各种力量，广泛运用政治的、经济的、管理的、法律的方法，强化政府的治理能力，提升政府绩效和公共服务品质，从而实现公共的福祉与公共利益，当前我国海洋旅游公共管理的突出问题是对海洋旅游突发事件和海洋环境危机的管理。

6.5.5.1 突发事件管理

人类社会始终存在着各种突发事件，引发出各种危机。2004 年 12 月 26 日印度洋发生海啸事件，这场突如其来的灾难给印度尼西亚、斯里兰卡、泰国、印度、马尔代夫等国造成巨大的人员伤亡和财产损失，也给各国政府的危机管理提出了严重挑战。“突发事件”可以解释为一种特别紧迫的危机或危险局势，它不仅影响全体公民，并对整个社会的正常生活构成威胁。国外理论界一般将危机和突发事件等同，欧洲人权法院把它称之为“公共紧急状态”。2006 年 1 月我国发布的《国家突发公共事件总体应急预案》中指出，突发公共事件是指突然发生，造成或者可能造成重大人员伤亡、财产损失、生态环境破坏和严重社会危害，危及公共安全的紧急事件。海洋环境中存在着许多不确定的自然因素和政治因素，使得海洋旅游活动存在遭遇突发事件的可能性，由于事件的突发性、复杂性、破坏性，往往对社会和个人造成重大损害，需要运用公共管理手段加以控制和

① 薛澜，张强，钟开斌．危机管理：转型期中国面临的挑战［J］．中国软科学，2003，(4)：6－12.

② 翟晓敏，盛昭瀚，何建敏．应急研究综述与展望［J］．系统工程与实践，1998，117(7)：18－25.

解决。

建立和完善应对突发事件的危机管理机制，最大限度地避免突发事件给人民群众的生命财产和社会基本秩序造成危害，政府作为管理主体可以有所作为。首先，制定相关的法律、法规。运用法律手段来处理突发危机事件是世界各国政府常用的手段，虽然从立法角度看，我国先后制定了应对社会动乱的《戒严法》，规范政府信访工作的《信访条例》，应对重大自然灾害的《防震法》、《防洪法》、《消防法》，非典期间出台的《突发公共卫生事件应急条例》、《国家公共卫生监测信息体系建设规划》和《突发公共卫生事件医疗救治体系建设规划》等，但是这些法律法规本身具有很强的独立性，带有浓厚的部门色彩，加之管理体制上的部门化，应对突发事件的统一的法律体系尚未建立，因此，当务之急是加强政府危机管理的法律建设，修订并完善已有的法律法规，尽快制定能协调已有法律法规的程序法，赋予政府及有关部门在处理危机事件中的职权和职责。其二，建立有效的应急管理机制。处理突发事件需要未雨绸缪，政府应该把突发事件管理纳入常态化管理之中，建立预案及预警防范机制、组建专门机构、开展危机应对技能培训、畅通信息发布渠道、规范决策程序，以减轻突发事件对经济、社会和人民群众生命财产造成的损害。其三，完善官员“问责制”，打造服务型政府。官员问责制，是指对政府及其官员的一切行为和后果都必须而且能够追究责任的制度，其实质是通过各种形式的责任约束，限制和规范政府权力和官员行为，最终达到权为民所用的目的，是现代政府强化和明确责任、改善政府管理的一种有效的制度。这种制度因为在处理2003年“非典”事件中获得国内外一致好评而从此在我国政界迅速推广，成为建设服务型政府的一项重大举措。但从实际推行效果和实施来看，除了在问责的制度保证、实际操作、效果评价等方面有待提高外，在问责的对象确定、政务公开等方面也存在着缺陷，诸如职责不清、职能交叉、责任主体难以明确、异体问责薄弱、问责范围狭窄等等方面都存在一定问题，另外，官员问责制的相关法制不完善、问责文化氛围没有形成，官员问责的配套制度难以到位也是目前存在的弊端，因此需要进一步完善行政问责制度，通过规范化、法律化手段，明确问责范围和对象，使行政问责真正发挥作用。

6.5.5.2 突发事件的触发机制及管理

随着经济的发展，人们已经越来越重视旅游安全的研究，海洋旅游安全的研究也正是社会所需要和探究的。国外海岛旅游安全研究比中国早且充分，主要集中在以下几个方面：海岛旅游与自然灾害、疾病、交通事故、卫生事件，海岛旅游安全与恐怖主义，海岛旅游与犯罪、社会不稳定，海岛旅游相关利益主体者对安全事故、自然灾害的感知与响应研究等方面。国内海岛旅游安全研究历史较短，主要研究人员有郑向敏(2007)①、张西林（2003)②、任学慧（2005，2006)③-④、陈金华(2010)⑤ 等。海洋旅游安全是一项永恒而又亟待深入的课题，然而海洋旅游安全问题并没有受到我国旅游管理者足够的重视，特别是近年来，人类干预自然，而自然灾害频繁发生；日本的地震、印度尼西亚的海啸都侵害着人类的生命和财产，更敲响了旅游管理者的警钟，需要旅游管理者及旅游者重新认识海洋旅游。

由于海洋旅游地理条件的特殊性，安全问题十分突出，遇到突发事件，海洋旅游的抗打击能力十分薄弱，海洋旅游安全有以下几方面特征：海洋旅游中的岛屿旅游是一个相对独立的地理单元，旅游过程中抵抗突发事件或突发抗干扰能力不强；海洋旅游的安全性与气候条件、自然条件、地理条件等关联性强；海洋旅游是以水文景观为主体资源的旅游景区，安全问题隐患大；海洋地理环境空间和环境承载力有限，生态环境脆弱，旅游资源安全问题较为突出；海洋旅游活动以参与性的水上项目为主，水上活动项目有一定危险性，安全要求高；海洋旅游交通相对不便，一旦出现安全事故，施救较大陆而言相对困难。

事故的发生是有因果联系的，对于事故的触发机制研究，最为普遍和权威的理论是海因里希的事故因果连锁论。1931 年，美国工程师海因里希（W. H. Heinrich）首次提出了该理论。他认为，伤亡事故的发生不是孤立

① 郑向敏．我国沿海岛屿旅游发展与安全管理［J］．人文地理．2007，96（4）：86－89

② 张西林．旅游安全事故成因机制初探［J］．经济地理．2003，24（4）：542－546.

③ 任学慧，王月．滨海城市旅游安全预警与事故应急救援系统设计［J］．地理科学进展，2005，24（7）：123－128.

④ 任学慧，王月．海洋安全管理决策系统设计［J］．海洋信息．2006，（1）：5－8.

⑤ 陈金华，何巧华．基于旅游者感知的海岛旅游安全实证研究［J］．中国海洋大学学报（社会科学版），2010，（2）：38－42.

事件，尽管伤害可能在某瞬间突然发生，但却是一系列时间相继发生的结果，事故的发生是由于人的不安全行为和物的不安全状态引起的。该理论曾被称作“工业安全公理”，作为世界上广大安全人员从事安全工作的理论基础。由此可见，任何海洋旅游安全事故的发生都不是偶然的、孤立的，其背后一定有着前因后果的相关联系，我们可以从海洋旅游区环境，海洋旅游者自身，海洋管理者角度出发，构建海洋旅游安全系统（图6－2）。

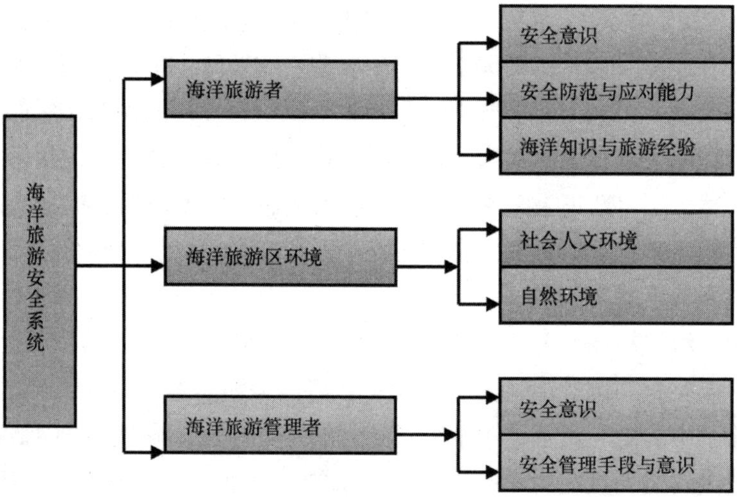

图6－2　海洋旅游安全系统

（1）海洋旅游者

① 旅游者的安全意识

旅游安全意识是在客观存在的外在环境的基础上产生的。海洋旅游者的安全意识主要是指旅游者通过对海洋旅游区环境、个人因素、个人状态进行综合分析后所产生的安全隐患预见能力。安全意识具体表现在对旅游目的地（海洋）的了解，旅游活动前的准备及冒险行为的能力把握。如果旅游者缺乏安全意识，对目的地缺乏了解，冒险行为缺乏把控，遇到困难缺少解决工具及措施，那么，无疑增加了事故发生的概率。

② 防范与应对能力

掌握正确的旅游安全防范与应对危机技能，是有效地减轻和避免安全危险带来伤害的重要手段。相对于陆地旅游者而言，海洋旅游者对旅游安全的事前应对举措总体呈现出较为积极的态势。但是个人体质不同，心理不同，对自身安全预见能力的评估也差异较大，越是感觉能控制旅游危险的旅游者，却越是敢于挑战危险增加了危险发生的几率。譬如，在海滨浴场最怕的就是一些自恃水性好的游客，独自游到安全区以外，就是遇险也难以发现。

③ 海洋旅游知识与经验

丰富的知识与经验对于旅游安全至关重要，在遇到危险时可以帮助自己也可以救助他人。海水运动是变幻莫测的，加之海底地形复杂多样，海洋旅游者必须加强对海洋的认识和体验，意识到海浪威力，海水、气运动的多变性。台风、海啸、海潮等自然灾害表面上看起来属于不可抗拒的自然安全事件，但实践中若旅游者具备一定的海洋知识与经验，这种安全事故也是可预防的。例如，地震引发的海啸，在登陆之前，会有一些非常明显的宏观前兆现象：海水异常的暴退或暴涨；离海岸不远的浅海区，海面突然变成白色，其前方出现一道长长的明亮水墙；位于浅海区的船只突然剧烈地上下颠簸；突然从海上传来异常的巨大响声，在夜间尤为令人警觉。这些现象旅游者稍加注意就能发现。2004 年 12 月 26 日，东南亚海啸灾难造成 273 435 人死亡或失踪，但据说有一片海滩上的近百名游客无人伤亡。这是由于海滩上的一名英国小女孩玩耍时见到海水突然退去，想起老师说过，海啸发生前会突然大规模退潮，便及时提醒了大家，救下百余条生命。

（2）海洋旅游区环境

旅游活动的展开包括自然环境和社会环境两大方面，环境的安全与否直接关系到旅游活动的开展及旅游者安全。

① 自然环境

自然不安全状态主要指自然灾害。地球上的自然变异往往是人类活动诱发的自然变异，当这种变异给人类社会带来危害时，即构成自然灾害。海洋自然灾害主要有风暴潮、灾害海浪、海冰、赤潮、海啸五大类，面对此类灾害，如果缺乏科学常识，没有及时预防，或者处理不当，必将威胁到旅游者安全。例如风暴潮，可分温带气旋引起的温带风暴潮和由台风引起的台风风暴潮两大类。这两类有细微的差别，温带风暴潮，多发生于春秋季节。其特点是：增水过程比较平缓，增水高度低于台风风暴潮。台风风暴潮来势猛、速度快、强度大、破坏力强，凡是有台风影响的海洋国家、沿海地区均有台风风暴潮发生。风暴潮的周期为 1～102 小时，介于地震海啸和低频天文海啸之间。风暴潮的高度与台风或低气压中心气压低于外围的气压差成正比例，中心气压每降低 1 hPa，海面约上升 1 厘米。较大的风暴潮，特别是风暴潮和天文潮高潮叠加时，会引起沿海水位暴涨，海水倒灌，狂涛恶浪，泛滥成灾。关于海洋的自然环境，旅游者及管理者只有充分了解，才能及时的预防灾害。

② 社会环境

社会不安全状态有很多，吃、住、行、游、购、娱等方面都会有突发事件发生。例如在吃的方面，有游客对海鲜过敏，也有因方法不当吃坏身体等。在游的方面，也有绑架等突发事件，如 2001 年 5 月 27 日阿布沙耶夫组织在菲律宾道斯帕尔马海滨胜地绑架了包括 3 名外国人在内的 16 名游客和 4 名工作人员。在海洋旅游“行”的过程中，我们要注意船只、游艇、邮轮等交通工具的安全性。1999 年 11 月 24 日，“大舜”号滚装船在烟台海域起火沉船，290 人魂归大海，成为震惊中外的烟台“11・24”特大海难事故。很多突发事件都在不经意间发生，一些小型的轻便快艇在行驶过程也会发生爆炸，或者船与船之间也会发生碰撞。社会环境不安全状态主要在于社会和管理方面，还有与当地居民的人文习惯、卫生习惯、开发商的重视程度有关。当然，一些社会动乱，譬如战争等，都深刻影响到海洋旅游业的发展，威胁到旅游者的人身安全。

（3）海洋旅游管理者

① 管理者的安全意识

近几年来，海洋旅游安全越来越受关注，特别是近几年自然灾害突发事件的频繁发生，最为严重的就是海啸。2010 年前后，地球在 13 个月经历了 3 次大的海啸，2011 年 3 月 19 日的日本海啸，2010 年 2 月的智利海啸，还有 2010 年 10 月的苏门答腊海啸。这一次次的海啸深深的敲响了旅游管理者的警钟，海洋旅游必须加强安全意识。旅游管理者在旅游设施设备上要加强安全管理，也应建立紧急事故的预警机制。包括在事故发生后的解决措施，这些都是海洋旅游管理者应该思考的问题。对于一个管理者来说，防范意识要先于行动。

② 安全管理手段与方法

安全管理手段与方法是海洋旅游安全的根本，是控制海洋旅游危险发生的关键。在管理手段和方法上面，海洋旅游管理并不周全，甚至是缺乏全面的管理。海洋旅游安全和大陆旅游安全有所区别，海洋旅游受自然灾害的威胁超过大陆旅游，因此，减轻灾害风险需在规划、预防、保护等方面加大长期投入，应急处置是“最后的手段”，而不应是预防灾难发生。在海洋旅游安全管理方面，必须建立一个规范的、全面的海洋旅游安全系统，该系统应该包括海洋旅游安全政策法规系统、海洋旅游安全预警系统、海洋旅游安全控制系统、海洋旅游安全施救系统及海洋旅游安全保险系统等。

6.5.5.3 海洋环境管理

海洋是旅游业依赖的活动空间，良好的海洋生态环境是旅游业持续发展的关键，而海洋环境保护又是一项跨区域、跨部门、跨行业的复杂而特殊的系统工程，涉及面广，工作任务重，必须加强领导，提高全民环保意识，坚持海洋环保与经济发展并举、海域修复与陆域环保并重、城镇治污与港湾河道整治并进、海洋与海岸工程监管并行；做到海洋生态监视、监测与环境预警预报相结合，趋势监测、功能区监测与专项监控性监测相结合，工程环境影响前期评价、过程评价与后续评价相结合；建立起环境污染防治与生态修复制度、陆源排污总量削减与近岸重点海域污染物容量控制制度，实行资源共享、联合协作、协调行动的工作机制，全面实施“截污、恢复、防治、强基与生态化管理”五大战略，建立健全海岸带管理制度、污染物排放控制度、海洋灾害防范防治和统一联合执法监督机制，不断提高海洋生态环境服务功能，有效保护并逐步改善海洋环境，维护良好的海洋生态系统，实现经济、社会、环境的可持续发展。

政府海洋行政管理部门作为海洋环境保护的责任主体，对辖区海洋环境的保护负有主导责任，要坚持“政府引导，各方参与，职责到位，市场运作”原则，积极研究编制海洋环保发展规划与重要海域环境整治修复计划，增强监测装备，培养技术人才，充分发挥公共管理核心主体的职能，在海洋生态环境管理方面有所作为。一是要引导区域转变经济发展方式，从源头上解决环境问题。要合理生产布局、加大推行清洁生产、实行资源循环使用，建立污染物减量限排的立体生态系统；要实施化工、医药和热电力等污染行业的准入机制，实现临海工业和其他陆域污染物的降污减排，减少对近岸海洋生态环境的损害。二是加强法规制度建设，严格实施海洋功能区划。结合《海洋环境保护法》、《海洋工程环境保护管理条例》的贯彻落实，严把涉海工程项目环境准入关，规范人类的海洋开发活动，有序推进涉海产业发展；依据生态环境容量，依法实施强制性保护、重点性保护和优化准入；积极主动采取措施，改善海洋生态环境，实现保护与开发并举，环境效益与经济效益两全。三是创新制度建设，建立并完善海洋生态环境保护长效机制。实行海域排污总量控制机制、资源生态赔偿机制、海洋生态修复机制、工程项目监理监督机制和区域合作与海陆联动机制，强化近海海洋环境监测预警与生态修复建设方面的区域合作机制，构建陆海联动、海海协同和海河同步监督的大环保合作平台，联合开展重点海区的环境整治、海洋灾害防治预警预报、外来物种灾害监测控制与资源生态建设，协同应对海洋环境重大突发性事件应急处置与生态修复。四是强化海洋环境法治，严格生态环境执法监管。要落实海洋环境保护执法管理责任制，坚持依法治理近岸污染、监管海洋环境和保护资源生态，建立实行涉海环境污染举报责任机制、部门联合执法和重点海洋环保案件移送督办机制，适度扩大海洋主管部门对沿海企业的查处权限。另一方面，各级海洋行政管理部门还要发挥新闻媒体与媒介平台等社会舆论的监督和导向作用，开展经常性的海洋生态环境保护宣传工作，提高全社会的海洋环保意识和法制观念，鼓励和支持公众参与海洋生态环境保护行动，切实保障公众对海洋生态环境保护与建设的知情权、参与权和监督权。

6.5.6 从“综合管理”走向“公共治理”

党的十八届三中全会《中共中央全面深化改革若干重大问题的决定》推出了一个新的提法“推进国家治理体系和治理能力现代化”，这将以往通常使用的“管理”改为“治理”，是管理体制机制和管理方法上的一大创新。那么，我国的旅游管理符合这一条改革创新之路。

从“管理”到“治理”，虽然仅有一字之差，但其内涵与外延有了巨大变化。“管理”存在着主体与客体的界分，即管理者与被管理者。治理原意是控制、引导和操纵。人们常常将其与统治混合使用，主要用于与国家公共事务相关的管理和政治活动中。治理是指特定范围内各类权力部门、公共部门以及社会组织的多向度相互影响，是公共事务相关主体对于国家和社会事务的平等参与，是各类主体围绕国家和社会事务的协商互动。

当代公共管理变革的一个重要理念和价值取向，即以“治理”消除这种主体与客体的区别。“治理”往往指“协同治理”，强调社会多元主体的共同管理。在这种模式下，尽管政府依然是社会公共管理功能和责任的承担者，但是由于政府、社会组织、个人等不同行为主体间形成了一种有机合作关系，从而让更多行为主体以“管理者”的身份出现，关心公共利益，承担公共责任。“管理”与“治理”的运作方式有区别。“管理”是自上而下的刚性模式，而“治理”则是包含自上而下、自下而上及横向流动的复合型模式，更注重协调性、灵活性。管理带有随意性，治理方式是法治化的。治理是依法治国，依法治理，建设法治国家、法治政府，而不再是简单命令式、完全行政化的管控。相对管理而言，治理是一个内容丰富、包容性很强的概念，它更强调灵活性、协调性、沟通性。

对治理特征的理解：（1）治理主体的多元化，即政府不再是公共管理领域的唯一主体，还包括社会团体、企业乃至个人等。（2）治理主体之间责任界限的模糊性和相互依赖性，即公共与私人、政府与社会、政府与市场的责任界限划分存在一定困难。参与治理活动的主体，都不可能独自掌握充足的能力和资源来解决所有问题，而是需要相互依赖与合作，可谓“一荣俱荣，一损俱损”。（3）构建“自主-共治”网络体系，即多元化治理主体之间形成稳定的权力依赖与合作伙伴关系，在运行机制与治理模式上形成一种动态的“自主-共治”合作网络联合体。

在公共治理理念指引下，公民的普遍参与和治理主体的多元化为旅游领域的“政府治理”和“社会治理”奠定了基础。首先，治理理念有利于旅游行业管理和政策制定的科学化。治理强调的多中心、自主性、参与式管理使得有关政策制定能统筹多方利益，更具有科学性和可操作性。第二，治理理念促使旅游政策执行方式的人性化。治理使不同主体利益得以调和并采取联合行动；治理虽然需要权威，但这个权威并非一定来自政府，而是建立在市场原则、公共利益基础上的政府与市场、政府与非政府组织、公共与私人机构间的紧密合作。第三，治理理念有助于旅游利益主体充分发挥各自的有效作用空间。公共治理意味着包括政府、市场、公民社会在内的多个相互依赖的主体，通过合作与协商，达成一致的共同目标并得以实现，从而最终达到对公共事务的管理。各利益主体既不能缺位也不能越位，在不断利益“磨合”过程中，各利益主体各司其职，优势互补，发挥各自的有效作用。

我国旅游发展基础地域差异显著，各地在探索旅游管理体制改革，吸纳各类市场组织和社会组织参与旅游治理过程中，需要因地制宜，量力而行。一方面，要努力促使旅游行业相关部门形成合力，通过整合旅游资源，实现部门联合与产业融合，同时要调动政府、市场和社会的积极性，多元共治、合作共赢。另一方面，要界定旅游利益相关主体的有效作用空间，发挥多种机制的协同作用。党的十八届三中全会《决定》已经指出“使市场在资源配置中起决定性作用和更好发挥政府作用”、“改进社会治理方式，激发社会组织活力”、“适合社会组织提供的公共服务和解决的事项，交由社会组织承担”，因此，应按照“政府引导、市场主导、企业主体、行业自律”原则，发挥各利益主体的作用。政府要加强发展战略、规划、政策、标准等制定和实施，加强市场活动监管，加强各类公共服务提供（《决定》）；企业则在政府规制与监督下，相互之间形成一种“竞争－合作－共赢”局面；非政府组织是联系政府与旅游企业等机构的桥梁和纽带，体现在协调利益关系和规范行业行为等自律互助层面。另外，还需要创设一个政府部门、市场组织和社会组织共同参与的平台。如旅游公共服务体系建设、企业维权、游客投诉、游客海外维权等问题，都需要各种力量的积极有序参与，其中平台建设和机制建设是关键。旅游治理强调将非营利部门引入公共管理中，形成“政府－市场－社会”三维治理框架，在三方参与的平台机制方面，还要根据具体情况做详细论证与设计。为此，《决定》提出，“推进协商民主广泛多层制度化发展，构建程序合理、环节完整的协商民主体系”，“加快实施政社分开，推进社会组织明确权责、依法自治”等。

旅游治理应该是多方面、综合性的。比如：旅游营销治理、旅游开发与规划治理、旅游资源与环境治理、旅游目的地治理、可持续旅游治理、全球旅游治理等等，贯穿到旅游景区、旅游企业、社区、生态旅游治理各个方面。在旅游开发与规划治理中，一定要注意政治、社会、经济三者之间的互动表现，重视中国传统文化遗产中的传统文化和山水和谐之道对中国当代旅游治理和规划的作用；在旅游规划治理方面，需要将规划建立在对历史、市场、文化、制度和政治等情境因素广泛评估的基础上，从规划到规划实施都需要提高治理水平。好的治理应该可以清楚地描绘出地方、区域、国家的作用，同时做到利益最大化。

2014 年的 10 月 19 日至 20 日，由国家旅游局主办的治理旅游市场秩序暨文明旅游中东部片区会议在常州举行，这是国家旅游局暨 2014 年 7 月底在云南昆明举办治理旅游市场秩序西南部片区会议之后在分类、分区域指导全国旅游服务监管工作方面的又一次尝试。会议旨在按照全国旅游市场一盘棋的思路，围绕旅游市场存在的突出问题，研究解决转变企业经营方式，理顺旅游各要素间关系，加强导游管理，依法治理线上旅游，探索如何建立治理旅游市场秩序的综合执法机制和区域联动工作机制，破解治理市场秩序这一难题。在旅游市场中，旅游中的宰客现象频繁，如一盘蘑菇炖山鸡卖 400 元；13 天中泰游报价 2 680 元，路线暗含 4 000 元自费项目，旅行社雇佣“黑托”拉客揽客、与游客不签订合同、擅自变更行程、聘用无证导游员、低价招徕，上车加价、导游讲解中掺杂低级、庸俗、迷信内容及强迫参观购物等行为……这些方面都会伤害到民众的旅游热情，透支着旅游市场潜力。所以在旅游市场治理方面，应进一步规范市场秩序，加强旅游诚信体系建设，加大对违法违规行为的处罚力度，打击价格欺诈和不正当竞争行为，营造统一、规范、有序、繁荣的旅游市场。除此外，在西南部片区会议上形成的、当前治理旅游市场特别要注意仍然是七个方面：坚持全国一盘棋、区域治理，地市为主；客源地与目的地共同治理；组团社与地接社联动治理；线上线下同时治理；旅行社与导游一体治理；要企业与从业者协同治理；要法律应用、市场化手段、行政管理联合治理。再加上一个本次会议的主题：政府主导，各部门分工负责，综合治理。这八个方面，应该成为各部门今后治理旅游市场共同遵循的原则。

当然，旅游治理也可能面临的困难：一是旅游业涉及不同的行业，其政策横跨不同的领域，如规划、交通、气候变化、就业、区域发展等。可影响旅游的政策主要在政策领域制定，而不是在旅游领域，另外这些政策对旅游业的影响也很少受关注；二是其需要不同行业和政策领域的行动者的合作或协作，可这些行动者通常在利益、信仰和优先权上存在一定的分歧。

因此，旅游治理过程中需要注意：一是能力问题。随着经济、社会发展，旅游治理中出现了一些以前意料不到的问题，比如原有体制和方式等不适应，资源的整合与配置不适应，队伍的治理能力不适应。这些都需要运用能力解决。二是创新问题。从“旅游管理”到“旅游治理”，不是简单的概念变化，而是思路创新、理念创新。我们研究问题的重点要用旅游治理的思路和创新的理念来解决目前面临的突出问题。三是实践问题。这些年来，旅游管理中有不少新的探索、新的实践，但都是局部性的、碎片化的，缺乏系统的总结、提升，需要按照创新的旅游治理的新要求进行提炼，系统化、制度化。

尽管从“旅游管理”到“旅游治理”在这一运行过程中存在一些问题（如：政府职能转变，企业参与旅游治理能力建设不足），但只要充分发挥政府、市场和社会的优点，规避缺陷、在《决定》赋予的新观点下，旅游治理定会有新作为！

海洋旅游管理体制的基本构架是基于产业融合的背景，在分析我国海洋旅游业发展现状、旅游管理体制现状和存在问题基础上，在公共管理和改革创新的思想指导下，提出的我国海洋旅游管理体制改革的方向、内容层次以及运行机制，并依据现代旅游管理理论以及一些地方旅游管理体制改革创新实践，架构海洋旅游管理体制。该体制强调旅游管理主体的多元化、旅游管理客体的宽泛化、旅游管理手段的多样化和旅游管理目标的多重效益性，充分发挥政府的主导性作用和市场机制的竞争性作用来推动海洋旅游业的发展。

实证篇

浙江是海洋大省，也是旅游经济大省，辽阔的海洋、众多的岛屿、漫长的海岸线、丰富的海洋旅游资源、发达的区域经济、优越的交通和区位、广阔的旅游市场是浙江海洋旅游的优势条件，特别是近十几年来，海洋旅游业更是得到长足的发展：海洋旅游收入已经占到全省旅游经济总量的半壁江山、海洋旅游产品不断丰富、景区景点建设水平不断提高、接待设施和服务体系不断完善、海洋旅游产业空间渐趋合理。然而，浙江海洋旅游业发展的制约和瓶颈也十分明显：重量级垄断性资源缺乏、产品类同而缺少创新、高端及新型旅游业态发展滞后、海陆交通集散和岛际交通衔接不畅等问题摆在眼前，特别是在管理体制方面，“大旅游，小管理”的矛盾日益突出，严重地制约着海洋旅游业的进一步提升发展。

浙江是市场经济的先发区，也是改革开放的重点实践区，改革开放30多年来，浙江取得了瞩目的成就，积淀了丰富的改革经验；特别是近几年来，建设海洋经济强省、旅游经济强省，打造“海上浙江”等实践不断深入，既为海洋旅游管理体制改革提供良好的政策环境条件，也为海洋旅游体制机制的提供成功经验分享。在产业融合方面，浙江一直走在全国前列，面对不断涌现出来的新问题采取的新举措、形成的新经验完全可以成为全国海洋旅游业发展的示范和楷模。

第7章　浙江海洋旅游发展概况及管理体制现状

浙江省是我国的经济大省，也是旅游经济大省，旅游经济综合实力位居全国第三。2013年，全省已实现旅游总收入5 536.2亿元，占全省地区生产总值的14.7%，占服务业增加值的比重为31.9%，旅游业已成为浙江省国民经济的支柱产业和新的经济增长点。

浙江省也是一个传统的海洋大省，拥有广阔的海岸线和丰富的海洋旅游资源，海洋旅游业是浙江最具特色和开发潜力的海洋产业之一。特别是近年来开展的浙江海洋经济强省和旅游经济强省建设、“海上浙江”建设、舟山群岛海洋旅游综合改革试验区建设，为浙江海洋旅游的蓬勃发展提供了良好的政策环境。国家旅游局将2013年确定为“中国海洋旅游年”，以“美丽中国，海洋之旅”、“体验海洋，游览中国”、“海洋旅游，精彩无限”等为当年的旅游主题，更为浙江海洋旅游的发展提供了新机遇，浙江海洋旅游的产业规模已经初步形成，发展势头良好，市场空间潜力巨大。

关于浙江海洋旅游区间范围的界定，本研究主要依据浙江省海洋与渔业局、浙江省统计局2003年确定的全省海洋经济统计和核算口径，即沿海地区是指按行政区划、在辖区有海岸线（包括大陆岸线与岛屿岸线）的市和县（区、市）。据此，浙江省海洋旅游区共包括杭州、宁波、温州、嘉兴、绍兴、舟山、台州等7市37县（区、市）（详见表7-1）。

表 7-1 浙江海洋旅游行政区划表[1]

地级市	市辖区	县级市	县	单位总数
杭州市	滨江区、萧山区、余杭区	-	-	3
宁波市	海曙区、江东区、江北区、北仑区、镇海区、鄞州区	余姚区、慈溪市、奉化市	象山县、宁海县	11
温州市	鹿城区、龙湾区、瓯海区	瑞安市、乐清市	洞头县、平阳县、苍南县	8
嘉兴市	-	海宁市、平湖市	海盐县	3
绍兴市	-	上虞市	绍兴县	2
舟山市	定海区、普陀区	-	岱山县、嵊泗县	4
台州市	椒江区、路桥区	温岭市、临海市	玉环县、三门县	6

注：引自马丽卿、郭旭《浙江海洋旅游行知书》。

7.1 浙江海洋旅游业的优势条件

7.1.1 丰富的海洋旅游资源

浙江省的海域面积达 26 万平方千米，为陆地面积的 2.6 倍；拥有大陆海岸线和岛屿海岸线 6 500 千米，占全国海岸线总长的 20.3%；沿海岛屿众多，平均高潮位大于 500 平方米的海岛 3 061 个，占全国岛屿总数的 40%。省内滨海和海岛旅游资源丰富（表 7-2），70 多个岛屿拥有砂砾质海岸，沿海 7 大城市有 2 700 个优良级单体，占全省的 68.9%；其中五级单体 168 个，占全省旅游单体比重超过 2/3；四级单体 468 个，占全省的 69.0%；三级单体 2 064 个，占全省的 69.1%；优质单体相对集中在杭州湾北岸、宁波东南沿海、舟山群岛、温台沿海一带，旅游资源空间分布总体上呈现出大分散、小集中的特点。优良级的旅游资源单体是旅游开发的主体，特别是高等级的四、五级单体，更是旅游的主要吸引物。

① 马丽卿，郭旭．浙江海洋旅游行知书［M］．杭州：杭州出版社，2009：70.

表 7－2　浙江省沿海 37 县（市、区）旅游资源类型统计

	地文景观	水域风光	生物景观	天象气候	遗址遗迹	建筑设施	旅游商品	人文活动
单体总数	1600	513	372	38	339	3943	312	393
优良级单体	334	120	47	9	51	749	87	131
五级单体	20	6	1	1	8	36	8	10

注：根据 2003 年旅游资源普查成果汇总而成。

浙江是中国古代文明的发祥地之一，历史悠久，积储深厚，有“文化之邦、旅游之乡”的盛名。早在 7000 多年前的新石器时代，宁波河姆渡的古人类就已经由陆地向海洋迈进；5000～6000 年前，先民们就在温州地区创造了瓯越文化；据历史记载，台州地区在新石器时代也是瓯越部族的栖憩地；而嘉兴则是马家浜文化的发祥地，舟山本岛上的马岙更被称为“海上河姆渡”。

7.1.2　快捷的海洋旅游交通

浙江海洋旅游区内有沪杭甬、甬台温、金丽温高速公路和沪杭甬、金温高速铁路贯通，还有萧山国际机场，宁波、舟山、温州和路桥机场，宁波至舟山、舟山至上海、温州至洞头和南麂岛等快速海运航线也已开通，舟山洋山港的东海大桥、杭州湾跨海大桥、嘉绍大桥、舟山跨海大桥和洞头连岛工程都已建成，大陆与海岛间的交通得到了很大改善，随着沿海高速交通大通道的贯穿、区域内外城际高速铁路网的建成，海、陆、空立体交通网的形成并完善，浙江的海洋旅游交通体系更为完善，出行速度更快，出行方式更为多样化，海洋旅游景区的可进入性更加便捷。

7.1.3　优越的区位条件

浙江海洋旅游区位于我国南北海岸线中部，是我国“T”字型经济带的核心区，具有得天独厚的海洋区位优势和外部条件。它北起和上海接壤的嵊泗列岛，南至与台湾相望的南麂列岛，东临东海、太平洋，是我国对外开放的主要海上门户和中外船舶南来北往的必经之地。长江三角洲地区是中国最富沃、最具经济活力、旅游客源市场容量最庞大的地区，区域内的城乡居民收入高、生活富裕，旅游需求旺盛。根据对城乡住户的抽样调

查，2013 年，全省城镇居民人均可支配收入 37 851 元，农村居民人均纯收入 16 106 元，分别比上年增长 9.6% 和 10.7%，扣除价格因素，分别增长 7.1% 和 8.1%；城镇居民人均消费支出 23 257 元，农村居民人均生活消费支出 11 760 元，分别比上年增长 7.9% 和 10.4%，扣除价格因素，增长 5.5% 和 7.8%。城镇居民家庭恩格尔系数为 34.4%，比上年下降 0.7 个百分点；农村居民家庭恩格尔系数为 35.6%，比上年下降 2.1 个百分点。随着长三角经济一体化进程的推进，苏浙沪三地经济、社会发展将相互交融，长三角巨大的客源市场将为浙江海洋旅游提供更加强劲的需求支撑。另外，海洋旅游项目又对本区域内居民形成很大吸引，构成了巨大的本省客源市场。

7.1.4 充满活力的省域经济

2013 年浙江省生产总值 37 568 亿元，按可比价格计算，比上年增长 8.2%；全省人均生产总值 68 462 元，比上年增长 7.8%，全省三次产业结构为 4.8∶49.1∶46.1，这些主要统计指标表明，浙江已经率先进入工业化中后期的发展阶段。充满活力的省域经济是浙江海洋旅游业发展的重要保障和促进因素，强大的民营经济和灵活的运作机制使浙江成为旅游投资的热土。宋城、开元、横店、广厦等省内主要民营企业集团早已进入旅游领域，由特色产品空间集群发展形成的区块经济已经成为浙江经济的一大特色，沿海港口工业、海洋渔业、盐业、海洋油气开采业及其设施和景观又都成为海洋旅游发展的重要依托。

7.2 转型升级中的浙江海洋旅游业

作为海洋大省的浙江拥有漫长的海岸线和品位较高的旅游资源，加上优越的市场区位和发达的经济等条件，浙江早已成为国内旅游经济最活跃的省份之一。随着近年来旅游业与其他产业融合进程的加快，浙江海洋旅游更是蓬勃发展，海洋旅游经济不断壮大、海洋旅游产品不断丰富、海洋旅游空间布局渐趋合理，旅游产业融合方面也走在了全国的前列，并初步形成了独具特色的发展模式，推动了区域旅游产业结构的转型升级。

7.2.1 海洋旅游经济逐步壮大

海洋旅游在浙江的旅游产业中一直都扮演着重要角色，特别是近十年来更是得到了长足发展，海洋旅游收入已经占到全省旅游经济总量的半壁江山，在全省海洋经济总量中也有着举足轻重的地位。根据浙江省旅游局统计数据显示：七个沿海城市（杭州、宁波、温州、嘉兴、绍兴、舟山、台州）接待国内旅游者人次从2002年的8 460.8万人次增加到2013年的39 786.6万人次，纯增加量约为10年前的3.7倍；国内旅游收入也从2002年的694.2亿元增加到2013年的4 751.1亿元，比10年前增加了5.8倍多。沿海七个城市，在接待国外旅游者方面，接待人次则从2002年的184.0万人次增加到2013年的695.4万人次，纯增加量约为10年前的2.8倍；国外旅游收入也从2002年的79 870万美元增加到2013年的406 891.1万美元，比10年前增加了4.1倍（表7－3）。

表7－3　2002—2013年浙江省沿海七市海洋旅游发展指标

指标 年份	接待国内旅游者/万人次	国内旅游收入/亿元	接待国外旅游者/万人次	国外旅游收入/万美元	全省海洋旅游收入/亿元	全省旅游总收入/亿元
2002	8 460.8	694.2	184.0	79 870	——	710.8
2003	8 901.6	766.5	157.1	72 721	826.9	767.7
2004	10 468.8	957.2	239.9	107 706	1 046.5	1 120.5
2005	12 479.5	1 223.4	302.6	143 147	1 277.9	1 378.8
2006	14 564.9	1 397.2	368.0	176 690	1 538.1	1 690.1
2007	16 879.1	1 660.0	433.0	217 603.5	1 825.2	2 025.8
2008	19 228.0	1 938.6	453.3	243 411.3	2 103.4	2 250.0
2009	21 677.5	2 253.6	473.4	254 784.2	2 427.4	2 643.7
2010	26 321.5	2 827.8	564.7	309 034.0	3 037.8	3 312.6
2011	30 545.3	3 436.4	633.3	355 122.6	3 367.8	4 080.3
2012	35 047.6	4 089.9	706.7	401 857.0	4 344.0	4 801.2
2013	39 786.6	4 751.1	695.4	406 891.1	5 003.1	5 536.2

注：数据依据《浙江省旅游概览》整理而得，全省旅游总收入不等于各市简单相加。

但与20世纪八九十年代相比，海洋旅游业增长势头明显趋缓，递增幅度逐年趋减（见表7－4）；入境旅游收入在对外经济体系中虽占一定比重，但不再作为主要创汇战略，各年的增幅都维持在1.2%～1.4%之间，浙江海洋旅游产业已从快速增长趋向成熟稳定，产业发展进入了转型期。

表7－4　2005—2013年浙江省沿海地区主要旅游经济指标

指标＼年度	2005	2006	2007	2008	2009	2010	2011	2012	2013
入境人次（万）	302.6	368.0	433.0	453.3	473.3	564.7	633.3	706.8	695.4
比上年增长（%）	25.98	21.61	17.66	4.69	4.40	19.32	12.15	11.60	－1.61
入境收入（万美元）	143 097.0	176 060.0	217 603.5	243 411.3	254 784.2	309 033.9	355 122.6	401 857.0	406 891.1
比上年增长（%）	32.86	23.04	23.60	11.86	4.67	21.29	14.91	13.16	1.25
在对外经济体系中（%）	1.33	1.27	1.23	1.15	1.36	1.22	1.15	1.29	1.03
国内旅游人次（万）	12 479.5	14 564.0	16 879.1	19 228.5	21 947.5	26 321.5	30 546.3	35 047.6	39 786.6
比上年增长（%）	19.21	16.7	16.90	13.92	14.14	19.93	16.05	14.74	13.52
国内旅游收入（亿元）	1 223.4	1 397.2	1 660.0	1 938.6	2 253.6	2 797.8	3 436.4	3 625.7	4 751.1
比上年增长%	27.81	14.21	18.81	16.78	16.25	24.14	22.83	19.02	16.17
旅游总收入（亿元）	1 277.9	1 538.1	1 825.2	2 108.1	2 427.4	3 037.8	3 667.8	4 344.0	5 003.1
总收入相当地区GDP（%）	9.56	9.83	9.80	9.81	10.63	11.19	11.51	15.36	15.17

注：数据来源，浙江省旅游局《历年浙江旅游便览》，浙江省统计局《历年浙江省国民经济和社会发展统计公报》。

在旅游总收入方面，因数据来源于《浙江省旅游概览》，全省旅游总收入不同于各市简单相加，不能做到完全比较。以2011年为例，2011年浙江沿海七市的海洋旅游收入约占全省旅游收入的82.5%，具体到沿海37个县（区、市），其海洋旅游总收入约占全省旅游总收入的44.6%，接待国内旅游者人次与国内旅游收入分别占全省数据的44.5%、45.4%，接待入境旅游人次与旅游外汇收入分别占全省的27.3%、33.3%。但总体而言，浙江海洋旅游业正在蓬勃发展中（见表7－5）。

表 7-5 2011 年全省旅游和海洋旅游主要指标

主要指标地区	旅游接待人次（万人次）			旅游收入			
	总人次	国内游客	入境游客	总收入（亿元）	国内收入（亿元）	外汇收入（万美元）	占 GDP（%）
浙江省	35 068.8	34 295.1	773.7	4 080.3	3 785.3	454 173.0	12.8
沿海七市	31 178.6	30 545.3	633.3	3 367.8	3 436.4	355 122.6	10.5
沿海 37 县区市	15 483.8	15 272.7	211.1	1 820.7	1 718.2	151 300.0	6.0

注：数据依据《浙江省旅游概览》等整理而得。

7.2.2 海洋旅游产品不断丰富

随着旅游产业融合步伐的加快和浙江海洋旅游业的进一步提升，旅游者对海洋旅游产品的需求呈现多样化和个性化趋势，为顺应这一潮流，海洋旅游产品体系出现了结构性和阶段性的变化，逐步向文化内涵与深度挖掘方面发展。传统的海洋观光休闲旅游产品开始向专题化旅游产品转化，诸如海洋生态旅游、海岛度假旅游、海洋文化旅游、海洋探险旅游应运而生；静态的陈列形式的旅游项目开始向动态项目转化，出现了诸多如海洋游钓、帆船比赛、节庆参与等体验性旅游项目。在结构档次方面，浙江省积极培养以市场为导向的中高端海洋旅游产品，主要包括海洋游钓、游艇度假、豪华邮轮、海空旅游等，逐步打造形成高、中、低档，多层次结合的海洋旅游产品结构体系，并积极创建精品海洋旅游区、精品海洋旅游产品品牌。另外，旅游企业在海洋旅游产品的供给方面也由被动式逐步向主动式、自助式转化，单一的旅游主题逐渐被多元化、个性化的旅游主题取代。

浙江省的各沿海地区利用自身特色优势，纷纷打造出了具有本地特色的海洋旅游产品体系，丰富了市场，适应了需求。

舟山是我国唯一以群岛设市的地级行政区划，有大小岛屿 1 390 个，占全国的五分之一，也是我国最大的群岛，群岛旅游是舟山的一大特色。独有的海上观音道场、特色的海洋岛群、优质的生态环境、丰富多彩的海洋文化，加上地处我国规模最大的城市群和经济水平最发达的“长三角”这一地理区位，使舟山群岛不仅担当起浙江海洋经济区的核心角色，更成为我国重要的海洋旅游目的地。从全国社会经济发展格局来看，舟山群岛新区是我国批准建设的四个国家级新区之一，是全国唯一以海洋经济为主题的新区，也是国家旅游综合改革试点城市和海洋旅游综合改革试验区。除台湾岛以外，舟山群岛是唯一伸向西太平洋的地区，无论是拓展海洋战略空间，还是维护海洋权益，舟山都是重要战略支点和桥头堡。舟山群岛新区作为国家“海洋强国”战略的基点，不仅仅是浙江海洋经济发展的示范区和前沿阵地，更是我国海洋综合开发战略的试验区、开发海洋的重要平台、利用海洋的重要窗口、管控海洋的重要基地和中华民族建设海洋强国的先导区，这些优势使舟山在推动浙江省经济社会发展、加快东部地区发展方式转变、促进全国区域协调发展中起着重大作用。近几年，舟山群岛新区依托其独特的区位优势、优越的气候条件、良好的生态环境和禀赋优良的旅游资源，融合厚重的历史、淳朴的民俗和深厚的文化，正努力打造一个如诗如画、城景融合的海上花园城市，一个返璞归真、心灵放飞、修心养身的城市，一个国际著名的群岛型海洋休闲旅游目的地和世界一流的佛教文化旅游胜地正在崛起。

随着“舟山群岛”品牌营销模式不断创新，旅游交通条件和接待设施明显改善，旅游目的地管理体系逐步完善，旅游发展保障日趋健全，“大旅游”的格局初步形成。经初步统计，舟山目前已经累计开发了 1 000 多个旅游景点。海天佛国普陀山是我国第一批 5A 级旅游区，也是国家级风景名胜区；朱家尖是 4A 级旅游景区，也是省级海洋旅游度假区；国家级风景名胜区嵊泗列岛、省级风景名胜区蓬莱仙岛岱山和爱情岛桃花岛也以自己独特的魅力吸引着游人。经过几十年的建设发展，大众海钓游、海鲜美食游、度假会展游、海洋文化游、群岛海上游、岛村渔家游、禅修体验游、佛教文化游八大精品旅游项目已基本成型，海鲜美食文化节、海鲜大餐争霸赛、海鲜美食论坛等一系列活动推动了“中国海鲜之都”品牌建设，沈家门海鲜夜排档获得了“中华美食名街”称号而晓誉国内外；秀山、朱家尖、泗礁、岱山本岛的海景房产项目已经启动，凤凰岛、砚瓦岛、徐公岛等私密型度假会所正逐步建成；朱家尖大青山国家公园、大平岗体育公园、嵊泗南长涂和基湖沙滩、朱家尖东沙、秀山等度假区及休闲项目建设进一步推进，国际游艇俱乐部、凤凰岛游艇基地的建设带动了游艇制造、维修等相关产业的发展；海洋文化大戏《印象普陀》、具有浓郁地方特色的渔俗戏《东海谣》和《东海水·渔家人》、祭海、“渔港秀”等系列文化旅游项目进一步充实了旅游产品体系；“南海观音慈航宝岛”邮轮旅游产品的启动，推进了对台邮轮直航；“普陀之星”、“群岛之旅”、“不肯去观音号”等游船的投入，形成了“短”、“精”、“特”的群岛环游线路；一个个具有“石墙青瓦”等典型海岛特征及浓郁渔农村特色的民宅群或村落的出现，显示精品特色渔农家乐产品的建设成效。在“十一五”末，舟山已有市级休闲渔业示范基地5家，休闲旅游村（点）93个，经营户（点）1 148家。普陀山佛教文化旅游是舟山的一道闪亮的名片，这几年，舟山一方面依托普陀山佛教文化，精心打造禅修体验旅游品牌，开展坐禅、讲经、抄经活动，扩大了“千人禅”、“千人斋”品牌影响力；另一方面强化普陀山佛教文化的辐射力，举办了首届世界佛教论坛，打响了普陀山南海观音文化节和佛教用品博览会品牌，开发了舟山群岛朝佛之旅等旅游线路，加强了与国内外佛教文化的合作与交流。目前，以“海天佛国、海洋文化、海鲜美食、海滨休闲”为特色的海岛旅游已成为舟山市一大支柱产业。

宁波有着极为丰富而独特、多样化和大体量的旅游资源，作为我国重要的对外贸易口岸，宁波的商业文化历史悠久。这里有华东地区最大的自然港湾；有省级滨海风景名胜区松兰山；有省级海洋自然保护区韭山列岛；余姚河姆渡文化具有7000多年历史；象山半岛的海蚀地貌堪称东海一绝；慈溪的杭州湾沿岸滩涂为华东地区最大；北仑港工业区具有全球影响力；有着“大鱼池”美称的象山石浦渔港充满着地方特色和渔家风情而誉满全国；宁波美食名扬天下，经过创新的海鲜烹饪方法和海鲜美食享誉全球，象山因此荣获海鲜美食之都的称号。经过几十年的精心打造，宁波已开发建设了慈溪杭州湾海洋游乐园、北仑洋沙山海滨浴场、镇海招宝山风景旅游区、镇海口海防遗址博物馆、象山黄金海岸度假村、中国渔村、石浦渔港、石浦老街、花岙岛石林风景区等项目，“中国开渔节”、“三月三踏沙滩”等一大批海洋旅游节庆活动也开展得如火如荼。随着海洋旅游业的不断发展，更有游艇、邮轮、海钓等新型旅游产品得到建设推广，满足不同层次的市场需要。

温州是一座充满朝气的现代化东瓯名城，也是海洋大市，沿海有大小岛屿215个、明暗礁469个，其中最著名的是瓯江口外海域的洞头列岛，宛若明珠洒落东海上，号称“百岛之县”。兼有山海之利，钟灵毓秀，人杰地灵的温州，已成为浙南的政治、文化、经济、交通和旅游中心，也是我国第一批14个对外开放的港口城市之一，经济总量稳居全省第3位，经济综合实力居全国百强城市行列。借改革开放的东风，温州人创造出许多个“温州模式”的神话，起到引领中国经济的作用。

温州沿海岸线曲折，拥有许多天然良港，南宋时就被辟为对外通商口岸，有“一片繁荣海上头，从来唤作小杭州”之称，随着小门岛、状元岙、乐清湾等港区的建设，温州早已从“瓯江时代”迈向“东海时代”。温州东部为平原滩涂区和沿海岛屿区，平原地区河道纵横交错、水网密布，沿海地带则草长鹭飞；沿海80万亩滩涂上养殖着蛏、蚶、蛎、虾、蟹、蛤等海产品。南麂列岛是浙江省唯一的国家级海洋自然保护区，洞头、北麂、南麂、乐清湾渔场出产带鱼、黄鱼、鳗鱼、鲳鱼、马蛟、鳓鱼等370余种海洋鱼类。

历史悠久、文化发达的温州有着“东南邹鲁”之称。这里是南戏的故乡，14世纪中叶温州著名剧作家高明的《琵琶记》被译为多国文字，在世界上广为流传。温州人杰地灵，代有名家。中国山水诗鼻祖谢灵运在这里写下了许多脍炙人口的诗篇；这里孕育出了永嘉学派，诞生过明朝著名政治家、军事家、文学家刘基，“南戏之祖”高则诚，朴学大师孙诒让，词学宗师夏承焘，数学家苏步青，篆刻艺术家方介堪，戏剧史学家王季思，现代中国考古学奠基者夏鼐等。诸多的名人和悠久的历史文化为温州留下了丰富的遗存古迹，其中国家级文物古迹就有39处，市级文化古迹474处。乐清黄杨木雕、细纹刻纸、温州鼓词、泰顺的药发木偶、永嘉昆曲5个项目成为第一批国家非物质文化遗产名录推荐项目，另外，全市已登记在册的民族民间艺术项目202项，其中造型艺术119项，表演艺术63项，民风民俗20项。

依山傍海的温州，素有“东南山水甲天下”之美誉，境内名山秀水众多，风光旖旎。国家级重点风景名胜区有雁荡山、楠溪江；国家级自然保护区有乌岩岭、南麂岛；省级风景区有仙岩、瑶溪、泽雅、滨海－玉苍山、洞头、寨寮溪、百丈漈等9处，还有茶山、岷岗、天柱寺等12个市级景区和11处县级景区。风景区陆域总面积达2 279平方千米，占全市陆域面积20%，旅游景区面积约占全市土地面积的五分之一。全市有国家级重点风景名胜区2个、国家级自然保护区2个、省级风景区9个、市级风景区12个、5个国家级森林公园、8个省级森林公园，其中较成熟的海洋旅游目的地主要有南麂岛、苍南渔寮风景区、洞头岛等，良好的旅游环境、齐全的旅游设施，丰富的旅游项目为游人提供了滨海休闲度假的好去处。

台州自古以“海上名山”而著称，地阔海深，港湾交错、岛屿棋布，自然风光雄奇秀丽、古朴庄严、玄远清幽，人文景观源远流长、内涵丰富。台州的山是神山仙境，名山古刹时掩时映，风光奇绝；台州的海是天上降落人间的神奇之所，碧海蓝天云卷云舒，旖旎多姿，呈现出一派江南“海上仙子国”的明媚秀色。佛教圣地天台山，是国家级重点风景名胜区；仙居的神仙居、景星崖景区，又仿佛一颗颗熠熠发光的宝石，照亮台州的山山水水；三门的仙岩洞、椒江的大陈岛、玉环的大鹿岛、温岭的石塘亦风情独特。台州是江南翼龙化石的发现地，这里有新石器古文化遗址，有黄岩河埠青窑瓷遗址、有保存最完好的江南古长城、有海滨古城桃渚等，目前共有自然景观62处，人文景观62处，其中有国家级旅游风景区、文物保护单位、地质公园、森林公园等10多个。台州建有目前国内最高的海洋馆，国内首创的都市型水族馆——海洋世界，它也是浙江省最大的海洋馆，占地15.5亩，建筑面积8 903平方米，共分四层，是全世界唯一两个从上往下参观的水族馆之一，内设热带雨林馆、珊瑚礁生物馆、海底隧道馆、海洋嘉年华、海洋风情馆等海洋生物展示活动和游乐设施，并推出美人鱼、人鲨共舞、海豹等表演项目，还有海洋礼品商场、海洋欢乐餐厅、观赏鱼销售展示中心等配套服务项目，是一处以海洋文化为主题的集科普教育、欣赏娱乐、旅游休闲、购物为一体的大型综合旅游地。过去因为偏远的地理位置和天台山脉阻隔，使得台州一直被视为环境险恶之地，然而，台州人以自己独特的个性、灵性在20世纪70年代末80年代初就走出了台州经济的发展模式，20世纪90年代就跻身中国沿海发达城市行列，现在的台州是最具幸福感、最具经济影响力、最具经济活力的城市。

嘉兴位于长江三角洲南翼，东接上海，南临杭州湾，唐宋以来一直是我国东南沿海重要的对外贸易口岸，素有“鱼米之乡，丝绸之府”美誉。嘉兴拥有的海域面积达4 650平方千米，陆域上河网交错，形成浓郁的水乡特色。嘉兴有着悠久的历史文化，新石器早期的马家浜文化就诞生于此，春秋、战国时期这里已十分发达，秦朝开始设置了由拳县、海盐县，从三国东吴开始就有了嘉兴之名称。嘉兴是一座优秀旅游城市，红船、绿城、古镇，以及呢喃的吴风吸引来了海内外众多游客。近几年来，嘉兴又利用“潮、湖、海、河、山”等多样性旅游资源，开发建设滨海旅游产品，目前已经开发建设了九龙山省级旅游度假区、南北湖省级风景名胜区、海宁钱江观潮旅游区，成功举办“中国国际钱江海宁观潮节”、“南北湖金秋旅游节”等活动，看潮游海之激越、领略吴越古城之风姿、体悟吴语侃侬之雅韵，沿海旅游区每年接待大量来自国内外的游客。

总之，经过 30 多年的发展，浙江海洋旅游已基本形成了以传统的“3S”（海水、沙滩、阳光）旅游、海洋观光旅游、休闲渔业旅游、海岛度假旅游、商务休闲旅游、宗教朝拜旅游等为主，其他高端海洋旅游产品（如海洋游钓、游艇旅游、邮轮旅游等）为辅的多样化、层次化海洋旅游产品体系，海洋旅游产品的生产规模和体系结构都较为稳定；一个集观光游览、休闲度假、娱乐购物、海上运动、海洋探险、渔家体验等为一体的，并逐渐与国际接轨的综合性海洋旅游区正逐步形成。

7.2.3 景区景点建设水平不断提高

旅游景点景区是旅游业的主要吸引物，是旅游产业供给体系中的主要组成部分，其建设水平的高低成为衡量该区域旅游业发展水平的一个重要指标。目前，浙江海洋旅游已初步形成以城市为核心，以国家级和省级旅游产业转型升级功能区为支撑的生产供给体系。截至 2013 年底，全省沿海县（市）拥有省内唯一的国家级度假区——杭州之江国家级旅游度假区，有以白垩纪火山岩及风化成的洞穴和东海海滨地球风情为特色的浙江临海国家地质公园，有以火山地质遗迹和庙宇为特色的雁荡山国家地质公园，有南麂列岛和象山韭山列岛国家级海洋自然保护区。此外，还有 7 个国家级风景名胜区，占全省国家级风景名胜区的 38.59%；有 12 个国家级森林公园，占全省国家森林公园的 31.58%；有 13 个省级旅游度假区，占全部省级旅游度假区的 46.42%；有 20 个省级风景名胜区，占全部省级风景名胜区的 48.78%；有 5A 级旅游区 8 个，占全省的 72.73%；4A 级国家旅游区 57 个，占全省的 39.04%；3A 级国家旅游区 42 个，占全省的 48.83%。

表 7－6 浙江省沿海地区各类景点景区统计表

类型	数量（个）	景点景区	备注
国家级度假区	1	杭州之江国家旅游度假区	
世界地质公园	1	雁荡山	
国家级海洋自然保护区	2	南麂列岛海洋国家级自然保护区（平阳） 韭山列岛海洋自然保护区（象山）	全省共有10处，滨海地区占全部的20%，而真正属于海洋的自然保护区2个：南麂列岛海洋自然保护区、象山韭山列岛海洋自然保护区
国家级风景名胜区	7	杭州西湖风景名胜区 雁荡山风景名胜区 普陀山风景名胜区 嵊泗列岛风景名胜区 楠溪江风景名胜区 雪窦山风景名胜区 方山—长屿硐天风景名胜区	截至2013年底，全省共有国家级风景名胜区18个，滨海地区占38.59%，而真正属于海洋的风景名胜区2个： 普陀山风景名胜区、嵊泗列岛风景名胜区
国家级森林公园	12	午潮山国家森林公园（杭州） 天童国家森林公园（宁波） 雁荡山国家森林公园（温岭） 溪口国家森林公园（奉化） 九龙山国家森林公园（平湖） 玉苍山国家森林公园（苍南） 花岩国家森林公园（瑞安） 四明山国家森林公园（余姚） 双峰国家森林公园（余姚） 大溪国家森林公园（温岭） 牛头山国家森林公园（临海） 兰亭国家森林公园（绍兴）	截至2013年底，全省共有国家级森林公园38个，滨海地区占31.58%

续表

类型	数量（个）	景点景区	备注
省级风景名胜区	20	超山风景名胜区（余杭） 东钱湖风景名胜区（宁波） 鸣鹤－上林湖风景名胜区（慈溪） 天童－五龙潭风景名胜区（宁波） 仙岩风景名胜区（温州瓯海） 泽雅风景名胜区（温州瓯海） 瑶溪风景名胜区（温州龙湾） 滨海－玉苍山风景名胜区（苍南） 洞头风景名胜区（洞头） 寨寮溪风景名胜区（瑞安） 南麂列岛风景名胜区（洞头） 南北湖风景名胜区（海盐） 曹娥江风景名胜区（绍兴） 鉴湖风景名胜区（绍兴） 吼山风景名胜区（绍兴） 岱山风景名胜区（舟山） 桃花岛风景名胜区（舟山） 桃渚风景名胜区（临海） 划岩山风景名胜区（黄岩） 大鹿岛风景名胜区（玉环）	截至2013年底，全省共有省级风景名胜区41个，滨海地区占48.78%，而真正涉海类的风景名胜区7个： 滨海—玉苍山风景名胜区 洞头风景名胜区 南麂列岛风景名胜区 岱山风景名胜区 桃花岛风景名胜区 桃渚风景名胜区 大鹿岛风景名胜区
省级旅游度假区	13	萧山湘湖旅游度假区 温州瓯江旅游度假区 嘉兴湘家荡旅游度假区 绍兴会稽山旅游度假区 宁波松兰山旅游度假区 平湖九龙山旅游度假区 临海牛头山旅游度假区 东钱湖旅游度假区 绍兴鉴湖－柯岩度假区 上虞曹娥江旅游度假区 台州绿心省级旅游度假区 舟山群岛定海国际旅游度假区 舟山群岛普陀国际旅游度假区	截至2013年底，全省共有省级旅游度假区28个，滨海地区占46.42%，而真正涉海类的度假区4个： 宁波松兰山旅游度假区 平湖九龙山旅游度假区 舟山群岛定海国际旅游度假区 舟山群岛普陀国际旅游度假区

续表

类型	数量（个）	景点景区	备注
5A级旅游区	8	西湖风景名胜区 西溪国家湿地公园－洪园 雁荡山 普陀山 溪口－滕头旅游区 南湖 鲁迅故里－沈园 清河坊历史街区	截至2013年底，全省共有5A级旅游区11个，滨海地区占72.73%
4A级旅游区	57	清河坊历史街区、京杭大运河·杭州景区、雷峰塔、宋城、杭州乐园、东方文化园、湘湖、极地海洋公园、超山、良渚博物馆、山沟沟、双溪漂流、天一阁博物馆、宁波海洋世界、老外滩、绿野山庄、保国寺古建筑博物馆、慈城古县城、凤凰山海港乐园、九峰山、九龙湖、招宝山、梁祝文化公园、天宫庄园、宁波博物馆、五龙潭、雅戈尔动物园、石浦渔港古城、象山影视城、中国渔村、宁海温泉、前童古镇、丹山赤水、天下玉苑风景区、慈溪大桥生态农庄、雅戈尔达蓬山、海天一洲、奉化黄贤海上长城、温州江心屿、温州乐园、洞头景区、南雁荡山、玉苍山森林旅游区、中雁荡山、南北湖、盐官观潮、海宁中国皮革城、平湖东湖、兰亭、会稽山、柯岩、大香林、桃花岛、朱家尖、台州海洋世界、大鹿岛景区、江南长城	截至2013年底，全省共有4A级旅游区146个，滨海地区占39.04%

续表

类型	数量（个）	景点景区	备注
3A 级旅游区	42	西湖灵山、中国江南水乡文化博物馆、琵琶湾生态园、良渚农夫乐园、东钱湖南山、庆安会馆、鲤龙潭森林公园、伍山石窟、梁皇山、四明山国家森林公园、虞氏旧宅建筑群、五磊山、岩头古村、瑶溪、仙岩景区、温州动物园、泽雅风景区、渔寮、海宁谢氏艺术收藏馆、平湖金龙门生态休闲园、平湖莫氏庄园陈列馆、平湖澳多奇农庄、绍兴安昌古镇、绍兴香雪梅海旅游区、稽东千年香榧林、舜王庙、中国轻纺城市场、上虞二都杨梅生态园、上虞盖北野藤葡萄园、上虞桃花源生态旅游区、秀山岛、海门老街、台州国际塑料城、玉环漩门湾观光农业园、蛇蟠岛、方山—南嵩岩、锦屏公园、温岭市素质教育实践基地、千年曙光园、江南大峡谷、羊岩山茶文化园、临海龙湾海滨景区	截至 2013 年底，全省共有 3A 级旅游区 86 个，滨海地区占 48.83%

注：根据浙江省旅游局网站公布的资料整理而成。

7.2.4 接待设施和服务体系不断完善

海洋旅游的接待服务设施问题也具有较大规模。截至目前，浙江沿海区域已拥有的星级饭店 731 家、标准床位超过 17 万张，同时还有大批社会饭店、家庭旅馆等接待设施；旅行社 1 054 家，占全省旅行社数量的 73.40%，其中出境社有 93 家，高、中、低档饭店呈现金字塔形布局，基本满足海洋旅游发展的需求。另外，各旅游区内的旅行社、旅游汽车公司、航运游船公司、旅游票务中心等服务体系也不断完备，已形成了“吃、住、行、游、购、娱”全方位的服务系统（表7-7）。

表7-7 浙江省沿海城市星级旅游饭店及旅行社分布

沿海城市	星级饭店（家）	旅行社（家）	国际社（家）
杭州	125	443	49
宁波	46	229	16
温州	103	88	10
嘉兴	56	57	4
绍兴	92	24	4
舟山	51	126	3
台州	54	87	7

注：数据来源于浙江旅游局网站。

7.2.5 海洋旅游空间布局渐趋合理

浙江沿海共有杭州、宁波、温州、嘉兴、绍兴、舟山、台州七市，随着海洋旅游发展的逐步深入与发展需要，浙江省先后制定和出台了《浙江省海洋旅游发展规划》和《浙江省推进海洋旅游发展工作意见》等，浙江海洋旅游得到高度重视和加快推进，浙江海洋旅游的空间布局结构渐趋合理化。综合浙江省海洋旅游业发展现状、地理区位、旅游资源分布以及市场、交通情况，目前浙江基本上形成了“一核、三区、多板块”的海洋旅游空间格局。

一核：即是指以舟山群岛普陀“金三角”为核心旅游区。其位于浙江省舟山群岛新区的东南部，整个旅游金三角区域主要是由“海天佛国”普陀山、“渔都港城”沈家门、“金庸武侠”桃花岛、“海岛生态公园”朱家尖等组成。其外延还可以延伸到登步岛、蚂蚁岛、虾峙岛、六横岛以及东极诸岛等。

三区：即是指甬舟海洋旅游区、温台海洋旅游区、杭州湾海洋旅游区（见表7-8）。甬舟海洋旅游区：以宁波为中心，联动舟山，依托慈溪、象山、宁海、舟山本岛、岱山、嵊泗等，整合渔港、佛教文化、沙雕艺术、海岛风光等资源，形成的融观光游览、休闲度假、游艇、海钓等为一体的综合性海洋旅游功能区。温台海洋旅游区：以温州和台州两城市为中心，依托三门、椒江、瑞安、平阳、洞头等地，发展以瓯越风情、海韵渔情、现代商情为特色，兼具观光、休闲度假和商务会展的滨海旅游区。杭州湾海洋旅游区：以杭州为中心，串联绍兴、嘉兴，形成以钱江观潮、海滨度假、岛桥观光、会议商务、海陆互动等为主要特色的海洋旅游区。

表 7－8　浙江省三大海洋旅游区及其中心城市

海洋旅游中心城市	杭州、宁波、温州、嘉兴、绍兴、舟山、台州
甬舟海洋旅游区	宁波、舟山
温台海洋旅游区	温州、台州
杭州湾海洋旅游区	杭州、嘉兴、绍兴

多板块：即是指依据浙江海洋旅游资源分布情况、区位交通与市场条件以及旅游业发展现实与区域间合作所形成的现有海洋旅游板块区。当前浙江海洋旅游除普陀“金三角”这一核心旅游区板块外，还有：以高端娱乐、商务度假、陆岛风光、海滩休闲为主要特色的宁波滨海－定海－岱山连岛旅游板块；以海港购物、外岛观光、海钓休闲为主要特色的嵊泗－洋山－东海大桥港岛旅游板块；以海滨度假、海鲜美食、海陆观光、游艇休闲为主要特色的石浦－象山港旅游板块；以商务休闲、邮轮旅游、海岛观光为主要特色的温州－洞头－南麂列岛旅游板块；以海滩休闲、渔乡风情为特色的苍南－平阳滨海旅游板块；以情景度假、海空观光、休闲渔村为主要特色的雁荡山－乐清湾旅游板块；以海岛体验、海上游钓、海滨观光为主要特色的台州滨海－大陈岛旅游板块；以海岸观光、海滨古城、海岛渔村为主要特色的三门湾－东矶列岛旅游板块；以钱江观潮、海滨度假、岛桥观光为主要特色的杭州湾跨海大桥－钱江潮旅游板块。

7.3　浙江海洋旅游业的制约因素

7.3.1　受自然因素制约大，重量级和垄断性资源缺乏

由于江河入海，浙江沿海海水含沙量过高，水体浑浊，无法满足人们

对海洋旅游“3S”的心理追求。沿海县市中，缺乏重量级、垄断性海洋旅游资源，在项目开发上又趋同和重复，造成了资源的浪费，制约了全省海洋旅游发展。浙江地处于亚热带，属亚热带季风性气候类型，冬夏冷暖变化大，海洋旅游淡旺季明显，造成旅游设施或超负荷运转或闲置不均，影响旅游企业经济效益。台风、大雾等自然灾害性气候还直接威胁到旅游的安全和旅游业正常发展。

7.3.2 海洋旅游产品类同化，缺少创新性和延伸性

旅游产品是吸引游客的关键因素。从产品类型上看，浙江海洋旅游产品除传统观光产品外，已有了初级休闲度假产品、宗教旅游产品、海洋节事产品，但总体上看，依然缺乏创新性和延伸性产品；同时，强劲带动性的精品开发极少，产品附加值低。从产品特色上看，目前浙江海洋旅游产品从项目论证到服务方式，趋同化现象十分严重，造成了游客分流和资源闲置。旅游产品开发的一项重要原则就是突出特色，没有特色就没有旅游产品的吸引力和生命力。浙江省海洋旅游资源虽然丰富，但沿海旅游目的地文化导向和文化主题定位不明确，忽视质朴、浪漫、亲和文化环境的营造，海洋文化外化过程中个性特征的缺乏，使海洋旅游产品停留在模仿、移植层面，产品体系难以满足多元化市场需求，更难适应国际海洋旅游潮流变化，实现较高的经济效益。

7.3.3 高端项目及新型旅游业态发展滞后

高端旅游项目可以从两方面来理解：一是消费水平较高，也即高档次旅游产品，如豪华观光游、商务旅游、滨海高尔夫、海钓、游艇、邮轮等。另一方面是以体验为核心的个性化要求较高的旅游产品，如探险猎奇、休闲度假、登山等。目前，浙江海洋旅游开发仍停留在传统的“3S”资源层面，项目特色不鲜明，资源价值未能充分体现，产品低端化，现代科学技术支撑的特种旅游项目和海洋度假等高端项目开发严重滞后，新型旅游业态发展缺乏引导，游艇、邮轮、海钓、滨海高尔夫等项目缺乏相关政策和法规支持。再加上人们为了最大限度地利用海洋空间和资源，采取围海养殖、填海造陆等方式扩大海岛，不仅破坏了海岛生态系统，也影响了海洋旅游的环境。

7.3.4 海陆交通集散和岛际交通连接成为发展瓶颈

交通问题一直是限制浙江海洋旅游区发展的瓶颈。近年来，随着一系列高速公路和连岛大桥的竣工，浙江海洋旅游交通取得较大进展，但仍不能完全满足旅游业蓬勃发展的需要，海陆交通集散和岛际交通连接是进一步提升发展的瓶颈。首先，岛际连接交通条件差，无法构成以某个海岛为中心的区域性旅游网络。虽然一些岛屿与大陆交通已连接成网，但岛屿之间的交通连接依然落后，运力不足、航速缓慢、交通工具的美观性、舒适性和安全性差，不能满足旅游交通要求。其次，海陆交通集散功能亟需提高。随着各连岛工程的建成，海岛成为自驾车游客的旅游目的地，但城市原有空间布局的局限，使得岛城旅游交通集散能力不足，旅游车辆进出、游客换乘机制不健全，影响了海洋旅游目的地形象和品牌的提升。

7.3.5 缺乏国际视野和高层次的产业战略定位

首先，缺乏国际一流产品和景区。浙江省海洋旅游产业发展主要依赖于浙江省丰富的海洋旅游资源条件，然而，资源数量虽多，门类虽齐，但却缺乏稀缺性、垄断型资源。因此，浙江要建成国际一流的海洋旅游区和海洋旅游产品尚待时日。其次，海洋旅游产业定位过低，缺乏将海洋旅游作为区域主导产业做强做大的战略定位，旅游乘数效应不够显著，小旅游未及时转入大旅游。

7.4 浙江海洋旅游管理体制的现状分析

海洋旅游管理体制是浙江海洋旅游发展的根本保障，对浙江海洋旅游的现状、存在问题以及问题产生的原因分析，事关浙江海洋旅游的发展成败。尤其是在当今，随着浙江海洋旅游的快速发展和海洋旅游产业融合的加快推进，使得传统的旅游管理体制越来越难以适应浙江海洋旅游的发展，更进一步凸显出浙江海洋旅游管理体制改革的重要性。

7.4.1 当前浙江海洋旅游管理体制现状

浙江的旅游管理体制同我国的旅游管理体制一样是随着新中国的诞生

和旅游业的发展，从无到有、由小到大逐步建立起来的。浙江省经过改革开放30多年来的不断探索与发展，基本上形成了在省政府直接领导下，以省、市、县三级旅游局为主体的政府主导型旅游管理体制，以及结合地方实际与特色形成的诸如旅游委员会、风景区管委会等创新型旅游管理模式。且在现行的浙江海洋旅游管理体制中，还未设有专门的海洋旅游管理部门，海洋旅游的管理分属于旅游局与其他相关政府部门共同管理。各市、县旅游（委）局作为政府旅游行业主管部门负责本地区海洋旅游业的管理工作。浙江海洋旅游管理分属多口，实行多部门管理，省旅游局、省海洋与渔业局、省工商局、省文化厅、省物价局以及省环卫厅等对其都有相应的管理权限范围，海洋旅游管理方面存在着一定权责利不清、管理不顺的现象。

伴随着近年来产业融合进程的加快推进，浙江省各地顺应旅游产业发展趋势，遵循旅游产业发展规律，以改革创新为动力，结合机构改革工作，在旅游管理体制改革方面积极探索、大胆创新，涌现出一批新典型、新做法、新经验（表7－9），具有一定借鉴意义，为更好地发挥政府的宏观调控作用，推进旅游产业健康持续发展奠定了基础。其具体典型代表如下：

表7－9　浙江地区旅游发展典型管理模式

管理体制模式	体制特点	管理路径	关系及效应
旅游局（委） 旅游集团公司	与园林局、文化局、商贸局等属平行关系；所属企业全部剥离，旅游局职能设置保持不变	行业管理和企业管理分开治理，旅游局得以“减负”、政企分开的典型管理模式	旅游局对资源管理缺乏权威性和可控性，其权力和旅游企业实力分散，协同效应不充分
旅游事业管理委员会	地方旅游业最高决策机构和综合协调部门，涵盖旅游局和相关部门。旅游局为主体，相关部门介入的旅游统一管理机构	对地方旅游业的发展战略、重要旅游项目、旅游活动中的重大问题行使决策权并监督有关部门执行	有效协调地区及部门之间关系；管理色彩浓厚，结构相对松散，效果多取决于行政管理意志和组织管理效果

续表

管理体制模式	体制特点	管理路径	关系及效应
旅游委员会	承担旅游局全部职能，委员单位制的高度集中管理模式，主要包括综合协调职能和主要风景区的管理职能	突出旅游的重要地位；强化以旅游业为龙头，整合各类旅游要素，以大行业管理推动大旅游发展	弱化管理职能，强化综合协调职能和发展职能，横向协同效应得到加强
旅游局 旅游景区（产业园区） 管理局（管委会）	园区管委会和旅游局同为市政府直属机构；公共管理体制的典型创新模式	旅游局主要负责市场管理，代表性景点景区和产业园区强化统一管理	破除旅游景区“多头管理”的弊端。以知名景区的示范效应带动管理体制稳步推进
旅游局 旅游业发展领导小组	旅游局与相关部门属平行关系；实行联席会议制度	以联席会议管理制度进行管理	部门之间的紧密协调往往要借助上级部门作用；横向协同效应比较明显
旅游产业发展指导委员会 旅游局	由旅游、环保、规划、交通等部门为成员单位组建城市旅游产业发展指导委员会	引领相关单位积极参与旅游管理、共促旅游产业的可持续发展	变单一部门管旅游向相关部门共同管理、共同关注旅游可持续发展的转变

注：改自侯兵等《外部性视角的城市旅游公共管理体制变革与创新》。①

一是整合行政部门职能的杭州旅游委员会模式：突出旅游的重要地位，强化以旅游业为龙头，整合各类旅游要素，以大行业管理推动大旅游发展；旅游委员会承担旅游局全部职能，实行高度集中管理模式，主要包括综合协调职能和主要风景区的管理职能。

二是融合行业管理与企业发展的绍兴旅游委员会模式：调整旅游经营管理体制，成立旅游委员会，为市政府组成部门。正处级事业单位市文物局委托市旅委管理。市旅委主任由市政府副秘书长兼任。市旅委除旅游局

① 侯兵，黄震方等．外部性视角的城市旅游公共管理体制变革与创新［J］．商业经济与管理，2009，(6)：74－81.

的一般职能外，增加负责全市文物管理工作；综合协调旅游环境、城建设施、旅游交通、商贸购物、餐饮住宿、旅游文化娱乐等各类资源的统筹整合、优化配置与规划指导；在交通、建设、水利、开发区等单位开展有关工程建设时，进行旅游功能开发的指导和协调等职能。绍兴市文旅集团与震元集团合并，为市直属国有企业，委托市旅委管理。公司董事长、总经理按正处级市管干部管理。旅游集团作为旅游业发展的投融资平台和投资主体，负责市区旅游产品的开发、经营和管理，积极招商引资，吸纳和引进社会资本，实施旅游项目的投资开发和管理。

三是强调综合协调、明确分工与强化监督的舟山旅游管理委员会模式：旅游管理委员会（现为旅游委员会）是地方旅游业最高决策机构和综合协调部门，涵盖旅游局和相关部门。是以旅游局为主体，相关部门介入的旅游统一管理机构。对舟山地方旅游业的发展战略、重要旅游项目、旅游活动中的重大问题行使决策权并监督有关部门执行。

以上这三种管理体制，都是对自身原有的旅游管理体制的一种改革与创新，具有一定可借鉴意义，对当地海洋旅游业的发展起到了一定的促进作用。但是，这三种模式都是各自依据自身实际创设的，尚缺乏全面性，对于浙江的海洋旅游管理体制研究需要进一步深入，并认清其存在的问题。

7.4.2 浙江海洋旅游管理体制存在的问题

近些年来，随着浙江海洋旅游业的快速发展和产业融合的加快推进，浙江海洋旅游业与其他产业之间融合的进程不断加快，产业的多元化、创新化趋势越来越显著，逐渐开始形成了一个以海洋为中心的大旅游产业体系。尽管部分海洋旅游区进行了管理体制创新，具有一定借鉴意义，但大部分沿海地区因海洋旅游资源分属多口，出现了多部门管理现象，旅游、海洋、渔业、港航、工商、文化、环保等部门对旅游都有部分的管理权限，海洋旅游管理方面存在权责利不清、管理不顺的现象，浙江海洋旅游管理体制存在一定的问题。

7.4.2.1 旅游管理主体单一，职权行使范围有限

旅游业作为一门综合性极强的产业，除涉及旅游“六要素”等行业外，还涉及其他种种与旅游相关的行业。在管理实践中，浙江省实行的是

政府主导型旅游管理体制，省旅游局及地方旅游局（委）是政府部门专门负责旅游行业的管理机构，是单一的旅游管理主体。这一管理模式在一定时期内促进了海洋旅游业的发展，然而伴随着浙江海洋旅游的蓬勃发展、产业融合的加快推进，海洋旅游业的发展面临着复杂的利益主体，这种由省、市、县等各级旅游局构成的单一旅游管理主体已难以维持浙江海洋旅游业的健康、可持续发展，旅游管理主体正在向多元化迈进。又由于海洋旅游产业的覆盖面广，在行使职权过程中往往会涉及海洋、渔业、港航、工商、文化、环保等部门的管理权限，这常常使得旅游局在实际行业管理中，面临着“大产业、小管理”的尴尬现象，且行使职权范围极为有限，严重制约目的地旅游业的整体发展。

7.4.2.2 旅游宏观管理缺位，微观管理越位

浙江海洋旅游资源丰富，主要以海洋海岛风光、渔俗风情、佛教文化等为主，而这些旅游资源分属国土、海洋、宗教、文化等部门，这就要求政府相关部门进行统一的规划和管理。然而在现实的海洋旅游管理中，浙江省的海洋旅游产业政策、海洋旅游发展规划和海洋旅游产业结构调整都是由单一旅游行政管理部门即旅游局制定和完成的，很少有其他相关部门的参与，且各海洋旅游管理部门之间、海洋旅游管理部门与旅游企业之间的关系尚未理顺，这种各自为政、条块分割的体制是导致浙江旅游宏观管理缺位、旅游微观管理越位的根本原因。由于旅游行政管理部门即各级旅游局缺乏宏观调控力，只能在核心旅游产业和企业方面实施管理，对整个旅游经济的干预能力很小，形成了旅游部门似乎“什么都应管，什么却都管不了”的尴尬局面，造成了宏观旅游管理的虚化与缺位和微观旅游管理的过度越位现象。

7.4.2.3 旅游协同管理不足，统一与权威性缺乏

旅游业是一个综合性、关联性和交叉性都很强的产业，旅游的管理其必将涉及社会的各行各业，故在旅游的管理过程中极度需要与其他部门进行高度的协同管理。然而，在现实社会中，每个行业、产业都有各自的主管部门，政府旅游主管部门，特别是旅游局其根本不可能包揽其他部门的管理职能，因此，旅游业在管理过程中，很难不侵犯到其他部门利益，故而难以做到对旅游行业进行整体、全方位、多层次的管理。且旅游局在与

其他职能部门的工作协调中往往处于弱势地位，这就使得旅游局或旅游委在旅游资源开发的综合利用与协同管理中受到制约，难以在旅游管理中成为核心角色。同时，因很多旅游企业分属于其他政府职能部门直接管理，这使得旅游局或旅游委的管理难以形成效力。且往往也会应旅游局或旅游委的管理不到位，而形成管理“死角”，成为制约浙江海洋旅游业发展的关键“瓶颈”。另外，海洋旅游业是一个新兴的服务产业部门，其旅游法律法规还不健全，旅游管理缺乏强有力的法律法规支持，影响了旅游管理的统一性与权威性。

7.4.2.4 管理目标单一，有效评估机制缺乏

浙江省现行的是政府主导型的旅游管理体制，政府旅游主管部门是旅游管理的主体，而政府对旅游业的管理，一般都是以获得经济利益为首要或者唯一目标，往往对旅游成本的增加、旅游社会效益的获取、旅游环境的保护以及旅游对地方传统文化的冲击考虑较少。只有当出现较大问题或申报相关项目才在一定程度上认识到生态环境、社会环境、生态效益、社会效益以及社区居民利益的重要性，并进行旅游环境突击整治。然而，却在付出了巨大的人力、物力、财力的条件下，突击治理还不一定取得好的效果，同时这样做法也不符合科学性和旅游业可持续发展的要求。而且，在现行的政府主导型旅游管理体制下，旅游管理成果也缺乏健全的旅游公共绩效评估指标体系，在其旅游绩效评估中其更多注重的是经济指标的上升，而忽视旅游社会指标、旅游效率指标、旅游效益指标、旅游公平指标和公众满意度指标等。

7.4.3 原因剖析

7.4.3.1 旅游产业融合下的管理复杂化

近些年来，随着浙江海洋旅游业的快速发展和旅游者需求的多元化，旅游产业与其他产业之间的融合进程加快，旅游产业融合现象渐趋明显，旅游新业态不断涌现，海洋旅游业逐渐形成一个大的产业体系。这使得海洋旅游在管理中涉及的产业及部门逐渐增多，旅游管理部门在行使管理职权过程中往往会涉及海洋、渔业、港航、工商、文化、环保等部门的管理权限，使得旅游局等旅游管理部门在实际行业管理中，往往面临着“大产

业、小管理”的尴尬现象，旅游管理在产业融合背景下呈现复杂化。

7.4.3.2 部门、地区之间的利益冲突

在现行管理体制下，政府管理部门的权力大小往往与部门利益相联系。发展旅游业不仅需要政府各职能部门的配合与协作，也需要其他相关部门的支持与帮助。而在旅游业的发展中由于旅游资源所属不同的行政管理部门，这必将在管理中造成旅游发展整体利益与部门本位利益的冲突，部门关系难以协调。同时，由于海洋旅游资源的分布往往具有跨地域性的特点，旅游资源分布在不同的行政区划内，这使得在旅游资源的开发与管理中经常会因地区之间意见的分歧或利益分配的不均，而造成旅游资源难以整体开发，或者在旅游开发与管理中造成资源浪费和环境破坏。

7.4.3.3 旅游法律法规体系的不健全

依法治国是中国的基本治国方略，依法行政则是社会主义市场经济的必然要求。旅游的相关法律法规是政府旅游管理部门进行旅游管理的基本依据，然而在旅游行业的管理过程中常常会因为法律法规体系不健全、不完善，使得上级单位与下级单位、部门与部门之间各自制定的法规、条例发生冲突，难以界定谁对谁错。这一问题的根本原因就是我国旅游法律体系的不健全，缺乏一部具有国家强制力效果的《旅游法》，从根本上来规范旅游行业的发展与管理。

7.4.3.4 旅游生产关系与生产力的不相适应

旅游生产力决定旅游生产关系，旅游生产关系反作用于旅游生产力。旅游管理体制作为一种上层建筑是生产力发展到一定阶段的产物，是在一定的社会经济背景下建立起来的。现阶段浙江实行的政府主导型旅游管理体制是在改革开放以来我国旅游业恢复发展的基础上逐步建立和完善起来的，在一定时期促进了旅游业的快速发展。然而，近些年来伴随着社会经济的进步、旅游业的快速发展，人们对旅游的认识不断加深，管理的理念也不断变化，现阶段的旅游管理体制在一定程度上制约了旅游业的发展，对此应加快旅游管理体制的改革，使之适应现阶段旅游业的发展。

机遇与挑战总是并存的，海洋旅游作为国内一种新兴旅游形式，在其发展过程中，往往受到原有旅游管理体制影响与制约。海洋旅游业又是一个综合性强的产业，伴随着海洋旅游业与其他产业融合的进程加快，诸如

休闲渔业、海钓产业、游艇产业、邮轮产业等海洋旅游新业态不断涌现，管理的内容不断增多、管理过程涉及的产业及部门更加广泛，旅游管理也呈现出更加复杂化趋势；同时，海洋旅游业的快速融合发展、尤其是旅游产业融合进程的加快也带来了旅游管理体制对海洋旅游业发展的内外环境变化的不适应。因此，需要在产业融合这一背景下，加强旅游产业之间和部门之间管理的协同，加快对现行旅游管理体制的改革与创新，在大力发展海洋旅游业的同时，根据海洋旅游管理中存在的现实问题，进行多产业、多部门的综合协调，创建一套与海洋旅游发展实际相适应的海洋旅游管理体制，才能保证海洋旅游业的健康与可持续发展。而各地政府依据旅游产业发展规律，以改革创新为动力，结合机构改革工作，在旅游管理体制改革方面进行探索和创新，也为推进旅游产业健康持续发展奠定基础。

第 8 章　产业融合下的浙江海洋旅游管理体制改革创新思路

海洋旅游业作为旅游业的一种新形式，在其发展过程中必然会遇到管理体制的种种问题。特别是近些年来，随着海洋旅游业的快速发展，海洋旅游业与其他产业不断融合，旅游新业态不断涌现，海洋旅游大产业体系逐步形成，对管理体制的改革创新提出了更高要求。本章旨在理论研究与实践调研的基础上，通过对浙江海洋旅游管理体制现状、存在问题的梳理，充分剖析产业融合背景对海洋旅游产业带来的影响，从“大旅游”的视角，以旅游公共管理角度为出发点，提出海洋旅游管理的理念、要素和基本原则，并构建出创新型的浙江海洋旅游管理体制。

8.1　产业融合下的“大海洋旅游”形态

在英文中，产业的表示方式是 industry，它在不同的层面上使用会有不同的含义。产业既是一个集合的概念，也是一个细分的概念。前者指的是产品和服务的相似性、替代性，是具有某种同类属性的企业经济活动的集合，包括农业、工业、交通运输业、邮电通讯业、商业饮食服务业、文教卫生业等部门；也指由利益相互联系的、具有不同分工的、由各个相关行业所组成的业态总称，尽管它们的经营方式、经营形态、企业模式和流通环节有所不同，但是，它们的经营对象和经营范围是围绕着共同产品而展开的，并且可以在构成业态的各个行业内部完成各自的循环。后者指的是不同经济活动的阶段性，强调对国民经济的结构性划分。产业是社会分工的产物，生产力的进步推动了社会分工不断向深层次发展，因此也造就了产业范畴的多层次性和变化性。20 世纪 50 年代后，随着服务业和各种非生产性产业的迅速发展，产业的内涵发生了变化，不再专指物质产品生产部门而是指“生产同类产品（或服务）及其可替代品（或服务）的企业群在同一市场上的相互关系的集合”。可见产业是一个居于微观经济的细胞（企业）和宏观经济的整体（国民经济）之间的一个集合概念，它既是同一属性的企业的集合，也是根据某一标准对国民经济进行划分的一部分。20世纪70年代以来，许多国家颁布了统一的产业分类标准，进一步强化了各个产业的边界。20世纪80年代后，随着信息技术的突飞猛进，大量新兴产业突破了原有的产业分类体系，产业的边界呈现出弱化和模糊化倾向，产业交融现象越来越普遍，从相似性角度使用产业概念的现象日渐普遍。作为一种新的产业发展模式，产业融合在全球迅速蔓延，使得原有产业边界逐渐模糊，新的产业形态不断出现。

旅游业在英文中称为Tourism Industry或Tourism Industries，作为产业，因其不能符合“同类企业的集合”一直受到诟病，且在国家产业标准分类中也不存在“旅游业”，然而这恰恰表明了旅游业多元交叉合成的特性。事实上，旅游业不仅是单一的产业，更是一个产业群。一方面，社会上存在着强大的旅游需求；另一方面，旅游需求又具有多样性和易变性，使得旅游业难以有稳定的边界，产业融合则成为它的主要特性。在旅游业发展初期，旅游饭店、旅游景区、旅行社与旅游交通是旅游业的主要核心部分，但在旅游业发展进入目的地建设阶段，则表现出了与其他产业融合发展的明显态势，出现了诸如工业旅游、农业旅游、文化旅游、科技旅游、体育旅游、城市旅游、乡村旅游等形态，旅游业成为非传统产业中的独立门类，而是与其他产业融合共生的、综合性的产业群，也就是我们通常所称的“大旅游”。当然，旅游业的融合发展或是通过对其他产业的改造，增添其旅游功能，创造旅游附加值来实现，如工业旅游、农业旅游等产业旅游形态便是这一发展方式的最好体现；或是通过旅游消费热点发展旅游装备制造业和新兴中介服务产业来实现旅游产业的经济效应，如邮轮、游艇产业在我国的崛起，游艇以及泊位租赁产业的出现等等。

迄今为止，关于旅游的定义有很多。从国家或地区的旅游发展角度来看，旅游业主要由五大部分组成，即旅行中介组织部门（旅行社）、住宿接待部门（旅游饭店）、交通服务部门（旅游交通）、游览场所经营部门、各级旅游管理组织。旅游业不像其他产业那样界限分明，整体旅游产品的构成涉及多个相关产业和行业部门。尽管这些产业或行业的主要业务或产品各不相同，但在涉及旅游方面，它们都有一个共同之处，即通过提供各自的产品和服务满足旅游者的需求，便利于旅游活动开展，从而使得不同的产品在整体旅游产品的前提下统一起来。因此，广义的旅游业是指向旅游者提供观赏和愉悦产品的企业的集合，即通常所说的旅游观赏娱乐业和以此为轴心并由各种与满足旅游者消费有关的行业的集合，主要由三种类型行业（部门）组成：一是有关旅游“准备”的行业，主要是为即将出行的旅游者办理各种预备性服务，如办理旅游问讯和预订业务的旅行社以及出售旅游用品的商业企业；二是有关旅游“移动”的行业，负责实现旅游者和旅游信息的空间移动，如交通运输和通讯业；三是与旅游“逗留”有关的行业，负责旅游者在旅游目的地的一切消费满足，旅游观赏娱乐也可归入此列，另外还包括饮食业、住宿业、旅游购物等。实际上，从旅游活动形式上看（行、游、住、食、购、娱），旅游业的构成应包括旅游中介服务、以饭店为代表的住宿业、餐馆业、交通客运业、游览娱乐业、旅游用品和纪念品销售业，还有各级各类旅游管理机构和旅游行业组织几大部分。

旅游产业是一个多行业的综合构成，综合性很强。我们可以将旅游产业的构成加以提升后概括为：旅游是离开住所及办公场所的所有人类休闲方式，包括了离开家庭与单位的出游过程中所涉及的所有方面，旅游涉及行业非常多，它大体上分为 8 大类别、13 个行业：

① 游憩行业：包括景区、公园、娱乐区、游乐区、主题公园、体育园区、康疗区、旅游商业区等的经营管理和运作的行业；

② 接待行业：宾馆、饭店、餐饮、会议、展览等；

③ 营销行业：旅行商务行业、旅游媒介广告行业，主要是旅游营销渠道方面，包括旅游文件、旅游广告等等相关的方面；

④ 交通行业：公路客运、铁路客运、航运、水运等；

⑤ 建设行业：园林绿化、生态恢复、古建、艺术装饰等建筑行业；

⑥ 生产行业：车船交通工具生产、游乐设施生产、土特产品加工、旅游工艺加工、饭店用品生产；

⑦ 商业行业：旅游购物商业、购物休闲商业（SHOPPINGMALL）等；

⑧ 旅游智业：规划、策划、管理、投融资、景观设计等咨询行业。

由上述八大类别基本形成了旅游产业链，即我们所谓的旅游大视野概念。

把旅游产业链作为一个更加全面的、互动的结构清理出来，形成一个大的构造，即为旅游大视野中核心的部分，它包括两个方面：

一是与旅游直接相关的产业：宾馆酒店业、餐馆业、运输业、文化业、娱乐业、体育业、保健美容疗养业、博彩业、会展业、生态与观光农业、加工工业、技术产业。

二是综合提升的产业：就是说旅游与其相关联的目的地的结构导致了旅游整合而形成的相关产业结构。其中：第一种是旅游房地产业，以度假结构为依托、第二居所和第三居所等所体现的旅游度假酒店、旅游公寓、别墅区等等形态，将旅游与房地产相结合的旅游房地产业；第二种是城市游憩型商业，如步行街、SHOPPINGMALL、中央游憩区是城市休闲的核心区及旅游小城镇，这是把旅游的产业链与城市经营、城市运营结合在一起，把旅游和城市名片的打造、城市旅游、城市周边旅游、景区旅游结合在一起，形成整个以旅游产业为依托的城市经营的理念。

厉新建在《旅游经济学：理论与发展》[①] 一书中指出：旅游经济是闲暇时间私有化和商品化后商品化、社会化了的旅游活动所引发的，在旅游活动商品化过程中自然需要有相应的供给商提供相应的产品和服务，而社会化的旅游活动也为供给商从中获得足够的收益提供了必要的条件，因此，旅游产业是指在旅游经济运行过程中，为旅游需求的实现提供产品和服务的企业和组织的集合，而特别是指其经营目标主要是旅游者，经营收入主要来自旅游花费的企业组织，只有这些企业才构成旅游产业的组成部分。旅游产业作为国民经济中的一个新兴产业，有其特殊的产生发展规律，作为一个综合产业，它与国民经济其他产业间是相互依存、相互促进的。如果说，旅行社所提供的服务是旅游业的起点，那么，随之而形成的一系列商品和服务链所涉及的行业之多、乘数效应之大，绝非旅行社行业的直接收入所能反映的。

浙江省旅游局在2002年《浙江省旅游产业统计及对国民经济贡献研究》的课题研究中，对旅游产业进行了界定，围绕“行、游、吃、住、娱、购”六大要素，以第三产业中的相关行业为主，把与旅游活动密切相关和一般相关的部门进行归并，从而形成了一个比较符合客观实际的旅游

① 厉新建．旅游经济学：理论与发展［M］．沈阳：东北财大出版社．2002：22－32.

产业结构框架。根据此界定，旅游产业具体包括：交通运输、仓储及邮电通信业；批发零售贸易业、餐饮业；金融、保险业；社会服务业；卫生、体育和社会福利业；教育、文化艺术及广播、电影电视业；以及其他为旅游者服务但组织形式上依附于第一、第二产业的活动。由此可见，旅游产业不同于传统产业，也与一般的第三产业有着差异，它是集多种活动为一体的综合性较强的行业，其产品形式多样、涉及的部门也十分广泛。

我国的旅游业经过30多年发展，早已从单一的创汇目的发展成为一种关联度高、带动系数强的综合性现代服务产业了，2009年的《国务院关于加快发展旅游业意见》中就明确提出将旅游业培育成为现代国民经济的战略性支柱产业和人民群众更加满意的现代服务业，并指出旅游应与文化、体育、农业、工业、林业、商业、水利、地质、海洋、环保、气象等产业和行业融合发展；原国家旅游局邵琪伟局长（2011）明确表示，旅游业不仅是增加外汇收入、扩大内需、促进消费、拉动相关产业发展的经济产业，而且是提升人民生活品质、促进文化交流、扩大对外开放、增加社会福祉的综合性产业；2010年在北京召开的第十届世界旅游大会上也鲜明地提出了“旅游，世界第一大产业”的概念。“大旅游”时代正在到来。

何为“大旅游”？我国的许多学者对此作出研究。赵荣、李宝祥（1999）① 认为，现代的旅游活动之外延远比传统的理解要大得多，可以把它称之为“大旅游”，它指暂时离开日常居住地到异地去进行不是以获取有报酬的职业为目的且有精神消费和物质消费行为的活动及其引起的一切关系和现象的总和。乔力（2000）② 也提出，大旅游概念是一个具有开放性的多向互动的具有综合效益的整体系统，包括旅游客体、旅游主体、旅游中介多个系统，是一种新的价值取向，谋求的是综合整体效益。侯晓丽等（2005）③ 将“大旅游”概括为大资源、大产业带、大产业链、大市场、大系统等几个方面。徐琳等（2007）④ 提出，大旅游是为满足游客不

---

① 赵荣，李宝祥．论大旅游与西安市旅游业再发展［J］．经济地理．1999.（4）：99－103.

② 乔力，李茂民，高连营．“大旅游”概念与21世纪旅游业的发展［J］．山东社会科学．2000，（5）：40－43.

③ 侯晓丽，董锁成，贾若祥．旅游规划整合——对“大旅游”内涵的再认识［J］．旅游学刊．2005，（4）：43－50.

④ 徐琳，董锁成，艾华，等．大旅游产业及其发展的影响和效益［J］．地理科学．2007.（3）：414－424.

断增长、多样化、多层次的旅游需求，旅游产业链不断延伸和扩展而形成的具有高度的产业关联性和多重综合效益的旅游业发展模式，是旅游产业发展进入成熟阶段的必然模式。综上所述，笔者认为，对于“大旅游”的内涵，通常认为这是一种跳出旅游看旅游的观点，它是对过去就旅游谈旅游的狭隘观念、封闭意识的超越和突破，是在传统旅游、生态旅游、可持续旅游之上的一种新的发展阶段，是一种将旅游业当做区域社会经济发展宏观体系的有机组成部门的一种新理念。“大旅游”必定包含新的价值取向：首先，它承认旅游业独立的产业地位，强调旅游业内部价值链“吃、住、行、游、购、误”六大要素的深入挖潜和融合。“大旅游”视野下的旅游资源涵盖了自然和人文、城市和乡村，包括社会经济系统中的各个行业。其次，在承认旅游业独立产业地位的基础上，更强调旅游业与区域其他产业的交汇融合。“大旅游”不仅强调旅游资源的扩展，还认为旅游业是一簇产业群体，旅游业六大要素是形成“大旅游”的核心产业，与六要素直接相关的产业则构成了“大旅游”的辅助产业，由于经济或技术联系而间接相关的关联产业也成为“大旅游”产业体系中不可或缺的组成部分。第三，强调旅游业在推动区域社会经济发展中的综合效益。它不仅重视旅游业自身经济效益，更看重旅游业在提升当地城市形象、改善投资环境、解决就业等方面的社会效益和生态效益；既注重旅游经营利益者与旅游者利益、当前利益与长远利益，更重视经济利益与社会利益以及环境利益等多方面统一，以谋求“大旅游”产业系统的整体效益最大化和与整个社会－经济－生态的协调发展。第四，这是一种旅游产业发展模式。它关注旅游业与区域经济的联系和良性互动，强调旅游业与其他产业间的开放性、互动性和综合性，旅游地的每一个要素都作为旅游业的一部分，包括旅游景点、旅游服务设施、旅游从业人员、其他相关企事业部门及从业人员、当地居民在内的各要素构成的有机协调整体。

由此可见，“大旅游”的形态应该包括以下几个层面：

1. 大资源。“大旅游”观念扩展了传统旅游资源的内涵和外延，并用旅游吸引物来替代传统的旅游资源概念（严伟，2009）①，传统的旅游资源主要指自然资源和人文资源两大类，而“大旅游”认为任何足以对旅游者

① 严伟．“大旅游”产业理论及其实践研究［J］．改革与战略．2009，25（2）：139－142.

产生吸引力的有形和无形的要素都可以是旅游资源，它涵盖自然、人文、城市、乡村各个层面，从天空到海洋，从城市到乡村，从古代城镇到现代都市，从自然景观到人文遗产，从传统的农业生产方式的呈现到现代化的工业生产，凡是引起现代大众兴趣的都可以成为旅游吸引物。由于人类价值取向、消费意识呈现出的多元化和个性化趋势，旅游资源的外延也在不断扩大之中，资源的种类、范围都不断扩大。太空旅游、海底旅游、工业旅游、事件旅游、购物旅游等新形式不断涌现，特别是旅游业进入目的地发展阶段，“全域旅游”理念则更加深刻地彰显了“大旅游”、“大资源”的本质。同时，旅游目的地的整体形象与旅游吸引力的关系也越来越密切，目的地旅游各要素间的联系，目的地内各相关产业间的联系也更加紧密。

2. 大产业。旅游产业多元综合、多方配合的服务消费特性，表现为旅游产业以本身所包含的六大行业为基础，还涉及第一产业、第二产业以及第三产业中的农业、工业、商业、文化、艺术、体育、信息、科技、环境、气象、海洋、金融等相关行业的泛旅游产业结构。有统计表示，与旅游相关的行业超过 110 个，几乎涉及所有行业和领域。“大旅游”要求充分整合与旅游业直接相关的交通运输、通讯、商贸等服务业，还要求提高与地方传统的第一、第三产业的关联度，强调通过“大产业链”同时满足游客、供给者、旅游地居民的多方利益和福利，并成为社会经济的发展中蕴含乘数效应、集聚效应、辐射效应的产业整合母体，显示出强大的示范、引领和牵动作用。

严伟（2009）在比较分析了传统旅游业与大旅游产业特征之后提出了“大旅游”产业体系结构，认为“大旅游”之“大”主要体现在旅游产业规模之大、产业涵盖范围之大、产业多重效益之大以及产业区域合作之大四方面，并给出了“大旅游”产业体系构成（图 8－1）。

3. 大效益。旅游产业本身具有开放性、包容性的特征，开放性既指发展区域的开放，也指发展领域的开放；只有开放，旅游业才能具有融合发展和创新的能力，才能实现多行业、多领域、国际化的融合发展，消除旅游禁区，实现产业联动。旅游产业融合发展过程更需要一种包容，只要有利于区域经济社会发展，旅游业既可以作为主导产业引领带动其他产业，也可以作为附属产业与其他主产业共同发展。纵观“大旅游”产业发展的

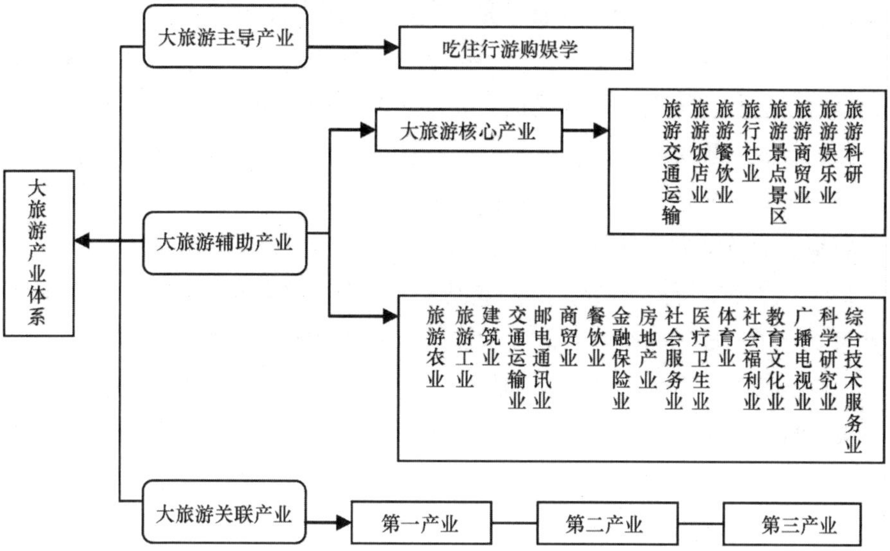

图 8－1 大旅游产业体系结构①

特性，旅游业已呈现出多行业合作发展、需求导向性发展、技术创新性发展、多产业融合发展、社会服务与环保发展和政府市场双制发展等特征（梁学成，2014）②。因此，大旅游的价值取向是全新的，它与传统旅游业只追求旅游经济效益最大化不同，它还强调旅游业发展对于文化效益、生态效益和社会效益的协调一致，强调可持续发展和生态环境的保护，也考虑旅游业发展对主客体有机融合基础上的愉悦和谐；旅游业不仅仅是产业，更应该是全社会的福利事业，是旅游业发展区域居民提升幸福感指数的重要事业。因此，“大旅游”强调的不仅仅只是经济乘数效应，而是兼顾各方面效益的统筹，是综合效益最大化。

比较传统旅游产业，大旅游产业能创造更多的就业机会，国家发改委和国家旅游局共同完成的旅游就业研究项目显示，旅游就业包括“旅游核心产业就业”、“旅游特征产业就业”、“旅游经济就业”。“旅游核心产业就业”指的就是国民经济统计中分布的旅游直接就业人数；“旅游特征产

① 引自严伟《“大旅游”产业理论及其实践研究》并作修改

② 梁学成，基于产业融合发展实践的旅游业属性与特征研究［C］. 2014 中国旅游科学年会论文集，2014－4－18：130－135.

业就业”指的是旅游相关产业就业人数，研究表明，旅游业对这些相关产业就业贡献率超过10%；“旅游经济就业”则是世界旅游组织的定义，它包括旅游业及与其直接、间接相关的行业的就业，是一个综合性的大旅游产业的就业。相关统计数据显示，旅游特征产业与旅游经济就业间的乘数系数为1∶3，旅游核心产业与旅游经济就业的乘数系数为1∶8，说明大旅游具有更强的劳动力吸纳能力。

4. 大系统。当今世界，旅游业已经融入全球产业结构、生产方式和消费模式之中，成为一个具有高度关联性、开放性和包容性的跨领域、跨行业、跨部门的综合性产业，“大旅游”视阈下的旅游业被视为与国民经济发展全局中各个行业和产业密切相关的一个产业集群，旅游系统由旅游业六大要素形成的主导产业、与其直接相关的旅游辅助产业以及与其间接相关的旅游关联产业共同构成，发展现代“大旅游”，即是旅游业与第一产业（农业）、第二产业（工业）以及第三产业（泛服务业）的融合化发展。“大旅游”强调的是目的地区域的各个子系统的平衡发展，它不仅涉及旅游资源开发与环境保护的关系，涉及旅游业可持续发展、旅游环境和资源的永续利用；既要满足旅游市场的需求，又要通过旅游业发展促进当地社会经济和当地居民福利水平的提高。由于旅游目的地间存在着的类似生物体一样的竞争、共生、共栖、寄生等关系，因此，“大旅游”的一个重要内涵即以资源特色和市场需求为导向的区域合作，通过区域间的优势互补、客源共享、错位竞争，使旅游区之间达到相互促进、协调平衡，实现共赢。

海洋旅游是一个范围极为宽泛的概念，它既包括了滨海（海岸带）的旅游活动，又包括了更广阔的海洋水域中进行的和依托于海岛开展的旅游活动。海洋是由作为海洋主体的海水水体、生活于其中的海洋生物、邻近海洋上空的大气和围绕海洋周缘的海岸及海底等部分组成的统一体，国际上把海洋旅游定义为离开常住环境而集中到海洋环境下的一些游憩活动。海洋环境主要指含盐分并且受潮汐影响的水域。海洋旅游则是指在一定的社会经济条件下，以海洋为依托，以满足人们精神和物质需求为目的而进行的海洋游览、娱乐和度假等活动所产生的现象和关系的总和。旅游业是一个开放的体系，在这个体系里，可涉及动态的人、客源地、目的地、中转地以及旅游行业这五大要素，这是一个十分宽泛的概念。首先，旅游开发就包括旅游接待设施、餐馆业、食品业、第二住宅等方面；其次，旅游基础设施又指零售业、港口、交通等旅游活动支持系统；再次，旅游活动本身的方式十分广泛，包括不同形式的观光、休闲、运动以及基于远洋的深海垂钓和游船活动等等。

依照国际上对海洋产业（Marine industry）的界定推论，海洋旅游业实际上是指人们利用海洋空间或以海洋资源为对象的社会生产、交换、分配和消费的经济活动，以及为各类旅游消费活动生产和提供产品的各种企业集合。

产业分类具有多样性特点，通常的海洋产业分类有三种标准：

一种是国民经济物质生产部门分类标准。一般把海洋产业划分为海洋农业、海洋工业、海洋建筑业、海洋交通业和海洋商业服务业；更具体一点的划分是：海洋水产业、海洋油气业、海滨砂矿业、海洋盐业、沿海造船业、海洋交通运输业和滨海旅游业7个部门。

第二种是国民经济三次产业分类标准。按照中华人民共和国国家标准《国民经济行业分类》（GB/T 4754－2002）和中华人民共和国海洋行业标准《海洋经济统计分类与代码》（HY/T052－1999）的规定，海洋第一产业包括海洋渔业，主要指海洋捕捞业和海水养殖业，以及正在发展中的海水灌溉农业；海洋第二产业包括海洋油气业、海滨砂矿业、海洋盐业、海洋化工业、海洋生物医药业、海洋电力和海水利用业、海洋船舶工业、海洋工程建筑业等；海洋第二产业包括海洋交通运输业、滨海旅游业、海洋科学研究、教育、社会服务业等。

第三种是海洋产业发展的时序和技术标准。一般认为海洋产业包括传统海洋产业、新兴海洋产业和未来海洋产业。

根据以上对海洋产业的分类，可见海洋旅游产业属于海洋第三产业范畴，是新兴的产业门类，是海洋产业的一个组成部分。海洋旅游产业不是独立的产业部门，而是其他有关部门和行业的边缘组合，是一个多元性的行业群体结构，它与经济、社会各部门之间有着难以割舍的联系，与海洋相关产业或部门之间存在着不可分割的依存关系，几乎没有哪个部门不为旅游产业提供生产资源的，旅游产业对其他产业也存在着较强的拉动作用。

海洋旅游产业就其本身而言，是指以“行、游、吃、住、娱、购”六大要素为主要环节的行业链，属第三产业范围。但是这六大要素的综合配套过程，实际上就是带动海洋相关产业或部门发展的过程，因此，海洋旅游业是指海洋旅游行业及与海洋旅游行业密切相关、并为其提供文化、信息、人力、物力、财力和智力等物质或非物质服务和支持的行业和部门。这些行业或部门不限于第三产业，有的还属于第一或第二产业的范围。自1998年起，我国滨海旅游产业的统计就是以地（市）为单位，把全部沿海地市的旅游产值均计入海洋旅游业之中，这充分体现出海洋旅游产业的带动性和关联性。

按照国家海洋经济统计年鉴的口径，海洋经济是开发利用海洋的各类产业及相关经济活动的总和；海洋产业是指人类利用海洋资源和空间所进行的各类生产和服务活动。可包括以下五个方面：

（1）直接从海洋获取产品的生产和服务；

（2）直接从海洋获取的产品的一次加工生产和服务；

（3）直接应用于海洋和海洋开发活动的产品的生产和服务；

（4）利用海水或海洋空间作为生产过程的基本要素所进行的生产和服务；

（5）与海洋密切相关的海洋科学研究、教育、社会服务和管理。

那么，海洋旅游产业主要包括海洋与海岸带旅游开发（旅游接待设施、餐饮业、食品业、第二住宅等）、旅游基础设施（零售业、港口、交通等旅游活动支持系统），以及所有基于海洋与海岸带的各种旅游、休闲和娱乐活动（不同形式的潜泳、游泳、冲浪以及基于远洋深海垂钓和游船旅游等活动）。根据国际上对海洋产业界定的通行惯例，我们可以认定，海洋旅游产业是指人们利用海洋空间或以海洋资源为对象的社会生产、交换、分配和消费的经济活动，以及为各类旅游消费活动生产和提供产品的各种企业集合。由此可见，海洋旅游产业已充分体现出“大旅游”的发展特质，是名副其实的一项综合性强、关联度高、环境容量大、经济拉动作用显著、产业融合趋势明显的“大产业”。

8.2 “大海洋旅游”管理体制的构建原则

在产业融合背景下，要创建适合于新时期“大海洋旅游”发展的管理体制，浙江海洋旅游必须遵循系统原则、保护原则、人本原则、开放原则、效益原则、公平原则，构建创新性的海洋旅游综合治理体制机制，这是海洋旅游健康、可持续发展的重要保障。

8.2.1 系统原则

研究海洋旅游管理，首先必须研究旅游的系统。从系统论的角度看，旅游活动及其引发的旅游经济是一个由许多子系统构成的复杂巨系统。海洋旅游业作为复杂巨系统中的一元，同样涵盖旅游业的全要素，具有自身的体系结构。同时，由于旅游业具有很强的关联性和综合性，海洋旅游管理必须将旅游管理的主体、旅游管理的客体以及旅游经营实践作为一个完整的系统，实施系统化的全要素管理，强化旅游管理部门的综合职能与权限，在综合协调的基础上，以实现海洋旅游综合管理的整理优化和提高。否则，就会破坏海洋旅游综合管理的整体性与权威性，造成海洋旅游实践中的管理漏洞和非协调现象的出现，影响整个旅游活动的顺利进行。

“大海洋旅游”牵涉多个区域的多个产业，在管理上也必然涉及多个部门，经过几年来的整合发展，其发展模式已经一改传统旅游业的规模扩张模式转变为系统增长，旅游业政府管理模式更是从部门管理转变为目的地整体管理，旅游局的行业管理职能正逐渐被“旅游委”的统筹功能所取代。因此，划定职能，理顺关系，明确权责是十分关键的。在海洋职能体系中，首先要明确政府管理部门对海洋事务的事权划分，从管理职能的配置原则来看，将地方管不了、管不好的交给中央，地方能管的尽量下放给地方。其次要明确各涉海部门的职能分工，对有冲突的要加以调整，避免职能交叉重叠和职能空缺，真正做到无缝对接。

8.2.2 保护原则

旅游资源不论其哪一类，在开发过程中，都会对资源和环境本身造成不利影响。因此，在海洋旅游公共管理中特别要注意对旅游资源的保护以及旅游资源所依托的环境保护，必须明确开发旅游资源是为了更好地利用资源。要始终把保护旅游资源作为旅游业发展的生命线，大力倡导和推广生态旅游、绿色旅游、文明旅游，科学统筹旅游资源的开发与整体规划，强调规划的整体性、科学性与统一性；建立完善旅游产品标准、服务标准和管理标准，推动海洋旅游业向资源节约型和环境友好型方向发展，实现经济、社会、环境三大效益相统一。

8.2.3 人本原则

人既是旅游业管理的主体，又是管理的客体，同时也是促进旅游业发展最积极、最活跃、最能动的因素，一切旅游活动都是要以围绕满足人的需求为最终目的而开展。因此，海洋旅游公共管理要充分把以人为本和人的全面发展结合起来，以做好人的工作、调动人的积极性、充分发挥人的主观能动性为出发点，综合提升人的素质和幸福感。要在海洋旅游开发与管理中，以大众旅游为开发重点，积极开发社会效益好、游客承载量大的旅游产品，引导发展大众休闲旅游，发展全民、全面、多层次旅游，使得旅游日益成为人民群众日常的生活方式和健康的消费行为。

8.2.4 开放原则

旅游公共管理作为一种开放式管理，其要求突破传统旅游行政管理的局限性，动员一切可用力量，实施多元化的旅游管理模式。对此除了政府旅游行政管理部门外，旅游公共管理还应注重非政府组织（旅游协会、旅游自律组织）、政府相关职能部门，以及相关私人组织在旅游公共管理中的作用，实施旅游综合协调，从而充分扩大旅游活动所需公共物品与服务供给渠道，提高旅游供给效率。

8.2.5 效益原则

旅游业作为一项综合性、经济性产业，其本身追求的就是旅游效益，其不仅包括经济效益，还包括社会效益与环境效益等。在传统的政府主导的旅游行政管理模式下，政府旅游行政管理机关很少关注旅游成本的投入与产出比，还有其他部门或社会的整体利益，而仅仅是重视其地区或部门旅游发展的经济效益，忽视了旅游发展的社会效益和环境效益。而旅游公共管理不仅仅强调的是旅游管理的效率与效益，而且更强调的是旅游管理效果，要求通过有效的管理，以最低的投入，取得旅游活动的经济效益、社会效益和环境效益的最大化。这就要求在旅游效益性原则的管理监督下，建立有效的评估机制。

8.2.6 公平原则

在现代社会发展中，效率与公平这一对矛盾一直是难以完全兼顾的，但随着旅游业发展的深入，人们对旅游现象的认识不断加深，综合而全面地发挥旅游业的功能，通过旅游活动促进社会整体福利水平的提高，日渐成为旅游公共管理的核心内容之一。这就要求旅游公共管理在追求效率的同时，必须更加注重公平，将旅游管理工作融入社会、经济、文化、自然与人类自身的全面发展的大背景下，站在更广阔的层面看待旅游管理，通过有效的管理，解决旅游活动发展中出现的由于旅游负面效应、社区参与不充分、旅游所得分配不均等问题而引致的不公平问题，从而通过旅游业的发展提升社会整体福利，而不是局部福利。

8.3 构建“大海洋旅游”管理体制的理念

一直以来我们强调发展旅游业，但是对于旅游业的“业”究竟是什么“业”没有做过太多太深刻的思考。同样一个“业”，强调的内容不同，发展的思路也就不同。

首先，从旅游业发展的历程看，我们对旅游业属性的认识需要从事业到产业，再到事业与产业并重这样一种螺旋式上升的规律。从新中国成立之后至改革开放之初，国家最初只将旅游业视作为“民间外交”，是国家外交活动的补充。作为外事接待，旅游业并不关注经济回报，属于政府管理的社会事业范畴。随着改革开放不断深化，特别是 1992 年邓小平同志“南巡讲话”后，旅游业的产业属性开始显现，并逐渐为社会各界所认识和接受。在这一时期，由于强调旅游的经济特征，极大地调动了地方政府和旅游企业发展旅游业的热情，旅游产业化发展理念成为过去改革开放 20 多年推动旅游业发展的主要动力。但随着旅游业的快速发展，单一的产业思维不能很好地解释旅游实践中出现的一些现象：如果旅游业只有产业属性，那么旅游业主要关注经济效益即可，然而实际的情况是国家发展旅游业首先关注的是社会效益，其次才是经济效益、生态效益和文化效益；再譬如，国家要求建设公益性的城市公园、博物馆、纪念馆等设施，并逐步免费开放，这就意味着在旅游业发展中有一部分参与者不能以追求市场利益最大化为目标；此外，目前各地在旅游业发展中都非常重视旅游公共服务，这也是其他经济产业发展中所没有的做法。面对这些问题，需要我们从事业和产业两方面属性来认识旅游业，才能更好把握旅游业运行的特征和规律。

其二，从社会发展的角度看，旅游作为公民的一种基本权利是国家为人的全面发展创造条件的重要内容。在许多西方发达国家，保障公民的休闲与旅游权是社会的普遍共识，休闲与旅游不仅被看做国民的福利，更是国民的权利；为民众提供相应的休闲与旅游服务，不是一种恩赐，而是政府应尽的职责，瑞士、法国甚至还有专门为低收入群体、弱势群体提供旅游机会的福利旅游制度。随着经济社会的发展，我国城乡居民的休闲需求层次不断提升，旅游不再是少数人享受的特权，已经从“旧时王谢堂前燕”到“飞入寻常百姓家”，旅游成为一种越来越重要的生活方式；并通过旅游消费来实现提高身体和文化素质的目的，公民参与旅游也变为国家提供优质劳动资源的过程。因此，如何满足公民的正常需求、为民众日常化的旅游生活创造条件、如何整合并调动各方面资源来满足公民的旅游权利，是需要政府认真思考和解决的问题。由于旅游是一个涉及面宽，链条很长的消费活动，因此，旅游权利的满足是通过企业和政府共同配合完成的，公民的旅游行为既需要在与市场主体的经济交易中得到满足，也需要通过政府履行相关职责为公民出游提供便利得到保障，这也意味着旅游业是一个既有产业属性又有事业属性的领域。

其三，从政府发展旅游业的角度看，需要更多关注旅游的事业属性。过去，各级政府抓旅游产业发展积累了不少经验，但是对抓旅游事业发展却重视不够，方法和手段相对欠缺，一定程度上影响了旅游业的进一步全面发展，影响了旅游业综合带动作用的发挥。旅游业作为经济产业，伴随我国市场经济体制的不断完善，基本步入正轨，未来政府推动旅游产业化发展的主要任务在于健全市场规则、维护旅游市场秩序、为各类市场主体公平竞争提供良好的环境。另外，政府要加快职能转变，建设服务型政府，在旅游产业化发展过程中加强政策引导，推动旅游产业的持续健康发展。所谓事业，是指正外部性比较强，综合效益比较突出，单靠市场机制难以解决的领域。旅游供给中的一些商业旅游项目（不包括以旅游项目为名义的地产投资）经济回报率虽然不高，但对地方未来发展却有着重大意义，若缺乏政府支持，完全借用“市场之手”引导，则不利于吸引相应的旅游投资；旅游公共设施和公共服务的投资往往需要政府投入，这是实现旅游目的地持续健康发展的基本保障。与我国在文化、体育领域的做法不同，我国的旅游业是产业强，事业弱，未来要实现旅游业的全面发展，需要政府在旅游事业上下更大工夫。

现阶段我国的旅游业正处于从大众旅游向休闲度假旅游演化的关键时期，旅游消费不但成为人们日常生活中十分常态化的需求，旅游休闲也越来越成为主流旅游动机，旅游者的异地生活和市民的本地生活日益融为一体，层出不穷的新产品、新业态和新需求，都需要政府、企业和行业管理部门创新思维、开放环境，以包括自我改革在内的系统变革的勇气来引导新时期旅游业的发展。因此，浙江海洋旅游管理体制改革的基本理念，就是要在当今产业融合与旅游业大发展中树立起协同管理、综合管理、公共管理、动态管理等现代理念，促使海洋旅游管理逐渐从行政管理向公共管理迈进、从行业管理向经济管理提升、从条带管理向板块管理拓展，最终实现从经济管理向福利管理的跨越。

8.3.1 各产业、各部门的协同管理

在现行管理体制下，旅游管理部门在实施旅游经济管理、确定旅游发展战略、制定旅游经济政策时，应尽最大努力促进政府各部门与相关产业的协同。政府管理部门的权力大小往往与部门利益相联系。发展旅游业不仅需要政府旅游职能部门的配合与协作，也需要其他相关政府部门的支持与帮助。而在旅游业的发展中由于旅游资源所属不同的行政管理部门，这势必造成旅游发展中的整体利益与部门本位利益冲突，部门关系难以协调，必须在旅游行政管理部门的基础上建立统一的、具有权威性的旅游发展综合协调部门，如旅游事业管理委员会，有效协调地区及部门之间的关系。

产业协同是一种宏观协同，既包括旅游产业与相关产业间的协同，也包括旅游产业内部不同行业间和同一行业内部不同企业之间的协同。通过建立宏观协调组织和机制，打破人为的产业划分和壁垒，围绕核心产品建立产业链管理模式，将一切前向供应商和一切后向用户统一到产业链上来，使产业链上各节点建立长期的战略伙伴关系，摒弃过去按照产业界限

组建产业协会的做法，按这种伙伴关系组建大跨度的链条式产业或行业协会，通过协会来促进产业协同。

解决好当前海洋环境与海洋经济发展之间的矛盾，走海洋可持续性发展，就是要做好产业部门间的协调、海陆之间的协调、中央与地方之间的协调、当前利益和长远利益之间的协调等，打破海洋产业的分割局面，改变海洋旅游管理政出多门现象。按照产业链的构成模式和要求，制定科学的产业发展规划与和谐的产业发展政策，合理配置资源，建立起旅游产业与相关产业之间主动协同意识，形成有序的排列组合和明显的层次结构、相互适应和相互联系的增长速度和发展规模，营造出产业间相互服务、相互配合和相互促进的发展环境。当然，还可以借助旅游经济自身极强的产业交叉活性和关联性，通过与其他产业的共同合作，最大限度地发挥旅游协同效应。产业间的协同需要科学有效的分配机制，它可以使产业运行过程中产生的外部效果得到合理的补偿与回报。此外，海洋旅游产业的健康发展还要求加强产业内部的协调，使饭店、旅行社、景点在数量规模、服务水平、管理组织等方面相互适应，在产品、市场、营销等方面相互合作，共同促进旅游产业综合能力的提高。

8.3.2 多要素整合的综合管理

旅游业发展至今，已经不再是传统意义上纯粹观光型旅游，而是集旅游观光、休闲度假、美食体验、商务会展、娱乐购物、节庆活动以及旅游探险等为一体，涵盖“食、住、行、游、购、娱”六大要素的综合性产业。旅游业几乎涉及所有传统意义上的产业，其外延是没有边界的。且随着旅游业的快速发展，旅游新要素的不断出现，现今的旅游管理已经不再局限于传统的旅游六要素。依据魏小安的提法，随着旅游实践的深入，旅游业在今后的发展中要注重的是加强要素的整合化，而旅游业的传统六要素早已升级，现今及以后旅游业发展与管理要进行的更多的是旅游运营要素的整合、旅游发展要素的整合、社会背景要素的整合以及旅游环境要素的整合等。旅游公共管理同样如此，要在旅游运营要素、旅游发展要素、社会背景要素、旅游环境要素等充分整合的基础上进行多要素的综合管理，做到宏观管理到位，微观管理不越位。同时，在旅游公共管理中还应该注意加强对旅游资源的合理规划、旅游环境的生态保护、旅游从业人员的素质提高、旅游公共服务设施以及旅游与社区关系等的管理。

8.3.3 社会服务性的公共管理

旅游是带有一种准公共产品的性质，尤其是旅游资源，应该为全体人民所共享，不应该具有排他性。按照旅游公共原理和福利经济学原理从长远看，旅游应该是一种社会福利，是人们在满足了物质生活以后的一种精神生活，是赋予人们的基本权利。马尼拉《世界旅游宣言》曾就明确提出："发展旅游的根本目的是提高生活质量，并为所有的人创造更好的生活条件。"因此，发展旅游的终极目标不是经济的增长，而是社会总福利的增加。旅游公共管理的根本目的就是要提供社会服务，通过旅游活动的开展，满足广大人民日益增长的旅游需求，带动区域社会、经济、文化、环境的全面进步，从而提高人们整体生活水平和社会的整体福利水平。

当旅游发展的最终目的不再仅仅是追求经济增长，而是通过发展旅游增加社会福利时，旅游就不再是一种谋取经济利益的单纯产业，而是一种谋取社会福利的综合事业。这就要求我们必须将旅游管理工作融入社会、经济、文化、自然与人类自身的全面发展大背景下，站在更广阔的层面看待旅游管理，吸收多部门参与旅游公共管理，实现旅游公共管理多元化、社会服务化，最终达到从旅游经济管理向福利管理迈进。

新公共管理与新公共服务一个是工具层面，一个是价值层面，如果能找到一条将新公共管理理论的注重具体操作和强调效率，与新公共服务理论倡导的民主和公共利益等价值相统一的道路，公共管理领域一定会产生一种良好的治理模式。政府在旅游管理中扮演"掌舵者"的角色，西方学者将新公共管理理论运用到政府旅游管理中，认为政府首先需具有企业家精神，精简机构，提高效率，培养多元化的旅游管理主体，通过竞标等方式为旅游业提供公共产品和公共服务。也就是说，政府不一定是旅游公共产品（如基础接待设施）的提供者，公共产品也完全可以由企业提供，并且谁出价最低，质量最好，政府就用谁的产品。同时，政府应尽量降低旅游规划、开发的成本，实现效益最大化。总之，新公共管理理论指导下的政府旅游管理体制就是用经济手段和经济指标来衡量和规范政府在旅游管理中的行为。

8.3.4 可持续发展的动态管理

旅游业是第三产业，它的产品核心是服务。它不像第一、二产业那样直接取用自然资源，但它的发展仍要以大量的自然资源和人文资源作为基础。我国及世界很多旅游开发案例可以证明旅游业并非“无烟工业”，旅游资源也不是非不可耗竭性消费，由于旅游本身的外部性特征以及旅游决策者在旅游开发与规划管理中出现的问题，使得旅游开发对自然环境和人文环境产生较大负面影响，造成了资源的浪费、环境的破坏、文化的冲击、道德的弱化，使旅游的发展面临着可持续的问题。这就要求人们认识到旅游可持续发展的重要性，坚持实施旅游可持续发展的战略与管理。然而，随着旅游业的快速发展、旅游产业融合现象的推进，旅游管理的各方面要素也都是处于不断变化发展的过程中，且尤其是旅游生产力的进步，其更加注重的是旅游生产关系的及时变化，使其能够顺应和反推动旅游生产力的发展。因此，要在旅游业的发展过程中坚持可持续发展的动态管理。

8.4 “大海洋旅游”综合管理体制的构建

任何管理活动都要明确“谁来管、管什么、为何管、怎么管”这四个基本问题，旅游管理活动同样如此。因此，必须认清旅游管理的主体、旅游管理的客体、旅游管理的目标和旅游管理方法是旅游公共管理这个复杂大系统中紧密相连、不可或缺的四个基本要素，任何一个要素发生变化，其他要素就必须进行相应调整和改进，否则就会影响管理效率，甚至形成阻力。在产业融合背景下，改革海洋旅游管理体制就是要消除不利于或阻碍海洋旅游发展的管理体制要素，拓宽海洋旅游发展的渠道和途径，促进浙江海洋旅游业健康、可持续发展。

8.4.1 多元化的海洋旅游管理主体

随着产业融合的加快和旅游业的蓬勃发展，旅游公共管理的重要性和必要性越来越突出，各级政府对旅游公共管理工作也越来越重视，尤其是2004年《中华人民共和国行政许可法》的颁布实施，使我国的旅游管理主体正在从当初的政府旅游主管部门独自担当，向以政府部门为主、非政府和非营利旅游组织参加的多元模式过渡。政府作为旅游政策的制定者、旅游活动的管理者、旅游纠纷的裁定者和旅游基础资源与公共物品的供应者，是旅游管理的核心主体，旅游管理作为整个政府公共管理的一部分，属于上层建筑的领域。但是不同的社会制度及经济背景下，旅游管理机构设置、管理职能、管理模式和管理方法都会有很大的不同。在我国，各级政府专门设立的旅游行政管理部门或被赋予旅游行政管理的相关部门是旅游公共管理的代表，代表国家和地区行使旅游公共管理职能，是旅游公共管理的核心主体。此外，旅游公共企业、非政府旅游组织等在旅游公共管理中也日益发挥重要作用，也是旅游公共管理的主体。

浙江的旅游业管理体制遵循这样的发展轨迹，将大量的旅游管理工作逐渐由政府部门向旅游协会、旅游自律组织、旅游公共企业转移。在转移过程中，政府旅游主管部门仍将占据旅游公共管理的主导地位，具有合法性和强制性，负有提供旅游公共物品的主要责任。但是政府不可能提供全部的旅游公共服务和产品，旅游公共企业、非政府或非营利旅游组织的加入将是对政府旅游管理的重要补充，是旅游公共管理主体的重要组成部分。在旅游业发展实践中，新公共管理理论应用十分广泛，效果也最为显著。奉行新公共服务理论的西方学者批判以经济利益为本的政府旅游管理思维，认为政府在旅游管理中应是“服务者”，政府应脱离企业家身份，提倡以公民为本，注重民主参与和公民权的实现，着力于提供旅游公共服务。大多旅游业发达的国家都坚持了政府对旅游市场的干预和调控。意大利、西班牙等国成立了旅游行业委员会，委员会的管理权限不局限于旅游行业管理，还涉及科学、教育、文化、财政、外贸、公共工程、交通等部门。法国政府成立了一个“旅游战略委员会”，该委员会由法国经济部长和负责旅游事务的国务秘书牵头，由旅游业一些知名人士组成，其成员主要包括旅游企业领导人，主要负责寻求对策，提升法国旅游吸引力，确保法国世界第一旅游目的地国的地位。

因此，要构建“大海洋旅游”管理体制，就是要创新多元化的管理主体。首先，省政府旅游管理部门应改革现有的省旅游局的旅游管理单一模式，在已有旅游局的基础上成立浙江省旅游管理委员会，由省长或分管旅游这一领域的副省长专门协调旅游业的发展，并在旅游管理委员会下设专门的海洋旅游管理机构或海洋旅游管理部门分管海洋旅游业，下级地方旅游局（委）同样进行如此改革。其次，在改革中积极吸纳地方非政府旅游组织（如旅游协会、饭店协会、旅行社协会等）、海洋旅游企业和旅游社区加入海洋旅游公共管理，使其成为海洋旅游公共管理主体的重要组成部分。同时，也须做好旅游管理部门与其他相关政府部门、相关区域的旅游协同，从而在利益协调的基础上真正实现多元化的旅游公共管理。

8.4.2 宽泛化的海洋旅游管理客体

随着旅游产业融合的推进、旅游理论与实践的深入发展，人们逐渐深刻认识到只有对旅游现象进行全方位的综合管理，才能保障旅游业的顺利开展和旅游功能的全面发挥，才能防止旅游活动负面影响的形成和扩散。这就使得旅游管理的客体被不断拓展，不仅包括传统的行业管理、产业管理，而且还应包括旅游资源管理、旅游环境管理、旅游影响管理、旅游公共物品与服务的提供等许多方面，出现了从事务管理向现象管理、从经济管理向社会化管理转化的趋势。这种管理客体的扩大，也必然要求管理理念的改进。

海洋旅游活动具有很强的综合性。海洋旅游者的旅游活动不仅会涉及当地旅游领域，而且还会涉及当地社会、经济、文化、体育等众多领域，产生多重影响；同时，海洋旅游产业本身是一个要求高度协同的产业，需要区域社会经济系统的协同配合、联动发展。随着海洋旅游业的不断发展，海洋旅游业的综合效应越来越受到沿海地方政府关注，并纷纷把海洋旅游业发展置于地方社会发展总体战略加以推进。海洋旅游业作为政府管理社会经济各个方面、促进区域发展的切入点，一方面通过促进海洋旅游业发展带动区域整体发展；另一方面从游客需求的角度来审视地方旅游管理中的矛盾和问题，提升地方管理水平以满足地方居民和外来游客的需求。因此，海洋旅游管理的客体同样十分宽泛，海洋旅游管理的对象不仅要包括海洋旅游景点、海洋旅游服务设施、海洋旅游从业人员等行业内部要素，而且也包括交通与环境等旅游所需公共物品的提供、对当地居民和旅游者本身的引导管理等外部要素，管理的作用就是使得这些复杂的组成要素有机地构成一个协调运转的整体。

8.4.3 多重效益的海洋旅游管理目标

旅游发展的不同阶段，旅游管理目标也各不相同。伴随着我国社会经济的发展进程，旅游管理的价值取向先后经历了服务外交、增加外汇、扩大内需、增加就业等不同阶段，但基本以经济目的为主；随着我国国情的改变和旅游业的蓬勃发展，科学发展观、和谐社会理论被提出，人们逐步开始从社会福利的角度，而不是单纯的经济效益角度来看待旅游现象，并将旅游业视为提升国民幸福指数和区域社会整体福利水平的重要途径，旅游的价值取向从单一的经济价值开始向经济、社会、环境等多重价值取向转变。浙江省的旅游经济已进入转型期，海洋旅游管理也面临着从单纯的旅游行政管理、旅游经济管理、旅游部门管理向全面的、社会化的旅游公共管理转变，海洋旅游管理的目标也体现出多重效益特性。

在海洋旅游管理与服务方面，以专业运作的微观监管为目标。转型期的浙江海洋旅游管理目标也发生着一定的转化，主要体现在理性引导的宏观调控和专业运作的综合监管。宏观层面上将更加注重人的旅游需求的全面满足和旅游与社会、经济、环境等方面的和谐共生，并以产业规划、市场促进和信息引导为重点，稳步提升旅游经济宏观调控能力，重视旅游影响、旅游与环境和谐等涉及区域整体福利水平的因素；微观目标就是在克服旅游市场失灵、建立规范化旅游市场秩序、培育旅游产业良好发展环境、打造理想旅游目的地和削减旅游负面效应的基础上增加社会福利。

落实到具体管理上，即通过出台海洋旅游安全管理办法、景区开放办法、旅游景区游客承载量核定工作导则、海洋旅游规划办法、旅游服务标准等法规、制度，完善《旅游法》配套政策体系；建立常态化的宏观信息发布机制，通过权威信息发布引导海洋旅游产业发展，引导海洋旅游发展为地方经济、政治、社会、文化、生态文明建设服务，为扶贫、新型城镇化、新型工业化、农业现代化和新农村建设等重要战略服务；面对市场，则通过创建以游客满意为出发点和落脚点的旅游市场综合监管体系，实现从准入监管向运营监管转变；旅游行业协会和中介组织的建设和培育要以市场化为导向，以人才队伍建设为基础，加强职能创新，提升服务能力，可以引入竞争机制来加速旅游行业协会的改革，重构协会的生存和发展体系；在产品供给方面，促进海洋旅游市场向社会资本全面开放，鼓励跨界融合的多元投资，发挥市场配置资源的决定性作用，引导社会资本更好地满足人民群众日益增长的旅游休闲需求；在企业管理方面，积极引导传统业态依托互联网、移动通讯、网络支付等平台的创新实践，加快实现海洋旅游企业的现代化转型。

8.4.4 多样化的海洋旅游管理方法

管理主体、管理客体或管理目的不同，管理方法也会有所不同。传统的政府旅游管理方向单一，缺乏有效的市场机制手段。传统的旅游管理以政府行政管理为主，是一种宏观的刚性的管理方式，侧重于行政命令下的管制。一方面，国家级的旅游管理部门与地方各级旅游部门之间缺乏良好的交流和沟通机制，高一级的政府旅游管理部门向低一级的旅游管理部门以行政命令的方式传达各项政策。这种单向的管理方式，虽然具有推行速度快、执行效率高的特点，但缺乏低一级旅游管理部门对上级旅游管理部门的反馈，使得高一级的旅游管理部门对旅游方针政策的实施情况并不了解，这种由上而下的单一的管理方向不利于对旅游政策进行完善、评价，不利于制定新的、更符合旅游业发展的政策，也影响了对各级旅游管理部门的监督。另一方面，地方旅游管理部门与旅游企业之间缺乏合理的交流和沟通机制。随着产业融合的加快、旅游业的深入发展和政府职能的转变，海洋旅游管理在强化部门管理职能的基础上，更侧重于旅游活动发展所需公共物品和服务的供给与管理以及综合协调，大量的指导与服务方式代替了传统的行政手段，使旅游管理方式出现了多样化特点。

8.5 “大海洋旅游”综合管理体制的运行

我们依据以上分析，从政府、行业、企业以及资源环境等四个方面进行海洋旅游公共管理体制基本架构建设，具体区分政府、行业、企业及社区的职能，筹划运行机制，解决现有管理体制中权责利不清、制约海洋旅游发展的管理问题。在政府、行业、企业三个层面中，强调政府的规划与管理、协调职能，重视行业的管理和服务职能，突出企业在海洋旅游发展中的主体地位。同时，注重引入社区的参与和监督，处理好多种利益主体之间的关系，最终实现海洋旅游的健康、快速发展。

8.5.1 海洋旅游发展中有为型政府的铸造

由于旅游业本身的特殊性，海洋旅游的发展也离不开政府的支持与指导。虽然从根本上说，是市场在推动浙江海洋旅游业的发展，但是政府也在其中起到了不容忽视的作用。各级政府可以通过制定旅游发展规划、进行旅游产业定位、选择旅游产业发展战略、改革旅游管理体制、建立市场规范、实施区域合作机制、推进产业融合等公共政策来促进海洋旅游业的大发展。政府作为海洋旅游发展的主导者与推动者，如果政府不作为，将何谈旅游业的大发展，因此在浙江海洋旅游的发展过程中有为型政府的铸造显得尤为重要。以下将具体从创新旅游统筹协调，强化旅游部门管理职能、加快政府职能转变、完善旅游法制体系、强化旅游安全管理、健全人才培养机制等方面进行有为型政府的铸造。

8.5.1.1 创新统筹协调机制，强化旅游管理机构职能

主要是要建立完善的旅游协调体系，如在旅游局的基础上成立具有专门旅游协调职能的旅游发展委员会或旅游管理委员会。赋予各级政府旅游行政管理部门全行业管理的权利和手段，建立一个统一、权威、高效的旅游管理机构，解决跨部门、跨行业、跨地区的旅游发展问题。统筹协调旅游发展过程中各相关部门、地区、行业之间的利益关系，解决旅游规划、开发与建设中的土地、交通、城建、口岸等问题；采取科学化、协调化、多样化的管理手段，将旅游管理的内容逐步形成程序化与公开化，提高全社会、多行业和公众对旅游公共管理的监督能力。

8.5.1.2 加快政府职能转变，提升旅游公共服务水平

当前，浙江省政府仍面临着进一步转变旅游部门职能的任务。各级旅游主管部门应进一步调整和转变行政职能，减少不必要的环节，放权于市场，增强公共服务职能，创造和保护良性市场环境，增强企业投资和旅游者消费的信心。要坚持依法行政、规范行为、提高效能，致力于维护消费者权益，创造公开、透明、可信赖的消费环境，监管、规范和整顿市场秩序，对外推介旅游产品，对内服务旅游企业。在政府旅游主管部门的授权下，还应充分发挥中介组织的作用，形成多元化的管理主体，合理界定政府和行业协会的关系，赋予行业协会一定的监管权限，通过自律、互律等

机制规范和提升旅游行业的整体素质，营造良好的旅游环境。同时，政府旅游主管部门也要加强对行业协会的管理，建立有效的约束机制，防止这些组织错位或滥用权力。

总之，政府旅游管理部门以强化旅游服务意识、增强旅游服务效能、提高旅游服务水平为中心，树立科学管理、民主管理、依法管理的理念，不断提高政府旅游公共服务的质量和水平，建设真正的旅游公共服务体系。

8.5.1.3 实施管理目标多元化，建立有效评估机制

政府旅游行政管理部门是旅游管理的主体，旅游行政管理部门在实施旅游管理过程中，应坚持在实现旅游管理经济效益的条件下，更多关注旅游发展与旅游管理的社会效益、环境效益、文化效益等。同时，旅游行政管理部门在施行旅游公共管理时，还应建立健全旅游公共绩效评估指标体系，在注重经济指标上升的同时，重视旅游社会指标、旅游效率指标、旅游效益指标、旅游公平指标和公众满意度指标等的建设与评估。建立有效的激励约束机制，为旅游企业的竞争提供一个公平、自由的市场环境；同时，加强旅游基础和服务设施建设，为海洋旅游发展提供强有力支撑，实现信息、技术、资本、人力的双向流通。

8.5.1.4 完善旅游法规体系，优化旅游发展环境

市场经济是法治经济、规范经济、信用经济，建设健全规范的旅游法规体系是旅游业健康、快速发展的基础和重要保障。尽管目前浙江省旅游法律法规建设取得了长足的进步，如浙江省除国务院出台的《旅行社管理条例》、《导游人员管理条例》、《中国公民出国旅游管理办法》外，自身也出台了《浙江省旅游管理条例》、《杭州市旅游条例》、《浙江旅行社管理办法》、《浙江导游人员管理办法》、《宁波市旅游业管理办法》等地方性政策法规性文件。然而，这些政策法规性文件大都层次较低。从国家层面来说，旅游业的发展缺乏专门性、高层次、权威性的旅游大法；从浙江地方层面而言缺乏统筹协调性和强制执行力，也没有专门性的海洋旅游发展的法律法规性文件，还不足以适应当前海洋旅游业的状况和长远发展。因此，浙江省各级政府应以发展为需要，不断完善旅游法制体系，加强旅游执法权威性，优化海洋旅游发展环境，从而促使海洋旅游业健康发展。

8.5.1.5 强化旅游安全管理，完善旅游安全保障体系

安全，一直以来就是人类最为关心的问题，寻求安全是人类生存的本能。自从人类出现旅游活动开始，安全也随之成为旅游者关心的首要问题，而且旅游业越往高级发展，旅游安全问题越受重视。同时，旅游安全贯穿于旅游活动六要素（食、住、行、游、购、娱）的各环节，任何环节的疏忽都可能导致旅游安全问题的发生。对此必须树立“没有安全就没有旅游”的意识，建立健全旅游安全管理机构，完善旅游安全法规体系，加强旅游安全教育和培训。建立全省旅游预警或劝诫发布制度，完善旅游安全警示和提示体系。普遍建立旅游突发公共安全事件应急预案，建立紧急救援力量体系和动员机制，完善旅游保险制度，构建事前预防、事中救援、事后保险救助的旅游安全保障机制。

8.5.1.6 重视人才队伍建设，建立健全人才培养机制

人才是第一资源，旅游人才是提供旅游服务、实施旅游管理的主体，是旅游业发展软实力的重要组成部分，是旅游经济增长的根本动力与决定因素。没有完善的旅游人才培养机制和稳固的人力资源基础，旅游业就无法获取长期的持续发展，因此要根据旅游发展实际，制订切合实际的海洋旅游人才培养计划。

（1）人才培养计划

采用“职业教育＋在职培训”模式，完善旅游职业教育体系和在职培训体系。提高旅游职业教育水平，增强课堂知识的实际应用性，实现学校和用人单位的对接。全面实施岗位培训制度，利用旅游淡季，通过培训、交流等形式提高旅游管理人员、从业人员的知识水平、职业素养和业务技能，有计划地选送部分海洋旅游经营和管理人才出国进修，学习借鉴国外先进管理经验，提高人力资源质量。

（2）人才激励机制

建立人才激励机制，运用柔性流动机制积极引进旅游人才，逐步完善包括旅游人才培养引进、配置使用、工资奖励、社会保障、有序流动等在内的政策体系，加大行政执法力度，以法制保障公平竞争，创造良好的人才成长环境。

8.5.2 海洋旅游发展中行业管理机制的完善

旅游业作为产业部门，其发展离不开各部门对行业的管理，而健全完善的行业管理机制则是旅游业健康、可持续发展的基本保障，在海洋旅游业的发展过程中同样如此，需要建立健全的旅游行业管理机制，保障海洋旅游的可持续发展。

8.5.2.1 创新旅游行业管理体系，提升旅游行业管理水平

旅游行业管理主要是指对旅游行业实施宏观管理、行业指导与监督，提供旅游公共服务等。在浙江海洋旅游大发展的过程中，要积极创新旅游行业的管理与监督体系，提升旅游行业管理水平，具体应做到：

一是完善旅游公共服务设施体系。按照旅游信息化、旅游国际化、旅游标准化的建设要求，进一步加快旅游集散中心、呼叫中心、游客投诉中心、旅游纪念品展示中心和景区游客服务中心建设，加强公共景观和环境建设，加快景区旅游集散点和休憩设施建设，推动主要旅游景区实现无线导游机服务，加强酒店、餐饮、购物中心等配套服务体系建设。

二是加强旅游公共信息平台建设。推进浙江省的“12301”旅游服务热线平台推广，进一步完善旅游政务网、旅游信息网建设，建设海洋旅游综合信息库，推进旅游办公自动化系统，完善游客服务中心及旅游资讯发布系统，发展网上旅游政务与商务，实现目的地形象宣传、旅游信息服务、旅游产品与服务网上预订一体化。进一步丰富和发挥广播、电视、报刊、互联网、移动通信等公众媒体在旅游公共信息服务方面的内容和作用。

三是加快旅游标准化进程的推进。在旅游景区、旅游设施、旅游服务、旅游产品等各个方面、各个环节，制定和实施旅游国家标准、地方标准和行业标准，提倡引进及采纳国际先进标准。制定和完善旅游专业人才从业资质、分等定级、执业规则等制度。

8.5.2.2 加大旅游行业金融支持，完善旅游融资机制

金融作为现代市场经济的核心，具有很强的资源配置和产业导向功能。旅游业作为新兴的现代服务业，具有长期、大规模的融资需求，特别是海洋旅游区中濒海地带和海岛的旅游基础设施建设更需要高额的金融投

入。而海洋旅游所需的大量金融投资，仅仅靠政府投入是完全不够的。对此，要创新旅游融资方式，通过构建区域性旅游融资平台、建立专业性融资担保公司、允许旅游企业以项目经营权和景区门票收入作为担保抵押方式，加大对旅游业的贷款支持力度。扩大旅游业直接融资规模，鼓励旅游企业进行股份制改造，支持符合条件的旅游企业通过股票上市、发行债券、项目融资、产权置换等方式筹措发展资金，探索旅游企业以稳定的门票收入进行资产证券化试点，赋予少数旅游大型企业集团与其资本和收益相适应的海外直接融资权和担保权。同时，在融资政策方面，进一步放宽市场准入，降低进入门槛，鼓励包括外资的各种社会资本投资旅游产业。建立政府主导的旅游产业发展基金，并通过税收优惠和参股方式，支持市场化的旅游产业投资基金的发展。

8.5.2.3 强化旅游市场监管，建立健全旅游诚信体系

诚信缺失是造成旅游市场混乱的根本原因，也直接影响着我国旅游业的全面提升和健康发展。强化旅游市场监管，构建旅游诚信体系，除了要强化行业职业道德建设、培养正确的诚信观念外，还要着眼于培育旅游市场，不断完善旅游市场价格、竞争、信用体系。尤其要加强旅游产品和服务价格监管，实行明码标价，及时取缔并严惩价格欺诈、价格歧视、价格串通等违法、违规行为。同时，要加强信用道德、信用知识宣传教育，加大有效旅游信息的供给，消除信息不对称，尽可能降低信息搜寻成本和诚信识别成本，建立健全旅游企业和从业人员诚信识别信息库，完善旅游诚信体系。对于失信行为，要有严格的惩罚措施。

8.5.2.4 加强旅游行业协会建设，增强旅游行业协会管理职能

为适应现阶段政府职能转变和旅游管理体制的改革，在旅游行业管理方面还应加快推进浙江海洋旅游协会的建设，提升海洋旅游行业自身管理水平。建立诸如浙江海洋旅游协会等行业协会组织，承担旅游行政管理部门部分行业管理职能，协调政府各相关部门关系，加强与旅游企业之间的联系等。随着浙江旅游业的进一步发展，浙江旅游行政管理部门应在进一步提升宏观规划、政策引导功能的基础上，进一步弱化其微观管理职能。将微观管理职能让步给旅游行业协会，通过行业协会行使星级评定、行业自律、旅游公共服务、旅游从业人员培训、企业沟通联络等职能。增强旅

游行业协会管理职能，使得旅游行政主管部门有更多精力去行使宏观研究、规划及政策指导功能。而通过旅游行业协会的管理，发挥其在政府与企业之间的桥梁和纽带作用，有助于制定更符合企业现实的自律规范，有助于增强旅游企业之间的沟通与合作，也有助于旅游市场的健康发展。

8.5.3 海洋旅游企业运营中的发展模式创新

企业是市场经济的细胞，在浙江海洋旅游的发展过程中，旅游企业起到了巨大的推动作用。同理，海洋旅游的发展离不开旅游企业的继续推动，而企业继续推动的动力则在于企业运营中发展模式的适应与不断创新。

8.5.3.1 注重海洋旅游资源整合，发展海洋旅游大产业

浙江省海洋旅游资源丰富、种类齐全，且主要分布在滨海及海岛城市及地区。包括海洋及海岸带的广阔区域，依托于经济较为发达、文化传统比较浓厚的沿海城市。根据2003年全省旅游资源普查数据，沿海七个地级市的旅游资源单体总数达13 545个（不含有未获等级的资源单体），占全省的3/4，是旅游资源最为集中的区域。在这七个市中，以有海岸线为计的沿海37个县（区、市）中，共有旅游资源单体7 150个，占全省旅游资源单体总数的37.05%，占沿海七市单体总数的55.44%。同时，沿海37个县（区、市）旅游资源类型分布占全省旅游资源的八大主类，且优良级单体1 528个，占全省优良级单体总数的39.01%（全省优良级单体总数为3 917个），占沿海七市优良级单体总数的56.6%（七个沿海地级市优良级单体总数为2 700个）；五级单体90个，占全省五级单体总数的35.71%（全省五级单体总数为252个），占沿海七市的53.6%（沿海七市五级单体总数168个）。总之，浙江海洋旅游资源分布广泛，涵盖面宽，涉及种类多，旅游企业在海洋旅游开发与管理过程中应组建大集团或采用合作开发模式，打破行政区域划分，注重资源与区域的整合、区域部门的联动，突出产品特色，形成整体性旅游产品，发展海洋旅游大产业。

8.5.3.2 深化旅游企业体制改革，创新企业经营模式

浙江海洋旅游区应以“创建国家海洋旅游综合示范区”为目标，创新实践载体，把握经营管理、营销宣传环节，不断深化旅游企业体制改革，

继续推进政企分开、管办分开，培育旅游市场主体和市场体系，创新企业经营管理模式，实现可持续发展战略，尽快把浙江沿海七市打造成最宜居的海洋休闲度假旅游目的地。

在浙江旅游企业改革及运营中，不仅旅行社、饭店、景区等要企业化运作，与旅游相关的交通、商贸、餐饮等都要消除垄断，鼓励竞争性提供服务。博物馆、文化馆、图书馆等要坚持公益方向，向旅游者开放。文化遗址、寺庙等按管办分开、开发与保护兼顾原则，纳入旅游资源统筹。培育一批具有跨区域、跨产业能力的旅游集团，加强旅游企业之间合作，鼓励互设网点和分支机构。建立旅游企业与资源性事业和公益部门之间的有效衔接和利益共享机制。鼓励各种所有制经济进入旅游领域，形成平等竞争、相互促进格局。破除旅游业地方保护主义，推进区域间旅游便利化、一体化。

8.5.3.3 搞好旅游形象与市场营销，拓展海洋旅游市场空间

旅游形象是指旅游地的旅游活动、旅游产品、旅游服务等包括食、住、行、游、购、娱等多种因素状况在人们心目中高度综合抽象形成的总体形象及评价，一个旅游地形象在人们心目中好坏与否，是潜在旅游者能否转化为现实旅游者的关键因素之一，其往往是旅游者准备出游进行目的地选择或诱发出游欲望动机的首要因素。① 因此，浙江海洋旅游发展中，企业必须着手树立特色鲜明的海洋旅游整体形象。同时，积极开展旅游市场营销，制定多元化市场营销策略，拓宽旅游客源地市场空间范围。浙江海洋旅游营销在海洋旅游发展的不同阶段应当着眼于不同的重点目标市场、采取不同的营销组合展开，本着“扬长避短、优势联动、高点强攻、步步为营”的市场推广策略，在逐步提高营销投入的基础上打造沿海地区最具活力、最具竞争力的海洋旅游知名品牌，从而吸引游客前来，扩大旅游市场客源地。

8.5.3.4 优化海洋旅游产品结构，提升海洋旅游内涵

经过30多年的发展，浙江传统海洋旅游产品体系已经基本形成，传统的海洋旅游产品开发比较成熟，海洋观光、海洋度假旅游等具有一定的规

---

① 李雄华．可持续旅游资源保护制度体系建设的研究［D］．哈尔滨：哈尔滨工程大学，2006：1－53.

模。但随着海洋旅游业的进一步发展，传统的海洋旅游产品已不能够满足日益变化的旅游市场需求，尤其是由于旅游者认识的不断提高，旅游者们更加追求个性化、趣味性和有益健康的旅游消费。对此，海洋旅游区企业可以从建立海陆联动的产品空间结构、建立目的地导向的产品功能结构、建立相对均衡的产品时间结构、建立高中低结合的产品档次结构出发，优化海洋旅游产品结构，开发海滨旅游、海岛旅游、海空旅游、海洋生态旅游、海底探险旅游、体育健身旅游、海洋游钓旅游、游艇旅游、邮轮旅游等新型产品，以满足不同旅游者多样化的旅游需求，提升海洋旅游内涵，打造精品海洋旅游目的地。

8.5.4　海洋旅游开发中资源与环境保护措施的完善

正如一把双刃剑，旅游的发展对环境产生的影响具有双面性。随着海洋旅游的蓬勃发展，大批游客开始涌入海洋旅游区，一方面由于旅游的合理规划和旅游基础设施的科学建设，使得海洋旅游发展的同时一定程度上美化了旅游目的地的环境；另一方面，也存在着由于旅游的过度开发和游客的素质问题，出现了旅游资源浪费和旅游环境污染的现象。因此，浙江省在大力发展海洋旅游业的同时必须注重对资源环境的保护。

8.5.4.1　加强对旅游资源的环境保护力度

环境作为旅游资源极为重要的组成部分，是旅游业可持续发展的重要保障和必备条件。在浙江海洋旅游业的发展过程中，必须高度重视旅游资源与环境的保护，要牢固树立“环境兴旅游，旅游促环保”的观念，将发展旅游与保护环境有机结合起来，通过保护环境来促进旅游业发展，反过来通过发展旅游业来更好地保护和改善环境。在旅游资源的开发上要坚持合理开发、有效保护和永续利用的原则，正确处理好当前利益与长远利益、局部利益与整体利益、经济效益与环境、社会效益的关系，实现旅游的健康、可持续发展。具体可以从以下几个方面着手：

一是形成旅游生态保护大格局。旅游生态环保具有公益性，旅游、环保、海洋、林业等部门要把旅游生态环保作为重要任务，从规划、建设、管理等各个环节都要加大投入，保护好旅游生态资源，形成旅游和生态和谐共处、良性互动的局面。尤其是，要将生态环境保护作为一项硬任务，纳入各级各类旅游规划，明确旅游生态环境保护的目标、任务和主要措施。

二是建立可持续的旅游开发模式。要根据旅游景区的承载能力，确定适量的游客数量、安排适量的旅游服务实施，形成合理的开发模式，使旅游活动对环境的影响降到最低。要加强相关法规和标准建设，建立旅游资源和环境质量监测预警机制，加强保护和监管力度，防止乱挖滥采、私搭滥建行为，整治各种破坏景观、破坏生态、污染环境的问题。

三是大力推进旅游节能减排。旅游涉及生产、消费、流通等多个环节，涉及旅游者的生活起居，节能减排的空间和潜力很大。要牢固树立生态文明观念，鼓励宾馆饭店、景区景点和其他旅游经营单位积极利用新能源，广泛运用节能减排技术，率先创建绿色环保行业。同时，鼓励旅游者树立绿色消费意识，形成文明健康、节能环保的消费方式。

8.5.4.2 健全海洋旅游资源经营管理制度

旅游资源经营管理制度是指旅游开发者在经营管理旅游资源中应该遵守的规范和制度要求，它包括旅游资源的产权管理、产品营销与质量管理、游客引导与控制、旅游设施与服务管理等内容。旅游资源管理是旅游公共管理的重点之一，正是因为海洋旅游资源的存在，才能够出现海洋旅游这一产业。海洋旅游业的发展过程中，要在保证旅游资源供给的同时，加强对旅游资源的保护，实现旅游资源的有效配置，提高旅游资源的利用率，避免旅游资源开发过程中可能出现的国有资产流失、掠夺性开发和环境破坏等问题，实现旅游资源的“有效开发、合理保护、永续利用”。

浙江海洋旅游的发展过程中，同样需要建立健全旅游资源经营管理制度，在公有制经营管理的基础上，广泛吸收非公有制经济加入经营管理。同时，在经营中要明确其海洋旅游资源的产权与经营管理权、严格把握海洋旅游资源准入经营的标准要求、加强对旅游资源经营的监控等，最终以求实现“以保护促开发，以发展促保护”的互惠旅游资源开发与经营管理。

8.5.4.3 构建海洋旅游区环境管理体制

目前，我国从中央到地方各级政府已经建立起了以环境保护部门为主管的，各有关部门相互分工的环境保护管理体制，初步形成了国家、省、市、县、镇（乡）五级管理体系，对环境保护起到了组织保障作用。

旅游环境管理比一般的环境管理要复杂得多，一般环境管理的范围仅仅局限在自然生态环境，而旅游环境管理的范围，不仅包括自然旅游资源和自然生态环境，还包括人文旅游资源和人文社会环境。对此，浙江各级旅游管理部门应该积极树立正确的环境保护观念，建立和完善旅游环境保护功能，设立相应机构和人员分管和负责旅游环境和旅游资源的保护工作，同时与涉及自然生态环境的国土资源、环保、林业、农业、水利、海洋、气象等部门或单位，和涉及人文社会环境的建设、交通、卫生、文化、园林、公安、工商、物价等部门或单位进行通力合作，共同建立旅游环境管理网络，在重要的旅游区（点）内设置自然生态环境监测站（点），及时通报重大信息，实施全方位、多层次的旅游环境管理。

8.5.4.4 引入社区参与海洋旅游的开发与管理

社区作为旅游地居民最基本的组织形式，其是旅游区旅游开发中的主要利益主体之一，旅游社区开发中取得的无论是正面效应，还是负面效应，其都与旅游地社区与居民息息相关。特别是在旅游开发中，因旅游开发与管理的不科学性与不合理性造成对社区生态环境的破坏、经济结构非恰当转型、社会文化的冲击等负面效应，严重影响了社区的社会经济发展，制约了社区的社会主义新渔（农）村建设和城乡统筹发展。因此，在浙江海洋旅游公共管理与开发中引入社区参与对实现海洋旅游区社会、经济、文化、环境的可持续发展具有重要意义，也是加快推进海洋旅游区社会主义新渔（农）村建设和城乡统筹发展的重要途径。

引入社区参与浙江海洋旅游的开发与管理，其主要可以从参与海洋旅游发展规划的制定与决策、参与海洋旅游区的日常运营的监督与管理、参与海洋旅游区资源与环境的保护、参与海洋旅游知识的教育培训等方面着手。根据旅游社区参与的利益主体，合理制定管理、监督参与机制与利益分配方法，适宜的选取旅游开发与管理模式。这样使得在海洋旅游的开发过程中，不仅可以使游客真实感受旅游文化和景观，增进游客的旅游兴趣，也提高了社区居民的收入与参与旅游发展的积极性，促进旅游社区的经济发展，维护社区参与主体的共同利益，促进了社区旅游资源环境的保护。

浙江海洋旅游管理体制的基本构架和改革方向、内容、层次和运行机制是基于产业融合背景下，在深入分析浙江海洋旅游业发展现状、旅游管理体制现状和存在问题基础上，在公共管理和改革创新的思想指导下提出的，它依据了现代旅游公共管理理论以及地方旅游管理体制改革创新的实践经验，因此，新构架的浙江海洋旅游管理体制体现出旅游管理主体的多元化、旅游管理客体的宽泛化、旅游管理手段的多样化和旅游管理目标的多重效益性，这样的体制和机制将有利于充分发挥政府的主导作用和市场机制的竞争作用，有利于浙江海洋旅游产业的提升发展。

第 9 章　总结

9.1　结论与创新点

9.1.1　研究基本结论

本课题通过对产业融合下浙江海洋旅游管理体制的发展研究，初步得出了以下一些结论：

(1) 政府在旅游业的发展与管理中仍起到主导性作用

我国实行的是政府主导型旅游管理体制，且伴随着旅游业的快速发展和旅游学研究的不断深入，学者们对政府主导型的旅游管理呈现出不同的意见，有止言于政府主导型、有继续赞同政府主导型、有提出政府引导型等等，其总的来说都是认识到政府对旅游业发展的关键性、主导性作用，是决定旅游业发展的决定性因素之一。在当前，旅游管理体制改革与创新阶段，政府在旅游业的发展与管理中仍起到主导性作用，其职能和作用主要体现在：

一是做好战略层面的指挥者。主要包括转变政府部门的旅游行政职能，树立服务型政府的意识。正确发挥政府部门对旅游市场的干预作用，运用法律、经济、行政手段，使政府由原来的控制者、参与者、操纵者转变为指导者、监督者和服务者。旅游行政部门在处理与企业和其他社会组织的关系上，应充分尊重各自的自主权，不随意横加干预；制定和实施有利于旅游业发展的产业政策和配套政策。同时，政府部门通过制定计划以及财政、金融、税务、价格、工商管理、招商引资、交通运输、出入境管理等方面的相关政策，引导和鼓励旅游业优先、快速、持续地跨越式发展。

二是做好操作层面的协调者。主要包括建立完善的旅游协调体系，强化旅游部门管理。给予旅游行政管理部门全行业的旅游管理的权力和手段，建立一个统一、权威、高效的旅游管理机构，解决跨行业、跨地区的旅游发展问题；建立有效的激励约束机制，为企业提供一个公平、自由的市场环境；加强基础设施建设，为旅游业提供强有力的支撑；实现信息、技术、资本、人力的双向融通。

三是做好保障层面的规范者。主要包括旅游经济立法，强化对旅游市场的动态监督与管理，维护旅游企业竞争的公平性，保障旅游者的合法权益，促进旅游产业现代化。完善旅游行政监督体系，加强对旅游行政、旅游执法的监督与管理，做好旅游公共服务提供的有效保障。

（2）旅游管理体制改革与创新重在转变旅游行政管理职能

旅游业的快速发展需要地方积极创新旅游管理体制，而创新旅游管理体制的重点是转变现有的行政管理职能，以更好的适应旅游业的发展需要。在浙江地方的部分旅游管理体制改革中，如杭州旅游委员会模式增加了景区管理职能以及跨部门的综合协调功能，以保持杭州旅游的健康、可持续发展；绍兴旅游委员会模式增强全市文物保护职能、旅游投资职能以及跨部门综合协调职能，以实现旅游资源的合理利用与保护，增强旅游企业活力，创造更大的经济效益和社会效益等。这些地方的旅游管理体制改革相较于传统的旅游局模式，一定程度上扩充了原有的旅游行政职能，为地方旅游行政管理机构强化管理提供了更宽广的平台。然而，在旅游管理体制改革中，不能一味强调强化旅游行政职能，要根据地方旅游发展实际，有进有退的转变旅游行政管理，以促进旅游业健康、可持续发展。浙江海洋旅游管理体制的改革正是要基于此进行推进。

（3）旅游管理体制的改革与创新要与旅游发展的阶段相适应

旅游管理体制是建立在旅游生产力发展基础上的上层建筑，旅游管理体制要随着旅游生产力的发展进行不断改革与调整。同理，随着浙江海洋旅游业的快速发展，尤其是在发展过程中旅游产业融合进程不断加快，旅游新业态不断涌现，这必将使得旅游管理涉及的部门与地区更加广泛、管理内容也更加复杂化，客观上要求推进旅游管理体制的改革与创新。同时，伴随着旅游业的快速发展，人们对旅游的认识不断加深、旅游研究也不断深入，主观上使得旅游管理的理念向公共管理转变。这些客观上和主观上的转变最终要求旅游管理体制改革要沿着公共管理方向前进。

9.1.2 研究创新之处

1. 研究视角的创新

旅游管理体制改革与创新问题研究一直是旅游学术界比较持续关注的问题，它是现阶段旅游业快速发展导致的必然结果。旅游业发展需要有一个与旅游生产力发展相适应的管理体制。当前，虽然在学术界有关旅游管理体制及改革的研究成果已经有了可观的数量，但就总体而言其研究视角大多是从我国旅游管理体制演变进程、旅游景区管理体制、旅游行政管理体制等历史、景区、政府等角度展开的，缺乏整体的创新性。同时，在海洋旅游管理体制研究方面尚属空白。本研究则正好是结合当前我国“大旅游”的发展背景，从产业融合这一视角出发，将视角深入到海洋旅游与海洋旅游公共管理这一领域，分析与构建海洋旅游业与其他产业融合条件下的旅游管理体制问题，其切入的研究视角具有一定创新性。

2. 研究领域的创新

当前伴随海洋经济时代的到来，海洋旅游作为旅游业的重要组成部分，其在旅游业的发展过程中将扮演着越来越重要的角色，海洋旅游的研究也越来越引起国内外学者的广泛关注。然而在海洋旅游的研究过程中学者们更多关注的是海洋旅游的资源、产品、经济效应以及规划设计等研究，而往往忽视了对其海洋旅游管理体制的研究，尤其是政府或非政府组织在海洋旅游管理中的角色扮演研究。本论文针对海洋旅游公共管理体制进行的研究是海洋旅游和旅游管理体制研究的新领域，具有一定的创新性和领域研究价值性。

9.2 研究不足与展望

9.2.1 研究不足

在产业融合背景下，以利益相关者理论、协同理论、新公共管理理论为支撑进行的海洋旅游管理体制研究是一个较新的研究方向。因从产业融合背景研究旅游管理体制和单纯研究海洋旅游管理体制的很少，使得本文研究可借鉴的成果与实例较少，且又因受到作者时间、调研地点、资料和个人能力的限制，本文的研究存在许多不足之处。

（1）研究的范围较广、涉及面多，致使存在一定整体上全面把握的不足。浙江海洋旅游管理体制研究，其把研究范围放到浙江沿海七市37县，由于调研时间和研究资料有限，只能从整体上进行把握，从宏观上进行理论研究，抛砖引玉，而做不到更加细化研究。

（2）在选取具体案例研究上存在犹豫，没有进行案例细化分析研究。因本研究主要是研究产业融合这一大背景下浙江省海洋旅游这一整体管理体制，而在现实当中，并没有专门的海洋旅游管理体制，所谓海洋旅游管理体制只能在原有的地方旅游管理之上进行构架与转化，案例的选择缺乏典型代表性。故在一些地方旅游管理体制改革上只是一笔带过，简要说明一下，而未细化研究。

（3）在浙江海洋旅游公共管理体制的构建上也只是简单构架，从政府、行业、企业、资源环境四个方面提出其运行机制，因个人时间、能力等的局限，并未深入研究，也没有形成更加具有严谨逻辑性的体系，有待进一步研究。

9.2.2 研究展望

旅游业的持续发展以及新业态的不断出现，给旅游的行政管理部门带来新问题、新的挑战。对于旅游行政管理部门，尤其是本身对景区、酒店等缺乏直接行政管理权的旅游局而言，旅游监管已成为一大难题。同时，随着产业融合加快、旅游新业态的出现，如网络订票、网络自助游、自驾车旅游、邮轮旅游的兴起，如何加强对旅游新业态的监管也成为旅游行政管理部门面临的重大挑战。而针对这些难题，旅游行政管理部门只有以不变应万变，根据不同发展阶段的需要，创新旅游管理体制，完善相关旅游法律法规，同时强化软性约束，出台符合地方特色的服务规范标准，积极营造优质服务氛围，通过体制创新与管理手段创新，以适应旅游产业发展的需要。基于这些分析，旅游行业管理的发展有以下趋势：

（1）旅游行政管理部门的综合协调职能将进一步强化

旅游产业涵盖面非常广泛，其范围决定了旅游行政管理部门不可能对旅游所有相关产业有硬性的管理权，相反，旅游行政管理部门需要很多其他政府职能部门的配合，这就需要旅游行政管理部门能够具备更多的协调能力，而通过变革传统的旅游管理体制，赋予旅游行政管理部门综合协调能力，通过整合统筹各类旅游资源，优化资源配置，有助于实现旅游业的全面、可持续发展。

（2）旅游行政管理部门硬性管理权限将逐步减弱，更侧重于提供旅游公共服务

随着旅游业的发展，传统的行政命令式旅游管理已不能适应时代和旅游业发展需要，旅游行政管理部门开始加快职能转变，减弱其硬性的管理权限，转而开始建立和健全以旅游信息咨询服务、旅游安全保障服务、旅游交通便捷服务、旅游便民惠民服务、旅游标准化建设等为主的旅游公共服务体系，提高旅游公共服务水平。

（3）旅游行政管理职能与企业经营职能将进一步分离

旅游行政管理与企业经营相结合的旅游管理体制曾经是我国计划经济时期较为普遍的一种模式，但随着市场经济的深入发展，越来越多的地方实现了政企分离，旅游行政管理部门与旅游企业相分离，各司其职。然而，有些地方仍然存在旅游政企不分的现象，但伴随着旅游业的进一步发展和这些地方旅游企业发展壮大，其要想获得更大的发展空间，必将会加快旅游行政管理职能与旅游企业职能的分离，实现旅游企业真正的自主化与市场竞争化，从而带动旅游业的健康、持续发展。

参考文献

阿姆斯特朗 J M，赖纳 P C（美）. 1986. 美国海洋管理. 北京：海洋出版社.

白佳玉. 2008. 以生态系统为基础的海洋管理模式引发的思考. 海洋开发与管理. 25（5）：30－32.

鲍基斯 E M（加）. 1996. 海洋管理与联合国. 北京：海洋出版社.

陈湘满，刘君德. 2001. 论流域区与行政区的关系及其优化. 人文地理，16（4）：67－70.

陈瑾. 2003. 论我国风景资源管理体制—国家公园体系的建立. 成都：四川大学.

陈金华，何巧华. 2010. 基于旅游者感知的海岛旅游安全实证研究. 中国海洋大学学报（社会科学版），13（2）：38－42.

崔旺来. 2009. 政府海洋管理研究. 北京：海洋出版社.

曹世武，郑向敏. 2011. 旅游产业融合动力机制研究——博弈论的解释框架. 求索，30（12）：5－7.

戴斌，周晓歌，夏少颜. 2012. 论当代旅游发展理论的构建：理念、框架与要点. 旅游学刊，27（3）：11－17.

董玉明. 2002. 海洋旅游. 青岛：中国海洋大学出版社.

董观志，白晓亮. 2005. 旅游管理原理与方法. 北京：中国旅游出版社.

丁登山，刘奕频. 1995. 环球风光旅游—外国旅游地理. 北京：高等教育出版社.

丁煌. 2005. 西方公共行政管理理论精要. 北京：中国人民大学出版社.

窦群. 2012. 我国旅游公共服务体系：从理论到实践的探索. 旅游学刊，27（3）：5－6.

丹尼尔·纳什. 2004. 旅游人类学. 宗晓莲译. 昆明：云南大学出版社.

邸得海. 2000. 旅游管理信息系统. 天津：南开大学出版社.

弗兰克·豪伊，2006. 旅游目的地的经营与管理. 丁宁，姜婷婷，马瑾译. 沈阳：辽宁科学技术出版社.

冯道. 2002. 最新旅游安全事故防范措施与责任认定处理办法实用全书. 北京：光明日报出版社.

范业正. 2000. 城市旅游规划和城市规划的关系和协调. 规划师，16（6）：95－97.

范晓婷 . 2009. 我国海洋立法现状及其完善对策 . 海洋开发与管理，26（7）：70 – 74.
国家海洋局 . 2011，2010 年中国海洋经济统计公报 . 海洋信息，28（2）：27.
管诗华，王曙光 . 2003. 海洋管理概论 . 青岛：中国海洋大学出版社.
谷慧敏 . 2007. 旅游危机管理研究 . 天津：南开大学出版社.
胡卫伟，李隆华，王湖滨 . 2006. 浙江舟山海洋旅游品牌构建与发展对策 . 区域经济与产业经济，20（4）：9 – 12.
胡抚生 . 2014. 地方旅游行政管理体制改革应加快职能的转变 . 旅游学刊，29（9）：7 – 9.
何进 . 2014. 我国旅游管理体制的演进与改革路径研究 . 旅游纵览，29（8）：67.
何巧华 . 郑向敏 . 2007. 岛屿旅游安全管理系统构建 . 海洋开发与管理，24（5）：109 – 112.
候晚梅，唐远华 . 2011. 新中国海洋开发政策的历史考 . 浙江海洋学院学报（人文科学版），28（1）：1 – 5.
韩念勇 . 1999. 中国自然保护区可持续管理政策研究 . 人与生物圈中国委员会报告.
亨利·法约尔 . 2007. 工业管理与一般管理 . 迟力耕，张璇译 . 北京：机械工业出版社.
杭州赴法国尼斯“旅游目的地管理”专题研讨班 . 2010. 法国尼斯“旅游目的地管理”对杭州的启示 . 中共杭州市委党校学报，62（2）：9 – 13.
郝建秀 . 2001. 希腊、法国旅游业发展的主要经验及启示 . 环球经济，16（8）：52 – 54.
郝艳萍，杨凤丽 . 2008. 中国海洋环境管理现状与对策 . 海洋开发与管理，112（7）：74 – 80.
黄民生 . 1999. 东南亚旅游资源区域特色和背景分析 . 世界地理研究，8（2）：100 – 104.
黄少辉 . 2011. 中国海洋旅游产业 . 广州：广东经济出版社.
金祖良 . 2006. 旅游危机处理指南 . 杭州：浙江大学出版社.
姜永常 . 2013. 旅游产业融合发展的动力、机制与策略研究——以文化旅游业为例 . 哈尔滨商业大学学报，131（4）：107 – 112.
江海旭，李悦铮 . 2009. 浙江省海洋旅游发展研究 . 海洋开发与管理，118（8）：114 – 118.
科斯 . 诺斯等 . 1994. 财产权利与制度变迁——产权学派与新制度学派译文集 . 上海：上海三联书店.
匡林 . 2001. 旅游业政府主导型发展战略研究 . 北京：旅游出版社.
匡林 . 2001. 国家旅游组织的现状与未来 . 中国旅游报 . 2001 – 02 – 05，2001 – 02 – 12，

2001－02－19.
李林. 2009. 旅游信息化综述. 中国经贸导刊，584（13）：37－38.
李爽，黄福才，李建中. 2010. 旅游公共服务：内涵、特征与分类框架. 旅游学刊，25（4）：20－26.
李锋，陈太政，辛欣. 2013. 旅游产业融合与旅游产业结构演化关系研究——以西安旅游产业为例. 旅游学刊，28（1）：69－76.
李隆华，俞树彪. 2005. 海洋旅游学导论. 杭州：浙江大学出版社.
李悦铮. 2001. 发挥海洋旅游资源优势，加快大连旅游业发展. 人文地理，16（5）：931.
李肇荣. 2003. 关于阳朔发展乡村旅游的思考. 社会科学报，99（1）：36－39.
李雄华. 2006. 可持续旅游资源保护制度体系建设的研究. 哈尔滨：哈尔滨工程大学.
李泽洲. 2003. 建构危机时期的政府治理机制. 中国行政管理，216（6）：6－10.
李建军，陈清. 1999. 建立一个大旅游体系：番禺旅游发展规划的思考. 华南建设学院学报，7（3）：42－46.
李经中. 2003. 政府危机管理. 北京：中国城市出版社.
李宝平，侯祥鹏. 2009. 浙江旅游业创新体系研究. 商业时代，452（6）：88－89.
李松柏. 2003. 风景名胜区经营管理体制研究. 西安：西北大学.
李文睿. 2007. 当代海洋管理与中国海洋管理史研究. 中国社会经济史研究：103（4）：91－98.
楼嘉军. 2001. 休闲科学理论发展简析. 北京第二外国语学院学报，113（3）：7－13.
刘佳，韩欢乐. 2013. 我国旅游产业结构研究进展与述评. 青岛科技大学学报（社会科学版），29（9）：50－54.
刘庆余. 2014. 从"旅游管理"到"旅游治理"——旅游管理体制改革的新视野. 旅游学刊，29（9）：6－7.
刘赵平. 1999. 美国旅行社业最新发展态势研究. 旅游学刊，14（3）：27－31.
刘纬华. 2000. 关于社区参与旅游发展的若干理论思考. 旅游学刊，15（1）：47－52.
刘思华. 2002. 可持续区域经济发展论. 北京：中国环境科学出版社.
刘喜礼. 1997. 关于我国海洋管理体制的探讨. 海洋开发与管理. 48（1）：43－46.
刘春玲. 2007. 旅游产业危机管理与预警机制研究. 北京：中国旅游出版社.
厉新建. 2002. 旅游经济学：理论与发展. 大连：东北财经大学出版社.
林千红，洪华生. 2005. 构建海洋综合管理机制的框架. 改革纵横，240（9）：40－41.
陆林. 2011. 旅游产业发展的新模式－产业整合. 旅游学刊，26（5）：2－3.
鹿守本. 1997. 海洋管理通论. 北京：海洋出版社.
鹿守本，艾万铸. 2001. 海岸带综合管理－体制和运行机制研究. 北京：海洋出版社.

吕彩霞．2001. 海洋综合管理问题探讨．中国软科学，126（6）：14－16.
罗美娟，郑向敏，沈慧娴．2008. 解读旅游危机的类型与特征．昆明大学学报，19（2）：59－63.
罗伯特·希斯，2004. 危机管理．王成等译．北京：中信出版社.
罗伯特·朗卡尔．1989. 旅游及旅行社会学．蔡若明译．北京：旅游教育出版社.
卢少坡，卢垠格．2009. 依托信息技术促进旅游产业信息化发展．电子商务，118（10）：34－35.
马英杰等．2001. 海洋综合管理的理念与实践．海洋开发与管理，65（2）：27－31.
马勇，周青．2008. 休闲学概论．重庆：重庆大学出版社.
马丽卿，阳立军．2008. 话说海洋旅游．北京：海洋出版社.
马丽卿．2006. 海洋旅游产业及实践创新．杭州：浙江科技出版社.
马丽卿．2011. 海岛型旅游目的地的特征及开发模式选择－以舟山群岛为例．经济地理. 164（10）：1745－1749.
马丽卿．2013. 海洋旅游学．北京：海洋出版社.
马波．2011. 大融合方有大旅游．旅游学刊，26（5）：1－2.
马惠娣．2003. 大旅游视野中的休闲产业．杭州师范学院学报（社会科学版），140（2）：39－44.
马惠娣，张景安．2004. 中国公众休闲状况调查．北京：中国经济出版社.
马惠娣．1998. 文化精神之域的休闲理论初探．齐鲁学刊，143（3）：90－107.
欧文·E·休斯（澳）．2001. 公共管理导论．彭和平等译．北京：中国人民大学出版社.
潘光．1989. 当代国际危机研究．北京：中国社会科学出版社.
浦德欣．1997. GS 战略与旅游企业的经营管理．旅游学刊，34（4）：14－17.
曲凌雁．2005. 世界滨海海岛地区旅游开发经验借鉴．世界地理研究，14（9）：80－85.
乔晶．2009. 我国政府旅游管理体制创新研究．大同：山西大学.
R. 爱德华．弗里曼．2001. 战略管理－利益相关者方法．上海：上海译文出版社.
荣荣，曲凌雁，马雅方．2013. 从旅游业发展趋势谈我国旅游管理体制改革．绿色科技，38（8）：305－309.
申葆嘉．1996. 国外旅游研究进展（三）．旅游学刊，11（3）：48－54.
申培德．2009. 信息化助推旅游产业现代化．丝绸之路，163（18）：54－55.
孙春华．2005. 近年来国内旅游业信息化研究综述．旅游科学，112（3）：64－69.
孙九霞，保继刚．2006. 社区参与的旅游人类学研究——阳朔世外桃园案例．广西民族学院学报（哲学社会科学版），28（1）：82－90.

宋瑞 . 2014. 旅游行政管理体制改革的背景与重点 . 旅游学刊，29（9）：5 – 6.
宋瑞 . 2003. 生态旅游的多重辨析 . 桂林旅游高等专科学校学报，14（2）：32 – 37.
史蒂芬，布伦特等 . 2004. 现代旅游管理导论 . 刘劼莉等译 . 北京：电子工业出版社.
史蒂芬 · P 罗宾斯（美）. 组织行为学 . 孙健敏，李原等译 . 北京：人民大学出版社.
史蒂夫 . 2004. 旅游测度与旅游卫星账户 . 赵丽霞，刘臻译 . 北京：中国统计出版社.
唐铁汉，李军鹏 . 2005. 公共服务的理论演变与发展过程 . 公共管理科学，6（3）：36 – 37.
田勇，张宗亮，王猛 . 2013. 产业融合下的森林旅游发展研究，旅游纵览，25（1）：15 – 16.
汪传才 . 2010. 旅游安全：一项永恒而又亟待深入的研究课题 . 旅游学刊，25（3）：11 – 12.
王娟 . 2010. 基于网站内容的中小酒店网络营销研究——以上海地区为例 . 上海：上海师范大学.
王芳 . 2009. 我国海洋政策的回顾与展望 . 经济要参，68（3）：16 – 22.
王咏 . 2005. 遗产旅游地管理体制的初步研究 . 芜湖：安徽师范大学.
王珏 . 2006. 论旅游风景名胜区管理体制的改革 . 厦门：厦门大学.
王琪，张川 . 2005. 海洋管理制度的现状分析及其变革取向 . 中国海洋大学学报 . 18（6）：8 – 12.
王琪 . 2007. 海洋管理：从理念到制度 . 北京：海洋出版社.
王曙光 . 2004. 论中国海洋管理 . 北京：海洋出版社.
王如东 . 2005. 政府在旅游管理中的作用及制度创新 . 上海：同济大学.
王善书 . 1990. 国家科委、计委召开《海洋技术政策》论证会 . 中国海上油气（地质），8（2）：23 – 25.
王建民 . 2007. 聚焦旅游安全 . 北京：旅游教育出版社.
王京传 . 2013. 旅游目的地治理中的公众参与机制研究 . 天津：南开大学.
王大悟 . 1998. 新编旅游经济学 . 上海：上海人民出版社.
王三平 . 2014. 论我国旅游管理体制的改革与创新 . 旅游纵览，43（7）：24.
王富玉 . 2000. 国际热带滨海旅游城市发展道路探析 . 北京：中国旅游出版社.
吴耀宇 . 2004. 我国旅游景区管理体制改革的方向与对策 . 南京：南京师范大学.
吴必虎 . 2012. 泛旅游需要更完善的旅游公共服务体系支持 . 旅游学刊，27（3）：3 – 4.
吴必虎 . 2009. 旅游研究与旅游发展 . 天津：南开大学出版社.
徐菊凤 . 2012. 旅游公共服务：理论与实践的若干问题 . 旅游学刊，27（3）：6 – 7.
徐祥民，于铭 . 2009. 区域海洋管理：美国海洋管理的新篇章 . 中州学刊，169（1）：

80 - 82.

薛澜，钟开斌 . 2005. 突发公共事件分类、分级与周期：应急体制的基础研究 . 中国行政管理，236（2）：102 - 107.

薛华成 . 1999. 管理信息系统 . 北京：清华大学出版社.

谢彦君 . 2003. 中国旅游研究的多维视野——对国内与国外相关文献的评述 . 旅游学刊，18（5）：14 - 20.

谢彦君 . 2004. 基础旅游学 . 北京：中国旅游出版社.

谢识予 . 2004. 经济博弈论 . 上海：复旦大学出版社.

熊清华，田里，林铃等 . 1996. 论旅游、大旅游及云南旅游产业的发展 . 云南社会科学，92（4）：9 - 15.

袁亚忠，唐慧 . 2007. 乡村旅游开发中环境保护的博弈分析 . 怀化学院学报，26（6）：14 - 16.

阎友兵，赵黎明 . 2005. 旅游景区经营权转让条件下景区保护的博弈分析 . 天津大学管理学院，23（3）：98 - 100.

亚德里恩・布尔 . 2004. 旅游经济学 . 龙江智译 . 大连：东北财经大学出版社.

杨军 . 2008. 旅游公共管理 . 天津：南开大学出版社.

杨兴柱，陆林，王群 . 2006. 旅游规划公众参与的核心内容初步研究 . 人文地理，21（4）：62 - 67.

杨修发，许刚 . 2004. 利益相关者理论及其治理机制 . 湖南商学院学报，11（5）：38 - 40.

杨玲玲，魏小安 . 2009. 旅游新业态的“新”意探析 . 资源与产业，81（6）：135 - 138.

杨永福，朱桂龙 . 1999. 管理模式和方法创新分析及其启示，中国管理科学，7（2）：67 - 75.

杨术，张晓磊 . 2007. 构建突发事件的公共财政应对机制 . 攀登，151（1）：111 - 113

杨雪冬 . 2002. 从反恐国家回到正常国家：“9. 11”前后的美国危机管理 . 经济社会体制比较，104（6）：100 - 106.

杨卫武 . 2010. 论大旅游格局下的旅游高等教育 . 旅游科学，25（5）：8 - 16.

杨曦东 . 2004. 贵州省旅游景区管理体制改革研究 . 杭州：浙江大学.

杨彦锋 . 2012. 互联网技术成为旅游产业融合与新业态的主要驱动因素 . 旅游学刊，27（9）：7 - 8.

殷章馨 . 2006. 旅游协会行业管理职能和机制研究 . 长沙：湖南师范大学.

余绪缨 . 1998. 柔性管理的发展及其思想文化渊源 . 经济学家，43（1）：86 - 92.

余凤龙，陆林 . 2008. 制度对旅游发展影响研究综述与启示 . 旅游学刊，24（9）：91

–96.
郁义鸿. 2001. 知识管理与组织创新. 上海：复旦大学出版社.
於贤德. 2010. 论海洋旅游的资源开发及其人文意义. 浙江学刊，183（6）：162–166.
于广州. 2003. 希腊、西班牙发展旅游业的启示. 宏观经济研究，51（2）：7–9.
张红，席岳婷. 2006. 旅游业管理. 北京：科学出版社.
张辉，秦宇，厉新建. 2003. 转型时期的中国旅游业. 中国旅游报，2003–04–23.
张辉等. 2005. 转型时期中国旅游产业环境、制度与模式研究. 北京：旅游教育出版社.
张沁. 2010. 浅析我国旅游景区管理体制改革. 魅力中国，113（5）：296.
张文. 2007. 旅游影响：理论与实践. 北京：社会科学文献出版社.
张兰霞，杨绍杰. 2000. 现代企业管理方法发展的主要特点. 东北大学学报（社会科学版），2（4）：239–241.
张成福. 2003. 公共危机管理：全面整合的模式和与中国的战略选择，中国行政管理，241（7）：6–11.
张安民. 李永文. 2008. 基于利益相关者博弈均衡背景下的旅游新景区开发动力分析——以平顶山清水河景区的开发为例. 河南大学学报（自然科学版），38（2）：171–175.
张言庆，马波，范英杰. 2010. 邮轮旅游产业经济特征、发展趋势及对中国的启示. 北京第二外国语学院学报，183（7）：26–33.
张秋芬，江五七. 2008. 旅游管理学. 北京：航空工业出版社.
张俐俐，蔡利平. 2009. 旅游公共管理. 北京：中国人民大学出版社.
张凌云. 2011. 旅游产业融合的基础和前提. 旅游学刊，26（4）：6–7.
张广瑞，宋瑞. 2001. 关于休闲的研究. 社会科学家，91（5）：17–20.
张西林. 2003. 旅游安全事成因机制初探. 经济地理，24（1）：542–546.
张广瑞等. 2005. 2003–2005 年中国旅游发展：分析与预测. 北京：社会科学文献出版社.
钟冲. 2009. 改革开放以来中国旅游业政策演变及评估研究. 长沙：中南大学.
邹统钎. 2005. 旅游危机管理. 北京：北京大学出版社.
查良松. 2002. 旅游管理信息系统. 北京：高等教育出版社.
庄序莹. 2006. 公共管理学. 上海：复旦大学出版社.
郑向敏. 2002. 中国旅游企业信息化发展分析. 桂林旅游高等专科学校学报，13（1）：12–17.
郑向敏. 2007. 我国沿海海岛旅游发展与安全管理. 人文地理，96（4）：86–89.
郑向敏. 2009. 旅游安全概论. 北京：中国旅游出版社.

郑岩 . 2014. 产业整合：大旅游视阈下的旅游产业发展 . 旅游学刊，29（5）：69－71.
翟晓敏，盛昭瀚，何建敏 . 1998. 辅助应急管理系统的设计与实践 . 系统工程理论与实践，28（4）：49－53.
周玲 . 2004. 旅游规划与管理中利益相关者研究进展 . 旅游学刊，19（6）：53－59.
周旭霞，包学松 . 2003. 构建公共财政应急机制 . 中共杭州市委党校学报，23（5）：51－55.
周国忠，张春丽 . 2005. 我国海洋旅游发展的回顾与展望 . 经济地理，26（5）：724－727.
周达军，崔旺来，李百齐 . 2008. 政府海洋产业管理研究 . 北京：线装书局.
周达军，崔旺来 . 2009. 海洋公共政策研究 . 北京：海洋出版社.
周三多等 . 1999. 管理学 . 上海：复旦大学出版社.
章尚正 . 1998. "政府主导型"旅游发展战略的反思 . 旅游学刊，12（6）：21－22.
章尚正 . 2002. 止言政府主导型旅游发展战略 . 安徽大学学报（哲学社会科学版），26（1）：118－121.
赵新峰 . 2004. 政府主导型旅游发展战略的实施内容 . 经济论坛，（3）：35－36.
赵涛 . 2006. 管理学常用方法 . 天津：天津大学出版社.
Boatright J R. 1993. Ethics and Conduct of Business. Englewood Cliffs，Prentice－Hall，Inc.
Bryson J M，Crosby B C. 1992. Leadership for the Common Good. Tackling Public Problems in a Shared－Power World. San Francisco：Jossey－Bass.
Cole，J. R. elt. 1973. Social Stratific ationin Science［M］. Chicago：University of Chicago Press：45.
Carroll A B，Buchholtz A K. 1999. Business&Socieety：Ethics and Stakeholder Management. Cincinnati，Ohio：Dave Shaut.
C F Hermann，ed. 1998. International Crisis：Insight from Behavioral Research［M］. N. Y.：Free Press，1972.
De Albuquerque，K & Mcelroy. 1999. Tourism and Crime in the Caribbean. Annals of Tourism Research，（26）：968－984.
Eduardo Fayos－Sola. 1996. Tourism policy：a midsummer nights dream. Tourism Management，（6）：405－410.
Freeman R E. 1984. Strategic Management：A Stakeholder Approach. Boston：Pitman.
Graham T，Idechong N. 2000. Reconciling customary and constitutional law managing marine resources in Palau，Micronesia. Ocean& Coastal Management，（43）：29－50.
Hall CM，Jenkins J M. 1995. Tourism and Public Policy. London：Routlede.
Habib Alipour，Hasan Kilic. 2005. An institutional appraisal of tourism development and plan-

ning: the case of the Turkish Republic of North Cyprus (TRNC). Tourism Management, (1): 79 -94.

James Elliott. 1997. Tourism: Politics and Public Sector Management. London: Routledge.

J Swarbrook. 1999. Sustainable Tourism Management. Washington D C: CABI.

Kevin Meethan. 1998. New Tourism for Old Policy Developments in Cornwall and Devon. Tourism Management, (6): 583 -593.

John R K, Valeria J. 2004. 21st Century Leisure Current Issues (2nd ed), Pennsylvania: Venture Publishing.

Lindemberg Medeiros de Araujo, Bill Bram well. 2002. Partnership and regional tourism in tourism land use planning. Annals of Tourism Research, 29 (4): 1138 -1164.

Lawrence B T, Wickins D. 1997. Managing Legitimacy in Ecotourism. Tourism Management, (5): 307 -316.

Maria F C, Peter N. 2008. The Attractiveness and Competitiveness of Tourist Destinations: A Study of Southern Italian Regions. Tourism Management, (30): 336 -344.

Merton R K. 1973. The Sociology of Science. Chicago: University of Chicago Press: 323.

M Mandelbaum. 1978. Flexibility in Decision Making: An Exploration and Unification. Ph. D. Dissertation, Department of TE. Canada: University of Toronto.

Marsh N R, Henshall B D. 1987. Planning Better Tourism: The Strategic Importance of Tourist - Residence Expectations and Interactions. Tourism Recreation, (12): 47 -54.

Rettie, Dwight. 1995. Four National Park systems. Illinois: University of Illinois Press.

Robson J, Robson I. 1996. From Shareholders to Stakeholders: Critical Issues for Tourism Marketers. Tourism Management, (17): 533 -540.

Russell R Dynes, E L Quarantelli. 1980. Helping Behavior in Large Socale and Political Activities, ed. by David Horton Smith and Jacqeline Macaulay, San Francisco, CA: Jossey - Bass: 339 -354.

Sautter, Elise Truly, Birgit Leisen. 1999. Managing Stakeholders: A Tourism Planning model. Annals of Tourism Research, 26 (2): 312 -328.

Steven Fink. 2000. Crisis Management: Planning for the Inevitable. Backinprint. com, April.

Sevil F Snmez, Alan R Graefe. 1998. Influence of Terrorism Risk on Foreign Tourism Decisions. Annals of Tourism Research, 25 (1): 112 -144.

Uriel Rosenthal, Arjen Boin, Louise k. Comfort, ed. 2001. Managing Crises: Threats, Dilemmas, Opportunities, Springfield, I L: Charled C. Thomas.

Upchurch R S. 1998. A Conceptual Foundation for Ethical Decision Making: A Stakeholder

Perspective in the Lodging Industry. Journal of Business Ethics, (17): 1349 - 1361.
WTO. 2000. 全球旅游伦理规范. 张广瑞译. 旅游学刊, 15 (3): 71 - 74.
Walle, Alf. 1995. Business Ethics and Tourism: from Micro to Macro Perspectves. Tourism Management, 18 (4): 263 - 268.

后　记

历时两年的《产业融合背景下的海洋旅游综合管理体制研究》课题终于在旧年结束、新年即将开启的这样一个辞旧迎新时节完成了。回顾期间的研究历程，有着众里寻她千百度的艰辛，也有衣带渐宽终不悔的执着，更有蓦然回首的欣喜，如今面对这本专著成果，终于可以长舒一口气、放下一件事情了。说实在的，两年来，为了完成这个课题，从查找资料、实地调研、找寻问题、剖析原因，到构思立意、写作表述，关于我国海洋旅游管理体制的现行问题、改革路径、对策举措等问题也在脑海中整整盘桓了两年，甚至在台湾访学的几个月里，不管是出门考察“暴走”台湾，还是在校园中清修静读，身边包中总揣着与海洋管理体制相关的资料。功夫不负有心人，铁杵定能磨成针。

管理体制建设事关我国海洋旅游业发展的成败，解决好海洋旅游管理体制问题是促进产业融合、加快海洋经济发展的重要手段，海洋旅游管理体制建设也更进一步凸显了政府管理的重要性，丰富了政府及非政府组织在旅游公共管理方面的职能。在“大旅游”时代和海洋经济蓬勃发展的大背景下，海洋旅游作为一种新型的旅游形式，是推动旅游产业结构优化升级和海洋经济可持续发展的重要途径，从产业融合这一视角出发来研究海洋旅游管理体制问题，并在此基础上构建创新型海洋旅游管理体制，是完全符合当今海洋旅游发展新态势和新要求的，且具有一定的现实与理论意义。

本书尽最大努力，客观、全面、深刻地反映我国海洋旅游管理体制问题，提出新时期我国海洋旅游管理体制基本框架和运行体制，但由于个人的学识以及视野之限，难免有不完善之处，敬请广大读者指正。

本书的撰写得到各方面的支持和帮助。我的2012级研究生顾彬、赵迪等人帮助查找了世界海洋旅游发展状况以及管理经验方面的基础资料，朱永猛同学从毕业论文选题开始就着手对海洋旅游管理体制展开研究，阶段性成果也体现在其硕士学位论文上；我校的旅游系郭旭副教授对第五、第六章的写作提出了初步设想，2013 级研究生刘思萌同学对旅游综合治理问题提出了自己的看法。本书也是浙江省哲学社会科学规划课题，能够及时完成，还必须感谢宁波大学“海洋经济与海洋文化研究基地”的周梅老师，没有她的过程监督和细心的服务管理，也许此研究不会及时完成。最后还要感谢我的家人，在完成此书过程中给予的最大理解和帮助。因为专注于研究，本人的每个双休日几乎都泡在办公室度过，无暇顾及家务事宜，因此所有家务活全由先生承包，尤其是每每逢难题久攻不克时的焦虑，攻克难题豁然开朗时的欣喜，废寝忘食忘我写作时的不近情理，先生也统统包容在心并与我同感同乐，在此表示深深的歉意和感谢！

本书汲取和引用了国内外许多专家学者的研究成果，尽可能在书中一一注释说明，在此一并感谢！

马丽卿

2014 年 12 月 30 日于舟山群岛新区